1+X职业技术·职业资格培训教材

U0957464

第2版

汽车维修工（四级）

编审委员会

主　　任：张　岚　魏丽君

委　　员：顾卫东　葛恒双　孙兴旺　张　伟　李　晔　刘汉成

执行委员：李　晔　瞿伟洁　夏　莹

编审人员

主　　编：洪永楠

编　　者：洪永楠　忻　芸　詹　迪

主　　审：陶　巍

参　　审：吴长水

中国劳动社会保障出版社

图书在版编目(CIP)数据

汽车维修工：四级／人力资源社会保障部教材办公室等组织编写. --2版. --北京：中国劳动社会保障出版社，2019

1+X职业技术·职业资格培训教材

ISBN 978-7-5167-4107-8

Ⅰ.①汽…　Ⅱ.①人…　Ⅲ.①汽车-车辆修理-技术培训-教材　Ⅳ.①U472.4

中国版本图书馆CIP数据核字(2019)第272679号

中国劳动社会保障出版社出版发行

（北京市惠新东街1号　邮政编码：100029）

*

三河市华骏印务包装有限公司印刷装订　新华书店经销

787毫米×1092毫米　16开本　18.5印张　343千字

2019年12月第2版　2021年1月第2次印刷

定价：52.00元

读者服务部电话：（010）64929211/84209101/64921644

营销中心电话：（010）64962347

出版社网址：http://www.class.com.cn

内容简介

本教材由人力资源社会保障部教材办公室、中国就业培训技术指导中心上海分中心、上海市职业技能鉴定中心依据上海 1+X 汽车维修工（四级）职业技能鉴定细目组织编写。教材从强化培养操作技能，掌握实用技术的角度出发，较好地体现了当前最新的实用知识与操作技术，对于提高从业人员基本素质，掌握汽车维修工（四级）核心知识与技能有直接的帮助和指导作用。

本教材在编写中根据本职业的工作特点，以能力培养为根本出发点，采用模块化的编写方式。全书共分为 4 章，内容包括：汽车维修基本知识、汽车发动机基本工作原理与检修、汽车底盘基本工作原理与检修、汽车的二级维护。

本教材可作为汽车维修工（四级）职业技能培训与鉴定考核教材，也可供全国中、高等职业技术院校相关专业师生参考使用，以及本职业从业人员培训使用。

改版说明

《1+X 职业技术 · 职业资格培训教材——汽车维修工（中级）》自 2011 年出版以来，受到广大学员和从业者的欢迎，在汽车维修工职业技能培训和鉴定过程中发挥了较大作用。

近几年来，随着现代汽车工业的发展，汽车的保有量越来越大，汽车已经成为人们的日常生活工具。汽车维修工需要掌握的理论知识和操作技能也都随着行业的发展而提升。因此，2019 年，人力资源社会保障部教材办公室、中国就业培训技术指导中心上海分中心、上海市职业技能鉴定中心联合组织相关专家对教材进行了改版工作，使之能够更好地为从业人员和广大读者服务。

本次汽车维修工教材的改版，编写的方法是以项目为引领、以任务为引导、以够用为宗旨，图文并茂，通俗易懂，由浅入深地介绍一名汽车维修工必须掌握的知识和技能。

相比上一版教材，本版教材对技能操作的内容进行了完善，增加了电动汽车基础知识等内容。

教材中若存在不足和疏忽，欢迎读者、专家及业内同仁批评指正。

前　言

职业培训制度的积极推进，尤其是职业资格证书制度的推行，为广大劳动者系统地学习相关职业的知识和技能，提高就业能力、工作能力和职业转换能力提供了可能，同时也为企业选择适应生产需要的合格劳动者提供了依据。

随着我国科学技术的飞速发展和产业结构的不断调整，各种新兴职业应运而生，传统职业中也愈来愈多、愈来愈快地融进了各种新知识、新技术和新工艺。因此，加快培养合格的、适应现代化建设要求的高技能人才就显得尤为迫切。近年来，上海市在加快高技能人才建设方面进行了有益的探索，积累了丰富而宝贵的经验。为优化人力资源结构，加快高技能人才队伍建设，上海市人力资源和社会保障局在提升职业标准、完善技能鉴定方面做了积极的探索和尝试，推出了 1+X 培训与鉴定模式。1+X 中的 1 代表国家职业标准，X 是为适应经济发展的需要，对职业的部分知识和技能要求进行的扩充和更新。随着经济发展和技术进步，X 将不断被赋予新的内涵，不断得到深化和提升。

上海市 1+X 培训与鉴定模式，得到了国家人力资源社会保障部的支持和肯定。为配合 1+X 培训与鉴定的需要，人力资源社会保障部教材办公室、中国就业培训技术指导中心上海分中心、上海市职业技能鉴定中心联合组织有关方面的专家、技术人员共同编写了职业技术 · 职业资格培训系列教材。

职业技术 · 职业资格培训教材严格按照 1+X 鉴定考核细目进行编写，教材内容充分反映了当前从事职业活动所需要的核心知识与技能，较好地体现了适用性、先进性与前瞻性。聘请编写 1+X 鉴定考核细目的专家，以及相关行业的专家参与教材的编审工作，保证了教材内容的科学性及与鉴定考核细目以及题库的紧密衔接。

职业技术 · 职业资格培训教材突出了适应职业技能培训的特色，使读者通过学习与培训，不仅有助于通过鉴定考核，而且能够有针对性地进行系统学习，真正掌握本职业的核心技术与操作技能，从而实现从懂得了什么到会做什么的飞跃。

职业技术·职业资格培训教材立足于国家职业标准，也可为全国其他省市开展新职业、新技术职业培训和鉴定考核，以及高技能人才培养提供借鉴或参考。

新教材的编写是一项探索性工作，由于时间紧迫，不足之处在所难免，欢迎各使用单位及个人对教材提出宝贵意见和建议，以便教材修订时补充更正。

人力资源社会保障部教材办公室
中国就业培训技术指导中心上海分中心
上海市职业技能鉴定中心

目　录

第1章　汽车维修基本知识

第2章　汽车发动机基本工作原理与检修

第3章　汽车底盘基本工作原理与检修

第 1 章

汽车维修基本知识

第1节 常用维修安全操作规程

学习单元1 汽车维修安全操作要求

学习目标

➢ 了解汽车维修安全操作规范
➢ 掌握汽车各系统维护作业安全操作要求

知识要求

一、着装

得体的着装和良好的仪表仪态给人带来自信和专业自豪感。在汽车维修车间里，良好的工作秩序、整洁统一的职业服装会赢得客户的信赖，也会使客户受到专业氛围的感染。汽车维修工在维修车间穿的外衣款式如图1-1所示。

图1-1 在维修车间穿的外衣款式

在维修车间里不宜穿宽松的衣服，更不能将外衣披穿在身上。穿长袖上衣应扣好袖口，衣摆应该掖进裤腰内。进车间时可把领带塞在衬衣里面。如果工作时要求戴领带，可用领带夹加以固定。

在汽车维修车间内不准戴饰物，包括戒指、手表、手镯、项链、耳环等，特别是进行电气系统维修时。因为金、银等贵金属制作的饰物是良好的导体，人的身体也是导体，电流流过导体时会产生热，一旦饰物引起电路短路，其热能会造成汽车维修工严重灼伤。此外，饰物一旦卡到运转中的零部件或设备中会伤及人体，特别是项链一旦挂在运转的零部件或设备上会导致严重伤亡。

由于人体是导体，汽车维修工应穿有电绝缘作用的鞋子。在汽车维修车间内不宜穿休闲鞋或运动鞋，要穿鞋面坚固、鞋底耐油的鞋子或靴子，防止重物砸伤脚面。

二、眼睛保护用具的佩戴

佩戴适当的眼睛保护用具（见图 1–2）是非常重要的，可以避免眼睛受到伤害。保护眼睛最安全、可靠的办法是一进入车间便戴上适当的眼睛保护用具，从事会引起火花、灰尘或铁屑易进入眼睛的作业以及在化学品周围作业时则必须佩戴。不要认为不进行工作眼睛就不会受到伤害，许多伤害是同伴在工作时产生的空中飞溅物造成的。

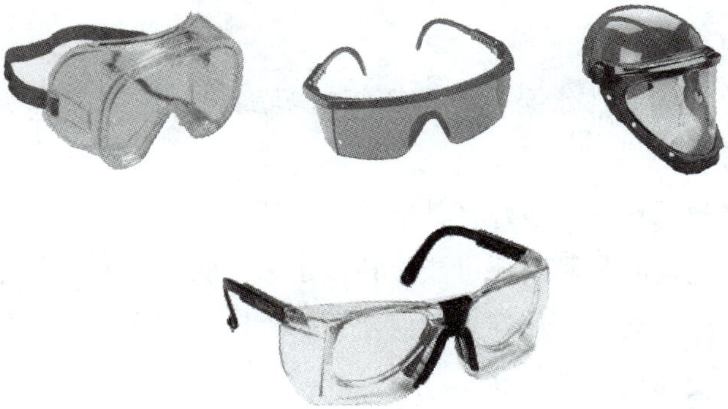

图 1–2　眼睛保护用具

佩戴适当的眼睛保护用具可以有效保护眼睛。普通的平光眼镜不能够对眼睛起到有效的保护作用。平光眼镜的抗冲击性能远低于工作场合的要求，一块飞溅物或许能够被镜片所阻挡，但镜片不规则破碎也可能会对眼睛造成伤害，而且平光眼镜对侧面飞扬物不能起到阻挡作用。

劳保眼镜最适合保护眼睛。其镜片和镜框一般都经过耐冲击设计，并设有防止物体从侧面侵入的防护屏。

在工作结束摘下眼睛保护用具时要闭上眼睛，以免积聚在眼睛保护用具外面的金属屑、灰尘或其他异物落到眼睛里。

作为一名汽车维修工，在工作时应该做到既保护自己，也保护好周围的人。要留意工作环境中发生的一切，确保安全，互相提醒。

三、对旋转物体的防护

一般修理厂内都有台式（立式）砂轮机（见图1–3），其电动机驱动轴上装有钢丝轮刷或砂轮。砂轮可以磨削金属工具，比如磨钻头和錾子等，也可以制作金属件。钢丝轮刷可以用来清理零件。

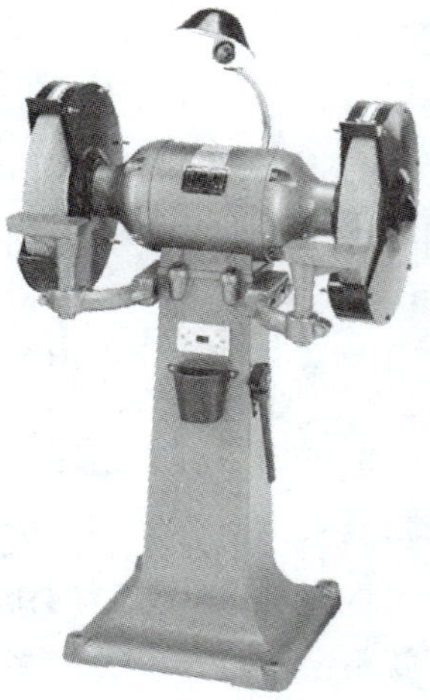

图1–3　立式砂轮机

砂轮机上的砂轮由黏结在一起的磨料制成，砂轮破裂和飞开可能会造成危险。采用防护罩围住砂轮是为了防止砂轮破裂伤人，因此不允许拆卸砂轮机的防护罩。使用砂轮机时还要戴上眼睛保护用具，以防飞出的物体对眼睛造成伤害。

砂轮机前设有工作台，磨削的工件应靠放在工作台上。工作台不仅可防止工件磨削时被拉进砂轮与防护罩之间，还能防止操作者的手被卷进砂轮里。当砂轮磨损过多时可以调整砂轮与工作台之间的间隙。

在发电机、动力转向泵、水泵、空调压缩机等旋转部件周围作业时，旁边不要放擦布、工具或检验设备。

在电动冷却风扇附近作业时最好将其电动机的插头拔下或将蓄电池负极电缆拆下。有时已关闭点火开关，电动冷却风扇还可能旋转，是因其受装在发动机缸盖或散热器上的温度传感器控制，只要冷却液温度达到规定值便开始旋转。工作完成后要记住可靠连接电动冷却风扇插头，防止发动机温度过高。

与安全作业有关的旋转设备和部件还包括换轮胎机、动平衡机、钻床、传动轴等，作业时应注意防护。

四、安全搬运重物

为避免搬运重物时操作不当造成脊椎受伤，应遵守以下几条搬运重物的规则。

1. 搬运重物要量力而行，如果物件太重可以找人帮助或用搬运工具（见图1–4）做搬运工作，不要勉强。

图 1-4　搬运工具

2. 确定物件的平衡点和抓牢点再搬运，一旦举起就不要再调整位置。如果感到不平衡或手抓处不舒服，应放下物件，调整位置后再搬。

3. 不要用背部力量举起重物，腿部肌肉最发达，可以利用腿部的力量。

4. 搬运时，物件要尽可能地贴身，背要挺直，保持肘直，用腿劲举升（见图 1-5）。

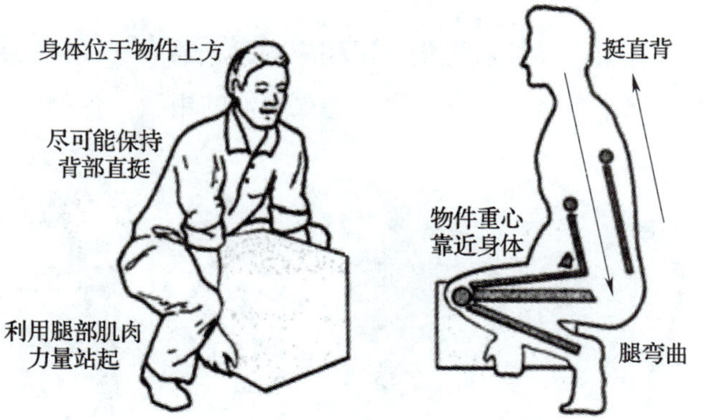

图 1-5　搬运工作示意图

5. 搬运途中，不要扭身变向，转向时要整个身躯转动。

6. 放下物件时物件应保持贴身，挺背、弯膝放下，身躯切勿朝前弯或扭身弯。

7. 如必须将物件搁到架子或台子上，可先把物件放到台面，然后把它推滑到位。不要把身体探过去。

五、车辆操作和安全驾驶

在修理厂或维修车间内常常要起动汽车发动机检查故障或检查修理情况。在发动机运转时，要采取安全预防措施。

1. 如汽车在举升器的法兰盘上未呈水平位置，或法兰盘没有落在正确的支撑点，应降下汽车，根据需要进行调整。汽车在举升器上未放稳时千万不要修理。

2. 确认变速杆位于空挡（N挡）或驻车挡（P档）。

3. 拉紧驻车制动器。用挡块将汽车的前、后轮塞住。驻车制动有问题时，挡块能防止车轮滚动。

4. 起动发动机前，要将汽车排气接至车间的通风系统。因为发动机排气中含有一氧化碳，如人长期吸入一氧化碳，会昏迷或死亡。

5. 汽车进出修理厂前应清理出足够其通行的通道，开车前一定要查看地面上有没有工具或其他设备。起动发动机前先试制动，确保制动可靠。如果制动器完全失效，应将汽车推回修理厂内。

6. 在修理厂内开车要非常小心，要慢，不要超过修理厂内规定的速度。看不清要去的地方时应摇下窗玻璃并请人指挥。

7. 汽车停到维修场地后应将变速杆放到P挡位置，拉起驻车制动操纵杆。

六、火灾和灭火器

若发生火灾，应该针对不同的可燃物选用相应的灭火器（见图1-6）灭火。灭火器上的标签指明了灭火种类，汽车维修工要学习和熟悉灭火器的用法，企业应经常组织灭火演练。

图1-6　灭火器

注意：

一旦发生火灾，要先打火警电话报警，然后积极组织灭火。不要轻易打开维修车间大门，防止空气对流增大火势。若发现火势明显无法控制且有生命危险，则应该及时撤离。

七、蓄电池作业安全

维护蓄电池（见图 1-7）或在蓄电池旁边作业时，为避免受伤或损坏器材，应采取以下预防措施。

1. 蓄电池酸液的腐蚀性很强，不可接触皮肤、眼睛和衣服。若酸液溅到眼睛里，要用大量清水冲洗并立刻找医生处理和治疗。皮肤接触了酸液，也可用大量清水冲洗，水中可以加些小苏打，使其与酸中和，效果更好。

2. 维护蓄电池时要戴护目镜或防护面罩，严禁佩戴首饰、手表，若不小心用导体将蓄电池正极柱与搭铁连上造成短路，电流流过造成短路的导体时，会造成汽车维修工严重灼伤。

3. 不要在蓄电池上方传递金属工具，一旦工具跌落在两极柱上造成蓄电池短路会引起爆炸。

4. 禁止在蓄电池附近进行电焊或气焊作业，严禁在蓄电池附近吸烟。因为蓄电池充、放电过程中，会析出易爆的氢气。

5. 连接蓄电池电缆时要注意极性，不能接反，如图 1-8 所示。

图 1-7　蓄电池维护

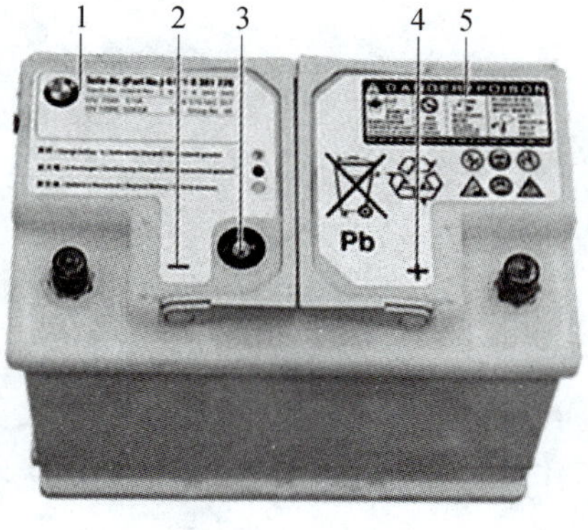

图 1-8　注意蓄电池极性

1—技术标牌　2—蓄电池负极标志

3—液体密度计（电眼）　4—蓄电池正极标志

5—安全说明

6. 拆蓄电池电缆时要先拆负极（搭铁）电缆后拆正极电缆；连接蓄电池电缆时要先安装正极电缆后安装负极电缆。

7. 如果蓄电池液面过低，不要加电解液，可以补充蒸馏水。

8. 蓄电池充电要遵照厂家说明书进行。充电场所要有良好的通风。

八、起动系统维修作业安全

试验或维修起动系统要熟悉以下安全规程。

1. 断开起动机（见图 1-9）电路接线，或拆下起动机之前，要断开蓄电池负极电缆（有些汽车的电子控制单元需要辅助电源供电，因此断开蓄电池电缆要参照制造厂手册进行）。

2. 应确认汽车已在整车举升器或安全支座上稳固到位。

3. 进行起动试验前，应确认汽车变速杆位于 P 挡或空挡并且施加了驻车制动，然后在一个前轮处和一个后轮处放置挡块。

4. 确认试验接线不会与发动机旋转部件缠绕。

5. 切勿用溶剂或汽油清洗电器部件，应用压缩空气吹净，或用变性酒精清洗后用清洁擦布擦净电器部件。

九、充电系统维护作业安全

维护充电系统（见图 1-10）要熟悉以下安全规程。

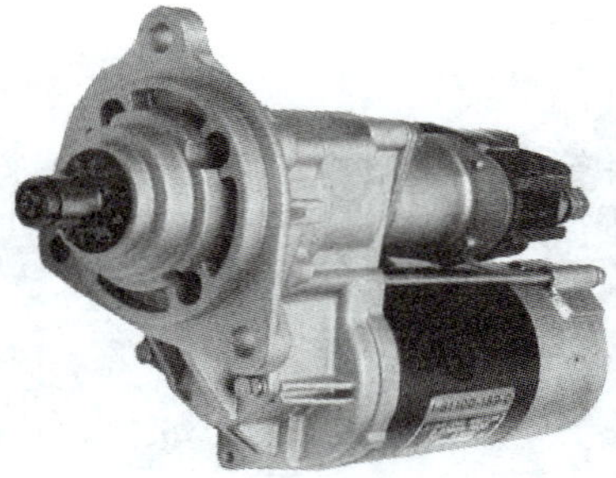

图 1-9　起动机

图 1-10　充电系统（发电机）

1. 在汽车发动机起动后，千万不要断开蓄电池电缆。因为蓄电池在充电系统中起到了缓冲、消除电压尖峰的作用，而电压尖峰可能会损坏汽车电子设备。

2. 进行充电系统试验时，不允许输出电压超过 16 V。

3. 如果蓄电池必须补充充电，应断开蓄电池电缆。

4. 当蓄电池接入后，不要从车上拆卸电器部件。

5. 插、拔任何插接器之前，点火开关必须置于“OFF”位置。

6. 只要接通了蓄电池，就不能碰触交流发电机的 BAT 端子，因该端子始终存在蓄电池电压。BAT 端子接蓄电池正极柱。

十、安全气囊系统维护作业安全

维护安全气囊系统（见图 1-11）或在其附近作业时，要求维修工密切注意有关的安全警告和采取预防措施。

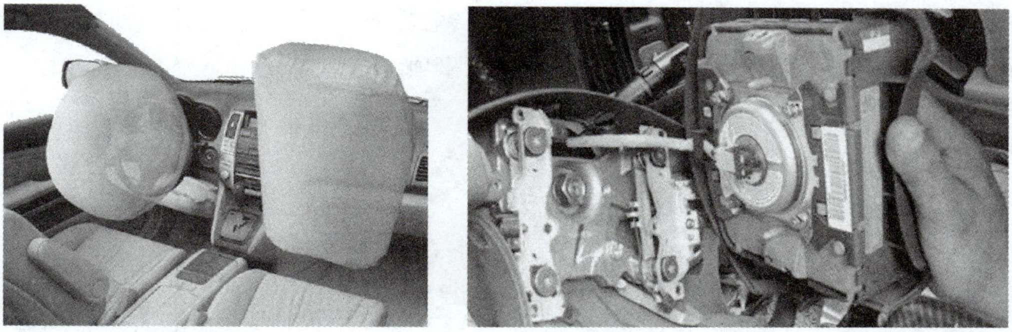

图 1-11 维护安全气囊系统

1. 因为安全气囊是靠爆炸性充气胀开的，安全气囊意外胀开，会造成严重伤害，所以在转向盘或安全气囊组件附近作业时，要注意手和手臂的位置，不要将手臂放在组件上方，以防一旦安全气囊胀开而受伤。

2. 安全气囊不用蓄电池电源也可能胀开。维修或安装前安全气囊或侧气帘之前，以及在对位于前安全气囊或侧气帘传感器附近的车门、仪表板、控制台、车门门闩、锁销、发动机罩锁钩等部件进行维修、安装、调节或敲击操作时，一定要先耗尽后备电源，以免前安全气囊或侧气帘意外胀开，造成人身伤害。为耗尽前安全气囊和侧气帘的后备电能，应断开蓄电池接地电缆并等待至少 1 min。如果车辆配备辅助蓄电池和供电电源，也必须予以断开。要使安全气囊系统不能工作，需按维修手册所述的步骤处理。

3. 运送安全气囊组件时，安全气囊和装饰盖要和身体有适当的距离。这样，即使意外胀开，安全气囊也不会伤及人体。也不要将组件对着他人。将组件放到工作台上时，要让安全气囊和装饰盖朝上，一旦安全气囊胀开，有膨胀的自由空间。

4. 维修安全气囊系统故障，不准使用带电源（干电池或交流电源）的电压表、欧姆表等仪表。除了维修手册中指定的设备外，不准使用其他设备，更不准用试灯来查找系统故障。

5. 当有必要修理或更换安全气囊系统的部件时，进行修理或更换前要始终让蓄电池负极电缆断开。最好用带子或橡胶管将电缆接头绝缘，使其不与蓄电池极桩接触。

6. 处理安全气囊系统时，要遵守维修手册的警告内容。否则，会导致气囊胀开造成伤害。

十一、防抱死制动系统维修作业安全

ABS（防抱死制动系统）（见图 1-12）基本已经是现代汽车中的标准装备。在用的 ABS 有许多分类，每种 ABS 的维修都有各自的安全要求。因此，进行维修前要阅读维修手册，熟悉所要维修的车型 ABS 相关警告和注意事项。

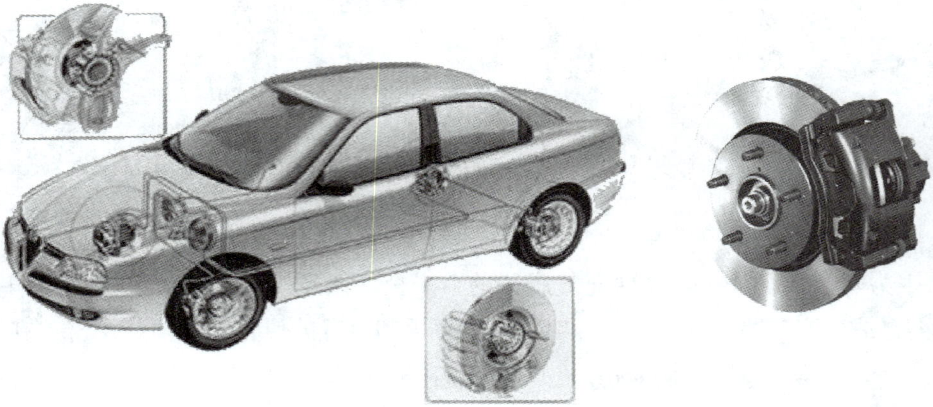

图 1-12　ABS

1. ABS 有些部件是不可维修的，因此不能拆卸或分解这些部件，只有维修手册里许可拆装的部件才能维修。

2. 由于有的车型 ABS 采用了高压液体蓄能器。在操作时分开管子、软管和接头之前，必须让蓄能器完全卸压。卸压要遵守维修手册所述的步骤。

十二、有害废弃物的处理

保护环境，人人有责。汽车修理厂很多的废弃物，如脏的溶液，用过的发动机冷却液、蓄电池液、润滑油，装制动器粉尘的真空吸尘器袋等都是有害的。这些废弃物不能倒入一般的垃圾中，更不能倒入下水道，因为其对人体有害，且破坏环境。我国法律对处理有害废弃物有相关规定，汽车修理厂应该与废品公司签订合同，由其专门收集并按照法规正确处理有害废弃物。

学习单元 2　维修工具的使用

学习目标

- 了解各类维修工具的使用方法和要求
- 能熟练运用各类维修工具

知识要求

一、液压机的使用

液压机是一个装有液压缸的工作台（见图 1-13）。与液压缸相连的液压泵手柄可以使压头产生几万牛顿的力。液压机可用来装卸轴或壳体上轴承、校直弯曲的工件。加工完毕可用旋钮或杆件释放液压力，取下工件。

1. 保养液压机时要检查液压储油箱的油量是否充足，地脚是否安装牢固，液压管路连接部分是否牢固、无泄漏，除节流阀外其他液压阀门不可擅自调整。

2. 液压机有可能将轴承或其他零件压碎、压飞，因此用液压机时应戴上眼睛保护用具。校正或压制工件时，应将工件置于压头的中心位置，不得偏斜，不可偏压。压头要慢慢接近工件，防止工件突然受力飞出伤人。严禁用铸铁或脆性材料做垫铁。开动液压机时，头、手不准伸到滑块和工件之中；多人操作时要密切配合，由一人指挥。当操纵阀或安全阀失灵时，不可继续工作。

3. 液压机的前面装有压力表。观察压力表就能知道作用在工件上的压力值。维修手册规定了拆装工件的压力值，工作时不能超过该值。

二、压缩空气的使用

一般修理厂都有压缩空气，用于喷漆、给轮胎充气、开动气动工具、吹干零件等。空气压缩机（见图 1-14）将压缩空气经管道送到空气软管处。磨损的空气软管在压力作用下可能会爆裂。保养时要检查并更换有磨损的空气软管以防发生事故。

高压空气通过喷枪或喷嘴喷出时可能伤及人的面部或身体，旋开扳钮时不能将喷枪对准任

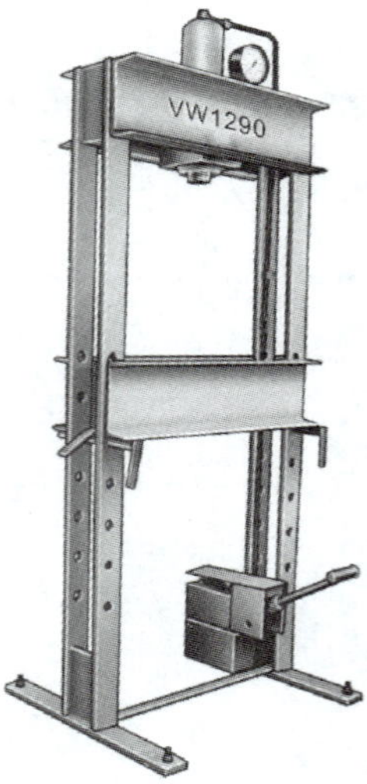

图 1-13　液压机

图 1-14　空气压缩机

何人。用压缩空气吹去清洗后零件上的溶液有一定的危险性，因为被压缩空气吹走的溶液和脏物有可能飞溅至皮肤、眼睛或被人体吸入。

需要用压缩空气清理燃油系统和吹通零件的小通道时，应戴上眼睛保护用具，最好同时戴上呼吸器。压缩空气喷嘴不能直接对着人体皮肤，以免气泡进入血液中引起严重的伤害。为预防事故，切勿用压缩空气清除衣服或头发上的尘土。如果喷嘴堵住，不能对着喷嘴观察寻找原因。开启空气压缩机前应检查软管连接是否可靠，开、关空气压缩机时应拿住软管喷嘴以防它来回晃动。

给轮胎充气时首先要知道轮胎的推荐气压是多少，应采用可靠的压力表。充气时不要面对着轮胎。

维修制动系统时绝不能用压缩空气吹制动器上的灰尘，其可能含有石棉，进入肺里会对人体造成伤害。

三、千斤顶的使用

千斤顶用于举升汽车（见图 1-15）。千斤顶通常分为卧式和立式，如图 1-16 所示。

典型的千斤顶主要由柱塞油泵、控制回路、举升油缸、油箱等部分组成。工作时，摇动手柄，提起柱塞，油液自油箱推开钢珠进入柱塞油泵工作腔，此时出油阀处密封；压下柱塞，柱塞油泵工作腔的油液在柱塞压力下，推开出油阀，进入举升油缸活塞下腔，此时，进油阀处密封；当放油阀使钢珠关闭时，进入举升油缸工作腔的压力油液便将活塞顶

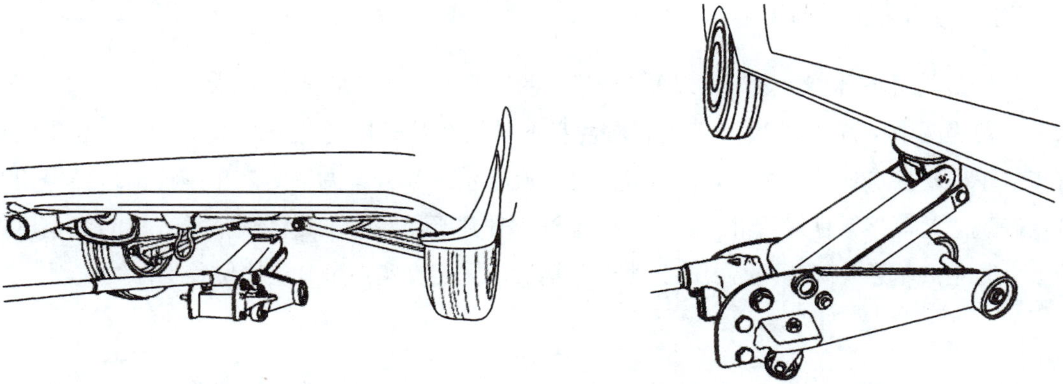

后悬架车桥举升点　　中心门槛板举升点（左/右）

图 1-15　千斤顶举升汽车示意图

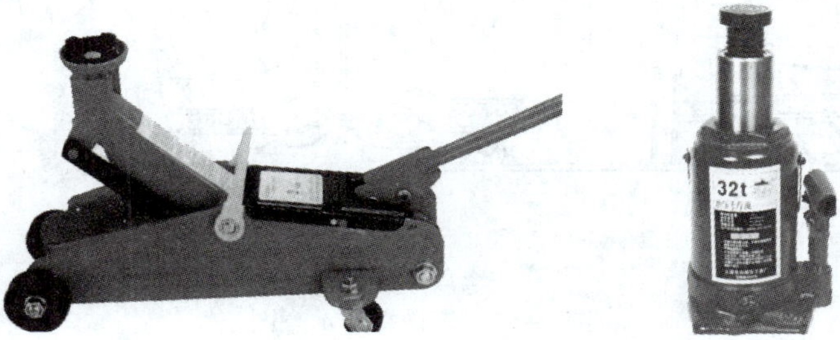

a)　　b)

图 1-16　千斤顶

a）卧式千斤顶　b）立式千斤顶

起。反复操作柱塞、活塞、活塞套杆使调整螺杆一步步升起，压力油液升起千斤顶的垫块托起汽车，并完成举升工作。

当需降下重物时，只需缓慢旋开放油阀，举升油缸工作腔中的油液返回油箱，汽车即可缓缓降下。

用千斤顶举升汽车前，应用楔块将车轮挡住。楔块放在不被千斤顶举升的车轮的前部和后部。楔块可以防止车辆移动而脱离千斤顶。

选定千斤顶顶举的部位非常重要。千斤顶应顶在高强度件如车架、横梁或前后桥处，不要顶在薄的金属板件如地板或车门下围板处，其一旦损坏或破裂，车辆就会滑落。使用时千斤顶垫块必须在汽车下方摆正放好。

如果千斤顶的液压零件损坏，车辆落下来就会伤害下方的维修工。因此，不应使用有漏油迹象的千斤顶，顶物到位后，要及时将千斤顶安全架放在车下确保安全。

四、举升机的使用

举升机用于举升整台汽车，以便维修工能在车下工作，如图 1-17 所示。举升车辆时，举升位置为图中位置“1”处，举升机法兰盘不要放在悬架控制臂下。举升机法兰盘要放在汽车的正确支撑点处，通过调整法兰盘高度使汽车水平举升，调整时汽车稍许离地便停止举升，确认法兰盘接触良好后继续举升。一旦汽车升到所需高度，便将汽车举升机的锁止机构锁上，防止汽车意外降落。必要时，举升车辆后用固定支座在举升垫块位置支撑住车辆。

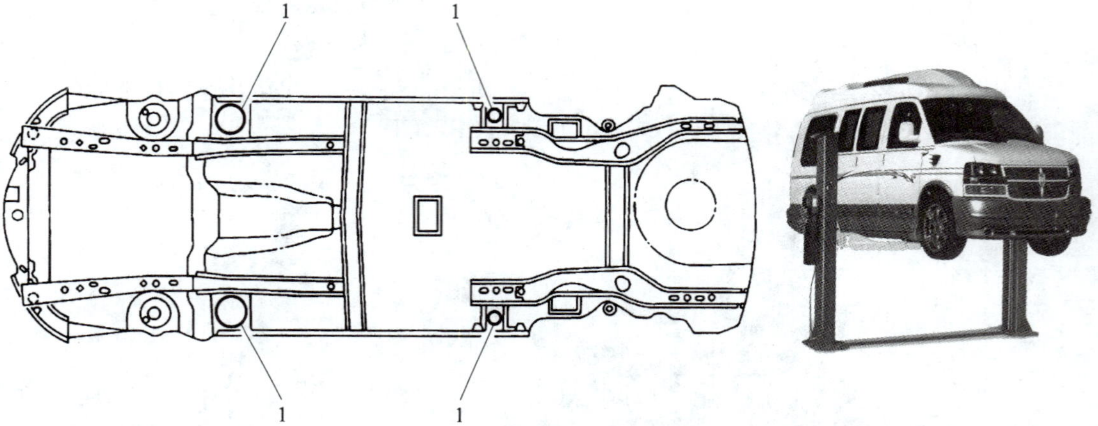

图 1-17　车辆举升示意图

1—举升位置

一般举升机（见图 1-18）用电或液压作为动力源。举升汽车前，汽车位置一定要摆正，举升机可动部件也必须位于正确位置。举升时应确保车辆平衡，特别要注意拆卸车上较重部件时对汽车平衡的影响。汽车举升时车内不能有人。

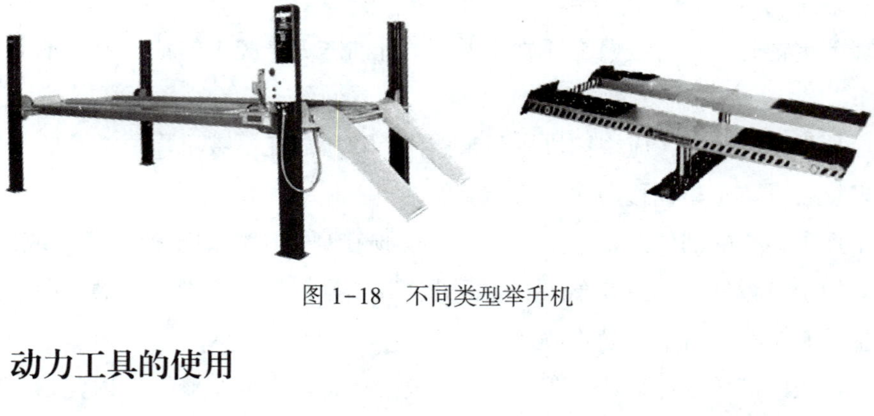

图 1-18　不同类型举升机

五、动力工具的使用

按动力源分，动力工具一般包括电动、气动及液压工具。汽车维修过程中经常会使用动力工具（见图 1–19）。例如，拆卸或紧固零件要用气动工具。使用动力工具时应该佩戴适当的眼睛保护用具，同时认真检查安装在工具上的安全保护装置。

a)　　b)　　c)

图 1–19　动力工具

a）电动工具　b）气动工具　c）液压工具

若用的是电动工具，应检查插头和电缆，插头应是三个插片的，要保证接地的插片完好，若发现电缆已擦破或断裂，不要凑合使用，应该修理或更换。

若用的是气动工具，应检查气管。若发现气管有局部鼓胀、磨破等迹象，应该停止使用。应正常加注润滑油，使用时不要超负荷，不要高速空转，否则可能会使机械部件过早磨损。

若用的是液压工具，应检查液压管和压力表。发现问题应及时处理。

如果需要调整动力工具，则应做完所有调整才可以开动工具，开动工具时要确认工具前没有其他人员。在工具运转期间不要离开现场，使用后及时整理工具。若检查时发现工具有问题，应在工具上做上记号并通知保管员。

六、手工工具的使用

手工工具（见图 1–20）通常被认为很安全，但许多事故恰恰是手工工具使用不当引起的。在维修时应针对具体的工作选用合适的工具，比如用一字旋具代替撬棍可能会带来危险。

应该正确地放置手工工具。一个好的维修工总是有一个清洁的工作场所和一套清洁的工具。油腻的工具会从手里滑出去，掉到发动机运转件内而飞出打伤人。维修工应保持手工工具清洁，使其处于正常工作状态。使用工具时，手也应尽可能保持干净。

带锐边的工具（如一字旋具）如拿法不正确，可能引起割伤。当拿这种工具时，锐边不要对着人。小工件应夹在工作台上或夹在台虎钳中，再用錾子或冲子加工。将工具递给同伴时要将手柄端朝向对方。应保持工具的良好状态，切勿使用破损的工具和不适合该作业的

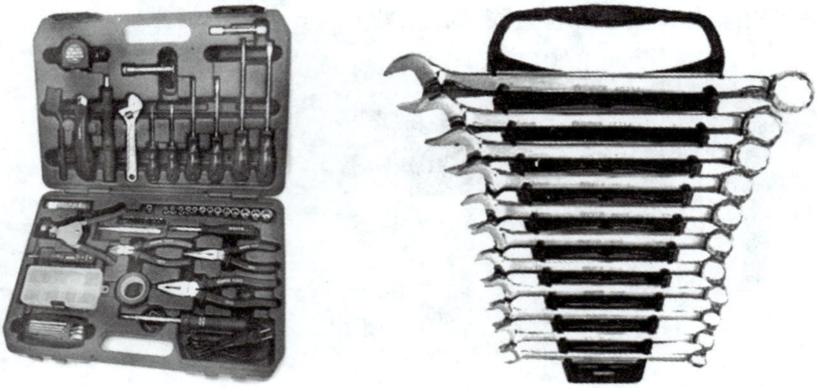

图1-20　手工工具

工具。操作工具的手不要同时抓着螺钉等小零件，口袋里不要放入锋利的工具，以免引起人身伤害。

第2节　常用汽车材料

世界上自然材料和人工材料约有百万种之多，自然材料约占1/20，其他全部为人工材料。汽车材料按照用途划分，一般分为汽车工程材料和汽车运行材料。汽车工程材料是指用于制造汽车零部件的材料，汽车运行材料是指汽车运行过程中需补充、更换的材料。

学习单元1　钢、铸铁

学习目标

➢ 了解钢的分类和用途

➢ 熟悉碳素钢、合金钢和铸铁的性质及分类

知识要求

一、钢

钢的种类繁多，可以按照化学成分和用途对钢进行分类。钢按化学成分可分为碳素钢和合金钢两类。

碳素钢是含碳量小于 2. 11%的铁碳合金。实际使用的碳素钢，其含碳量一般不超过 1. 4%，而且还有少量锰、硫、硅、磷等元素。合金钢是在碳素钢的基础上加入某些合金元素而得到的钢。

1. 碳素钢

碳素钢的价格低廉，具有较好的力学性能和工艺性能，是工业中应用最普遍、用量最大的金属材料，可以满足一般工程机械、普通机械零件、工具的使用要求，因此在汽车工业生产中得到广泛应用。

（1）碳素钢的组织及性能。在碳素钢中除了碳以外，还有硅、锰、磷、硫等元素或杂质。对碳素钢的性能影响最大的元素是碳，如图 1-21 所示是含碳量与碳素钢的力学性能的关系。一般来说，如果含碳量增加，则抗拉强度、屈服强度、硬度增大，而伸长率及收缩率减小。

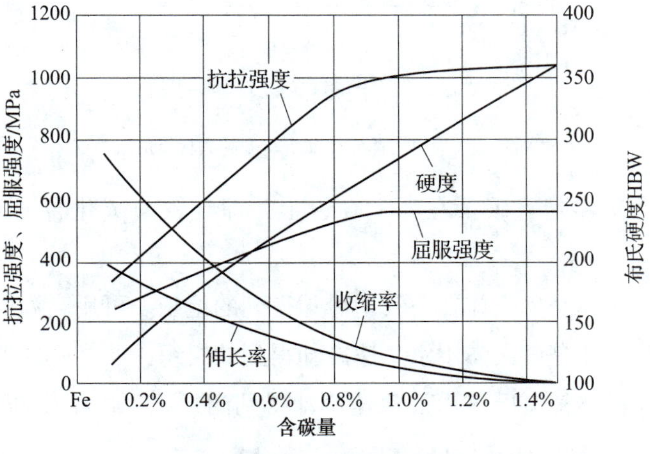

图 1-21　含碳量与碳素钢力学性能的关系

从液态变为固态的碳素钢时，下述的组织互相混合，产生如图 1-22 所示的组织。

1）铁素体。铁素体是含碳量非常少的纯铁形成的组织，是质软的强磁性体。

2）珠光体。珠光体是含碳量为 0. 77%的碳素钢从 900℃缓慢冷却得到的组织。

3）奥氏体。奥氏体是最大含碳量 2. 11%的碳素钢在 900℃高温得到的组织，非磁性体。

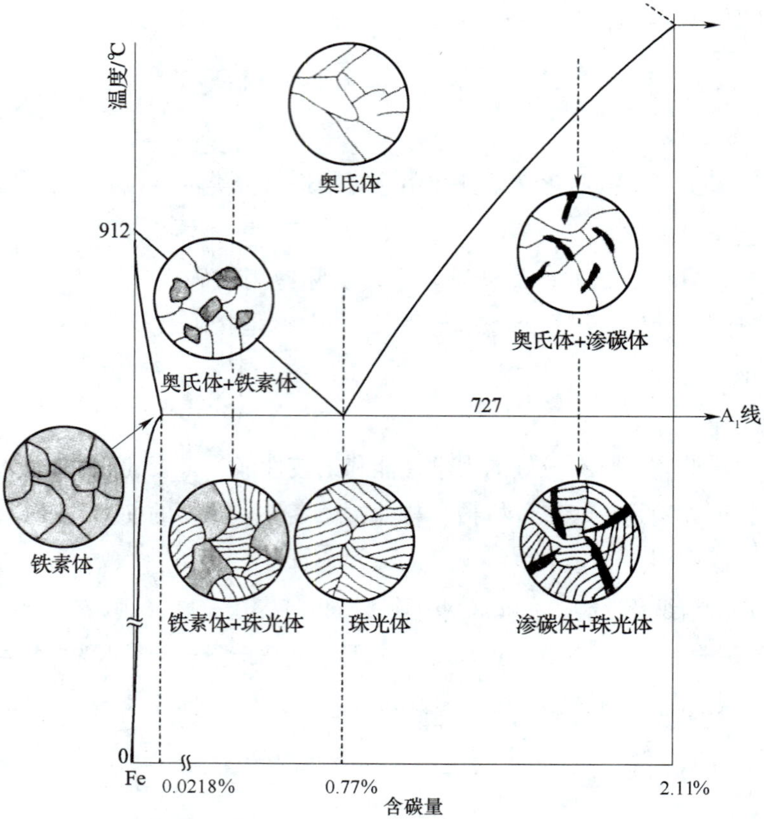

图 1-22　铁碳合金状态图

注：A_1 线为奥式体发生共析转变的共析反应线。

4）渗碳体。渗碳体是含碳量在 2.11%以上，即纯铁与碳化合的碳化铁组织，质硬而脆。

5）索氏体。索氏体是奥氏体在空气中冷却得到的组织。可用高温回火处理得到。

6）马氏体。马氏体是奥氏体用水急速冷却得到的组织，非常坚硬但性质脆。

7）托氏体。托氏体是奥氏体用油急速冷却得到的组织，由于冷却速度不如水快，与索氏体相似，但硬度、韧性比索氏体好。

8）回火马氏体。它是回火时再加热的温度低，在内部残留畸变的马氏体。

其中，索氏体、马氏体、托氏体、回火马氏体是奥氏体组织再冷却后得到的。

（2）常用碳素钢的分类。碳素钢分类方法很多，主要的分类方法如下。

1）按含碳量分类

①低碳钢。其含碳量小于 0.25%。

②中碳钢。其含碳量为0.25%~0.60%。

③高碳钢。其含碳量大于0.60%。

2）按质量分类。碳素钢的质量主要根据碳素钢中硫、磷含量的多少来判断，可分为以下几种。

①普通碳素钢。其含硫量小于或等于0.055%，含磷量小于或等于0.045%。

②优质碳素钢。其含硫量、含磷量均小于0.035%。

③高级优质碳素钢。其含硫量小于或等于0.020%，含磷量小于或等于0.030%。

3）按用途分类

①碳素结构钢。其主要用于制造各种机器零件和工程结构件，其含碳量一般都小于0.7%。

②碳素工具钢。其主要用于制造各种工具（刃具、模具、量具），含碳量一般大于0.7%。

（3）钢的热处理。热处理是提高材料使用性能和改善材料工艺性能的基本途径之一。常用的钢的热处理有退火、正火、淬火、回火、表面热处理等。

钢的热处理工艺一般是以一定的速度将钢加热到一定温度后保温一段时间，再以适当的速度冷却到室温。通过改变工艺规范，可以获得不同的组织，以满足不同零件的性能要求。大多数热处理工艺都是把钢件加热到临界温度线以上，使其内部组织转变成均匀的奥氏体，这种加热转变过程称为奥氏体化。

奥氏体晶粒的大小对冷却钢的组织和性能有很大影响。若加热获得细小、均匀的奥氏体，则冷却后金属零件内部组织也较细小，力学性能较高。奥氏体晶粒大小主要取决于加热温度和保温时间。适当的加热温度和保温时间可提高奥氏体的形核率，减缓晶核长大速度，从而获得细小均匀的奥氏体晶粒；加热温度过高或高温下保温时间过长，将产生粗大的奥氏体晶粒。因此，控制钢的加热温度和保温时间十分重要。冷却方式和冷却速度对奥氏体的组织转变及钢的最终性能起着决定性作用。一般有等温冷却和连续冷却两种冷却方式。

例如，热处理工艺中的等温淬火就是等温冷却方式。将已奥氏体化的钢，先以较快的冷却速度冷却至一定的温度，这时奥氏体尚未转变成为过冷奥氏体，然后进行保温，使奥氏体在等温条件下进行组织转变，转变完成后再冷却至室温。

在热处理生产中，水冷淬火、空冷正火和炉冷退火通常采用连续冷却的方式冷却。

1）退火和正火。退火和正火是应用非常广泛的热处理工艺，主要用于铸件、锻件和焊件的预备热处理，目的在于消除冶金及热加工过程中产生的某些缺陷，改善组织及加工性能。

2）淬火。淬火是将钢加热到一定温度，保温一段时间，再快速冷却，以获得马氏体、贝氏体等非平衡组织的热处理工艺。淬火是强化钢材的一种重要方法，目的主要是提高钢的强度、硬度和耐磨性。钢淬火后再进行适当的回火，可提高钢的力学性能。

3）回火。回火的目的在于降低淬火钢的脆性，减小或消除淬火后的内应力，防止钢变形和开裂，以满足零件的使用要求。根据加热温度的不同，回火可分为高温回火、中温回火和低温回火。

①高温回火的加热温度为500~650℃。高温回火后，钢的组织为索氏体，它是较细的颗粒状渗碳体和铁素体的混合物。中碳钢经高温回火后内应力消除较完全，既有一定的强度和硬度，又有良好的塑性和韧性。生产中把淬火和高温回火相结合的热处理工艺称为调质。调质广泛应用于各种重要的机械零件，尤其是在交变载荷下工作的零件，如轴、齿轮、连杆、螺栓等。

②中温回火的加热温度为250~500℃。中温回火后，钢的组织为贝氏体，它是极细的球状渗碳体和铁素体的混合物，内应力基本消除，塑性显著提高，但硬度有所降低。中温回火主要用于含碳量为0.45%~0.90%的各类弹簧及某些要求高强度的结构钢制件。

③低温回火的加热温度为150~250℃。低温回火后，钢的组织为马氏体，它是过饱和程度较小的α固溶体。高碳钢低温回火后，减小了淬火应力，降低了钢的脆性，保持了高硬度和高耐磨性；低碳钢低温回火后，获得了较高的塑性、韧性与较高强度的良好配合。低温回火广泛用于各类工具、模具、轴承、渗碳件、表面淬火件及低碳合金结构钢制件。

4）钢的表面热处理。传递发动机动力的轴、齿轮等零件，需要具有韧性以经受巨大的惯性力，同时还需要接触部分或齿轮部分耐磨损，因此要求表面具有高的硬度和耐磨性，而芯部应具有足够的塑性和韧性。采用普通热处理难以实现这样的要求，因此需要采用表面热处理工艺。

常用的表面热处理工艺可分为两类：一类是只改变表面组织而不改变表面化学成分的表面淬火；另一类是同时改变表面化学成分和组织的表面化学热处理。

①表面淬火。表面淬火是通过快速加热，在零件表面达到淬火温度而内部还没有达到临界温度时迅速冷却，使零件表面获得马氏体组织而芯部仍保持塑性、韧性较好的原始组织的局部淬火方法。

②表面化学热处理。表面化学热处理是将工件放在一定的活性介质中加热保温，使介质中的活性原子渗入工件表层，从而改变表层的化学成分、组织和性能的工艺方法。

化学热处理的目的是使工件芯部具有足够的强度和韧性，而表面具有高的硬度和耐磨性，从而提高工件的疲劳强度和表面耐蚀性、耐磨性等。根据渗入元素的不同，钢的化学热处理分为渗碳、渗氮、碳氮共渗、渗硫、渗硼、渗金属（如铝、铬）等，以渗碳、渗氮和碳氮共渗最为常用。

随着材料科学技术的发展，热处理工艺也在不断改进，形成许多新的热处理工艺，如真空热处理、可控气氛热处理、形变热处理等。

2. 合金钢

合金钢是指为改善钢的性能，在冶炼时有目的地加入了一些合金元素的钢。常用的合金元素有硅（Si）、锰（Mn）、铬（Cr）、镍（Ni）、钨（W）、钼（Mo）、钒（V）、硼（B）、铝（Al）、钛（Ti）、稀土等。随着现代汽车工业发展和汽车性能的不断提高，合金钢在汽车制造中的用量比率正在逐年增长。

（1）合金钢的性质。由于添加的元素种类及数量不同，合金钢具有不同的性质。在铁素体中添加各种元素对合金钢抗拉强度的影响如图 1-23 所示。由图可知，硅、钛、锰、钼、镍、铝等可有效地提高合金钢抗拉强度。

添加元素对淬火特性的影响如图 1-24 所示，锰、钼、铬等显示出非常高的淬火性，而镍等比较低。

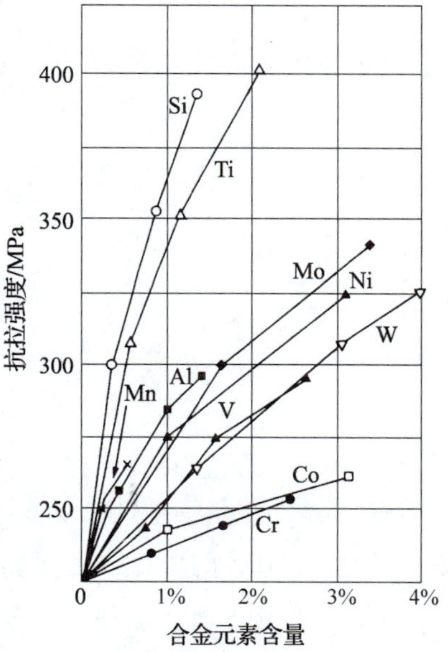

图 1-23　在铁素体中添加各种元素对合金钢抗拉强度的影响

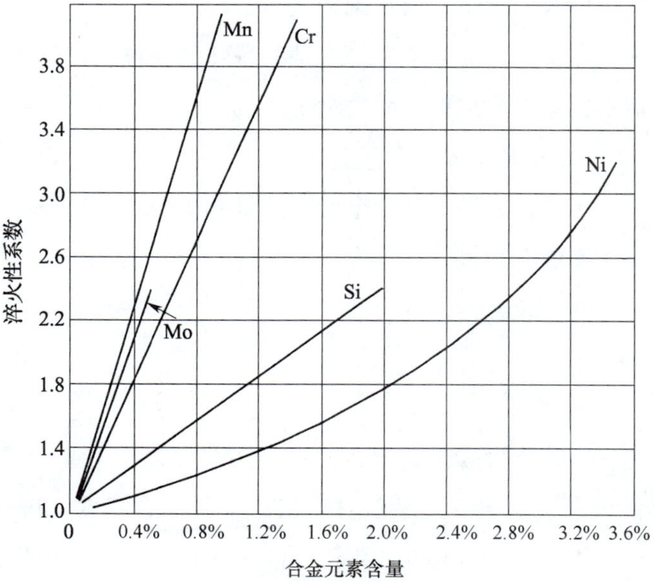

图 1-24　添加元素对淬火特性的影响

添加合金元素时，有时单独加入，有时则加入两种以上的元素。特别是以适当的比例添加几种元素时，各元素相辅相成，可以使合金钢具有更加优良的性质。

与碳素钢相比，合金钢的主要优点是具有良好的淬透性。在相同的淬火条件下，合金钢可获得更深的淬硬层，并使大截面的零件获得均匀一致的组织。在获得同样淬硬层的情况下，合金钢又可采用冷却能力较低的淬火介质，以减少零件的变形与开裂，并具有良好的力学性能。合金钢与同等含碳量的碳素钢在相同的热处理条件下相比，具有较高的强度和硬度。在同等强度和硬度条件下，合金钢又具有更好的塑性和韧性，并且具有耐磨、耐腐蚀、耐高温等特殊的物理、化学性能等。但合金钢冶炼较困难，生产成本高、价格昂贵，且焊接、热处理等工艺较为复杂。

（2）合金钢的分类。合金钢的种类繁多，常用的分类方法有以下几种。

1）按用途分类

①合金结构钢。用来制造各种零件和构件的合金钢称为合金结构钢。合金结构钢又可分为低合金结构钢、合金渗碳钢、合金调质钢、合金弹簧钢、滚动轴承钢等。

②合金工具钢。用于制造各种工具的合金钢称为合金工具钢。根据工具的用途不同，又可分为刃具钢、模具钢、量具钢等。

③特殊性能合金钢。有某些特殊的物理、化学性能的合金钢称为特殊性能合金钢，包括不锈钢、耐热钢、耐磨钢等。

2）按合金元素含量分类

①低合金钢。其合金元素总量小于5%。

②中合金钢。其合金元素总量为5%~10%。

③高合金钢。其合金元素总量大于10%。

二、铸铁

铸铁是含碳量大于2.11%的铁碳合金。工业中常见的铸铁，其含碳量一般为2.5%~4.0%，并含有一定量的硅、锰、硫、磷等元素。铸铁在汽车制造业中应用很广，以质量百分比计算，铸铁件约占汽车的50%以上。常见的发动机缸体、缸盖及变速器壳体、支架等零件大部分由铸铁制造。铸铁之所以能得到广泛应用，是因为它具有良好的铸造性、耐磨性、减振性及切削加工性。

特别是采用了球化和变质处理后，铸铁的力学性能有了很大提高，很多原来用碳素钢、合金钢制造的零件，目前已被铸铁制造的零件所代替，从而使铸铁的应用更为广泛。

1. 铸铁的组织和分类

铸铁的组织随着碳、硅的含量及冷却速度不同有很大变化。铸铁按碳元素存在的形式不同，可分为白口铸铁、灰铸铁、球墨铸铁、蠕墨铸铁、可锻铸铁等。

（1）白口铸铁。除少量碳溶于铁素体外，其余碳以渗碳体的形式存在于铸铁中，其断面呈银白色，因此称白口铸铁。由于大量渗碳体存在，因此白口铸铁硬而脆，很难进行切削加工。除少量用于制造要求高强度和高耐磨性的零件之外，其余的大部分白口铸铁用作炼钢原料和可锻铸铁毛坯。

（2）灰铸铁。灰铸铁中，碳主要以片状石墨形态存在于金属基体中，断口呈灰白色。灰铸铁的力学性能好，不仅切削加工性能好，而且生产工艺简单，价格低廉，具有良好的减振性、减摩性和耐磨性，因此是使用最广泛的一种铸铁。

（3）球墨铸铁。球墨铸铁中，碳主要以球状石墨的形态存在于金属基体中，其力学性能高于灰铸铁，而且还可通过热处理方法进行强化，生产中常用来制作受载荷大且重要的铸件。

（4）蠕墨铸铁。蠕墨铸铁中，碳以蠕虫状石墨的形态存在于金属基体中，其力学性能介于灰铸铁和球墨铸铁之间。

（5）可锻铸铁。可锻铸铁中，碳以团絮状石墨形态存在于金属基体中，韧性和塑性高于灰铸铁，接近于球墨铸铁。

2. 铸铁的性质

（1）熔点比钢低，凝固时的收缩率小，适于铸造。

（2）石墨有润滑、蓄油作用，因此耐磨性、传热性好。

（3）石墨在组织中是点状分布，机械加工的切削性好。

（4）表面形成薄而坚固的黑皮层，有耐蚀性，而且容易黏附涂料。

（5）因内部有石墨，比钢容易吸收振动。

（6）对碱有较强的耐蚀性，对酸耐蚀性差。

（7）抗压强度大，抗拉强度和韧性差。

学习单元2 塑料、橡胶

学习目标

- 了解塑料的组成和特性
- 熟悉热塑性塑料和热固性塑料的性质及实际应用
- 了解橡胶的组成、结构性能
- 熟悉橡胶制品在汽车上的应用

知识要求

一、塑料

1. 塑料的组成

塑料是以合成树脂为主要成分，加入一些用来改善使用性能和工艺性能的添加剂而制成的高分子材料。树脂的种类、性能、数量决定了塑料的性能，因此，塑料基本上都是以树脂的名称命名的，如聚氯乙烯塑料的树脂就是聚氯乙烯。工业中用的树脂主要是合成树脂，如聚乙烯、聚氯乙烯等。

2. 塑料的特性

（1）质量轻、比强度高。塑料的密度为0.9~2.2 g/cm^3，只是钢的1/8~1/4。泡沫塑料的密度约0.01 g/cm^3。塑料的强度比金属低，但比强度高。这对减轻机械产品的质量具有重要意义。

（2）化学稳定性好。塑料能耐大气、水、碱、有机溶剂等的腐蚀。例如，聚四氟乙烯在沸腾的“王水”（硝基盐酸，一种腐蚀性极强的液体）中仍很稳定。

（3）优异的电绝缘性。塑料有良好的电绝缘性，介质损耗小，其电绝缘性可与陶瓷、橡胶等绝缘材料相媲美。

（4）减摩、耐磨性好。塑料的硬度低于金属，但多数塑料的摩擦因数小，有些塑料（如聚四氟乙烯、尼龙等）具有自润滑性。因此，塑料可用于制作在无润滑条件下工作的某些零件。

（5）消声和吸振性好。塑料轴承和齿轮工作时平稳无声，大大减小了噪声污染。泡沫塑料常被用作隔音材料。

（6）成形加工性好。塑料有注射、挤压、模压、浇塑等多种成形方法，且工艺简单，生产率高。

（7）耐热性差。塑料多数只能在温度约为100℃时使用，少数品种可在200℃左右使用；易老化（光、热、载荷、水、碱、酸、氧等的长期作用，使塑料出现变硬、变脆、开裂等现象，称老化）；导热性差，导热系数约为金属的1/500；热膨胀系数大，为金属的3~10倍。

3. 常用塑料

（1）热塑性塑料。热塑性塑料受热时变软，表现为塑性，但冷却后又变硬，恢复固体的性质。一般成形性好，缺点就是不耐热。

1）聚乙烯（PE）。按生产工艺不同，其分为高压聚乙烯、中压聚乙烯和低压聚乙烯。高压聚乙烯化学稳定性、柔软性、绝缘性、透明性、耐冲击性好，宜吹塑成薄膜、软管、瓶等。低压聚乙烯质地坚硬，耐磨性、耐蚀性、绝缘性好，适宜制造化工用管道、槽，电线、电缆包层，承载小的齿轮、轴承等；又因其无毒，可制作茶杯、奶瓶、食品袋等。

2）聚氯乙烯（PVC）。其分为硬质和软质两种。硬质聚氯乙烯强度较高，绝缘性和耐蚀性好，耐热性差，仅在-15~60℃温度范围使用，用于制造化工耐蚀结构材料，如输油管、离心泵、阀门管件等。软质聚氯乙烯强度低于硬质聚氯乙烯，伸长率大，绝缘性较好，在-15~60℃的温度范围使用，用于制造电线、电缆的绝缘包层，农用薄膜，工业包装等。因其有毒，不能包装食品。

3）聚丙烯（PP）。聚丙烯密度小，是常用塑料中最轻的一种。其强度、硬度较高，刚性、耐热性较好，可在120℃以下长期工作。其绝缘性好，且不受温度影响，无毒无味，但低温脆性大，不耐磨，易老化，用于制造一般机械零件，如齿轮、耐蚀件（如泵叶轮、化工管道）；绝缘件；电视机、收音机、电扇、电动机罩等壳体；生活用具、医疗器械、食品和药品包装等。

4）聚酰胺（PA）。聚酰胺俗称尼龙或锦纶。其强度高，韧性、耐磨性、耐蚀性、吸振性、自润滑性、成形性好，摩擦因数小，无毒无味，可在100℃以下使用。其蠕变值大，导热性差，吸水性好，成形收缩率大。常用的聚酰胺有尼龙6、尼龙66、尼龙610、尼龙1010等，用于制造耐磨、耐蚀的某些承载和传动零件，如轴承、机床导轨、齿轮、螺母及一些小型零件，也可用于制作高压耐油密封圈，或喷涂在金属表面作为防腐、耐磨涂层，应用较广。

5）聚甲基丙烯酸甲酯（PMMA）。其俗称有机玻璃，透光性、着色性、绝缘性、耐蚀性好，在自然条件下老化程度发展缓慢，可在-60～100℃使用；不耐磨，脆性大，易溶于有机溶剂中，硬度不高，表面易擦伤。其可用于制造飞机、仪器、仪表、汽车中的透明件和装饰件，如飞机窗、灯罩、电视机和雷达屏幕、油标、油杯、设备标牌等。

6）ABS塑料。ABS塑料是丙烯腈（A）、丁二烯（B）、苯乙烯（S）的三元共聚物。其综合力学性能好，尺寸稳定性、绝缘性、耐水和耐油性、耐磨性好，长期使用易起层。其可用于制造齿轮，叶轮，轴承，把手，管道，储槽内衬，仪表盘，轿车车身，汽车挡泥板，电话机、电视机、电动机、仪表的壳体，应用较广。

7）聚甲醛（POM）。其耐磨性、尺寸稳定性、着色性、绝缘性好，可在-40～100℃长期使用，加热易分解，成形收缩率大。其可用于制造耐磨件及传动件，如轴承、滚轮、齿轮，绝缘件，化工容器，仪表外壳，表盘等，可代替尼龙和有色金属。

8）聚四氟乙烯（F-4）。聚四氟乙烯也称塑料王。有极强的耐蚀性，可抗“王水”腐蚀，绝缘性、自润滑性好，不吸水，摩擦因数小，可在-195～250℃使用，但价格较高。其可用于制造耐蚀、减摩、耐磨件，密封件，绝缘件，如高频电缆、电容线圈架，化工用反应器、管道等。

9）聚碳酸酯（PC）。其强度高，韧性、尺寸稳定性、透明性好，可在-60～120℃长期使用，耐疲劳性不如尼龙和聚甲醛。其可用于制造齿轮、蜗轮、凸轮、电气仪表零件、大型灯罩、防护玻璃、飞机挡风罩、高级绝缘材料等，用途很广。

10）聚砜（PSF）。其强度、硬度、成形温度高，抗蠕变、尺寸稳定性、绝缘性好，可在-100～150℃长期使用，不耐有机溶剂和紫外线。其可用于制造耐热件，绝缘件，减摩、耐磨件，高强度件，如凸轮、精密齿轮、真空泵叶片、仪表壳体和罩、汽车护板、电子器件等。

（2）热固性塑料。热固性塑料固化后保持原有性质，即使再加热也不再显示塑性，在成形加工过程中有化学变化，必须等到固化终了才能从模具里取出制件，生产效率较低，坚硬，耐热性好，适合做结构材料。

1）酚醛塑料（PF）。酚醛塑料俗称电木，强度、硬度高，绝缘性、耐蚀性、尺寸稳定性好，工作温度高于100℃，脆性大，耐光性差，只能模压成形，价格低。其可用于制造仪表外壳、灯头、灯座、插座、电器绝缘板、耐酸泵、制动摩擦片、电器开关、水润滑轴承等。

2）氨基塑料。氨基塑料俗称电玉，颜色鲜艳，半透明如玉，绝缘性好，长期使用温度低于80℃，耐水性差。其可用于制造装饰件、绝缘件，如开关、插头、旋钮、把手、灯座、钟表外壳等。

3）环氧塑料（EP）。环氧塑料俗称万能胶，强度高，韧性、绝缘性、化学稳定性好，能防水、防潮、防霉，可在-80~155℃长期使用，成形工艺简便，成形后收缩率小，黏结力强。其可用于制造塑料模具、仪表和电器零件、电子元件、线圈及用于涂覆、包封和修复机件。

二、橡胶

1. 橡胶的组成与性能

（1）橡胶的性能特点。橡胶是以生胶为主要原料，加入适量配合剂而制成的高分子材料，相对分子质量一般在几十万，有的甚至达到一百万左右。橡胶弹性大（最大伸长率可达800%~1 000%），同时具有优良的伸缩性和积储能量的能力。另外橡胶具有较大的拉伸强度和疲劳强度，并且具有良好的耐磨性、隔音性、电绝缘性，以及不透水、不透气、耐酸碱等性能。某些特种合成橡胶，还具有耐油、耐化学品腐蚀、耐热、耐寒、耐燃、耐老化、耐辐射等特点。未经硫化的橡胶还能与某些树脂掺和改性，与其他材料（如金属、纤维、塑料、石棉、软木等）组合成兼有两者特性的复合材料。因此，用橡胶可制成常用的弹性材料，密封制品，减振、防振制品，如轮胎、胶管、胶板、胶条、胶垫等。

（2）橡胶的结构。橡胶一系列特有的性能是由它本身分子结构决定的。橡胶的分子结构有线型、支链型和体型三种类型。未经硫化的生胶和胶乳的分子结构是线型或支链型；硫化后的橡胶则是体型结构。常看到的大块生胶或牛奶似的胶乳，就是由许多细长而有很大柔顺性的线型分子链所组成。这种长链的橡胶分子往往卷曲成无规则、杂乱如麻的线团，并且相互缠绕，当受到外力拉伸时，分子链就伸直，外力去掉后，又恢复成卷曲状，这就是橡胶高弹性的来源。但生胶由于分子中有不稳定的双键存在，容易老化，例如受热发黏、遇冷变硬，只能在5~35℃范围内保持弹性；同时强度差、不耐磨，也不耐溶剂。因此，生胶只有经过特殊的物理、化学过程，即所谓硫化处理之后，才具有橡胶的各种优良性能。硫化后，不同分子链之间相互连接成立体网状结构，这种立体网状结构被称为体型结构。它使橡胶的物理力学性能得到全面增强，从而具有实际使用价值。

（3）橡胶的组成。橡胶是以生胶为基础加入适量的配合剂组成的高分子弹性体。生胶按原料来源可分为天然橡胶（从橡胶树或杜仲树的浆汁中制取的）和合成橡胶（通过化学合成方法制造的）。橡胶制品的性质主要取决于生胶的性质。

2. 常用橡胶介绍

（1）天然橡胶。天然橡胶是橡胶树上流出的胶乳，经凝固、干燥、加压等工序制成片状生胶。其橡胶的质量分数为90%以上，是以异戊二烯为主要成分的天然高分子化合物，平均相对分子质量为70万左右。天然橡胶为线型结构，通常呈非晶态，具有很高的弹性。为使之硬化，常要进行硫化。天然橡胶突出的特点是弹性、耐寒性及加工工艺性优良，广泛用于制造轮胎、胶管、胶带等制品，缺点是不耐臭氧老化、不耐油及不耐高温。

（2）合成橡胶。合成橡胶品种较多，现介绍以下常用品种。

1）丁苯橡胶。丁苯橡胶是以丁二烯和苯乙烯为单体共聚而成的浅黄色弹性体。丁苯橡胶于1937年开始工业化生产，它是合成橡胶中产量、品种较多的通用橡胶。丁苯橡胶种类很多。它有较好的耐磨性、耐热性、耐老化性，且价格低；缺点是生胶强度差、粘接性差、弹性低等。其可与天然橡胶共混，以取长补短，使丁苯橡胶用途更加广泛。

2）顺丁橡胶。顺丁橡胶是顺式-1，4-聚丁二烯橡胶的简称，以弹性好、耐磨而著称，其产量仅次于丁苯橡胶位居第二，是制造轮胎的一种优良材料，比丁苯橡胶耐磨性高26%。

3）氯丁橡胶。氯丁橡胶是氯丁二烯单体的弹性聚合物。其分子链上挂有侧基Cl，作为极性基团，增强了分子间的作用力，因此具有耐油、耐酸、耐碱、耐热、耐氧化、耐燃烧、透气性好等性能，有“万能橡胶”的美称。氯丁橡胶已成为橡胶工业的重要原料。

4）丁腈橡胶。丁腈橡胶是丁二烯和丙烯腈共聚而获得的高分子弹性体，属非结晶聚合物，故力学性能较差，需加入炭黑增强后方能使用。丁腈橡胶的耐油性和耐水性较突出，并随丙烯腈含量增加而提高，一般丙烯腈质量分数为15%～50%。其用途主要是做耐油和吸振零件。

5）硅橡胶。硅橡胶的结构是硅、氧键为主链，侧链由硅和有机基团相连，其键的结合力远大于一般碳碳键，因此具有很高的热稳定性。作为特种橡胶，其主要优点是耐高温也耐低温，使用温度范围宽，为-70～300℃，耐老化和绝缘性能优良；缺点是力学性能较差，耐油性差，价格较贵。因具有多种优良性能，硅橡胶应用面广，发展很迅速，主要用于耐高、低温的各种制品。

6）氟橡胶。氟橡胶是以碳原子构成主链并含有氟原子的一种合成高分子弹性体，它耐腐蚀、耐油、耐多种化学药品侵蚀、耐强氧化剂腐蚀的能力都高于其他各类橡胶，耐热、耐老化性能与硅橡胶不分上下，但价格昂贵，目前仅用于国防和尖端技术中的某些特殊用途。

7）丙烯酸酯橡胶。丙烯酸酯橡胶是以丙烯酸酯为主要成分的橡胶，它的最大特点是耐热性能、耐油性能很好，耐气候老化性能和耐臭氧老化性能良好，可用来制造在150℃高温条件下使用的汽车橡胶制品。

8）三元乙丙橡胶。三元乙丙橡胶是乙烯与丙烯的共聚物，其主链呈饱和状态，分子内没有极性基团，分子链比较柔顺。它的耐老化性能超群，是现有通用橡胶中最好的，可在 150℃下长期使用；适于室外环境，在阳光下暴晒 3 年不见裂纹；冲击弹性较好，回弹率可达 60%。其广泛用于密封条、胶管等非耐油橡胶部件。

三、汽车橡胶制品

一辆汽车上的橡胶件有成百上千个，使用的橡胶材料品种多达十几种，常用的橡胶品种有天然橡胶、丁苯橡胶、氯丁橡胶、丁腈橡胶、三元乙丙橡胶、丙烯酸酯橡胶、氟橡胶、硅橡胶、聚氨酯橡胶、丁基橡胶等。汽车橡胶制品主要分布在汽车车身、传动、转向、悬挂、制动、电气仪表等系统内。

1. 汽车轮胎

汽车轮胎是汽车上橡胶用量最大的橡胶零件。汽车轮胎按结构分为普通结构轮胎（斜交轮胎）、子午线轮胎、带束斜交轮胎、无内胎轮胎、活胎面轮胎等。子午线轮胎的胎体由数层纤维或一层钢丝帘布组成，其帘线与胎圈成 90°角平行排列，好像地球的子午线那样分布，故称为子午线轮胎。带束斜交轮胎具有普通结构轮胎和子午线轮胎的特点，从性能和经济效果上看，它优于普通结构轮胎而次于子午线轮胎。

无内胎轮胎的外形与普通结构轮胎相似，但结构不同。它有气密层、密封胶，胎圈结构特殊，着合直径稍小，以便使轮胎紧密地与轮辋着合。

轮胎的外胎部分直接承受地面的冲击和摩擦，要求具有较好的弹性、强度、耐磨性能、耐疲劳和耐日光老化性能。轮胎的外胎普遍使用天然橡胶、丁苯橡胶、顺丁橡胶等。

轮胎的内胎起着充气并维持轮胎一定压力的作用。内胎一般用气密性好的材料来制造，如丁基橡胶。

2. 密封制品

汽车上使用的橡胶密封制品主要包括油封件、密封条、密封圈、皮碗、防尘罩、衬垫等。这类橡胶制品应有良好的密封性能，以及耐油及各种化学试剂、耐老化、耐热、耐寒、耐臭氧、耐磨、高强度和永久压缩变形小等特性。

3. 胶管

每辆汽车中所用的胶管有几十种，总长约 30 m，用胶量达到 20 kg 以上，所用的橡胶材料有天然橡胶、丁腈橡胶、三元乙丙橡胶、氯丁橡胶、丙烯酸酯橡胶等。胶管按结构可分为纯胶管、夹布胶管和编织胶管；按其耐压性能分为低压管、高压管和真空管。胶管用在汽车上的燃油、制动、冷却、空调等系统中。

4. 胶带

车用胶带主要是 V 形胶带（简称“V 带”）。通常 V 带有三种，即包布 V 带、切割 V

带和多楔 V 带，以切割 V 带为多。切割 V 带两侧没有包布，挠性好，摩擦因数大，具有受力大、线速高、散热性及耐疲劳性良好、节能等特点，常用的胶种有丁腈橡胶、氯丁橡胶等。

5. 减振块

减振块主要用在汽车发动机、底盘等部件上，用来防止和降低汽车行驶中的振动和噪声，按其材料的组合形式可分为纯胶制品、塑料-橡胶复合制品及金属-橡胶复合制品，使用的材料有天然橡胶、氯丁橡胶、聚氨酯橡胶、丁腈橡胶等，其中聚氨酯橡胶材料能同时满足耐磨性、耐油性好和高强度的要求。

学习单元 3　汽车润滑脂

学习目标

- 了解润滑脂的组成
- 了解汽车常用润滑脂特性
- 掌握润滑脂的更换要求和方法

知识要求

润滑脂和润滑油均为润滑剂，润滑脂含有稠化剂，其性质与润滑油不同。绝大多数润滑脂是半固体，在常温下能保持本身的状态，在垂直表面不流失，并能在密封不良的摩擦部位工作，起润滑和密封作用，也用于金属表面，起填充空隙和防锈作用。车辆上不适合采用液体润滑剂的部位均可使用润滑脂，因此润滑脂工作范围比润滑油更广泛。

但另一方面，润滑脂的黏滞性较大，运转时阻力大，功率损失就大。润滑脂的流动性差，基本上不具有液体润滑剂的冷却与清洗作用，固体杂质混入后不易清除。此外，某些特殊使用部位的加脂、换脂比较困难。因此，使用润滑脂的范围也受到一定的限制。

一、润滑脂的组成和稠度

1. 润滑脂的组成

润滑脂是用一种（或多种）稠化剂稠化一种（或多种）润滑液体制成的，包括基础油（润滑液体）、稠化剂和添加剂三部分。

润滑脂的润滑性质取决于所用基础油的润滑性质，因为基础油在润滑脂中占75%~90%，润滑脂的基础油一般有石油润滑油（矿物油）、酯类油、合成烃油、硅油等。

稠化剂是润滑脂的重要组分，在润滑脂中形成海绵状或蜂窝状的结构骨架，将基础油包围起来，从而使基础油失去流动性而成为一种膏状物质。稠化剂对润滑脂的性质有很大的影响，稠化剂的性质和含量决定了润滑脂的黏稠程度及耐水、耐热等使用性能。

在润滑脂中，除了稠化剂和基础油外，还有各种不同的添加剂。

2. 润滑脂的稠度

稠度是指受作用力时，润滑脂一类的塑性物质抵抗变形的程度。一般用锥入度计测定稠度。稠度与润滑脂在所润滑部位上的保持能力和密封性能、润滑脂的泵送性等都有关系。

润滑脂稠度是其重要质量指标之一，是选用润滑脂的依据。稠度越大，润滑脂越硬，越不易进入和充满摩擦面，同时润滑脂的内摩擦阻力越大，不能满足高速运转部件的润滑要求。但为了保证有足够的黏附能力，对高速运转的部件也不宜用太软的润滑脂。冬季应选用稠度小一些的润滑脂，而夏季可选稠度较大的润滑脂。

为了适应实际使用中对不同软硬润滑脂的需要，同一种润滑脂应配备不同稠度的产品，以供不同用途使用。润滑脂牌号就是按润滑脂产品稠度的大小划分的。国际上按润滑脂在25℃用锥入度计测定的稠度将润滑脂分为9个牌号：000#、00#、0#、1#、2#、3#、4#、5#、6#。000#很稀，呈流体状；到了6#就如肥皂状，比较硬。

二、汽车润滑脂的选用

汽车润滑脂的选用包括对润滑脂的品种和稠度的选择。考虑的主要因素有温度、转速、负荷和工作环境。润滑脂的品种选择就是根据工作温度、工作环境、负荷和转速进行操作温度范围、水污染和极压性的选择，也可按汽车使用说明书要求选用。

汽车上主要润滑部位多用锂基润滑脂；对工作温度过高或过低的地方应选特殊润滑脂（如低温润滑脂、高温润滑脂等）；对受冲击载荷及极压条件下工作的钢板弹簧用石墨钙基脂；为保护蓄电池接线柱，可用工业凡士林。

三、汽车常用润滑脂

汽车常用润滑脂有以下几类。

1. 钙基润滑脂

钙基润滑脂俗称“黄油”，是目前我国使用较多的润滑脂品种。钙基润滑脂具有良好的抗水性，遇水不易乳化变质，适于潮湿环境或与水接触的各种机械部位的润滑。

钙基润滑脂主要可用于汽车、中小型电动机等各种机械的滚动轴承和易与水或潮湿环境接触部位的润滑。其使用温度范围为−10～60℃，一般可用于转速在3 000 r/min以下的滚动轴承。因其抗水性好，汽车底盘上的各润滑点都是用钙基润滑脂来润滑的。

2. 钠基润滑脂

钠基润滑脂是由天然脂肪酸钠皂稠化中等黏度的矿物油而制成的。其耐热性好，长时间在较高温度下使用也能保持润滑性。钠基润滑脂适用于−10～110℃温度范围，一般用于中等负荷机械设备的润滑，如可用于汽车、拖拉机轮毂轴承润滑。但其耐水性差，遇水易乳化，因此不能用于与潮湿环境或水接触的部位。

3. 汽车通用锂基润滑脂

汽车通用锂基润滑脂是用12-羟基硬脂酸锂皂稠化低凝点矿物油，并加入抗氧、防锈添加剂而制成的，具有良好的高、低温性能，可在−30～120℃的宽温度范围内使用。并且，汽车通用锂基润滑脂具有良好的抗水性和防锈性能，可在与潮湿环境或水接触的机械部件上使用。

汽车通用锂基润滑脂适用于汽车轮毂轴承、底盘、水泵等摩擦副的润滑，其换油周期是钠基润滑脂的两倍。

四、润滑脂的更换

1. 所加注的润滑脂量要适当。加脂量过大，会使摩擦力矩增大，温度升高，耗脂量增大；而加脂量过少，则不能获得可靠润滑而发生干摩擦。一般来讲，适宜的加脂量为轴承内总空隙体积的1/3～1/2，但应根据具体情况调整，有时则在轴承边缘涂脂而实行空腔润滑。

2. 注意防止不同种类、牌号及新旧润滑脂的混用。避免装脂容器和工具的交叉使用。

3. 在领取和加注润滑脂前，要严格注意容器和工具的清洁，供脂口应事先擦拭干净，严防机械杂质、尘埃和沙粒混入。

第3节 汽 车 排 放

学习单元1 汽油车排放废气的组成

学习目标

➢ 了解汽油车废气的产生原因和排放特性

➢ 了解空燃比和点火提前角对废气排放的影响

知识要求

一、汽油车排放废气的产生

汽油车排放污染物由排气管、曲轴箱和燃油系排出，其中排气管排放的废气（又称尾气）是汽油车排放的主要来源。废气的主要成分有 CO（一氧化碳）、CO_2（二氧化碳）、HC（碳化氢）、NO_x（氮氧化物）、O_2（氧气）、N_2（氮气）等，其中 CO、HC 和 NO_x对环境会造成很大的危害。

1. CO 和 CO_2

CO 是汽油中烃类燃烧的中间产物。理论上，当空燃比等于或大于理论空燃比时，混合气将实现完全燃烧，生成 CO_2和 H_2O（水）。现实中，由于混合气的分布不匀，会出现局部缺氧的情况，这样不可避免地产生 CO。就算燃料和空气混合很均匀，燃烧的高温也会使一部分 CO_2分解成 CO 和 O_2。另外，废气中的 H_2（氢气）和未燃烧的 HC 也可使废气中的一部分 CO_2还原成 CO。

在通常状况下，一氧化碳是无色、无味、有毒的气体，熔点-199℃，沸点-191.5℃，标准状况下气体密度为 1.25 g/L。它能和血液中的血红蛋白结合成为一氧化碳血红蛋白，阻止氧的输送，进而排挤血红蛋白与氧气的结合，从而使人缺氧甚至致人窒息死亡，这就是一氧化碳中毒。

2. HC

汽车排放污染物中的 HC 有三个来源：曲轴箱窜气、燃油系统的蒸发和排气管的排放。排气管排出的 HC 是由发动机未燃尽的燃料分解产生的气体。另外发动机汽缸壁淬冷作用，使缸壁表面约 0.5 mm 厚度（称为淬冷层）的混合气未燃烧，而由排气管排出。

HC 与 NO_2 的混合物在紫外线作用下进行光化学反应，在大气中产生臭氧等过氧化物而形成“光化学烟雾”，它伴有难闻的臭味，对人的眼、鼻和咽喉黏膜有刺激作用，严重时可致癌。

3. NO_x

NO_x是在燃烧室的高温条件下，由空气中的 N 和 O 反应生成的。燃烧废气的温度越高，燃烧后残留的氧气浓度越大，高温维持时间越长，NO_x的生成量越多。发动机刚排出的 NO_x中，有少量的 NO_2，但大部分是 NO，在大气中 NO 会很快氧化成 NO_2。通常把 NO_2 和 NO 统称为 NO_x。

NO_x是大气污染的主要组成成分，它会破坏臭氧层，从而改变到达地面的紫外线强度。臭氧层的变化还会引起气候的变化，进而影响到整个生态环境。空气中的 NO_x还是酸雨的重要来源，酸雨对生态环境的影响已经广为人知，它使得土壤和水源酸化，影响农作物的生长。现代科学也已经证实人类许多疾病的产生也与空气中的 NO_x有着直接的关系。

高浓度的 NO 能引起神经中枢障碍，并容易氧化成有毒的 NO_2。NO_2有特殊的刺激性气味，严重时会引起肺气肿。

二、汽油车废气排放的特性

影响汽油车排放废气的因素有：空燃比、点火正时、发动机转速、大气湿度、燃烧室形状和压缩比，其中空燃比影响最大，其次是点火正时。空燃比是可燃混合气中空气质量与燃气质量之比。空燃比越小，混合气越稀薄；反之混合气越浓。

1. 空燃比对废气排放的影响

空燃比与废气中各排放物的关系如图 1-25 所示，以下对图中曲线介绍时涉及的“浓度”均为质量分数。

（1）空燃比对 CO 的影响。随着空燃比的增加，CO 浓度逐渐下降。空燃比>15（即混合气变稀）时，CO 将大致保持较低的浓度。因此，CO 浓度是判断混合气是否过浓的一个较好的指标。

（2）空燃比对 HC 的影响。HC 的浓度在空燃比<16.3 时，随着空燃比的增大而下降；而空燃比>16.3 时，由于混合气过于稀薄，易发生火焰不能完全传播，HC 排放浓度迅速增加。

（3）空燃比对 NO_x的影响。空燃比为 15.4~16 时，NO_x 浓度最高。混合气过浓时，由于燃烧高峰温度和可利用的氧的浓度都很低，因此，NO_x 的生成量较低；而空燃比>16

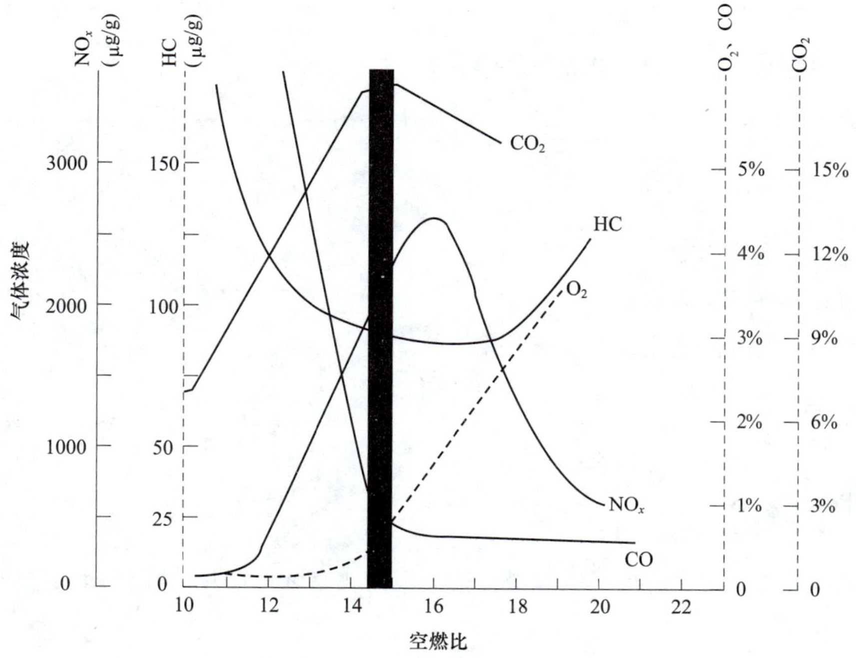

图 1-25　排气中有害气体浓度与空燃比的关系

时，虽然氧的浓度增加可促进 NO_x 的生成，但混合气的形成速度和燃烧温度的降低，使 NO_x 的生成量也较低。因此混合气过稀或过浓，NO_x 的排放浓度均较低。

（4）空燃比对 CO_2 的影响。CO_2 的浓度在理想空燃比时达到最大，混合气过稀或过浓时，CO_2 浓度都降低。因此，它是判断燃烧效率的一个很明显的指标。

（5）空燃比对 O_2 的影响。发动机吸入的空气和燃料混合，空气中的 O_2 在燃烧中消耗，O_2 的浓度在空燃比接近理想值时几乎为零，这是由于大部分氧气被燃烧耗尽。而混合气浓时，O_2 浓度很低；混合气越稀，O_2 浓度就越高。

2. 点火提前角对废气排放的影响

点火提前角对 CO 的排放影响不大，但过分推迟点火，会使 CO 没有充分的时间完全氧化，而引起 CO 排放的增加。

推迟点火则 HC 排放量降低，这是因为排气温度的增高，促使 CO 和 HC 的后氧化，另外，燃烧时降低了汽缸的面容比，燃烧室内的淬冷面积减小，使排出的 HC 减少。但采用推迟点火来降低 HC 排放量，会使发动机的燃油经济性变差。

在任何转速与负荷下，加大点火提前角，均使 NO_x 排放增加。这是因为点火时间提前，燃烧温度升高。

学习单元 2　汽车排放物的治理

学习目标

- 了解环境保护基本知识
- 掌握汽车排放物的治理措施和技术

知识要求

一、环境保护

环境保护是人类为解决现实的或潜在的环境问题，维持自身的存在和发展而进行的各种实践活动的总称。

1962 年，美国生物学家蕾切尔·卡逊出版了一本名为《寂静的春天》的书，书中阐释了农药杀虫剂 DDT（双对氯苯基三氯乙烷）对环境的污染和破坏作用，由于该书的警示，美国开始对剧毒杀虫剂问题进行调查，通过了禁止生产和使用剧毒杀虫剂的法律。由于此事，该书被认为是 20 世纪环境生态学的标志性起点。

1972 年 6 月 5 日至 16 日，由联合国发起，在瑞典斯德哥尔摩召开“第一届联合国人类环境会议”，提出了著名的《人类环境宣言》。这是环境保护事业正式引起世界各国政府重视的开端。中国政府也参加了这个会议。

1974 年，国务院环境保护领导小组正式成立。1982 年，组建城乡建设环境保护部，部内设环境保护局，后改为国家环境保护局，1998 年升格为国家环境保护总局。2008 年，国家环境保护总局升格为环境保护部。2018 年，组建生态环境部，不再保留环境保护部。

1. 臭氧层

臭氧分布在从地面到 70 km 高空的大气中，其浓度最大处在中纬度 24 km 的高空，浓度最小处在极地 17 km 的高空。

2. 臭氧空洞

20 世纪 50 年代末到 70 年代，人类就发现臭氧浓度有降低的趋势。1985 年，英国南极考察队在南纬 60°地区观测发现臭氧层空洞（见图 1-26），引起世界各国极大关注。臭氧层的臭氧浓度降低，使得太阳对地球表面的紫外辐射量增加，对生态环境产生破坏，影响人类和其他生物有机体的正常生存。

关于臭氧层空洞的形成，在世界上占主导地位的说法是人类活动化学假说：人类大量使用的氯氟烷烃化学物质（如制冷剂、发泡剂、清洗剂等）在大气对流层中不易分解，当其进入平流层后受到强烈紫外线照射，分解产生氯自由基，其同臭氧发生化学反应，使臭氧浓度降低，从而造成臭氧层的严重破坏。

例如，氟利昂由碳、氯、氟组成，其中的氯离子释放出来进入大气后，能反复破坏臭氧分子，自己仍保持原状，因此尽管其量很少，也能使臭氧分子减少而形成空洞。

1995 年 1 月 23 日，联合国大会通过决议，确定从 1995 年开始，每年的 9 月 16 日为“国际保护臭氧层日”。

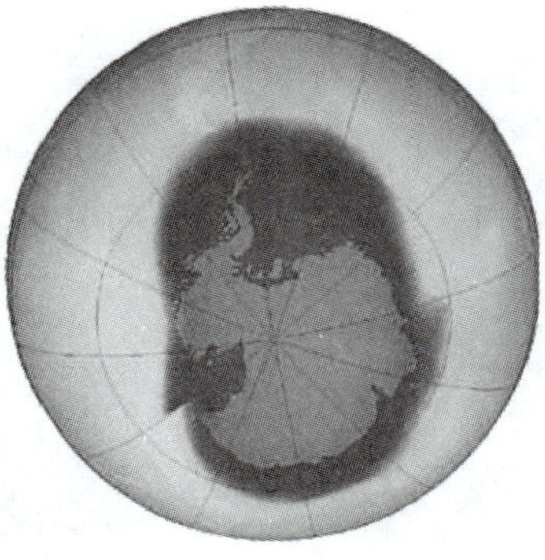

图 1-26　南极周围臭氧层空洞示意图

2014 年 9 月 12 日，当时负责臭氧水平评估的美国航天局科学家保尔·纽曼说，2000 年至 2013 年，中北纬度地区 50 km 高度的臭氧浓度水平已回升 4%。科学家把这种积极变化归功于全球对某些制冷剂、发泡剂的限制使用，同时说明只要全球行动，人类可以抵制或者延缓生态危机。联合国组织 300 名科学家对地球臭氧水平进行持续监测，每 4 年为一个评估期。另外，臭氧层虽然在恢复，距离痊愈还很遥远。南极臭氧层空洞依旧存在，最新计算显示，臭氧浓度水平仍比 1980 年低 6%。联合国环境规划署执行主任阿希姆·施泰纳依据最新数据判断，臭氧层可能会在 21 世纪中期实现痊愈，但仍需依靠各国的共同努力。

3. 二氧化碳对环境的影响

二氧化碳是空气中含量占第 4 位的气体，分子式为 CO_2，相对分子质量为 44，是很强的温室气体，对长波辐射有很强的辐射效应。二氧化碳是空气中常见的化合物，常温下是一种无色无味气体，密度比空气略大，能溶于水，并生成碳酸。固态二氧化碳俗称干冰。

地球上气温越来越高，是二氧化碳增多造成的。二氧化碳被认为是造成温室效应的主要原因。因为二氧化碳具有保温的作用，使温度升高，近 100 年，全球气温升高 0.6℃，照这样下去，到 21 世纪中叶，全球气温将升高 1.5~4.5℃。

海平面升高也是二氧化碳增多造成的，近 100 年，海平面上升 14 cm，到 21 世纪中叶，海平面可能将会上升 25~140 cm。随着海平面的上升，亚马逊雨林将会消失，两极海洋的冰块也将全部融化。所有这些变化对野生动物而言无异于灭顶之灾。

《京都议定书》是 1997 年在日本京都召开的“《气候框架公约》第三次缔约方大会”上通过的国际性公约，对各国的二氧化碳排放量做出了规定。其目标是“将大气中的温室气体含量稳定在一个适当的水平，进而防止剧烈的气候改变对人类造成伤害”。

4. 温室效应

温室效应主要是现代化工业社会过多燃烧煤炭、石油和天然气，这些燃料燃烧后放出大量的二氧化碳气体进入大气造成的。二氧化碳气体具有吸热和隔热的功能。它在大气中增多的结果是形成一种无形的玻璃罩，使太阳辐射到地球上的热量无法向外层空间发散，其结果是地球表面变热，因此二氧化碳也被称为温室气体，如图 1-27 所示。

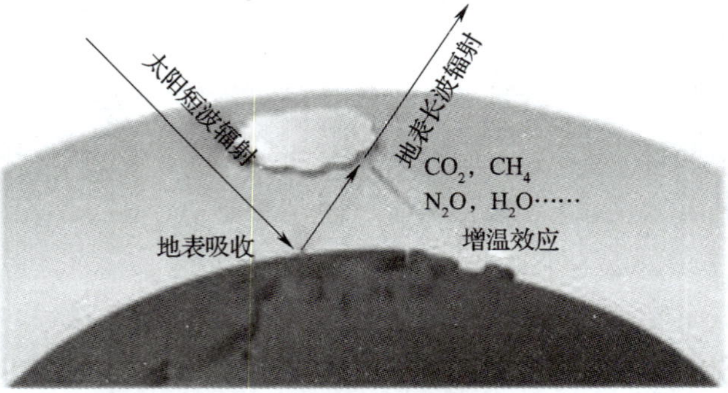

图 1-27　温室效应示意

注：温室气体能吸收地表长波辐射，使大气变暖，与“温室”作用相似。

若无“温室效应”，地球表面平均温度是-18℃，而非现在的 15℃。

地球上可以吸收大量二氧化碳的是海洋中的浮游生物和陆地上的森林，尤其是热带雨林。除二氧化碳外，人类活动向大自然排放的温室气体有氟氯烃、甲烷、低空臭氧、氮氧化物气体等。

由于汽车的废气中，含有大量的二氧化碳、氮氧化物与一氧化碳，因此希望减少其排放量。

二、现代汽车的排放控制技术

当前汽车废气排放控制策略从技术角度主要有 3 种：降低燃油消耗、废气处理、排放性能监测。

1. 降低燃油消耗

降低燃油消耗必然带来排放量减少。在将来的排放法规中也会对二氧化碳的排放量进行规定，而减少二氧化碳排放量的唯一方法就是减少燃油消耗，因此燃油消耗与汽车排放密切相关。

（1）改变外形设计。汽车外形设计与燃油消耗密切相关，在理论计算中风的阻力和汽车速度成3次方关系，在车速为100 km/h时，约70%的输入功率被用来克服空气阻力。在过去的20年中，世界主要汽车公司把风阻系数由0.45降低到了约0.35，一些技术领先的公司已经把风阻系数降低到0.30甚至更低。低风阻系数意味着较低的燃油消耗。

（2）减小质量。汽车的质量在汽车的各种工况下时刻影响着汽车的燃油消耗。出于安全和舒适性考虑，当代汽车的质量有所增加，但是很多汽车制造厂致力于优化结构和使用轻量化材料（镁、铝），在保证汽车安全性和舒适性的前提下，减小质量，减少燃油消耗。

（3）发动机电子化。当今的发动机管理系统已经全面控制着发动机工作的各个环节，所有来自传感器的信号（如车速、发动机转速、进气量、增压压力等）在发动机控制单元中计算出可控部件的控制值（如喷油量、点火提前角、节气门位置等）。精确的电子控制保证了燃料的充分利用并优化了燃烧过程。

（4）优化发动机和变速器。发动机和变速器的构造对于车辆的燃油效率具有至关重要的作用。新型的燃油喷射方式和增压技术可以有效地减少燃油消耗，缸内直喷技术最高可节省燃油20%。变速器的优化则体现在提高传动效率，由原来的液压-机械传动改为纯机械传动，如大众集团的直接换挡变速器。变速器的优化还体现为多挡化和无级化。当代很多变速器使用6挡或者CVT（无级变速）技术，它使得发动机更多时候运行在最理想的转速范围内，以获得最好的燃油经济性。

2. 废气处理

当前汽车的废气处理一般通过催化转换器实现。均质燃烧的汽油发动机（以下简称“汽油机”）汽车一般使用三元催化转换器，稀薄燃烧和分层燃烧的车辆除了普通的三元催化转换器以外，还必须安装NO_x储藏式催化转换器。而柴油发动机（以下简称“柴油机”）汽车一般安装氧化催化转换器和颗粒收集器。

（1）均质燃烧汽油机汽车。在闭环工作时，通过氧传感器的反馈，发动机控制单元把混合气调整至空燃比为14.7。三元催化转换器只有在300 ℃以上才能工作，为了使三元催化转换器尽快进入工作状态，可以采用二次空气系统。还可以在靠近发动机排气位置安装一个小型三元催化转换器，由于离发动机近，体积小，其可以很快进入工作状态。

三元催化转换器在工作时同时进行两种反应：氧化反应和还原反应。还原反应可以降低NO_x的含量，氧化反应可以减少CO和HC的含量。由于受到三元催化转换器的储氧量限制，长时间通入过浓混合气或者过稀混合气最终会使三元催化转换器不能对废气进行处理，因此发动机控制单元应该避免这种情况出现。

（2）稀薄燃烧和分层燃烧汽油机汽车。稀薄燃烧和分层燃烧系统很早就在欧洲开发成功，但是废气后续处理的困难性导致这一技术近几年才开始投入使用。在分层充气模式和均质稀薄充气模式中，传统的闭环三元催化转换器不能快速地将燃烧过程中产生的氮氧化物转换成氮气，只有安装了 NO_x 储藏式催化转换器，才能使得这些操作模式符合欧洲 4 号排放标准。稀薄燃烧和分层燃烧汽油机汽车一般在排气管靠近发动机处安装一个小型三元催化转换器，用于闭环起动。然后连接一个 NO_x 储藏式催化转换器，以解决稀薄燃烧和分层燃烧时的 NO_x 排放问题。NO_x 储藏式催化转换器利用稀薄废气中的氧气将氮氧化物以硝酸盐的形式储存在催化转换器的表面。当储存容量耗尽时，使用过浓的混合气进行再生，发动机控制单元从稀薄分层充气模式切换至稍加浓的均质充气模式，从而增加废气中碳氢化合物和一氧化碳的残留量。通过与过浓混合气中的还原性物质发生反应，硝酸盐分解成氮气。

（3）柴油机汽车。柴油机在氧气过剩的情况下工作，因此柴油机中没有氧传感器，氧化催化转换装置通过废气中丰富的氧气完成净化。柴油机的 HC 和 CO 排放量远小于汽油机。柴油机系统在废气处理时仅仅处理废气中可以被氧化的成分，不能处理需要被还原的 NO_x 成分。NO_x 的生成量主要取决于发动机的设计，现在也把用于汽油机的 NO_x 储藏式催化转换器用于柴油机，以改善柴油机的 NO_x 排放。

3. 排放性能监测

（1）直接测量。一辆刚生产出来排放达标的汽车，在使用过程中随着车辆的老化和损坏其排放可能不再符合要求。

一般在车辆年检的时候要测量废气的排放情况。较精确的检测方法是把车辆停放在滚动测功器上按照规定的工况行驶，然后收集排放出来的废气，稀释后测量各种废气成分。再把测得的废气成分与标准比较，来检测车辆排放性能是否符合标准。当然也可以用五气分析仪之类的仪器简单测量废气状况。频繁地测量市面上的大量汽车排放状况是不可能的，而 1 年 1 次或 2 年 1 次的测量却不能及时发现问题。当年检发现车辆废气超标时，可能车辆已经排放了很长时间的超标废气。于是汽车领域的工程师设计了一套目前在世界上广泛使用的排放监控系统——OBD（车载诊断）系统。

（2）OBD 系统的基本认识。OBD 系统一般被称为车载诊断系统或者车辆废气排放监控系统，它通过监控发动机上与废气排放相关的传感器、执行器是否正常工作，来判断汽车排出的尾气是否符合环保标准。由于 OBD 系统不直接测量废气排放状态，而是间接计算，因此 OBD 系统对工作环境和使用条件有较高的要求，以确保监控结果正确。OBD 系统在设计时就要考虑到车辆生产时的全部制造公差、车辆将来使用环境和部件老化情况。OBD 系统一旦检测到与废气排放相关的部件损坏，将通过集成在仪表板上的 OBD 报警灯告知用户。告知方式分为两种：常亮和闪烁。发生废气排放相关故障时 OBD 报警灯常亮，如果此故障会导致车辆发动机系统损坏，则 OBD 报警灯闪烁（如检测到连续失火故障）。

（3）OBD 系统的工作条件。出于环境保护的需要，立法者要求 OBD 系统不仅仅在 OBD 功能测试循环时工作，在车辆正常行驶过程中也时刻起作用。但是在一些特殊情况下 OBD 系统会暂时关闭，例如海拔超过一定高度、发动机起动时环境温度低于一定的值、燃油箱中燃油容积小于一定量时。OBD 系统各项监控的工作情况也有不同，有些监控在汽车的一个驾驶循环中只进行一次（如三元催化转换器储氧量的主动监控），有些监控则会始终进行（如燃油混合气配比的监控）；有些监控点火以后就立即进行，有些必须等待汽车起动一段时间以后才进行（如三元催化转换器监控和失火监控）。

OBD 系统对车辆各个系统的监控也在不同条件下进行。例如，二次空气系统只在冷起动时工作和被监控，爆震监控只在一定转速和负荷下进行，对三元催化转换器的监控只在一定温度以后才进行，后氧传感器监控只在车辆进入闭环调节一定时间以后才进行等。

（4）OBD 系统的监控功能。在车辆上只要这个部件的损坏会影响汽车的排放状况，那么都属于 OBD 系统监控的范围。OBD 监控是相当全面的，大到整个燃油系统，小到一个离合器开关都属于 OBD 系统的监控范围。OBD 系统根据各个部件的特性，制定出各种监控策略。

一般汽油机车辆对以下系统或状况进行 OBD 监控：三元催化转换器、氧传感器、二次空气系统、活性炭罐系统、漏气诊断（美国等部分地区有此要求）、燃油供应系统、失火、发动机控制单元、自动变速器控制单元、冷却系统、怠速控制、车速、所有传感器和执行器与控制单元之间的连接。根据车辆不同配置，OBD 系统还会对涡轮增压、废气再循环、可变配气相位、CAN（控制局域网络）总线等系统进行监控。

我国在 2007 年开始对北京和广州销售的车辆强制要求安装 OBD 系统，并在 2008 年将这一要求普及到全国销售的车辆。

4. 改善排放的其他技术

（1）燃油箱净化系统。为了防止汽油挥发释放进入大气，通常使用活性炭吸附油气，然后在车辆闭环工作时，把活性炭吸附的油气引入进气管中燃烧。

（2）二次空气系统。汽车在冷起动时混合气必须加浓，此时没有达到催化转换器和氧传感器工作温度，废气处理装置不会起作用，导致起动阶段废气排量很大。为了解决这一问题，在排气管中通入新鲜空气与未燃烧的油气一同燃烧，可以使催化转换器尽快达到工作温度，还能避免大量未燃物排入空气中。

（3）废气再循环（EGR）。发动机燃烧后排气成分主要为二氧化碳、水蒸气和氮化物，这些气体比热容比较大，废气再循环可以降低燃烧室温度，减少 NO_x 的排放。因为 EGR 工作时会引起发动机输出功率下降，所以一般只在 NO_x 排放量较大的工况下，EGR 才工作。

第4节 汽车电子电气设备

学习单元1 电工与电子基本知识

学习目标

➢ 了解电工与电子基本知识

知识要求

一、电压、电流、电阻、电动势、电功率

1. 电压

电压是衡量电场力做功本领大小的物理量。电路中某两点间的电压，就是该两点间的电位差，因此电压又称电位差。

从数值上看，*AB*两点之间的电压是电场力把单位正电荷从*A*点移动到*B*点时所做的功（见图1-28）；而电场中某点的电位等于电场力将单位正电荷自该点移动到参考点所做的功。比较电压和电位的概念可以看出，电场中某点的电位就是该点到参考点之间的电压，电位是电压的一个特殊形式。对于电位来说，参考点是至关重要的。在同一电路中，当选定不同的参考点时，同一点的电位数值是不同的。

表达式：

$$U=\frac{W}{Q}$$

式中 U——电压，V；

W——电功，J；

Q——电荷量，C。

理论上参考点可以任意选定，但在研究实际电场时，通常选搭铁点为参考点。

2. 电流

电流有两个含义：第一，电流表示一种物理现象，即电路中带电粒子在电源作用下有

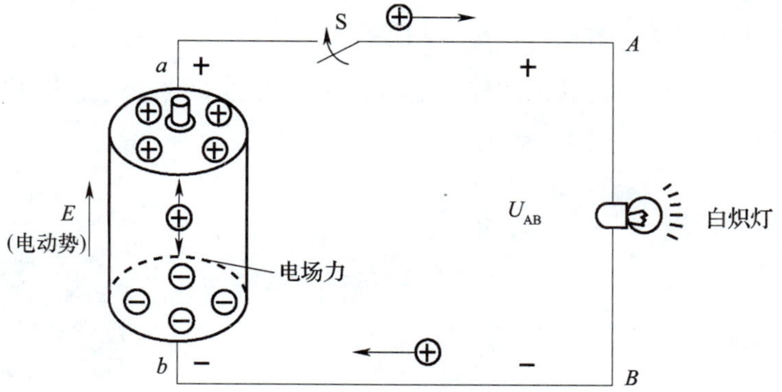

图 1-28　实物接线图

规则地定向移动而形成电流；第二，电流的大小用电流强度来表示，而电流强度是指在单位时间内通过导体截面的电荷量，其单位是安培（库/秒），简称安，用大写字母 A 表示，电流强度通常简称电流。

表达式：

$$I=\frac{Q}{t}$$

式中　I——电流，A；

Q——导体截面的电荷量，C；

t——电流通过导体截面的时间，s。

规定把正电荷定向移动的方向作为电流的方向，因此自由电子和负离子移动的方向与电流方向相反，如图 1-29 所示。

3. 电阻

导体能够导电，但同时也对电流具有阻碍作用，这种对电流的阻碍作用称为电阻。电阻是导体本身客观存在的基本特性。

表达式：

$$R=\rho\frac{l}{S}$$

式中　R——导体电阻，Ω；

ρ——导体电阻率，Ω · m；

l——导体长度，m；

S——导体截面积，m^2。

电阻的大小与导体的材料、长度和截面积有关，与电流、电压无关。电阻率越大、导体越长、横截面积越小则电阻越大，反之越小。

用来限制或调节电路电流的元件称为电阻元件（见图 1-30）。电阻元件分为线性电阻和非线性电阻两种。

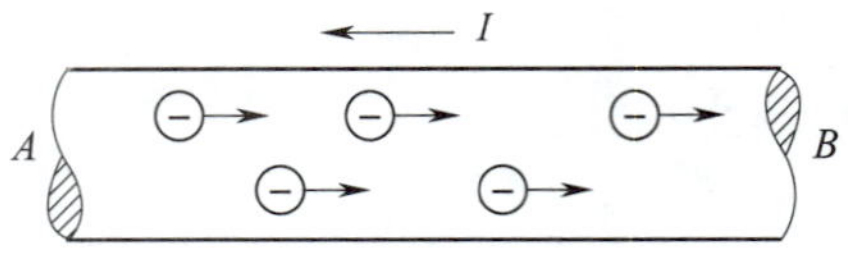

图 1-29　电流的方向

图 1-30　电阻元件

4. 电动势

在电源内部，外力将单位正电荷从电源的负极移动到电源正极所做的功，叫作电动势，用字母 E 表示，单位是伏特。

5. 电功率

电功率就是电流在单位时间内所做的功，简称功率，用符号 P 表示。在物理学中，用电功率表示消耗电能的快慢，其单位是瓦特，简称瓦，用 W 表示。

二、欧姆定律、电磁场、电磁感应

1. 欧姆定律

（1）部分电路欧姆定律。在不包含电源的电路中，通过电阻的电流与电阻两端的电压成正比。部分电路欧姆定律如图 1-31 所示。

表达式：

$$I=\frac{U}{R}$$

式中　U——负载两端电压，V；

R——电阻，Ω；

I——流过负载的电流，A。

将部分电路欧姆定律公式变形可得 $R=U/I$，带入数据求解，但不能说电阻值与外加电压成正比，与电阻中的电流成反比。因为 R 是客观存在的，与外加电压和电阻中的电流无关，公式 $R=U/I$ 只能说明，对于同一电阻，当电阻两端的电压升高（或降低）时流过电阻的电流将相应增大（或减小）。

（2）全电路欧姆定律。由内电路和外电路组成的闭合电路称为全电路。全电路中电流与电源的电动势成正比，与整个电路的电阻之和成反比。简单全电路欧姆定律如图 1-32 所示。

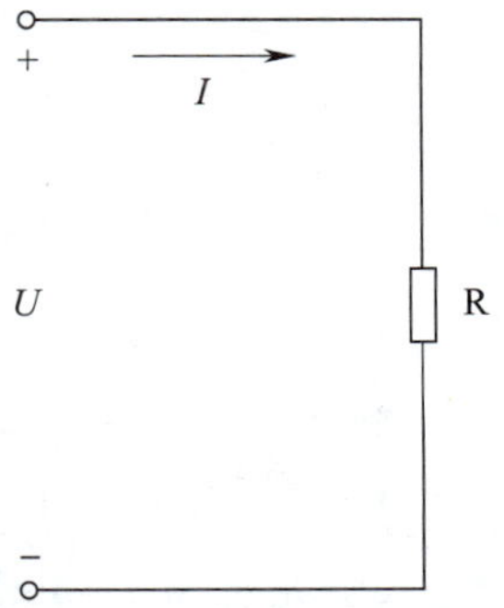

图 1-31　部分电路欧姆定律

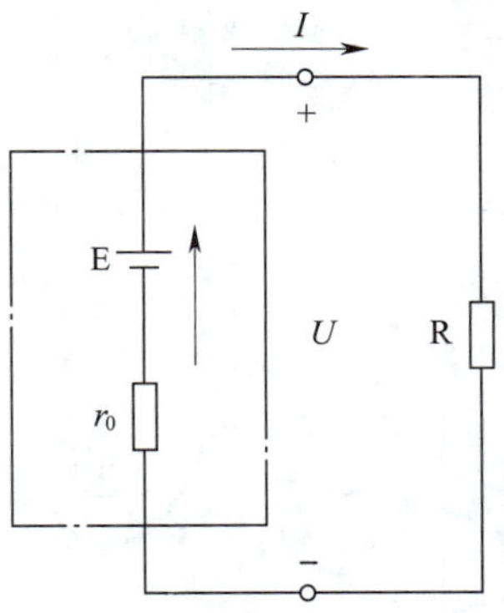

图 1-32　简单全电路欧姆定律

表达式：

$$I = \frac{E}{R + r_0}$$

式中　E——电源的电动势，V；

R——外电路（负载）电阻，Ω；

r_0——内电路电阻，Ω；

I——电流，A。

2. 电磁场

电磁场是有内在联系、相互依存的电场和磁场的统一体总称。随时间变化的电场产生磁场，随时间变化的磁场产生电场，两者互为因果，形成电磁场。电磁场可由变速运动的带电粒子引起，也可由强弱变化的电流引起。而变化的电磁场在空间的传播形成了电磁波，因此电磁波也常称为电波。电磁场是电磁作用的媒介物，具有能量和动量，是物质存在的一种形式。

3. 电磁感应

电磁感应现象是指放在变化磁场中的导体，会产生电动势。此电动势称为感应电动势或感生电动势，若将此导体闭合成一回路，则该电动势会驱使电子流动，形成感应电流（感生电流）。法拉第于 1831 年发现了电磁感应现象。如图 1-33 所示，当导体 AB 沿切割磁感应线方向运动时，电流表中指针会向一边偏转，证明有感应电动势产生，并产生感应电流。

实验证明，直导体中的感应电动势（E）的大小与磁感应强度（B）、导体长度（l）及导体运动速度（v）有关，用公式表达为 $E=Blv$（B、l、v 两两垂直）。

安培定则也叫右手螺旋定则。通电直导线中的安培定则如图 1-34 所示，用右手握住通电直导线，使大拇指指向电流的方向，则四指的指向就是磁感应线的环绕方向；通电螺线管中的安培定则如图 1-35 所示，用右手握住通电螺线管，使四指弯曲与电流方向一致，则大拇指所指一端是通电螺线管的 N 极。

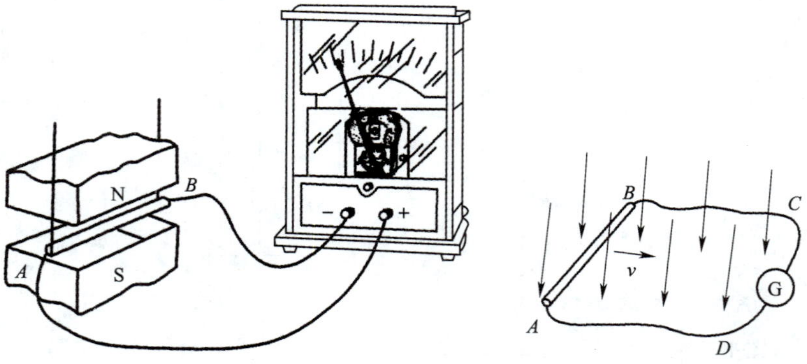

图 1-33　导体切割磁感应线

G—检流计

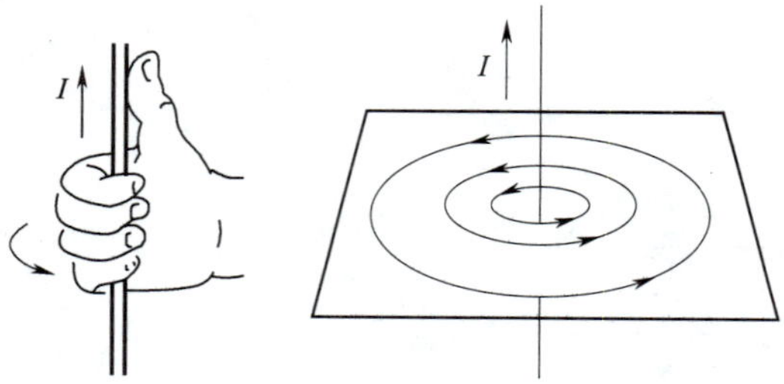

图 1-34　通电直导线中的安培定则

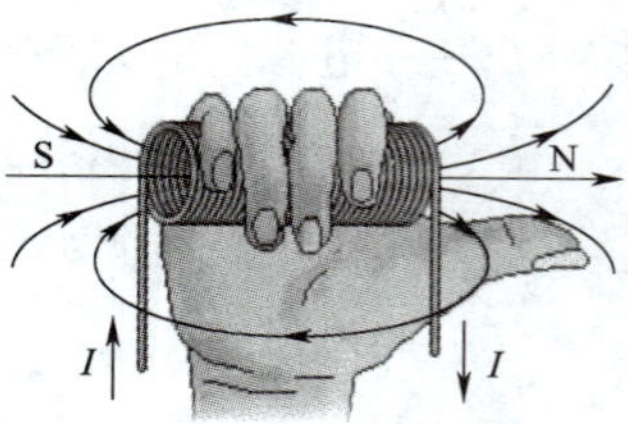

图 1-35　通电螺线管中的安培定则

三、半导体

1. 半导体

半导体是导电能力介于导体和绝缘体之间，并有负的电阻温度系数的物质。半导体具有电阻率特性、导电特性、光电特性、负的电阻率温度特性、整流特性。

2. 二极管

二极管属于半导体器件。半导体按其导电类型的不同，分为 P 型半导体和 N 型半导体两类。如果把一小块半导体的一边制成 P 型，另一边制成 N 型，则在 P 型半导体和 N 型半导体的交接面处形成 PN 结。二极管实际上是由一个 PN 结构成。

二极管的种类很多。按其用途来分，常见的有检波二极管、整流二极管、稳压二极管、开关二极管、光电二极管等。按照结构来分，主要有点接触型二极管和面接触型二极管两种。从其材料来看，二极管又分为硅管和锗管两种。它们虽然都是由 PN 结构成，但因为材料不同，所以性能也有所不同。

发光二极管简称 LED（见图 1-36），采用砷化镓、镓铝砷、磷化镓等材料制成，其内部结构为一个 PN 结，具有单向导电性。使用 LED 做指示电路时，应串接限流电阻，该电阻的阻值大小应根据不同的使用电压和 LED 所需工作电流来选择。

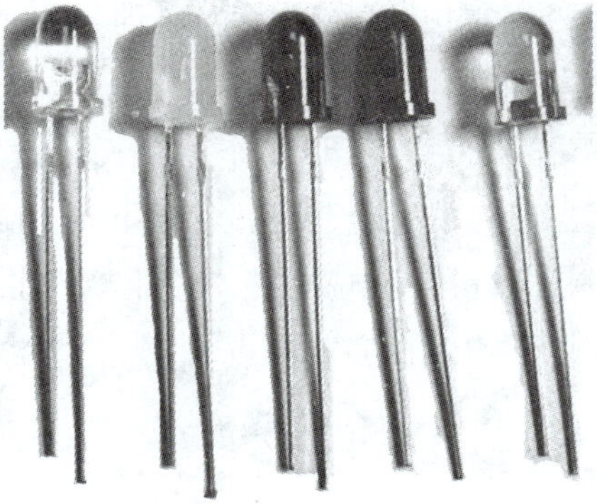

图 1-36　发光二极管

稳压二极管也是二极管中的一种，当外加的反向电压达到一定数值时，其反向电流就会突然增大，此现象称为反向击穿。只要对反向电流进行限制，这种击穿就是非破坏性的。稳压二极管被击穿后，尽管通过的电流能在很大的范围内变化，但稳压二极管两端的电压变化很小或几乎不变。稳压二极管就是利用这种特性来实现稳压的。

3. 三极管

三极管是一种固体半导体器件，可以用于检波、整流、放大、开关、稳压、信号调制和许多其他功能。

1956 年肖克莱、巴丁、布拉顿三人因发明三极管同时荣获诺贝尔物理学奖。三极管的分类方法很多。按其生产工艺分，可分为合金型、扩散型、台面型和平面型三极管；按内部结构分，可分为点接触型和面接触型三极管；从使用角度，按其工作频率来分，可分为低频三极管、高频三极管和开关三极管；按功率来分，有小功率三极管、中功率三极管、大功率三极管；按外形结构分，有小功率封装、大功率封装、塑料封装等。

如果把一小块半导体，中间制成很薄的 N 型区，两边制成 P 型区，形成两个 PN 结，将三个区都安上引线，构成三个电极（分别用字母 b、c、e 表示），即为 PNP 型三极管（见图 1-37）。用同样的方法，如果将半导体的中间制成很薄的 P 型区，两边制成 N 型区，即构成 NPN 型三极管（见图 1-38）。

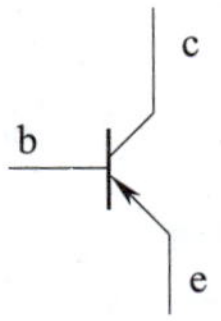

图 1-37　PNP 型三极管

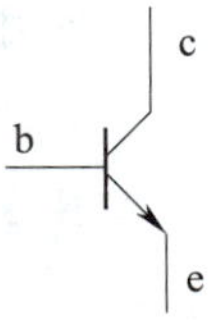

图 1-38　NPN 型三极管

三极管外形如图 1-39 所示。三极管的放大作用是利用基极电流的微小变化控制集电极电流的较大变化。必须注意的是，控制不能误解为真正把基极小电流变成集电极大电流。同理，三极管还可以用于电压放大和功率放大。

三极管还有开关作用，三极管饱和（即导通）时就相当于开关闭合，三极管截止时相当于开关断开。因此，将三极管接入电路后，就相当于在集电极和发射极之间装设了一个开关或触点。

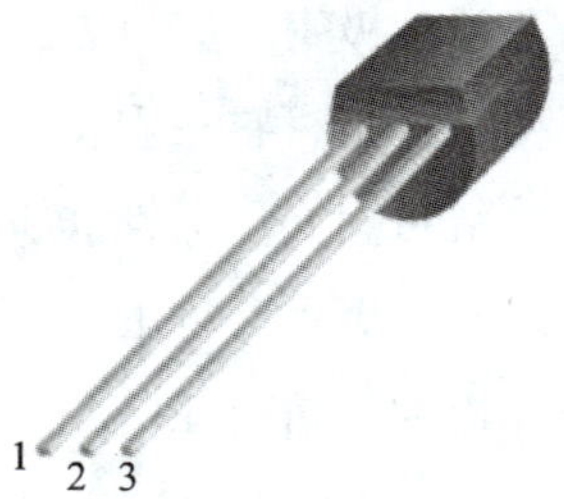

图 1-39　三极管外形

1—发射极　2—集电极　3—基极

学习单元 2　汽车电气设备与电子控制装置

学习目标

- 了解蓄电池的结构及作用
- 了解发电机构造原理和起动机结构原理
- 了解汽车照明系统的组成和功能
- 了解交流发电机电压调节器构造、工作原理
- 了解直流串励式电动机的工作原理

知识要求

一、蓄电池

1. 蓄电池的作用

蓄电池是一种化学电源，依靠其内部的化学反应来储存电能或向用电设备供电。

目前燃油汽车上使用的蓄电池主要有铅酸蓄电池（以下简称铅蓄电池）和镍碱蓄电池两类。同时，由于人们对燃油汽车排放要求的提高和能源危机的冲击，各国正在不断探索和研制电动汽车，其主要的动力源为新型高能蓄电池。蓄电池有以下作用。

（1）起动发动机时，蓄电池向起动系统和点火系统供电。

（2）当发动机低速运转，发电机电压低于蓄电池的充电电压时，由蓄电池向用电设备供电。

（3）当发动机中、高速运转，发电机电压高于蓄电池的充电电压时，蓄电池将发电机的剩余电能储存起来。

（4）当发电机过载时，蓄电池协助发电机向用电设备供电。

（5）蓄电池还可以吸收电路中的瞬时过电压，保持汽车电气系统电压的稳定，保护电子元器件。

2. 铅蓄电池的分类

铅蓄电池结构简单、价格便宜、内阻小、可以短时间供给起动机强大的起动电流，因而被广泛采用。铅蓄电池又可分为普通铅蓄电池、干式荷电铅蓄电池、湿式荷电铅蓄电池、免维护铅蓄电池等。

3. 铅蓄电池的结构

铅蓄电池一般由 3 个或 6 个单体电池串联而成，其结构如图 1-40 所示。

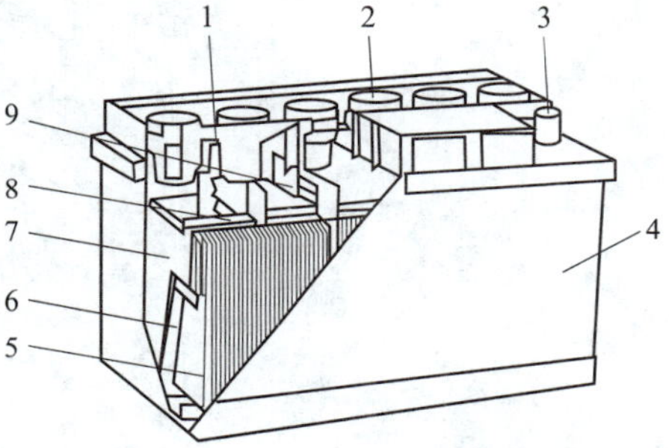

图 1-40　铅蓄电池

1—负极柱　2—加液孔盖　3—正极柱　4—外壳　5—正极板　6—隔板　7—负极板　8—汇流条　9—穿壁式联条

（1）极板。极板是铅蓄电池的核心部分，铅蓄电池充、放电的化学反应主要是依靠极板上的活性物质与电解液进行的。极板分为正极板和负极板，均由栅架（见图 1-41）和活性物质组成。栅架的作用是固结活性物质。栅架一般由铅锑合金铸成，具有良好的导电性、耐蚀性和一定的机械强度。为了降低铅蓄电池的内阻，改善铅蓄电池的起动性能，有些铅蓄电池采用了放射形栅架（见图 1-42）。

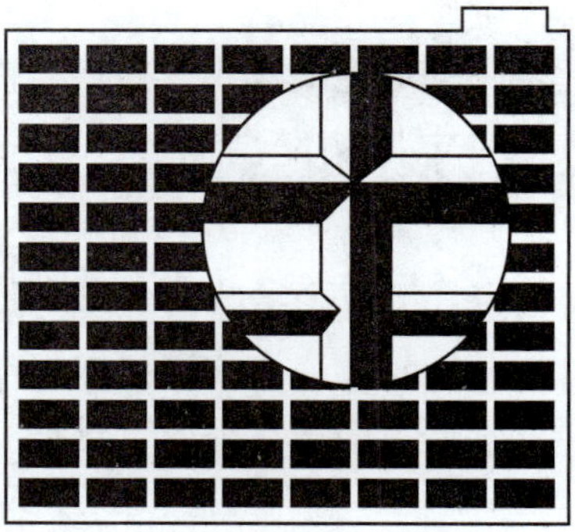

图 1-41　栅架的结构

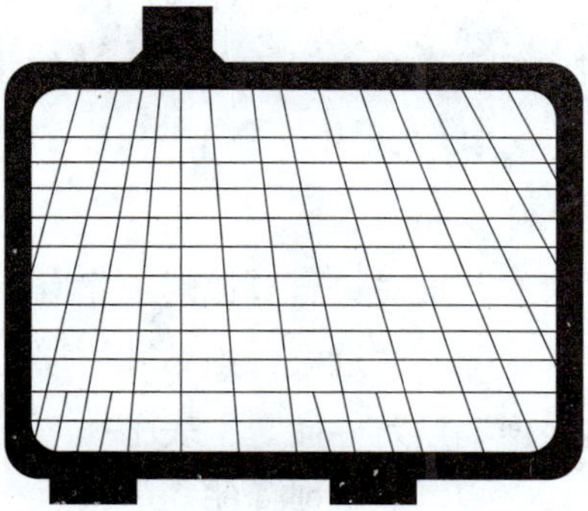

图 1-42　放射形栅架的结构

正极板上的活性物质是二氧化铅（PbO_2），呈深棕色；负极板上的活性物质是海绵状的纯铅（Pb），呈青灰色。将活性物质调成糊状填充在栅架的空隙里并进行干燥即形成极板。

将正、负极板各一片浸入电解液中，可获得 2 V 左右的电动势。为了增大铅蓄电池的容量，常将多片正、负极板分别并联，组成正、负极板组，如图 1–43 所示。在每个单体电池中，正极板的片数要比负极板少一片，这样每片正极板都处于两片负极板之间，可以使正极板两侧放电均匀，避免因放电不均匀造成极板拱曲。

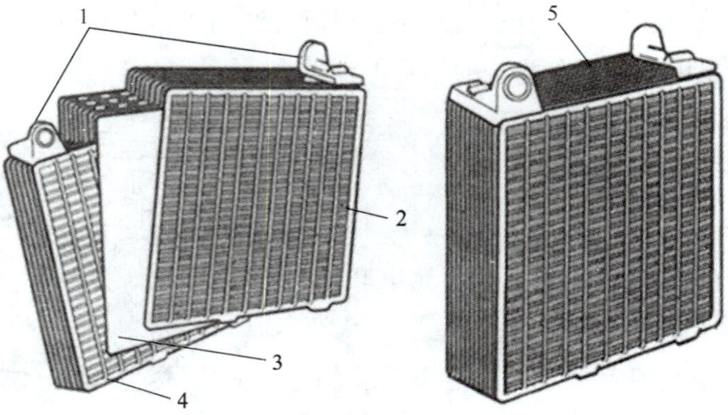

图 1–43　极板组结构

1—极板联条　2—负极板　3—隔板　4—正极板　5—极板组总成

（2）隔板。隔板插放在正、负极板之间，以防止正、负极板互相接触造成短路。隔板应耐酸并具有多孔性，以利于电解液的渗透。常用的隔板材料有木质、微孔橡胶、微孔塑料等。其中，木质隔板耐酸性较差，微孔橡胶隔板性能最好但成本较高，微孔塑料隔板孔径小、孔率高、成本低，因此被广泛采用。

（3）电解液。电解液在铅蓄电池的化学反应中起离子间导电的作用，并参与铅蓄电池的化学反应。电解液由纯硫酸（H_2SO_4）与蒸馏水按一定比例配制而成，其密度一般为1. 24～1. 30 g/cm^3。

电解液的密度对铅蓄电池的工作有重要影响，密度大，可减少结冰的危险并提高铅蓄电池的容量，但密度过大，则黏度增加，反而降低铅蓄电池的容量，缩短使用寿命。电解液密度应根据气候条件而定，表 1–1 列出了不同气候条件下电解液的密度。另外，电解液的纯度也是影响铅蓄电池性能和使用寿命的重要因素之一。

表 1-1　　不同气候条件下电解液的密度

气候条件	完全充足电的铅蓄电池 25℃时电解液的密度（g/cm³）	
	冬季	夏季
冬季气温低于-40℃地区	1.30	1.26
冬季气温高于-40℃地区	1.28	1.25
冬季气温高于-30℃地区	1.27	1.24
冬季气温高于-20℃地区	1.26	1.23
冬季气温高于 0℃地区	1.24	1.23

（4）壳体及其他。壳体用于盛放电解液和极板组，应耐酸、耐热、耐振。壳体多采用硬橡胶或聚丙烯塑料制成，为整体式结构，底部有凸起的肋条以搁置极板组。壳内由间壁分成 3 个或 6 个互不相通的单体，各单体之间用穿壁式联条串联起来，如图 1-44 所示。壳体上部使用相同材料的蓄电池盖密封，蓄电池盖上设有对应每个单体电池的加液孔，用于添加电解液和蒸馏水，以及测量电解液密度、温度和液面高度。加液孔盖上的通风孔可使蓄电池化学反应中产生的气体顺利排出。

壳体上面的盖有两种形式，一种是分体式，即每一个单体上有一小盖，盖与壳体间的缝隙用沥青封料密封；另一种是整体式，盖与壳体之间采用热接或胶接工艺黏合。

（5）铅蓄电池的型号。按机械工业部 JB/T 2599—2012《铅酸蓄电池名称、型号编制与命名办法》标准规定，铅蓄电池的型号分为三部分，如型号 6-QA-60 代表 6 个单体电池串联的额定容量 60 A·h 的起动型干式荷电铅蓄电池，具体见表 1-2。

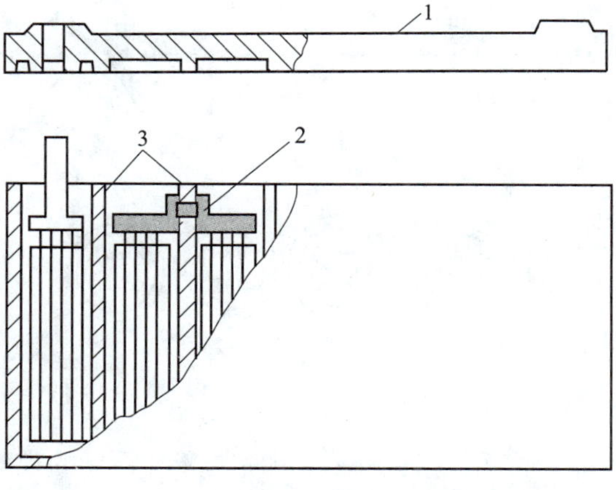

图 1-44　壳体示意图

1—蓄电池盖　2—穿壁式联条　3—间壁

二、发电机

1. 发电原理

发电机定子的三相绕组按一定规律分布在发电机的定子槽中，内部有一个转子，转子上安装着爪形磁极和励磁绕组。当外电路通过电刷使励磁绕组通电时，便产生磁场，使爪

表 1-2　　铅蓄电池的型号

第一部分	第二部分		第三部分
串联的单体电池数	蓄电池的类型	蓄电池的特征	蓄电池的额定容量
用阿拉伯数字表示	用大写的汉语拼音字母表示，如： Q——起动型 N——内燃机车用 M——摩托车用	用大写的汉语拼音字母表示，如： A——干式荷电 H——湿式荷电 W——免维护	以阿拉伯数字表示，单位为 A · h，在型号中单位可省略

形磁极被磁化为 N 极和 S 极。当转子旋转时，磁通交替地在定子绕组中变化，根据电磁感应原理可知，定子的三相绕组中便产生交变的感应电动势，这就是交流发电机的发电原理，如图 1-45 所示。发电机工作原理如图 1-46 所示。

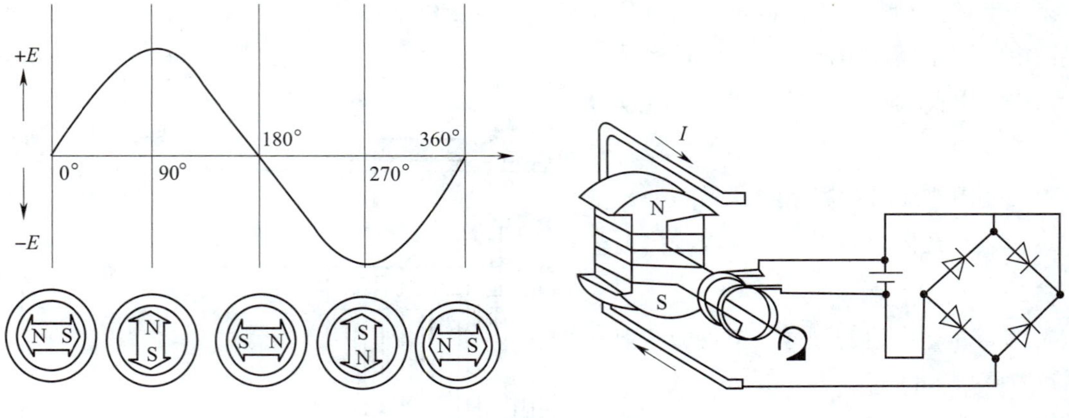

图 1-45　发电原理

将电流引入到励磁绕组使之产生磁场的现象称为励磁。交流发电机的励磁方式有他励和自励两种。

2. 整流器整流原理及中性点电压

（1）整流原理。定子绕组中所感应出的交流电，由硅整流二极管组成的三相桥式整流器转化为直流电。交流发电机定子的三相绕组中，感应产生的是交流电，通过 6 个硅整流二极管组成的三相桥式整流电路整流为直流电，整流电路如图 1-47a 所示。

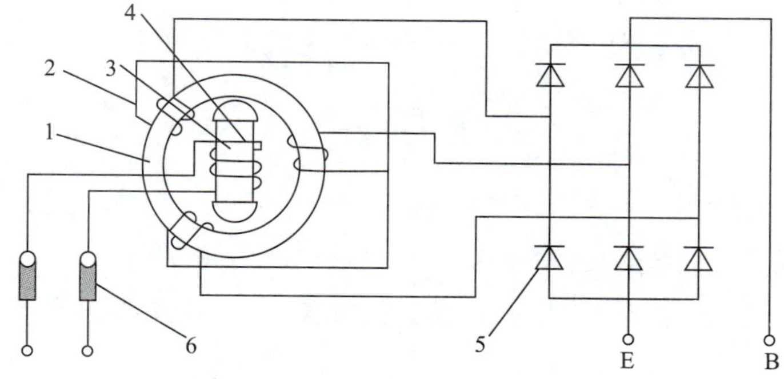

图 1-46 发电机工作原理

1—定子铁芯 2—定子绕组 3—转子 4—励磁绕组 5—整流二极管 6—电刷

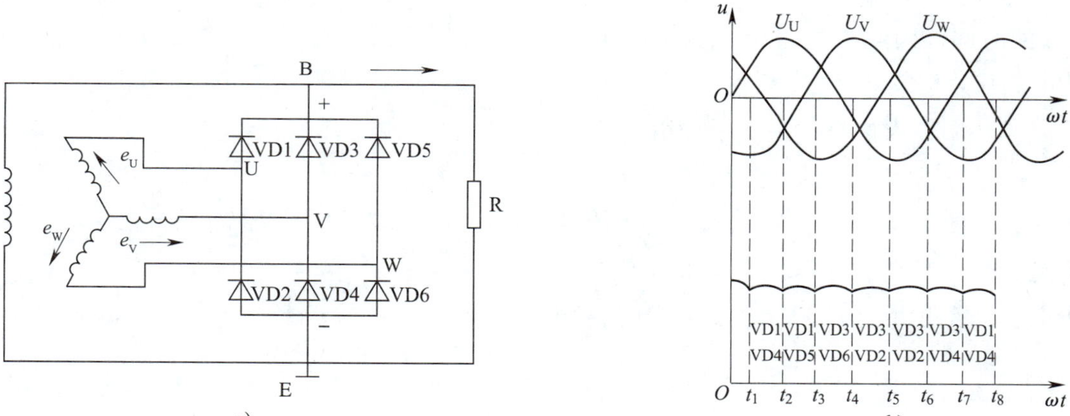

a) b)

图 1-47 整流原理

a）整流电路 b）电压波形

二极管具有单向导通性，当给二极管加上正向电压时二极管导通，当给二极管加上反向电压时二极管截止。将定子的三相绕组和 6 个硅整流二极管按图 1-47a 的电路连接，发电机的输出端 B、E 上就输出一个脉动直流电压，如图 1-47b 所示，这就是发电机的整流原理。

整流过程如下：在 $t=0$ 时，U_W 最高，U_V 最低，则 VD5、VD4 导通，R 两端电压为 U_{WV}。

在 $t_1 \sim t_2$ 时间内，U_U 最高，U_V 最低，则 VD1、VD4 导通，R 两端电压为 U_{UV}。

在 $t_2 \sim t_3$ 时间内，U_U 最高，U_W 最低，则 VD1、VD6 导通，R 两端电压为 U_{UW}。

在 $t_3 \sim t_4$ 时间内，U_V 最高，U_W 最低，则 VD3、VD6 导通，R 两端电压为 U_{VW}。

依次下去，周而复始，就在负载两端得到一个比较平稳的脉动直流电压 U，一个周期内有 6 个稳波。

结论：

● 二极管的导通原则。当 3 个正二极管负极端连接在一起时，正极端电位最高者导通；当 3 个负二极管正极端连接在一起时，负极端电位最低者导通。

● 同时导通的二极管总是 2 个，正、负二极管各 1 个。三相桥式整流电路中二极管的依次循环导通，使得负载 R 两端得到一个比较平稳的脉动直流电压，整流效率高、质量好。

● 每个二极管在一个周期内只导通 1/3 的时间，因此流过每个二极管的平均电流只为负载电流的 1/3。

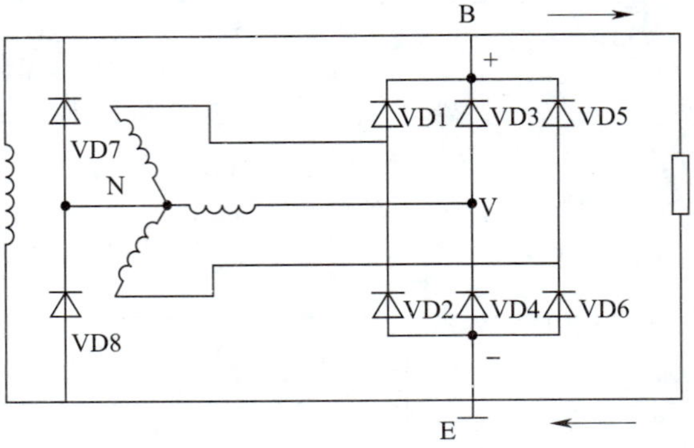

图 1-48　具有中性点二极管的整流电路图

（2）中性点电压。在定子绕组为星形联结时，三相绕组的公共结点称为中性点（见图 1-48）。中性点电压的瞬时值是一个三次谐波电压，平均值（U_N）为发电机输出电压（平均值）（U_{BE}）的一半，即：

$$U_N = \frac{U_{BE}}{2}$$

3. 三相同步交流发电机构造

三相同步交流发电机由转子、定子、端盖与电刷组件、整流器、带轮等组成（见图 1-49）。

（1）转子。转子是交流发电机的旋转磁场部分，主要由转子轴、转子铁芯、励磁绕组、两块爪形磁极、集电环等组成（见图 1-50）。

（2）定子。定子的作用是产生交流电。定子由定子铁芯与定子绕组组成（见图 1-51）。定子绕组为三相绕组，并按一定规律对称安放在定子铁芯槽内。三相绕组有星形联结和三角形联结两种接法（见图 1-52）。

交流发电机转子的磁极对数（P）决定了三相定子绕组线圈的个数和定子铁芯的槽数（Z）：

$$Z = 3 \times 2P$$

（3）发电机端盖与电刷组件。交流发电机的前、后端盖均用铝合金压铸或用砂型铸造

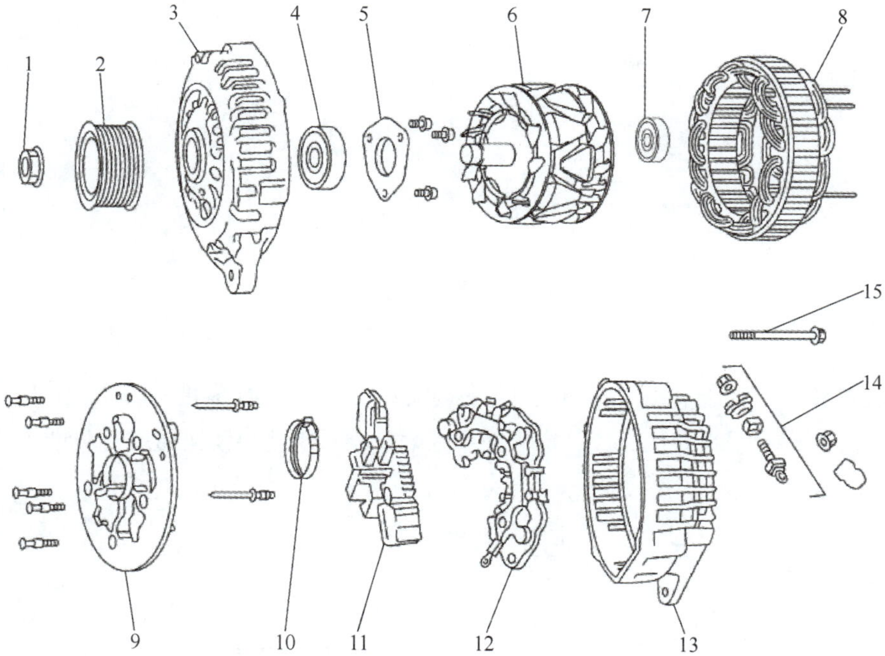

图 1-49　三相同步交流发电机分解图

1—带轮螺母　2—带轮　3—前盖　4—前轴承　5—保持架　6—转子　7—后轴承　8—定子
9—风扇导向器　10—双曲径密封　11—IC 电压调节器总成　12—整流器　13—后盖　14—端口组件　15—长螺栓

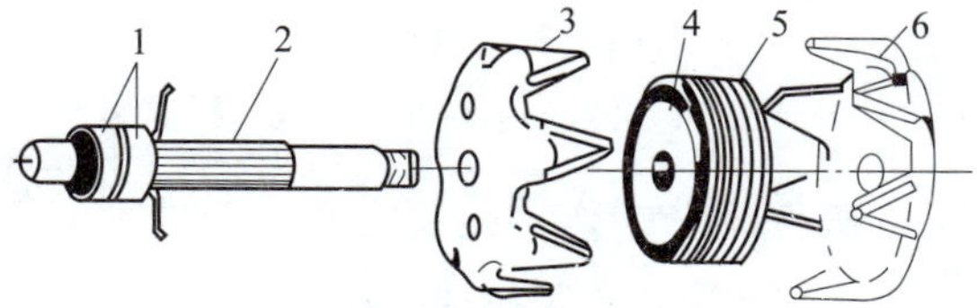

图 1-50　交流发电机转子结构

1—集电环　2—转子轴　3、6—爪形磁极　4—转子铁芯　5—励磁绕组

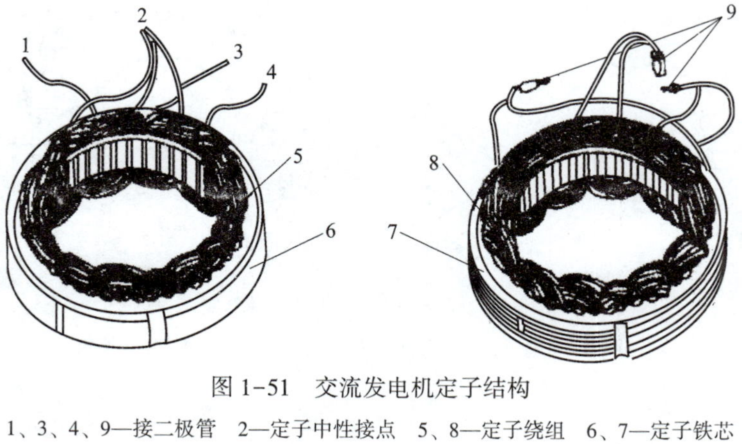

图 1-51　交流发电机定子结构

1、3、4、9—接二极管　2—定子中性接点　5、8—定子绕组　6、7—定子铁芯

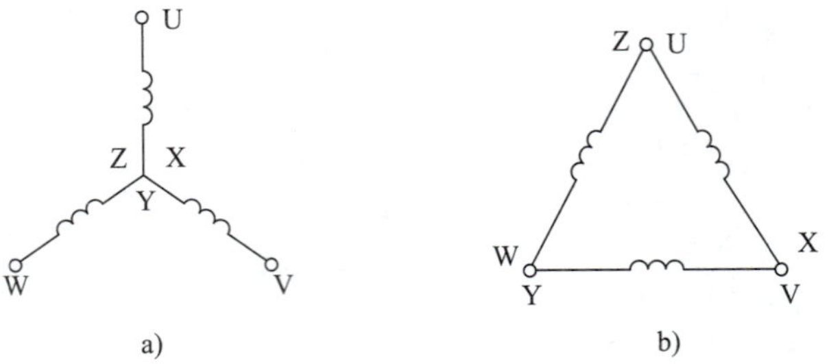

图 1-52　三相绕组的接法

a）星形联结　b）三角形联结

而成，起支撑转子、定子、整流器和电刷组件的作用，采用铝合金材料的主要目的是减少漏磁。电刷用铜粉和石墨粉模压而成，电刷架用酚醛玻璃纤维塑料模压而成（见图 1-53）。

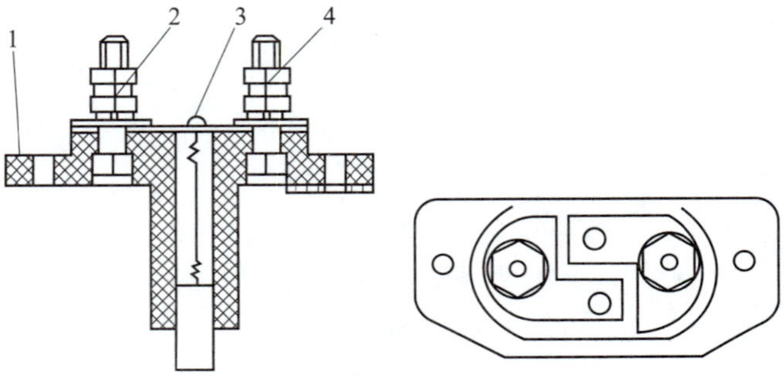

图 1-53　电刷组件

1—电刷架　2、4—磁场接线柱　3—电刷与弹簧

（4）整流器。交流发电机整流器的作用是将三相定子绕组产生的交流电转变为直流电。整流器一般由 6 个硅整流二极管和安装整流二极管的整流板组成（见图 1-54）。

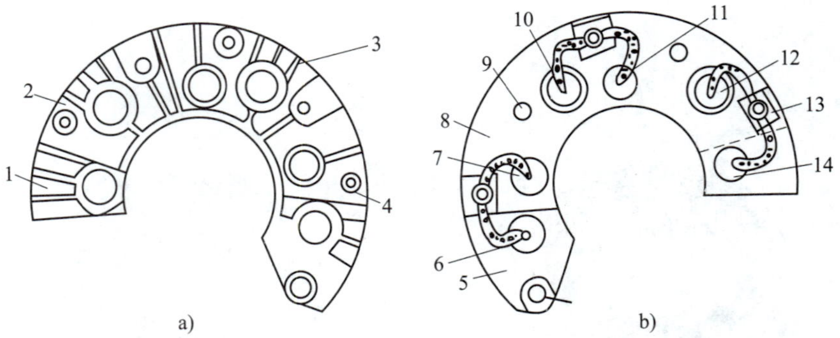

图 1-54　交流发电机的整流器总成图

1、8—负整流板　2、5—正整流板　3—散热筋条　4—连接螺栓

6、10、12—正硅整流二极管　7、11、14—负硅整流二极管　9—安装孔　13—绝缘垫片

（5）带轮及风扇。交流发电机的前端装有带轮和风扇，有些发电机风扇是装在端盖里面的，由发动机通过传动带驱动发动机的转子轴和风扇一起旋转。风扇用铝合金板或钢板冲压而成。

4. 交流发电机电压调节器工作原理和种类

（1）交流发电机电压调节器的工作原理。当交流发电机的转速升高时，电压调节器通过减小发电机的励磁电流来减小磁通 Φ，使发电机的输出电压保持不变。

（2）交流发电机电压调节器种类。交流发电机电压调节器可分为触点式电压调节器、晶体管电压调节器和集成电路电压调节器，3 种调节器的基本原理都是以转速为基础，通过改变励磁电流使发电机的输出电压保持恒定。

集成电路调节器基本电路分为发电机电压检测法电路和蓄电池电压检测法电路两种。

三、起动机

起动机由直流串励式电动机、传动机构和操纵机构三部分组成，具体部件如图 1-55 所示。

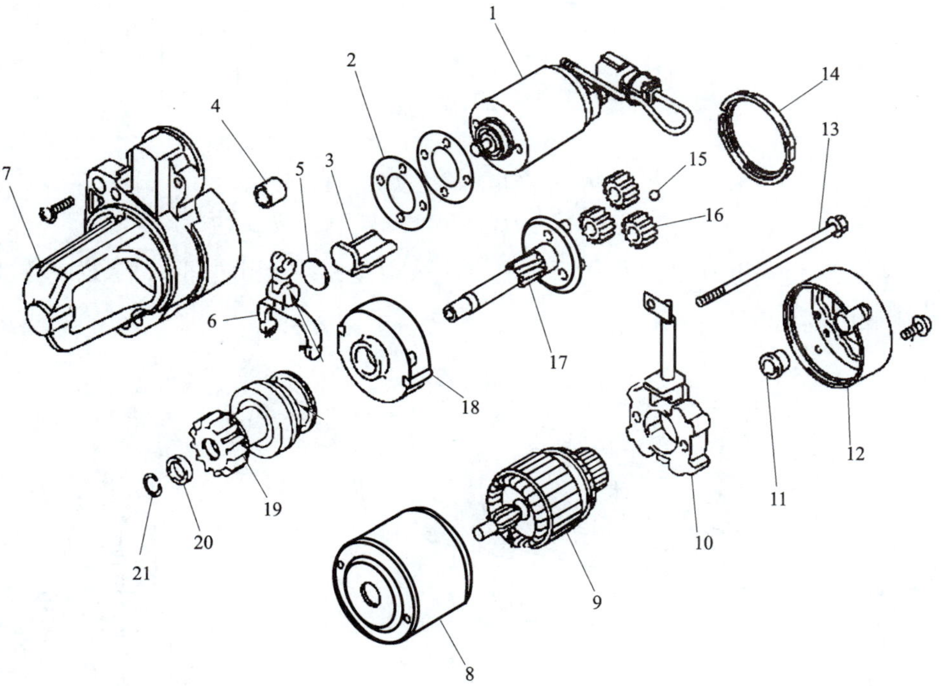

图 1-55　起动机分解图

1—电磁开关总成　2—调整垫片　3—密封件　4—前轴承　5—金属板　6—换挡杆　7—齿轮箱　8—定子　9—电枢　10—电刷支架总成　11—后轴承　12—后盖　13—长螺栓　14—密封件　15—钢珠　16—行星齿轮　17—小齿轮轴　18—内齿圈　19—小齿轮总成　20—小齿轮限位器　21—限位卡圈

1. 直流串励式电动机

（1）直流串励式电动机的工作原理。直流串励式电动机是将直流电能转化为机械能并产生机械转矩的动力设备。直流串励式电动机是根据载流导体在磁场中受力运动的原理设计而成的。

如图1-56所示是直流串励式电动机的工作原理。当电路接通时，蓄电池的电流经励磁绕组和转子绕组形成回路。励磁绕组通电后形成电磁场，转子绕组通电后受到电磁作用力产生旋转运动。换向片和电刷能保证旋转的转子绕组从一个磁极范围转到另一个异性磁极范围时，转子绕组导体中的电流方向同时改变。

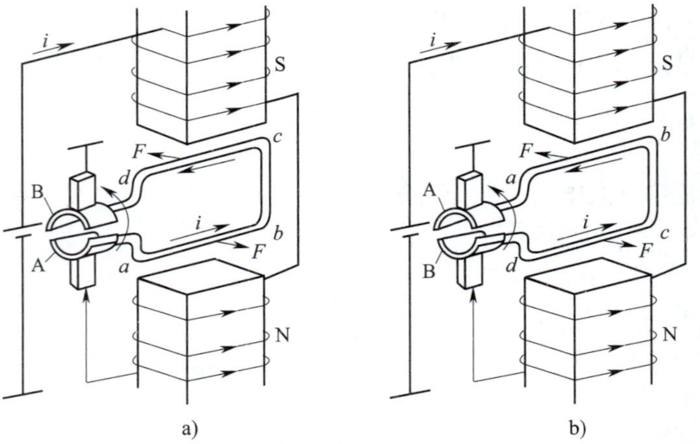

图1-56　直流串励式电动机工作原理

a）换向前　b）换向后

（2）直流串励式电动机的结构。直流串励式电动机主要由电枢（转子）、磁极（定子）、电刷和电刷架等主要部件构成，如图1-57所示。

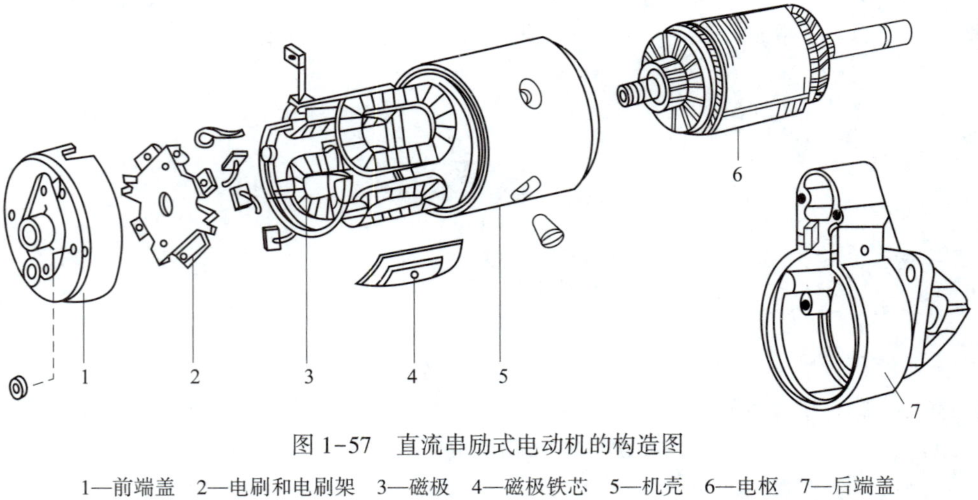

图1-57　直流串励式电动机的构造图

1—前端盖　2—电刷和电刷架　3—磁极　4—磁极铁芯　5—机壳　6—电枢　7—后端盖

1）磁极。磁极是直流电动机的定子部分，由固定在机壳上的磁极铁芯和励磁绕组组成（见图 1-58）。磁极一般有 4 个，两对磁极相对交错安装在电动机定子机壳内，定子与转子铁芯形成磁回路。低碳钢板制成的机壳也是磁路的一部分。4 个励磁绕组有的是互相串联后再与电枢绕组串联，有的是每两个分别串联再并联，然后再与电枢绕组串联。

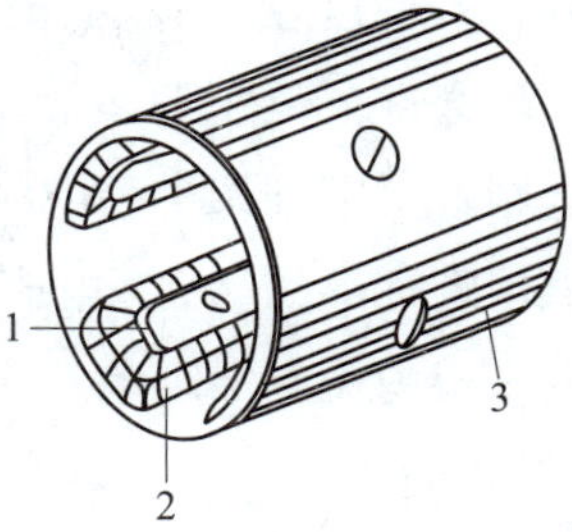

图 1-58　电动机的定子结构

1—磁极铁芯　2—励磁绕组　3—机壳

励磁绕组的接法分为串联接法和并联接法两种（见图 1-59）。

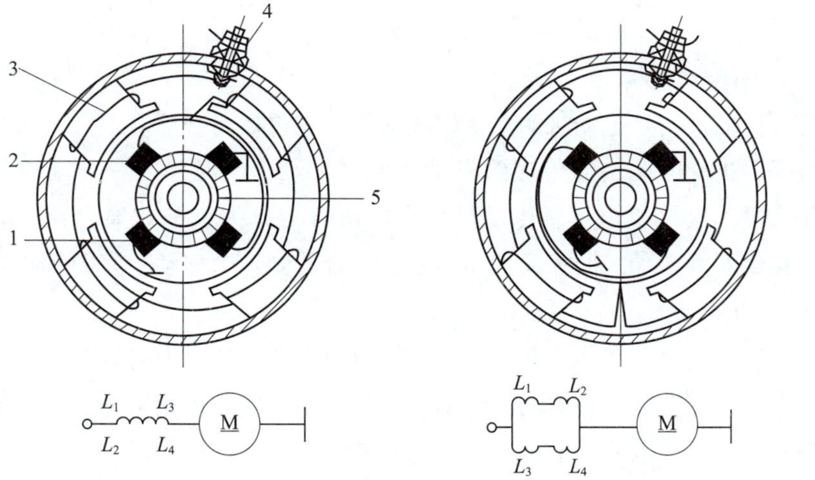

图 1-59　励磁绕组的接法

a）串联接法　b）并联接法

1—负电刷　2—正电刷　3—励磁绕组　4—接线柱　5—换向器

2）电枢。电枢是直流串励式电动机的旋转部分，包括电枢轴、换向器、电枢铁芯和电枢绕组，如图 1-60 所示。为了获得足够的转矩，通过电枢绕组的电流一般为 200～600 A，因此电枢绕组采用较粗的矩形裸铜线绕制。

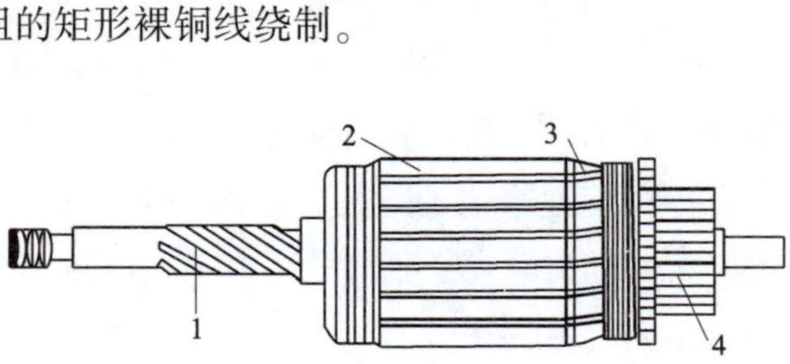

图 1-60　电枢结构

1—电枢轴　2—电枢铁芯　3—电枢绕组　4—换向器

3）电刷和电刷架。电刷由铜粉与石墨粉压制而成，呈棕红色。加入铜可减小电阻并增加其耐磨性。电刷架多制成框式，正极电刷架与端盖绝缘地固装，负极电刷架直接搭铁。电刷置于电刷架中，电刷架上装有弹性较好的盘形弹簧。电刷的高度一般不应低于生产厂家规定标准的2/3，电刷和换向器的接触面积不应少于电刷面积的75%，并且要求电刷在电刷架内无卡滞现象，否则需进行修磨或更换。

4）机壳。机壳的一端有4个检查窗口，中部只有1个电流输入接线柱，并在内部与励磁绕组的一端相连接。

5）端盖。有前、后两个端盖，前端盖一般用钢板压制而成，后端盖由灰铸铁浇制成缺口杯状。它的中心压装着青铜石墨轴承或铁基含油轴承，外围有2个或4个组装螺孔。

2. 起动机的传动机构

起动机的传动机构是起动机的主要组成部件，它包括离合器和拨叉两个部分。离合器的作用是将起动机的电磁转矩传递给发动机使之起动，同时又能在发动机起动后自动打滑，保护起动机不致超速损坏。传动机构中的离合器分为滚柱式离合器、摩擦片式离合器、弹簧式离合器等几种。而拨叉的作用是使离合器做轴向移动，将驱动齿轮啮入和脱离飞轮齿圈。

发动机起动时，按下按钮或起动开关，绕组通电产生电磁力将铁芯吸入，带动拨叉转动，由拨叉头推出离合器，使驱动齿轮啮入飞轮齿圈。发动机起动后，只要松开按钮或起动开关，绕组即断电，电磁力消失，在回位弹簧的作用下，拨叉返回，拨叉头将打滑工况下的离合器拨回，驱动齿轮脱离飞轮齿圈。

（1）滚柱式离合器。滚柱式离合器的构造如图1-61所示。滚柱式离合器的工作原理如下：在图1-62a中，发动机起动时，由拨叉将离合器沿花键推出，起动机驱动齿轮啮入发动机飞轮齿圈，由于十字块处于主动状态，随电动机电枢一起旋转，促使滚柱进入槽的窄端，将花键套筒与外壳挤紧，于是电动机电枢的转矩就可由十字块经滚柱式离合器外壳传给驱动齿轮，从而达到驱动发动机飞轮齿圈旋转、起动发动机的目的；在图1-62b中，发动机起动后，飞轮齿圈的转速高于驱动齿轮，十字块处于被动状态，促使滚柱进入槽的宽端而自由滚动，只有驱动齿轮随飞轮齿圈做高速旋转，起动机转速并不升高，在这种离合器打滑的功能下，防止了电枢超速飞散的危险，起动完毕，由于拨叉回位弹簧的作用，经拨环使离合器退回，起动机驱动齿轮完全脱离发动机飞轮齿圈。

（2）拨叉。现代汽车上一般采用电磁式拨叉。电磁式拨叉通过外壳封装于起动机壳体上，由可动和静止两部分组成。可动部分包括拨叉和电磁铁芯，两者之间用螺杆活络地连接。静止部分由绕在电磁铁芯钢套外的绕组、拨叉轴和复位弹簧组成。

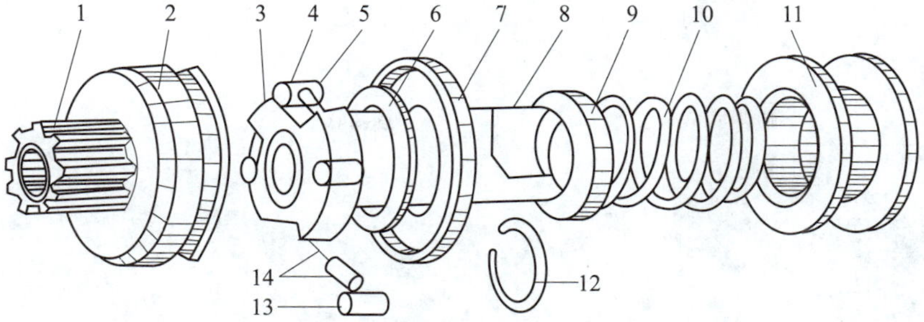

图 1-61　滚柱式离合器的构造

1—起动机驱动齿轮　2—外壳　3—十字块　4、13—滚柱　5、14—压帽和弹簧　6—垫圈
7—护盖　8—花键套筒　9—弹簧座　10—缓冲弹簧　11—移动衬套　12—卡簧

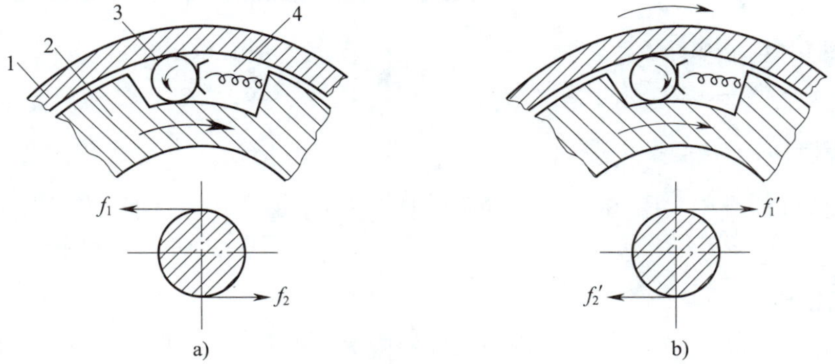

图 1-62　滚柱式离合器的工作原理

a）发动机起动时　b）发动机起动后

1—外壳　2—十字块　3—滚柱　4—压帽和弹簧

四、汽车照明系统

为了保证汽车夜间行驶的安全，提高其行驶速度，在汽车上装有多种照明设备和灯光信号装置。这些照明设备和灯光信号装置组成汽车照明系统，俗称灯系，它已成为汽车上不可缺少的一部分。汽车照明系统按其安装位置和用途不同，可分为外部照明装置、内部照明装置和汽车灯光信号装置。

1. 前照灯

前照灯俗称大灯，装在汽车头部的两侧，用来照亮车前的道路（见图 1-63）。前照灯有两灯制和四灯制之分。

2. 雾灯

在有雾、下雪、暴雨或尘埃弥漫等情况下，雾灯可用来改善道路的照明情况。每车装有 3 个雾灯，包括 2 个前雾灯（见图 1-64）和 1 个后雾灯，前雾灯安装位置比前照灯稍低，一般离地面约 50 cm，射出的光线倾斜度大，光色为黄色或橙色（黄色光波长较长，透雾性能好）。

图 1-63 前照灯

1—近光灯 2—远光灯

图 1-64 前雾灯

3. 示宽灯

示宽灯俗称前小灯，装在汽车前部两侧的边缘，在汽车夜间行驶时，标示汽车的宽度。

4. 转向信号灯

汽车转弯时，转向信号灯发出明暗交替的闪光信号，以表明汽车向左或向右转向行驶，它有前、后、侧转向信号灯之分，一般为橙色。

5. 尾灯

尾灯装在汽车的尾部，夜间行驶时，用来警示后面的车辆，以便与后车保持一定的距离。

6. 制动灯

每当踏下制动踏板时，制动灯便发出较强的红光，以示制动。

7. 倒车灯

倒车灯用来照亮车后路面，并警告车后的车辆和行人，表示该车正在倒车。

目前多将汽车后部的尾灯、后转向信号灯、制动灯、倒车灯等组合起来称为组合后灯。而将前照灯、前雾灯、前转向信号灯等组合在一起称为组合前灯。

8. 牌照灯

牌照灯用来照亮汽车牌照。

9. 停车灯

夜间停车时，停车灯用来标志汽车的存在。

10. 仪表灯

仪表灯装在仪表板上，用来照亮仪表。

11. 顶灯

顶灯装在车厢或驾驶室内顶部，作为内部照明之用。

12. 其他辅助用灯

为了便于夜间检修，设有工作灯，经插座与电源相接。有的汽车在发动机罩下面还装有发动机罩下灯，其功用与工作灯相同。

学习单元 3　电动汽车基础知识

学习目标

- 了解电动汽车电力系统结构
- 了解电动汽车安全操作规范

知识要求

随着经济的高速发展，越来越多的人将拥有汽车，然而随之而来的环境问题与能源问题也愈显突出。据专家预测：如果不采取有效措施，到 2020 年，车用燃料需求总量将达到 3 亿吨左右，我国石油供应安全必然面临巨大挑战。发展新能源汽车可以在汽车数量持续增长的状况下降低石油消耗量，保护大气环境，因此各国政府普遍把发展新能源汽车看成实现其能源环境政策和汽车工业可持续发展的重要组成部分，节能减排与发展新能源汽车是世界各国的共同追求。

新能源汽车是指使用除汽油、柴油之外所有其他能源的汽车，代表了汽车动力发展的方向，其废气排放量比传统能源汽车低，具有新技术、新结构。新能源汽车包括纯电动汽车、增程式电动汽车、混合动力汽车、燃料电池电动汽车、氢发动机汽车和其他新能源汽车。

目前我国市场化应用的电动汽车一般可分为三类：纯电动汽车（Battery Electric Vehicle，BEV）、混合动力电动汽车（Hybrid Electric Vehicle，HEV）和燃料电池电动汽车（Fuel Cell Electric Vehicle，FCEV）。

一、电动汽车电力系统基础知识

电动汽车大部分直接采用电动机驱动，有一部分车辆把电动机装在发动机舱内，也有一部分直接以车轮作为四台电动机的转子，其难点在于电力储存技术。电动汽车本身不排放污染大气的有害气体，即使按所耗电量换算为发电厂的排放，除硫和微粒外，其他污染物排放量也显著减少。

1. 动力电池组

高压动力电池系统主要由动力电池组、电池管理系统、动力电池箱及辅助元器件四部分组成。

单体电池是构成动力电池组的最小单元。由于单体电池能量有限，端电压较低，因此需要将多个单体电池进行串、并联组合成动力电池组，以满足电动汽车使用要求。目前动力电池组采用的蓄电池一般为铅酸电池、镍镉电池、镍氢电池和锂离子电池。

图 1-65 所示锂蓄电池组每组由 28 个单体锂电池（见图 1-66）组成，共有两组，单体锂电池电压为 3. 6 V。28 个单体×2 组 = 56 个单体，56 个单体×3. 6 V = 201. 6 V，因此锂蓄电池组电压为 201. 6V。

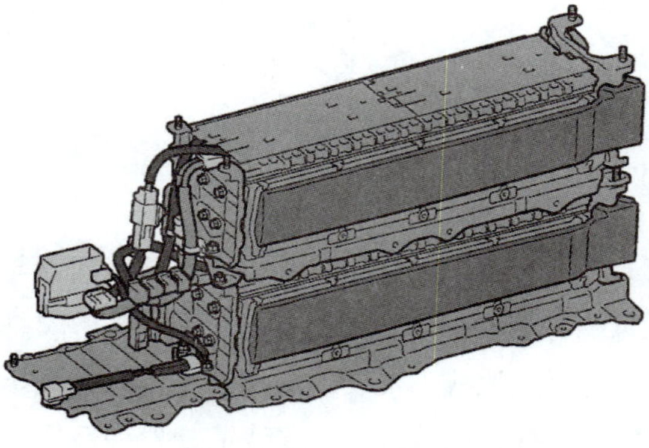

图 1-65　丰田雷克萨斯锂蓄电池组

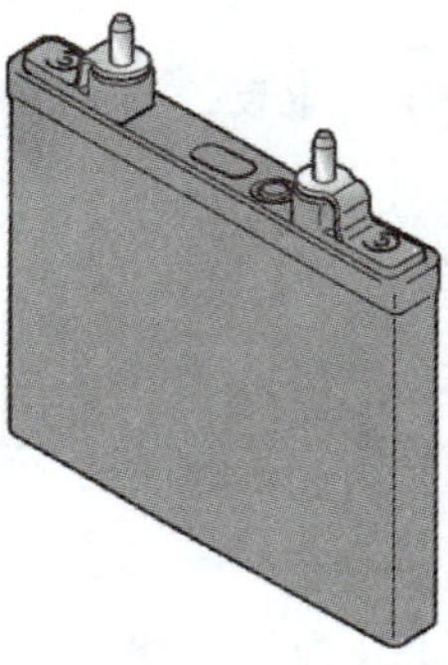

图 1-66　丰田雷克萨斯单体锂电池

图 1-67 所示为 6 个单体电池组合成的一个镍氢蓄电池模块，每一个单体电池电压为 1. 2 V，6 个单体×1. 2 V = 7. 2 V，每一个镍氢蓄电池模块电压为 7. 2 V。镍氢蓄电池组共有 168 个单体电池（6 个单体×28 个模块），电压为 201. 6 V（1. 2 V×168 个单格）。

图 1-68 所示的比亚迪秦动力电池包总成安装于行李箱内，后排座椅后方（见图 1-69）。作为整车主要动力来源之一，它由 152 个单体电池串联而成，额定总电压为 500 V，总电量为 10 kWh。

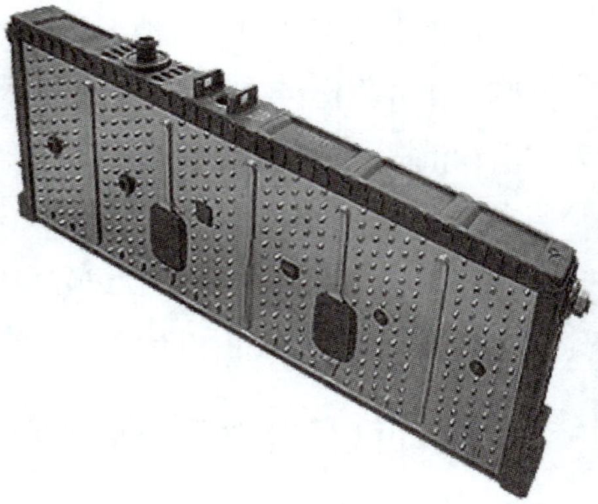

图 1-67　丰田雷克萨斯镍氢蓄电池模块

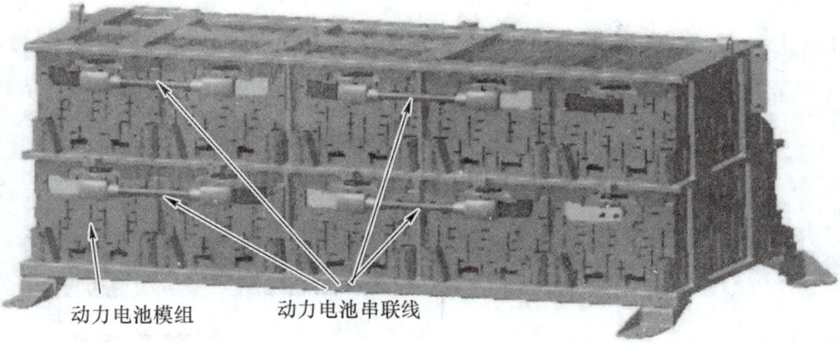

图 1-68　比亚迪秦动力电池包总成

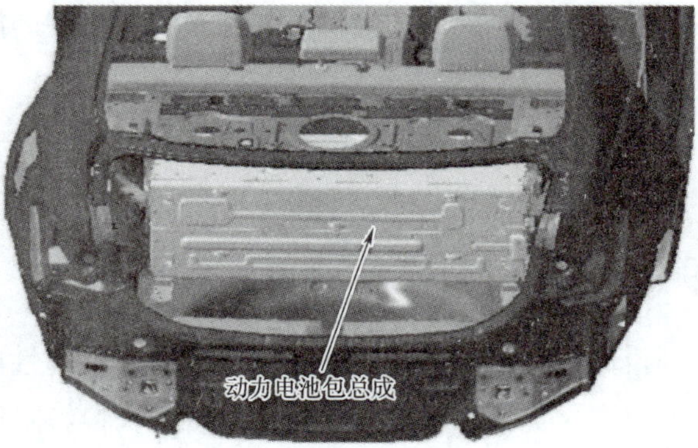

图 1-69　比亚迪秦动力电池包总成安装位置

2. 电控系统

电控系统由加速踏板位置传感器、制动踏板位置传感器、电子换挡器等输入信号传感器，整车控制器（VCU）、电动机控制器（MCU）、电池管理系统（BMS）等控制模块和驱动电动机、动力电池等执行元件组成。

电控系统通过输入信号传感器采集各部件的信息，将数据传送给整车控制器处理，形成新的指令信号传送到相应的功能模块，实现驱动控制、制动能量回收控制、电能补给、冷却控制等。

电控系统根据电动机、电池、电动助力转向系统（EPS）、DC/DC 转换器等零部件故障，整车 CAN 网络故障及 VCU 硬件故障进行综合判断，确定整车的故障等级，并进行相应的控制处理。

其中，BMS 是电动汽车电池管理系统，是对动力电池组进行参数采集与监测、安全保护、智能充放电控制、状态监测与荷电量评估的电子装置。BMS 一般由监测单元（用于测量电压、电流、温度等)，控制单元和输入输出等接口组成，最基本的功能是监控电池的工作状态（电池的电压、电流和温度)、预测动力电池组荷电量（SOC）和相应的剩余行驶里程，进行电池管理以避免出现过放电、过充、过热和单体电池之间电量严重不均衡现象，在线诊断和预警（向驾驶员提供电池电量信息)，最大限度地利用电池存储能力和循环使用寿命。

由于动力电池组的单体电池之间存在制造工艺、材质、使用环境、接线方式等差异，因此容量、端电压和内阻的不一致在所难免。动力电池组在车上的布置分散、单体电池的使用环境不同，导致动力电池组单体电池之间不一致性的积累和加剧。使用充电机直接对动力电池组进行整体充电，必然导致单体电池之间不一致性的进一步加剧，出现个别单体电池的过电压充电，严重影响动力电池组的使用安全和使用寿命，因此对动力电池组的均衡充电成为必须解决的难题。动力电池特性呈高度非线性，而电池的充放电的电压、工作范围又有严格要求，使得电池管理系统成为电动汽车发展的关键零部件。BMS 性能的优劣直接影响电动汽车的性能和使用寿命。

3. 电力驱动系统

一般电力驱动系统由驱动电动机组件、电动机控制器、电驱冷却系统、减速器总成等构成，通过高低压线束、冷却管路与整车系统连接。其主要功能是驱动汽车行驶和回收制动能量。

电动汽车使用的电动机应具有瞬时功率大、过载能力强、加速性能好、使用寿命长的特点；必须具有宽的调速范围，包括恒转矩区和恒功率区，在恒转矩区低速运行时有大转矩，以满足起动和爬坡要求，在恒功率区低转矩时有高的速度，以满足在平坦路面高速行驶的需求；需具有在减速时实现再生制动的能力，将能量回收并反馈回蓄电池，使电动汽车有最佳的能量利用率；应在整个运行范围内有高的效率，以提高一次充电的续驶里程；要求可靠性好，能在较恶劣的环境下长期工作；应结构简单，适应大批量生产；要求运行噪声低，使用维修方便，价格便宜等。

目前，在电动汽车上可以采用的驱动电动机主要有直流电动机、交流异步电动机、永磁同步电动机、开关磁阻电动机等。

图 1-70 所示丰田雷克萨斯混合动力传动桥，内置紧凑、轻量且高效的交流永久磁铁电动机 MG1 和 MG2。MG1 和 MG2 均由定子、定子绕组、转子、永久磁铁和解析器（转速传感器）组成。通过将 V 形永久磁铁置于转子内，可利用磁阻转矩（转子中嵌入的永久磁铁可形成磁通量难以穿透的区域，磁阻转矩是转子尝试沿磁铁磁阻路径变小的方向旋转产生的转矩，磁阻转矩的方向与南北极无关）增加转子的扭矩，从而提高输出扭矩。

MG1 主要用作发电机，提供电能以驱动 MG2 并对高压蓄电池充电。此外，起动发动机时，MG1 用作起动机。MG1 采用密集绕组型线圈以使其结构更为紧凑。

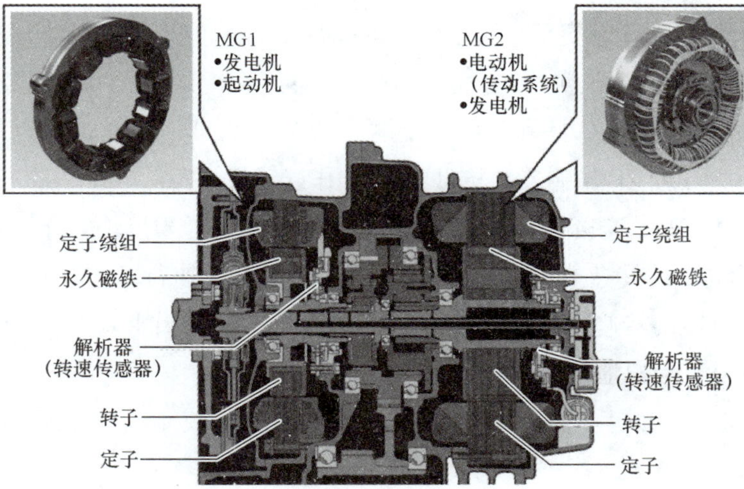

图 1-70　丰田雷克萨斯混合动力传动桥

MG2 主要用作电动机以驱动车辆，其利用 MG1 和高压蓄电池提供的电能工作，将电能转化为机械能。此外，在减速过程中，其作为发电机对高压蓄电池充电，将机械能转化为电能。MG2 采用分散绕组型线圈以确保平稳旋转。

如图 1-71 所示，丰田雷克萨斯混合动力系统的发动机、MG1 和 MG2 通过复合齿轮装置机械连接。复合齿轮装置为两个行星齿轮机构——动力分配行星齿轮机构和电动机减速行星齿轮机构。

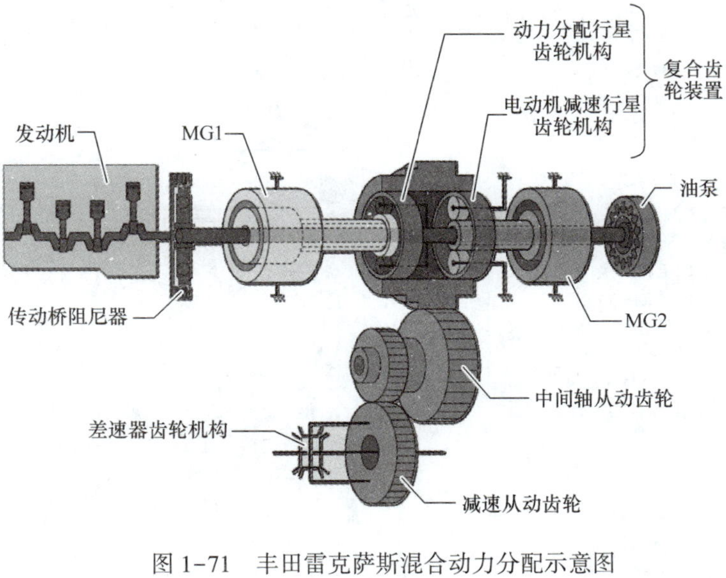

图 1-71　丰田雷克萨斯混合动力分配示意图

动力分配行星齿轮机构的太阳齿轮连接至MG1、行星齿轮支架连接至发动机、齿圈连接至复合齿轮（车轮）。电动机减速行星齿轮机构的太阳齿轮连接至MG2、齿圈连接至复合齿轮（车轮），行星齿轮支架固定于传动桥外壳。两个行星齿轮机构的齿圈组合在一起。

动力分配行星齿轮机构在MG1（用于发电）和车轮之间分配发动机动力。此外，起动发动机时，MG1的电能传输至发动机且MG1用作起动机。

需要大功率时，MG2连接至电动机减速行星齿轮机构的太阳齿轮。行星齿轮支架固定到位时，可降低MG2的转速并将其传输至齿圈。电动机减速行星齿轮机构的减速比为2.64。通过降低MG2的转速，其扭矩增至2.64倍，并传输至齿圈。

4. 充电系统（动力电池系统）

充电系统由动力电池组、车载充电器、高压配电单元、快充口（直流）、慢充口（交流）、电池冷却系统等组成。

电动汽车动力电池充电的方法主要有快速充电（直流快充、应急充电），常规充电（交流慢充），更换电池等。快速充电和常规充电的流程均为：采用恒流-恒压充电方法，在不同温度范围内以恒定电流充电至动力电池组总电压或最高单体电压达到此温度条件下的规定电压值，以恒定电压充电至电流小于0.8 A后停止充电。

快速充电主要是通过充电站的充电桩将直流高压电直接通过直流充电口充给动力电池。

常规充电方法一般耗时较长，给实际使用带来诸多不便。快速充电电池的出现，为纯电动汽车的商业化提供了技术支持。

快速充电是以较大直流电流在电动汽车停车的20 min~2 h的短时间内为其充电，一般充电电流为150~400 A。快充口的定义如图1-72所示。

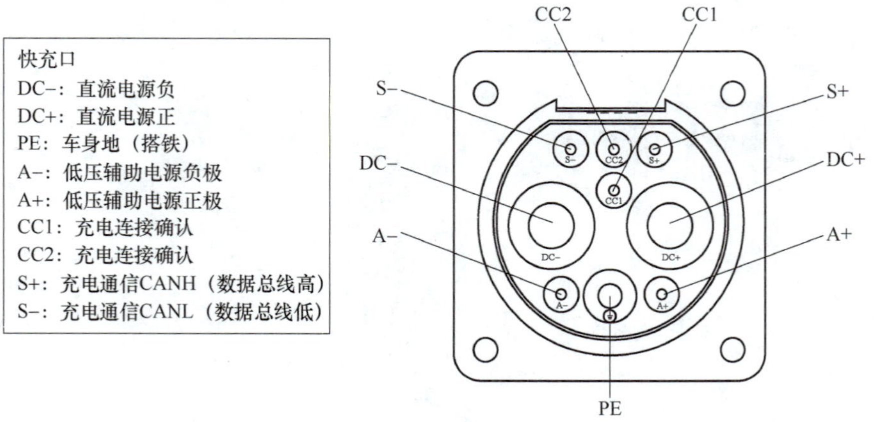

图1-72　快充口的定义

快速充电模式的优点是充电时间短。但是，相对常规充电模式，快速充电也存在一定的缺点："快速充电"实际并不快，而且会降低动力电池使用寿命。受电池技术影响，目前电动汽车使用最多的就是锂电池。锂元素是比钠还要活跃的金属元素之一，快速充电易使锂元素太过活跃，从而使电池中的电解液发生沉淀，产生气泡现象（也就是平常人们所看到的电池身上凸起的"小包"），摸上去有发热等情况，严重的会导致电池爆炸等安全事故。因此，充电电流不宜过大。目前，市面上各大厂商都在宣传其电动汽车快速充电时间在 10 min 左右，实际上以目前技术来看都不现实。以比亚迪 E6 纯电动汽车为例，这款电动汽车采用磷酸铁锂电池，其快速安全充电模式的充电时间仍然为 2 h。

电动汽车充电快慢与充电器功率、电池充电特性、温度等紧密相关。在当前电池技术水平下，即使是快速充电模式也需要 30 min 才能充电到电池容量的 80%，超过 80%后，为保证电池安全，充电电流必须变小，充到 100%的时间将较长。此外，在冬天气温较低时，电池要求充电电流变小，充电时间会变得更长些。

常规充电主要是将家用电源插头和交流充电桩接入交流充电口，通过车载充电器将 220 V 交流电转为 330 V 直流电（比亚迪 E6 为例）给动力电池进行充电。慢充口的定义如图 1-73 所示。

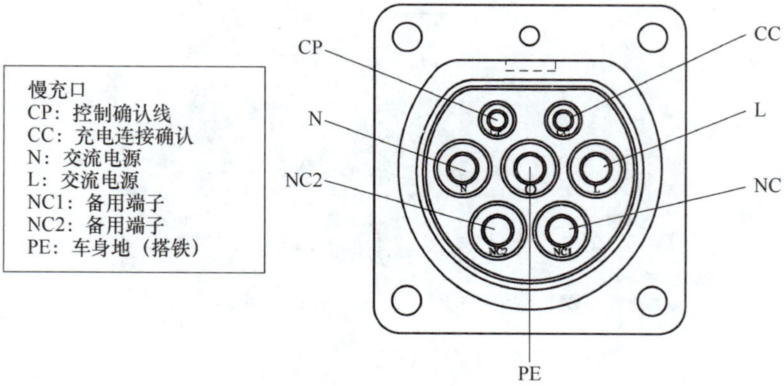

图 1-73　慢充口的定义

二、电动车高压电安全防范基本要求

1. 电击原理与人体反应

电击是电流通过人体而造成的，其引起的反应取决于电流的大小、持续时间及其通过人体的路径。电流通过头部可使人昏迷；通过脊髓可致人瘫痪；通过心脏会造成心跳停止，血液循环中断；通过呼吸系统会致人窒息。其中，电流从左手流向胸部是最危险的电流路径，从手到手及从手到脚也是很危险的电流路径，从脚到脚是危险性相对较小的电流路径。不同大小的电流通过人体时人体的反应见表 1-3。

表 1-3　　不同大小电流通过人体时人体的反应

通过人体的电流（mA）	人体的反应
0.6~1.5	手指开始感觉发麻
2~3	手指感觉强烈发麻
5~7	手指肌肉痉挛，手指感觉灼热和刺痛
8~10	手掌关节与手掌感觉疼痛，手难以脱离电源
20~25	手指感觉疼痛，迅速麻痹，不能脱离电源，呼吸困难
50~80	呼吸麻痹，心房开始震颤，感到强烈的灼痛，呼吸困难
90~100	呼吸麻痹，持续 3 s 或更长时间后，心脏麻痹或停止跳动

根据欧姆定律 $I=U/R$，流经人体的电流大小与外加电压和人体的电阻有关（见图 1-74）。

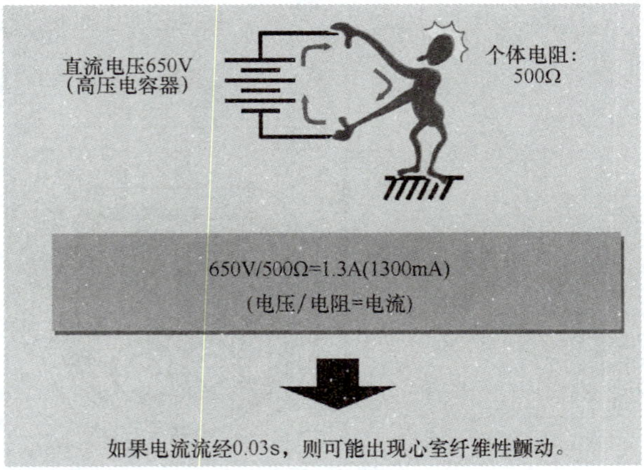

图 1-74　高压电路流经人体

注：心室纤维性颤动是心跳紊乱时发生的状况，其特点是心室快速颤动。

当人遭受电击时，即使人体与电源分离，心室纤维性颤动也会导致人在数分钟内死亡。

《信息技术设备　安全　第 1 部分：通用要求》（GB 4943.1—2011，等效于 EN60950 或 IEC60950）规定：在干燥的条件下，相当于人的一只手的接触面积上，峰值电压高达 42.4 V 或直流电压高达 60 V 的稳态电压，一般不认为是危险电压。但是，对使用时必须接触的或用手操作的裸露零部件，则应当使其处于地电位，或者对其采取适当的隔离。

2. 高压电池使用注意事项

（1）高压电池组工作温度为-20~45℃。不允许车辆在 45℃以上环境中停放超过

8 h，不允许车辆在-20℃以下环境中停放超过 12 h。

（2）车辆需要保持干燥，避免长时间在潮湿环境中停放。若车辆浸水或涉水（涉水深度超过 120 mm），应置于干燥地方停放。

（3）尽量采用车载充电器对车辆进行充电，应避免频繁使用快速充电模式充电。快速充电对高压电池使用寿命影响较大，快速充电次数每周不应超过两次。

（4）每个月至少一次对车辆进行均衡充电，常规充电 8 h。在明确长时间（超过 3 个月）不使用时，确保车辆在高压电池组电量 50%（仪表上高压电池组电量显示 3 格位置）左右状态下进行存放；不允许车辆在高压电池组电量低（仪表上高压电池组电量显示 1 格位置）的情况下停放超过 7 天。

（5）电池管理系统会监控高压电池组状态，系统显示屏上会出现“请慢充充电至少 8 h 以均衡保养高压电池组”的警告信息。此时，用户必须对其进行常规充电作业。

（6）车辆在使用过程中出现意外碰撞、刮擦等情况时，均需开往电动汽车授权售后服务中心及时检查高压电池组是否有变形、外壳裂纹等情况。如果事故严重应立即停驶，联系电动汽车授权售后服务中心，由拖车拖回电动汽车授权售后服务中心检查。

（7）车辆发生严重事故后，车内人员必须尽快离开车辆，并马上联系电动汽车授权售后服务中心处置。

（8）如果事故导致车身受损，需要修复或喷漆，为避免高压电池组人为损坏或起火，必须联系电动汽车授权售后服务中心，在卸除高压电池组之后进行相关作业。

3. 高压电安全操作注意事项

（1）对车辆高压电气部分进行维修时，非相关人员不允许随意接触车辆。应使用高压警示标识（见图 1-75），将电源模式切换至“OFF”并从起动系统内部检测区域的外侧拔出钥匙，断开辅助蓄电池负极端子电缆。

图 1-75　高压警示标识

（2）对贴有高压警示标识的部件都不可随意触摸。为便于辨认，高压线束和连接器采用橙色标记，以与普通低压系统区分开。

（3）如果需要拆解相关高压部件，拆解人员必须参加高压电安全培训，熟悉高压电系统。操作人员还需参加高压电事故急救培训。

（4）对高压部件进行操作前，操作人员需要穿戴好劳保用品，检查绝缘手套（见图 1-76），操作时必须使用绝缘手套。

（5）拆解或装配电器部件时，必须断开 12 V 电源和高压蓄电池上的手动维修开关。拆下手动维修开关（MSD）（见图 1-77）。对外露高压部件进行操作时，必须使用万用表测量是否存在高压电，确保没有高压电的情况下再进行操作。万用表需要定期标定，内阻不低于 10 MΩ。

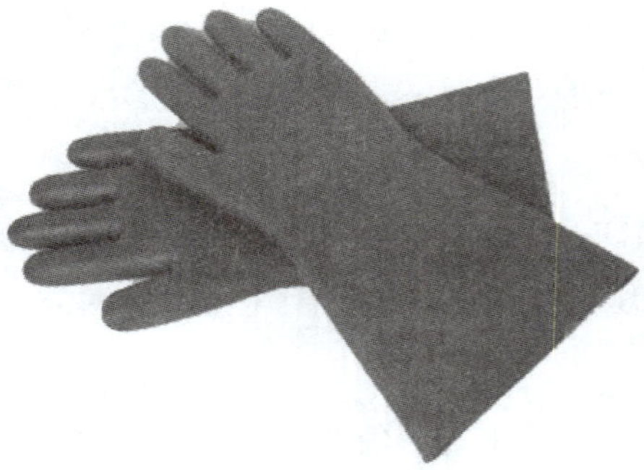
图 1-76　绝缘手套

图 1-77　手动维修开关

（6）驾驶结束后，关闭车辆起动电源开关，如果需要对高压系统进行拆解，则需要等待 5 min 后再进行，松开或紧固车辆高压电路的螺栓和螺母时必须使用绝缘成套工具（见图 1-78）。

图 1-78　绝缘成套工具

（7）在高压部件拆装后、重新接通高压电之前，需要检查所有高压部件的装配、连接，确保其可靠性。所有高压部件都应该保证接地良好。

注意：

确保高压系统维修人员具备中华人民共和国应急管理部颁发的特种作业操作证（电工作业）。

禁止未参加该车型高压系统知识培训的维修人员拆解高压系统（包括手动维修开关、高压电池组、驱动电动机、电力电子箱、高压配电单元、高压线束、电空调压缩机、慢充口和交流充电线、快充口、电加热器、慢速充电器）。

在开始维修作业前，维修人员必须穿好绝缘工作服（见图 1-79），戴好绝缘手套，穿好电绝缘鞋（见图 1-80）。在戴绝缘手套前，必须检查绝缘手套是否有破损的地方，要确保手套无绝缘失效。

图 1-79　绝缘工作服

图 1-80　电绝缘鞋

检查绝缘手套的方法如图 1-81 所示：先将手套侧放，将开口向上卷两次或三次，对折开口以将其封死，确保没有空气泄漏。

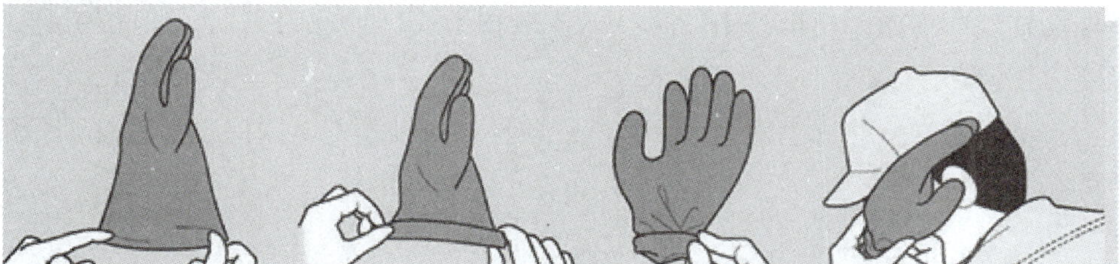

图 1-81　检查绝缘手套

在安装和拆卸的过程中，应防止制动液、洗涤液、冷却液等液体进入或飞溅到高压部件上。

绝缘防护用品必须符合国家标准。电绝缘鞋必须符合 GB 12011—2009《足部防护 电绝缘鞋》。绝缘手套必须符合 GB/T 17622—2008《带电作业用绝缘手套》。

第5节　发动机零部件检测

学习单元1　运用外径千分尺测量曲轴连杆轴颈

学习目标

➤ 能够运用外径千分尺测量曲轴连杆轴颈

知识要求

曲轴的常见损伤有磨损、弯曲、扭曲、裂纹、折断。

一、曲轴磨损

曲轴的磨损主要是主轴颈和连杆轴颈的磨损。轴颈的受力呈周期性且周向分布不均，使其磨成椭圆形。主轴颈磨损最大处为靠近连杆轴颈的两侧，连杆轴颈磨损最大处为靠近主轴颈一侧，主要是换向运动的惯向力和做功行程的强大压力所致。

连杆轴颈的磨损还具有锥度。主要原因是曲柄内机油道是斜置的，机油的流动惯性及曲轴转动的惯性力作用，使机油中的机械杂质偏积于连杆轴颈的一端，使此端磨损加大，使轴颈变成锥形。

由于连杆轴颈的负荷比主轴颈大，且润滑条件比主轴颈差，因此一般连杆轴颈的磨损大于主轴颈的磨损。

二、曲轴弯曲和扭曲

曲轴弯曲和扭曲的原因是曲轴为一根长形杆件，中部承受汽缸燃气强大压力冲击，特别是主轴承间隙过大易产生弯曲；各缸主轴承及连杆螺栓拧紧转矩不均、个别缸不工作、曲轴及活塞连杆组不平衡等，也会使曲轴产生弯曲和扭曲；汽车长时间超负荷运行和个别活塞卡缸极易使曲轴产生扭曲。

曲轴弯曲后，增加了额外负荷，加速轴颈和轴承的磨损，严重时曲轴会出现裂纹或折断，加速活塞连杆组及汽缸的磨损等。曲轴发生扭曲后，改变了各曲拐间的配角，从而破坏了发动机的配气正时、点火正时（汽油机）、供油正时（柴油机）。

三、曲轴裂纹和折断

产生曲轴裂纹和折断的主要原因是局部应力集中（曲柄与轴颈连接处和油孔边沿），长期超负荷工作，制造材料及工艺留下的隐患（内部裂纹、气孔等）。

技能要求

运用外径千分尺测量曲轴连杆轴颈

操作准备

1. 发动机曲轴。
2. 外径千分尺（50~75 mm）。
3. 清洁用具。
4. 检验平板。
5. V 形架。

操作步骤

步骤 1 清洁曲轴

对被检验的曲轴进行清洗，擦（吹）干后放在 V 形架上（V 形架置于检验平板上），或连同飞轮立放在地面上。

步骤 2 清洁和校对外径千分尺（见图 1-82）

测量必须跨轴颈直径，用力要均匀，轻轻旋转棘轮，一般以响三声为旋转限度。

步骤 3 测量填表

曲轴连杆轴颈测量位置如图 1-83 所示。在曲轴连杆轴颈两端避开倒角、油孔处选择两个横截面 *I—I* 和 *II—II*，每个截面测量两三次，得到该截面最大直径和最小直径，并将测量数据填入表中。

步骤 4 计算圆度误差和圆柱度误差

（1）圆度误差。同一横截面上的最大直径和最小直径差的一半，为该截面的圆度误差，取其最大的值表示该轴颈的圆度误差。

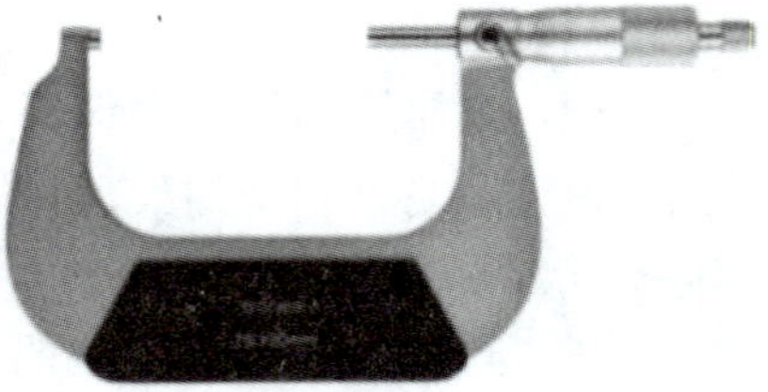

图 1-82　外径千分尺

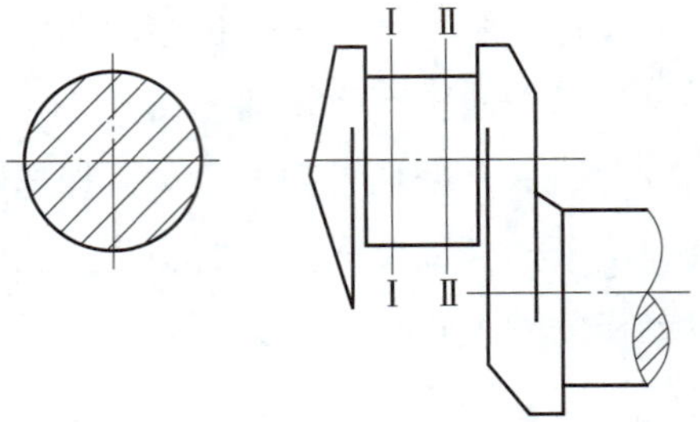

图 1-83　曲轴连杆轴颈测量位置

（2）圆柱度误差。用同一轴颈不同横截面的最大直径和最小直径差的一半表示该轴颈的圆柱度误差。

它们的计算公式如下：

圆度误差 =（同一截面测得的最大直径 - 最小直径）/2

圆柱度误差 =（同一轴颈不同截面测得的最大直径 - 最小直径）/2

根据最小直径、圆度和圆柱度误差、修理级差、曲轴标准直径和尺寸限值确定曲轴是否可以再修和怎样修。修理级差为 0. 25 mm。圆度和圆柱度误差一般大于 0. 05 mm，轿车曲轴圆度和圆柱度误差大于 0. 020 mm 时应进行修复。

步骤 5　完成表格填写

曲轴编号		①号（　）	②号（　）	③号（　）	④号（　）	⑤号（　）	
连杆轴颈		最大直径（mm）	最小直径（mm）	圆度误差（mm）	圆柱度误差（mm）	修理尺寸（mm）	修理级别
1	*I*—*I*						
	II—*II*						
2	*I*—*I*						
	II—*II*						
3	*I*—*I*						
	II—*II*						
4	*I*—*I*						
	II—*II*						
5	*I*—*I*						
	II—*II*						
6	*I*—*I*						
	II—*II*						

学习单元 2　运用外径千分尺测量曲轴主轴颈

学习目标

➢ 能够运用外径千分尺测量曲轴主轴颈

知识要求

曲轴轴颈的修理尺寸一般有 1~6 级，每一级的级差为 0. 25 mm。在保证磨修质量的前提下，根据计算结果，尽可能选择最接近的修理尺寸级别，以延长曲轴的使用寿命。

曲轴的各轴颈应磨修成同一级别的修理尺寸，以便选择同一级别的轴瓦。其计算公式如下：

主轴颈的修理尺寸=各主轴颈的最小直径-加工余量（按修理等级圆整）

连杆轴颈的修理尺寸=各连杆轴颈的最小直径-加工余量（按修理等级圆整）

加工余量的大小取决于加工设备的精度和操作人员的技术水平，一般取 0. 10~0. 20 mm。

技能要求

运用外径千分尺测量曲轴主轴颈

操作准备

1. 发动机曲轴。
2. 外径千分尺（50~75 mm）。
3. 清洁用具。
4. 检验平板。
5. V 形架。

操作步骤

步骤 1　清洁曲轴

对被检验的曲轴进行清洗，擦（吹）干后放在 V 形架上（V 形架置于检验平板上），或连同飞轮立放在地面上。

步骤 2　清洁和校对外径千分尺

测量必须跨轴颈直径，用力要均匀，轻轻旋转棘轮，一般以响三声为旋转限度。

步骤 3　测量填表

曲轴主轴颈测量位置如图 1-84 所示。在曲轴主轴颈两端避开倒角、油孔处选择两个横截

面 *I—I* 和 *II—II*，每个截面测量两三次，得到该截面的最大直径和最小直径，如图 1-85 所示，并将测量数据填入表中。

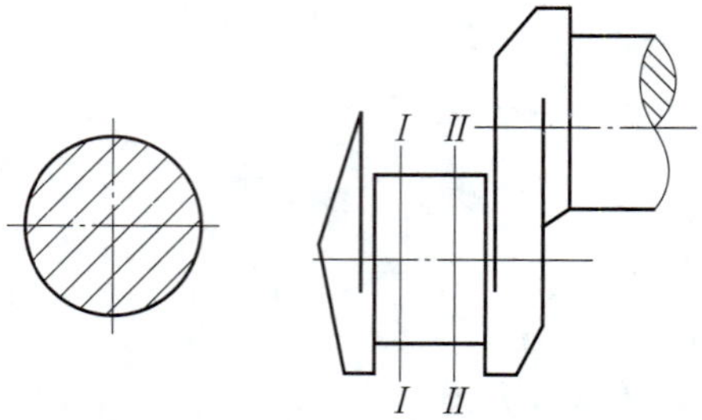

图 1-84　曲轴主轴颈测量位置

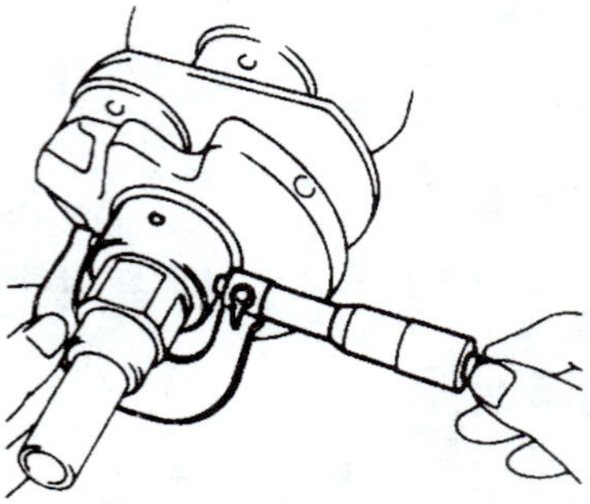

图 1-85　测量曲轴主轴颈

步骤 4　计算圆度误差和圆柱度误差

圆度误差：同一横截面上的最大直径和最小直径差的一半，为该截面的圆度误差，取其最大值表示该轴颈的圆度误差。

圆柱度误差：用同一轴颈不同横截面的最大直径和最小直径差的一半表示该轴颈的圆柱度误差。

它们的计算公式如下：

圆度误差 =（同一截面测得的最大直径-最小直径）/2

圆柱度误差 =（同一轴颈不同截面测得的最大直径-最小直径）/2

步骤 5　完成表格填写

曲轴编号：			①号（ ）	②号（ ）	③号（ ）	④号（ ）	⑤号（ ）
主轴颈		最大直径（mm）	最小直径（mm）	圆度误差（mm）	圆柱度误差（mm）	修理尺寸误差（mm）	修理级别
1	*I—I*						
	II—II						
2	*I—I*						
	II—II						
3	*I—I*						
	II—II						
4	*I—I*						
	II—II						
5	*I—I*						
	II—II						
6	*I—I*						
	II—II						

学习单元 3　运用百分表测量曲轴各处径向及端面圆跳动

学习目标

➤ 能够运用百分表测量曲轴各处径向及端面圆跳动

技能要求

运用百分表测量曲轴各处径向及端面圆跳动

操作准备

1. 发动机曲轴。
2. 百分表。
3. 磁性表座。
4. 清洁用具。
5. 检验平板。
6. V 形架。

操作步骤

步骤 1　对被检验的曲轴进行清洗，擦（吹）干后将曲轴的两端用 V 形架支撑在检验平板上。

步骤 2　清洁和校对百分表。

步骤 3　将百分表的触头抵在中间主轴颈表面，如图 1-86 所示。转动曲轴一周，

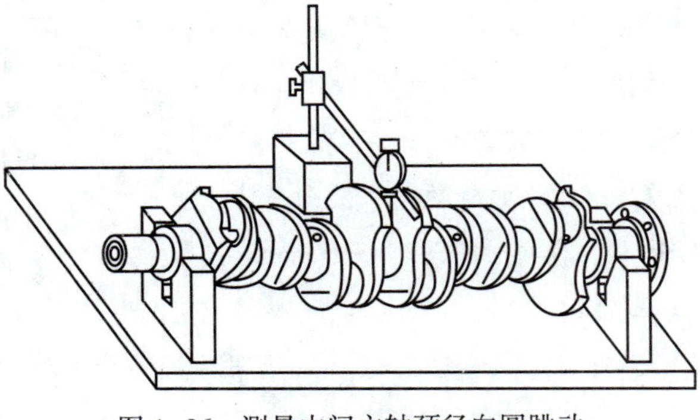

图 1-86　测量中间主轴颈径向圆跳动

表上指针的最大与最小读数之差，即为中间主轴颈对两端主轴颈轴线的径向圆跳动误差。

步骤4 用同样的方法测量曲轴各轴颈径向圆跳动及端面圆跳动（包括中间主轴颈、带轮轴颈、正时齿轮轴颈、飞轮突缘径向端面、曲轴后端轴承孔等）数据并记录。

步骤5 计算弯曲度。

步骤6 填写使用极限数据，根据各组测量及计算数据结果决定维修方案。

曲轴编号	①号（ ） ②号（ ） ③号（ ） ④号（ ） ⑤号（ ）			
测量部位	径向圆跳动（mm）	弯曲度（mm）	使用极限（mm）	维修方案
中间主轴颈				
带轮轴颈				
正时齿轮轴颈				
飞轮突缘径向端面				
曲轴后端轴承孔				

相关链接

曲轴弯曲的校正

（1）将曲轴放在压床工作台的V形架上，使弯曲部位向上，并将压头对准中间主轴颈，注意应在压杆与曲轴之间垫上铜片或铝片，以免损伤曲轴表面。

（2）将百分表放在被校轴颈下，触头与轴颈表面接触，调整表盘使指针指向零刻度后，向曲轴施加压力，如图1–87所示。

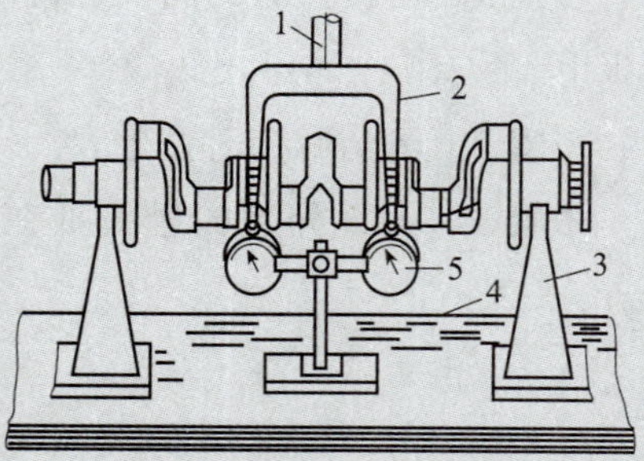

图1–87 曲轴弯曲的校正

1—压力机 2—压杆 3—V形架 4—平板 5—百分表

（3）为防止回弹，中碳钢曲轴的校正反向压弯量应为弯曲量的10~15倍，保持时间大约为10 min。

（4）经冷压校正后的曲轴，应均匀加热到300~350℃，保温0.5~1 h，以消除应力。热处理后必须再次检测弯曲量。

学习单元 4　运用游标高度尺检测曲轴扭曲程度

学习目标

➤ 能够运用游标高度尺检测曲轴扭曲程度

技能要求

运用游标高度尺检测曲轴扭曲程度

操作准备

1. 发动机曲轴。
2. 游标高度尺。
3. 清洁用具。
4. V 形架。
5. 检验平板。

操作步骤

步骤 1　对被检验的曲轴进行清洗，擦（吹）干后将曲轴的两端用 V 形架支撑在检验平板上，使曲轴的轴心线与检验平板保持平行。

步骤 2　清洁游标高度尺并进行校正。

步骤 3　将第一缸、第四缸（四缸）或第六缸（六缸）的连杆轴颈转到水平位置。

步骤 4　用游标高度尺分别测量第一缸连杆轴颈和第四缸（第六缸）连杆轴颈至检验平板的高度 h_1 和 h_2（见图 1-88）。

步骤 5　计算这两个连杆轴颈的高度差 ΔA 和扭转角 θ，计算式为：

$$\Delta A = h_1 - h_2$$

$$\theta = \frac{\Delta A \cdot 360°}{2\pi R} = 57° \frac{\Delta A}{R}$$

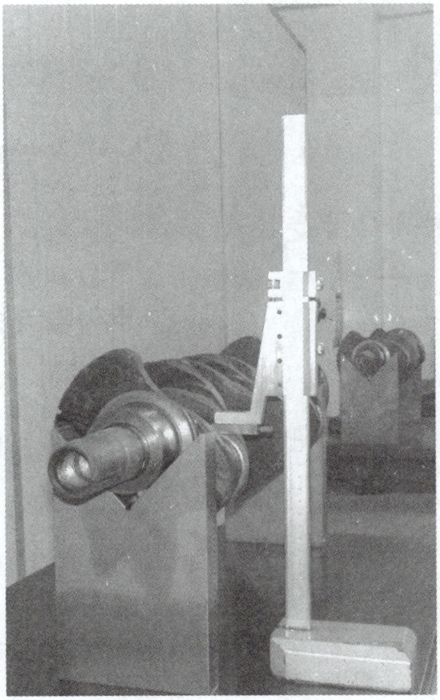

图 1-88　用游标高度尺测量

式中　R——曲轴的曲柄半径，mm。

步骤6　曲轴扭曲变形的修理。

（1）若曲轴产生轻微的扭曲变形，可直接在磨床上结合对连杆轴颈磨削予以校正。

（2）曲轴扭转角<±8°时，应在专用机床上校正；扭转角>±8°时，应报废。一般曲轴扭转角应不大于±0°30′。以上测试结果小于±0°30′可以不做修理。

步骤7　将测量、计算和分析结果填入下表。

曲轴编号	①号（　）　②号（　）　③号（　）　④号（　）　⑤号（　）				
测量部位	高度（mm）	高度差（mm）	扭转角（°）	使用极限（mm）	维修方案
第一道连杆轴颈					
最后一道连杆轴颈					

学习单元5　运用内径百分表测量汽缸的磨损程度

学习目标

➢ 能够运用内径百分表测量汽缸的磨损程度

技能要求

运用内径百分表测量汽缸的磨损程度

操作准备

1. 发动机汽缸（乘用车6缸发动机）2台。
2. 外径千分尺（75~100 mm）。
3. 内径百分表（见图1-89）。
4. 清洁用具。

操作步骤

步骤1　清洁并检查量具和汽缸。

步骤2　根据被测汽缸的标准尺寸选用合适量程的内径百分表并清洁和校对零位。

步骤 3 根据汽缸直径选择相应量程的固定量杆及固定螺母旋入表杆下端，固定量杆与活动量杆的总长度应小于所测汽缸的直径。将百分表装入表杆上端的安装孔中。

步骤 4 安装后用手压缩内径百分表的下端活动量杆头，检查表针是否转动灵活。

步骤 5 校对内径百分表尺寸，将外径千分尺调到所量汽缸的标准尺寸，将内径百分表的量杆伸入标准缸径的千分尺开口内，观察表针，将内径百分表校对到外径千分尺的尺寸，并使表针压缩 1~2 mm，转动表盘使表针对准零位，拧紧固定螺母。为使测量正确应重复检查一次。

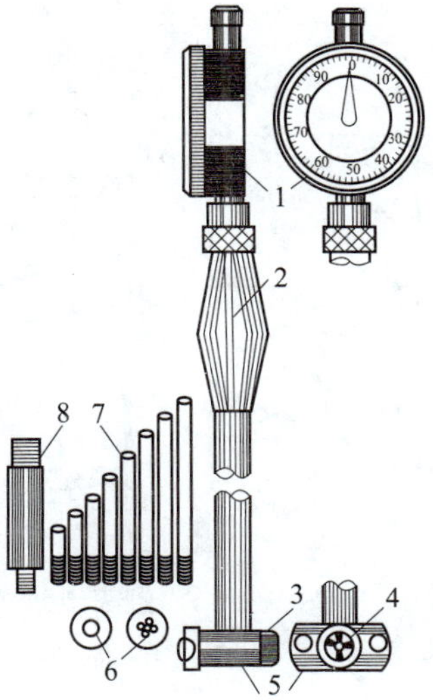

图 1-89 内径百分表

1—百分表 2—表杆 3—量杆座 4—活动量杆 5—支撑架 6—固定螺母 7、8—固定量杆

步骤 6 测量时，手拿住表杆的绝热手柄。表杆进入或退出被测孔时应斜放，不允许量杆在孔内垂直拉动或转动，以免量具磨损。

步骤 7 测量汽缸直径。在汽缸中取上（活塞位于上止点时第一道活塞环所对应的位置稍偏下，距离汽缸体上平面 10~15 mm）、中（汽缸中部）、下（距汽缸下边缘 10 mm 左右）三个截面（见图 1-90），在每个截面上沿圆周方向移动量杆，在活塞行程区域内找到磨损最大处，记住表针所指刻度，旋转表面，使“0”对准表针所指刻度。这个刻度作为测量的基数。

步骤 8 为保证测量的准确性，测量时，必须使量杆与汽缸中心线垂直。因此测量时应摆动表杆，如图 1-91 所示。当表针指到最小刻度时，量杆垂直于汽缸中心线，此时的读数为标准读数。

步骤 9 内径百分表的读数及汽缸实际尺寸的计算

（1）测量时，如果长指针正好指在零位，说明被测实际缸径与标准缸径相等。

（2）如果长指针顺时针方向离开零位，说明被测实际缸径小于标准缸径，其实际缸径等于标准缸径与长指针顺时针离开零位的数值之差。

（3）如果长指针逆时针方向离开零位，说明被测实际缸径大于标准缸径，其实际缸径等于标准缸径与长指针逆时针离开零位的数值之和。

用公式表示为：

$$\text{汽缸实际尺寸} = \text{标准尺寸} \pm \text{偏离零位数值}$$

式中，长指针顺时针离开零位取负值；长指针逆时针离开零位取正值。

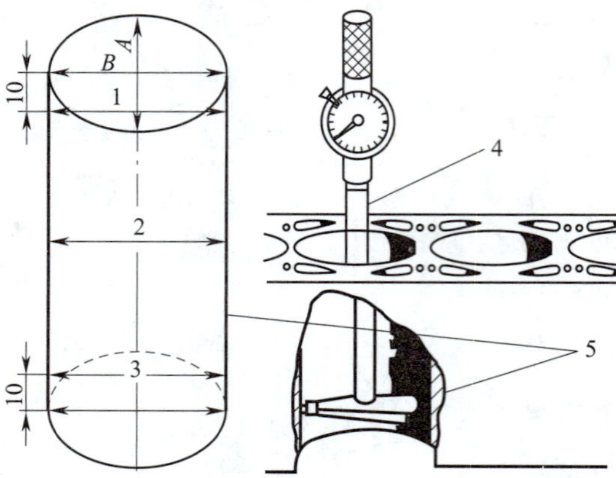

图 1-90　汽缸三个截面测量位置

1—距离汽缸体上平面 10 mm 处截面　2—汽缸中部截面

3—距汽缸下边缘 10 mm 处截面　4—内径百分表　5—汽缸

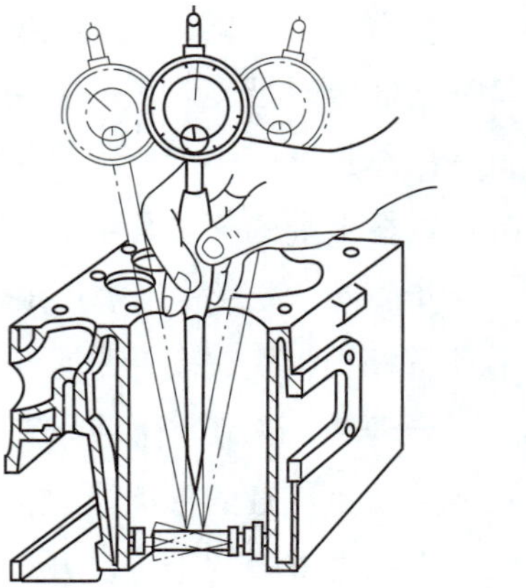

图 1-91　摆动表杆

步骤 10　将量杆在截面上转 90°，此时表针所指刻度与零位刻度之差即为此截面上的失圆度，该值的 1/2 为圆度误差。

步骤 11　将量杆移到上、中、下三个截面部分，测量每个截面上的失圆度，每个截面所测得最大与最小两直径之差的一半即为该截面的圆度误差，对三个截面所测得的圆度误差进行比较，取其最大值作为该汽缸的圆度误差；同一汽缸中不同截面所测得的所有直径中最大与最小直径的差值的一半即为被测汽缸的圆柱度误差，汽缸最大直径与标准直径之差为磨损量。

步骤 12　将测量结果填入下表。

汽缸	测量位置	纵向直径(mm)	横向直径(mm)	圆度误差(mm)	圆柱度误差(mm)	修理尺寸*(mm)	修理级别
第　缸	上部						
	中部						
	下部						

*镗磨余量取：　　mm　　汽缸标准直径：　　mm

相关链接

汽缸磨损的特点

（1）在活塞环运动区域，磨出上大下小的圆柱度误差。最大磨损处在第一道活塞环的上止点；最小磨损处在末道活塞环的下止点以下部位。由于汽缸上部润滑条件差，且各道活塞环中第一道的背压力最大，因此磨损大；末道活塞环以下区域润滑条件好，且活塞对汽缸壁的压紧力不大，因此磨损小。

（2）在磨损区内的横截面上，磨出圆度误差。一般磨损较大部位在垂直于活塞销座孔轴线附近。由于活塞的椭圆长径对应活塞的裙部，加之活塞运动的侧压力作用在这个部位，活塞与缸壁压紧力大，因此磨损大；由于进气对缸壁的冲刷面不均，受冲刷区域的机油部分被冲掉和被汽油稀释使这一区域润滑不良；进气流中的少量尘土黏附在冲刷区的机油上形成磨料，导致汽缸被磨成不规则的椭圆。

（3）各缸之间磨损程度不同，一般为第一缸和末缸磨损较大。原因是第一缸靠近风扇和水泵，容易冷却过度，腐蚀损伤较大；末缸则易出现冷却不良，温度过高，致使润滑不良，磨损加大。

在确定发动机汽缸修理级数时，应以磨损最大的汽缸为标准。汽缸的磨损量、圆度误差或圆柱度误差超过极限值时，应进行镗缸和磨缸，或更换新汽缸套。

（4）汽缸修理级数的确定。根据汽缸测量结果，当圆柱度误差达到 0. 175~0. 250 mm，或圆度误差达到 0. 050~0. 063 mm 时，应进行镗磨修理。修理级数一般分六级，即+0. 25、+0. 50、+0. 75、+1. 00、+1. 25、+1. 50。一般+0. 25 这一级不采用。

确定修理尺寸计算公式如下：

修理尺寸=最大汽缸尺寸+加工余量（0. 20 mm）

计算出的修理尺寸应与汽缸的修理级数对照。如修理尺寸与修理级数相符，按修理尺寸修复；如与修理级数不相符，应靠级修复，一般往上一级相靠。汽缸修理级数规定为每级+0. 25 mm，以发动机规定的最大修理级数作为修理极限，超过修理极限时，不能再用加大尺寸修复法，应改用镶套或换套修复。

2

第2章

汽车发动机基本工作原理与检修

第1节 电控汽油喷射系统

学习单元1 电控汽油喷射系统基本知识

学习目标

- 了解电控汽油喷射系统控制方式
- 了解电控汽油喷射系统组成
- 熟悉电控汽油喷射系统主要元件的结构和工作原理

知识要求

一、电控汽油喷射系统控制方式

按进气量的检测方式来分，电控汽油喷射系统可以分为D型电控汽油喷射系统（间接式检测方式）和L型电控汽油喷射系统（直接式检测方式）两大类。

1. D型电控汽油喷射系统（间接式检测方式）

“D”是德语Druck（压力）的第一个字母。D型电控汽油喷射系统利用绝对压力传感器检测进气管内的绝对压力，电子控制单元根据进气管内的绝对压力和发动机转速推算出发动机的进气量，再根据进气量和发动机转速确定基本喷油量。

2. L型电控汽油喷射系统（直接式检测方式）

“L”是德语Luft（空气）的第一个字母。L型电控汽油喷射系统利用空气流量计直接测量发动机的进气量，发动机控制单元可根据空气流量计信号计算与该进气量相对应的喷油量。由于消除了推算进气量的误差影响，其测量的准确程度高于D型，因此对混合气浓度的控制更精确。

二、电控汽油喷射系统组成

1. 电控汽油喷射系统基本组成

电控汽油喷射系统一般都由三个基本部分组成，即传感器、电子控制单元（ECU）和执行元件。

传感器的作用是将反映发动机运行状况、热状态等的物理量信息，转换成相应的模拟或数字电信号，并输送到ECU。每一个传感器都是一个完整的测量装置，它们传输的信息是ECU做出各种控制决策的依据，使得ECU能够对发动机进行有效可靠的控制。发动机电控系统的传感器多少取决于其控制功能的简繁和需要达到的控制精度。随着控制功能增强和控制精度要求的提高，传感器数量也会相应增加。

发动机ECU是发动机控制系统的核心，其功用是按照一定的程序对各种输入信号进行运算、储存、分析处理，然后输出指令，控制执行元件工作，以达到快速、准确、自动控制发动机工作的目的。发动机ECU的功能随车型而异，但都必须有如下基本功能。

- 给传感器提供标准电压，接收各传感器和其他装置输入的信息，并将输入的信息转换成微机所能接收的数字信号。
- 储存该车型的特征参数和运算中所需的有关数据信息。
- 确定计算输出指令所需的程序，并根据输入信号和相关程序计算输出指令数值。
- 将输入信号和输出指令信号与标准值进行比较，确定并储存故障信息。
- 向执行元件输出指令，或根据指令输出自身已储存的信息（如故障信息等）。
- 自我修正功能（学习功能）。

执行元件是在ECU控制下，完成特定功能的电气装置。在电控汽油喷射系统中，ECU对执行元件的控制，一般通过控制执行元件电磁线圈搭铁回路来实现。

2. 电控汽油喷射系统主要元件

在电控汽油喷射系统中，发动机集中控制系统所用的元件主要有以下这些。

（1）空气流量计（MAF，见图2-1）。在L型电控汽油喷射系统中，由空气流量计测量发动机的进气量，并将信号输入ECU，作为燃油喷射和点火控制的主控制信号。

热线（膜）式空气流量计的控制电路如图2-2所示，由精密电阻R_S、固定电阻R1和R2、环境温度补偿电阻R_r和热线电阻R_H构成惠斯登电桥。当温度较低的气流流过布置在空气通道中温度较高的热线时，热线与空气发生热量的交换，热线变冷，电阻变小。由于热线是惠斯登电桥的一个桥臂，该桥臂电阻的变化使原来平衡的电桥产生了不平衡，

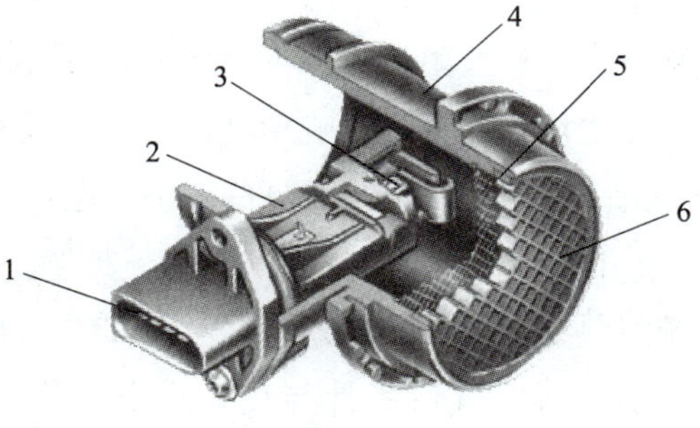

图2-1　热膜式空气流量计

1—插头　2—混合电路盒　3—金属热膜

4—壳体　5—滤网　6—导流格栅

为了使电桥恢复平衡，必须增大流过热线的电流，使热线温度升高，使它的电阻恢复到使电桥平衡的数值。由此可知，流过热线的空气质量越大，空气带走的热量也越多，为保持电桥平衡，维持热线温度所需的电流也越大，反之则相反。

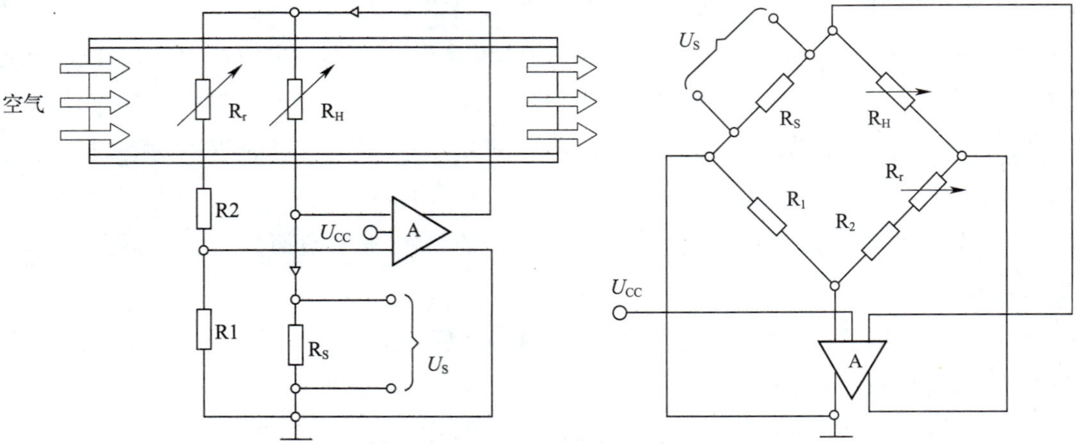

图 2-2　热线（膜）式空气流量计控制电路

A—混合集成电路　U_S—输出信号　U_{CC}—供电电压

另外，在空气的质量流量不变的情况下，当进气温度发生变化时，空气从热线带走的热量也会发生变化，最终使加热热线所需的电流变化，影响测量的结果。为了解决这一问题，在采样管的前端布置一个温度补偿电阻 R_r（冷线），R_r 的阻值也随温度变化。由 R_S、R1、R2、R_r 和 R_H 构成的惠斯登电桥和混合集成电路 A 组成的温差控制电路控制流过热线的电流（电流一般在 50～120 mA），使热线和冷线之间的温度差保持不变（一般为 100～120℃），消除了进气温度对测量值的影响。由于加热热线的电流大小与精密电阻 R_S 两端的电压成正比，因此 ECU 根据该输出电压信号就能计算出进入发动机的空气的质量流量。

热线式空气流量计具有响应速度快（能在几毫秒内对空气流量的变化做出响应）、测量精度高、进气阻力小、不会磨损、可直接测量进气的质量流量等优点。但热线表面易受空气中尘埃的污染，影响精度；当空气流速分布不均匀时也会产生误差。

为了克服热线易被污染的缺陷，电控汽油喷射系统中设有热线自洁电路，在发动机熄火后，自动将热线加热至 1 000℃，持续 1 s，将污染热线的尘埃烧掉；有些电控汽油喷射系统将热线与冷线的温差提高至 200℃，以减轻热线被污染的程度。

热膜式空气流量计与热线式空气流量计的主要差异是：热膜式空气流量计的发热体用固定在薄的树脂基片上的金属铂膜代替铂丝，或者用厚膜工艺将热线、冷线、精密电阻镀在一块陶瓷基片上，从而可以简化结构降低制造成本。热膜式空气流量计的发热体不直接接触空气，故不易被尘埃污染，主要缺点是空气流速不均匀易影响其测量精度。

(2) 进气歧管绝对压力传感器（MAP，见图 2-3）。在 D 型电控汽油喷射系统中，由进气歧管绝对压力传感器检测进气歧管绝对压力（或称真空度），ECU 根据进气歧管绝对压力、进气温度、发动机转速、节气门开度与进入发动机的空气流量之间的对应关系计算出发动机吸入空气量。采用这种方式获得空气流量参数的发动机，其空气流量参数是通过间接方式获得的，因此这种检测空气流量的方式，称为间接测量方式。

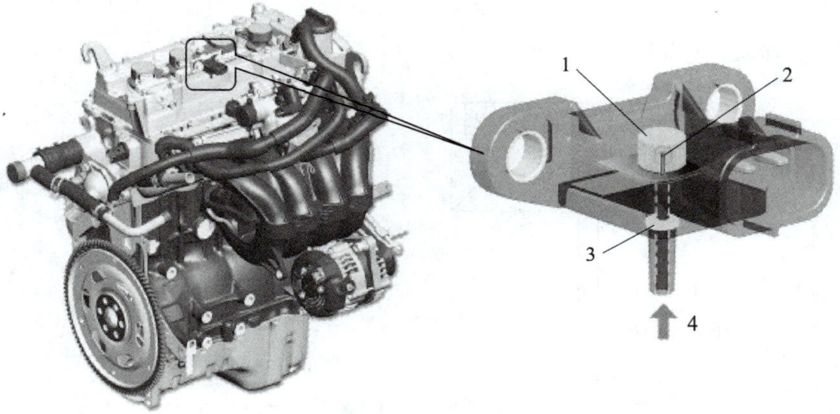

图 2-3　进气歧管绝对压力传感器

1—真空室　2—硅芯片　3—滤清器　4—进气歧管压力

可用来测量进气歧管绝对压力的传感器种类很多，根据它们把压力变换为电信号的不同原理，可分为半导体压敏电阻式、电容式、膜盒传动的可变电感式、表面弹性波式等类型。目前应用最广泛的是半导体压敏电阻式进气歧管绝对压力传感器。半导体压敏电阻式进气歧管绝对压力传感器是利用半导体压阻效应制成的一种测压传感器。这类传感器的基本结构如图 2-4 所示，其由压力转换组件、混合集成电路、滤清器等构成。

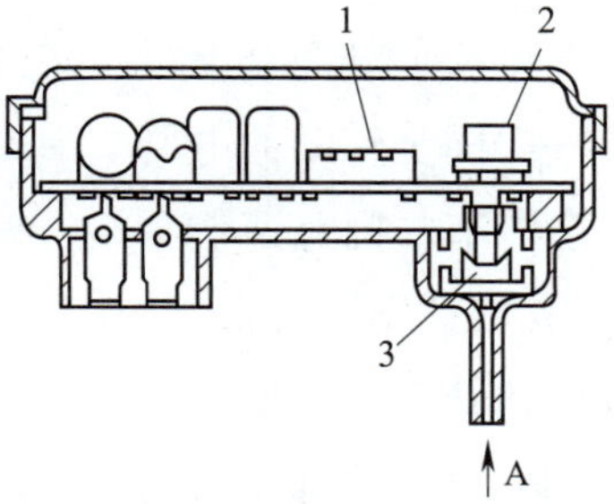

图 2-4　半导体压敏电阻式进气歧管绝对压力传感器的结构

A—进气歧管压力　1—混合集成电路　2—压力转换组件　3—滤清器

真空室经顶部排气孔抽真空后用焊锡封住排气孔形成真空腔，真空腔相对传感器所要测定的压力起基准压力腔（0气压）的作用。

压力转换组件由4个压敏电阻在硅薄膜连接成惠斯登电桥组成（见图2-5）。硅薄膜布置在测压通道的末端，把真空室和测压通道分隔开来。测压通道通过软管与进气歧管相连，把进气歧管内的进气压力引到硅薄膜上。在气体压力（ΔP_x）的作用下，硅薄膜将发生拱曲变形，并产生应力，在该应力的作用下，压敏电阻的阻值也发生相应变化。由于电桥桥臂电阻值的平衡被破坏，在惠斯登电桥的输出端就可以得到与进气歧管绝对压力相对应的输出电压或输出电流值。

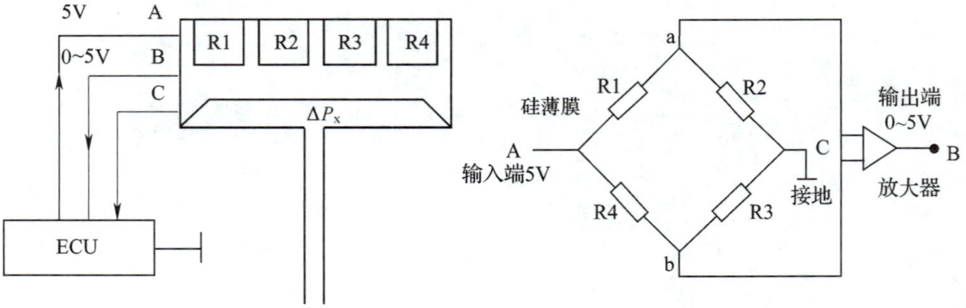

图2-5　进气歧管绝对压力传感器压力转换组件

混合集成电路主要由放大电路和温度补偿电路组成，其作用是对压力转换组件输出信号进行放大，随着温度的变化对偏置电压进行修正，以保证在一定的温度范围内，传感器的输出电压为定值。

半导体压敏电阻式进气歧管绝对压力传感器具有尺寸小，精度高，成本低，响应速度快，重复性和耐振性都非常好；输出信号与进气歧管绝对压力呈线性关系；在-30~100℃使用温度范围内，测量精度基本不受温度的影响等突出优点。

（3）节气门位置传感器（TPS，见图2-6）。图2-7所示为线性输出型节气门位置传感器，其主要特点是：反映节气门开度的输出电压与节气门开度呈线性关系。该传感器由两个与节气门同步转动的电刷臂、检测节气门开度的动触点、检测节气门怠速位置的动触点、位于基板上的电阻体及接线插座等组成。

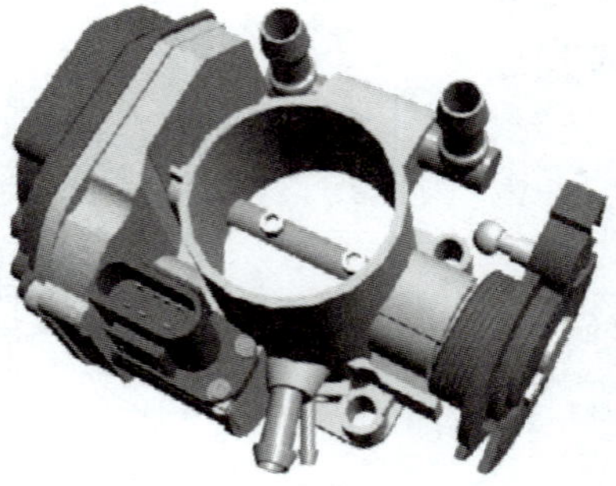
图2-6　节气门位置传感器

节气门位置传感器检测节气门的开度及开度变化\［如全关（怠速）、全开\］，以及节气门开闭的速率（单位时间内开闭的角度）信号，此信号输入ECU，用于燃油喷射控制及其他辅助控制（如EGR、开闭环控制等）。

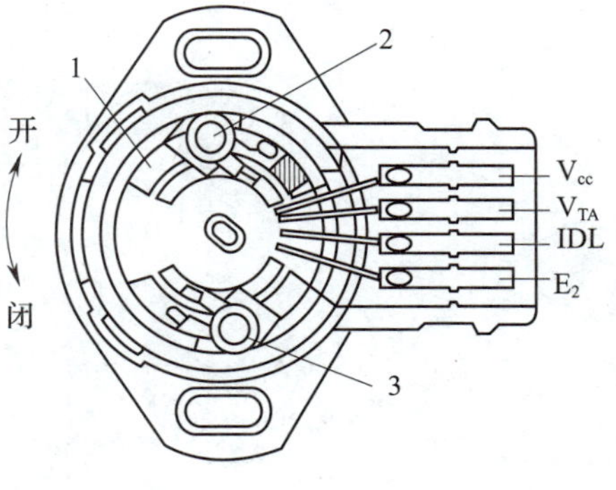

a)

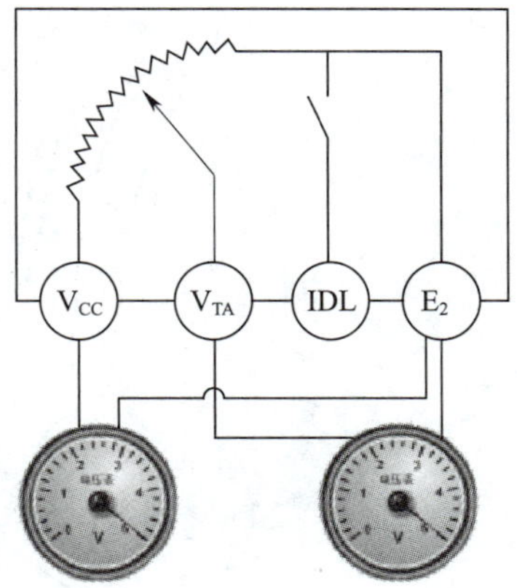

b)

图 2-7　线性输出型节气门位置传感器

a）构造　b）电路

1—电阻体　2—检测节气门开度的动触点　3—检测怠速位置的动触点

（V_{CC}—电源　V_{TA}—节气门开度输出信号　IDL—怠速触点信号　E_2—搭铁）

节气门位置传感器用于判断发动机的工况处于怠速控制区、部分负荷区还是节气门接近全开的加浓区（或催化转换器的高温保护区），即用来界定开环、闭环控制区。对于有自动变速器控制功能的电子管理系统来说，节气门开度和车速是决定换挡时刻的条件参数。

节气门位置传感器转角变化率的大小可作为加速、减速过程中修正喷油量的条件。它直接反映驾驶员的意图，比其他负荷传感器响应更快。

节气门位置传感器信号可与空气流量计的信号对照互检，空气流量计损坏时节气门位置传感器可与转速信号配合，作为 ECU 控制喷油量的条件参数。

（4）发动机转速和曲轴位置传感器（CKP，见图 2-8）。其有时简称为曲轴位置传感器或转速传感器，用来检测曲轴转角位移，给 ECU 提供发动机转速和曲轴转角信号。这些信号是 ECU 判断发动机运行工况，选择控制程序和确定初始控制参数的主要依据，也是 ECU 对发动机一个工作循环吸入空气量进行计算所必需的基本参数，以及供油正时控制和点火正时控制的主控制信号。

电控汽油喷射系统中使用的 CKP，按工作原理有电磁感应式、霍尔效应式和光电感应式三种类型，这三种类型的传感器可以通过不同的组合方式，完成各自承担的参数采集任务。

（5）凸轮轴位置传感器（CMP，见图 2-9）。凸轮轴位置传感器的作用是向 ECU 提供发动机基准汽缸所处的工作行程和活塞运动方向的信号，一般称为判缸信号。在采用顺序喷射方式的电控汽油喷射系统中，表明基准汽缸所处工作行程和活塞位置的判缸信号是 ECU 进行喷油正时和顺序控制的唯一依据，因此采用顺序喷射和点火方式的电控汽油喷射系统中必须有凸轮轴位置传感器。

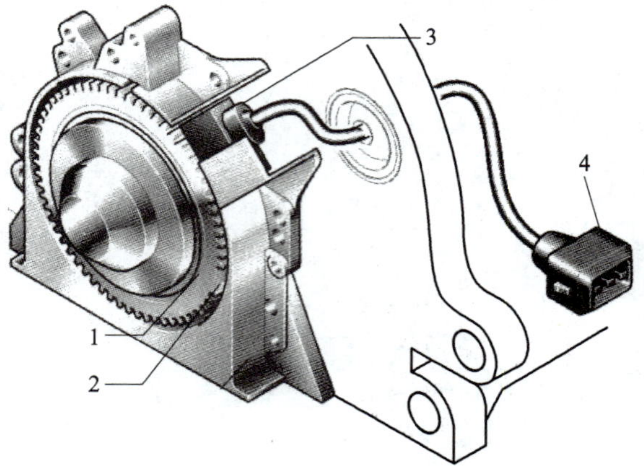

图 2-8　发动机转速和曲轴位置传感器

1—信号轮　2—参考标记

3—发动机转速传感器　4—插头

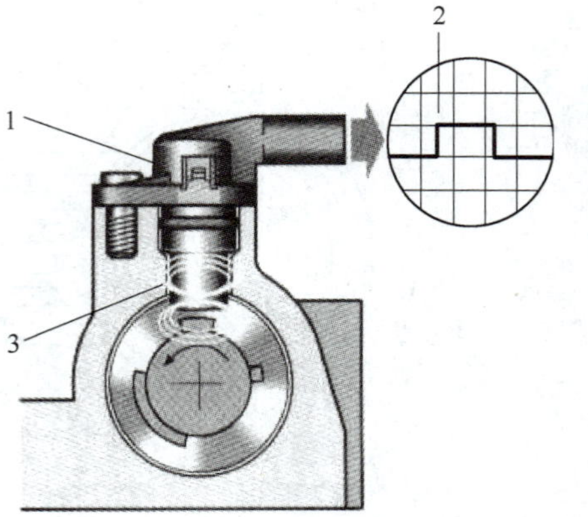

图 2-9　凸轮轴位置传感器

1—霍尔式凸轮轴位置传感器

2—上升边缘　3—传感器的电磁场

（6）进气温度传感器（IAT，见图 2-10a）。进气温度传感器安装在进气管道上，其内部有一个负温度系数热敏电阻。进气温度越低，电阻越大，输出信号电压也越高；进气温度升高，电阻变小，输出信号电压也下降，如图 2-10b 所示。进气温度传感器的功用是给 ECU 提供进气温度信号，作为燃油喷射控制和点火控制的修正信号。

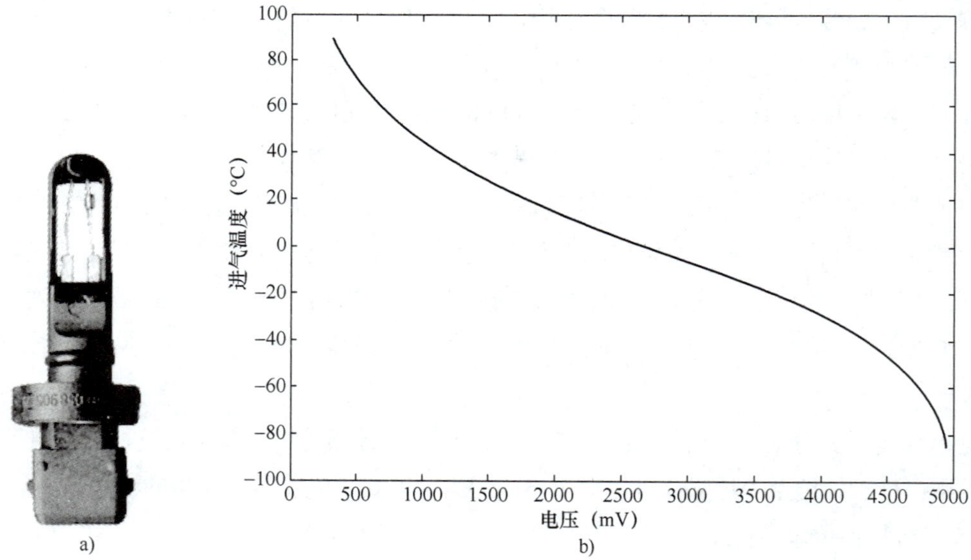

图 2-10　进气温度传感器

a）进器温度传感器外形　b）进气温度与电压关系

（7）发动机冷却液温度传感器（ECT）。发动机冷却液温度传感器安装在发动机缸体或汽缸盖的水道中（见图 2-11a），用于测量发动机的冷却液温度，其内部是负温度系数特性的热敏电阻。冷却液温度越高，电阻越小，输出信号电压也越低；温度降低，电阻变大，输出信号电压也上升，如图 2-11b 所示。其信号除了用于修正燃油喷油量，还用于修正点火正时和换挡时刻。同时，该信号还是可变气门正时、怠速控制、废气再循环控制等的控制信号。

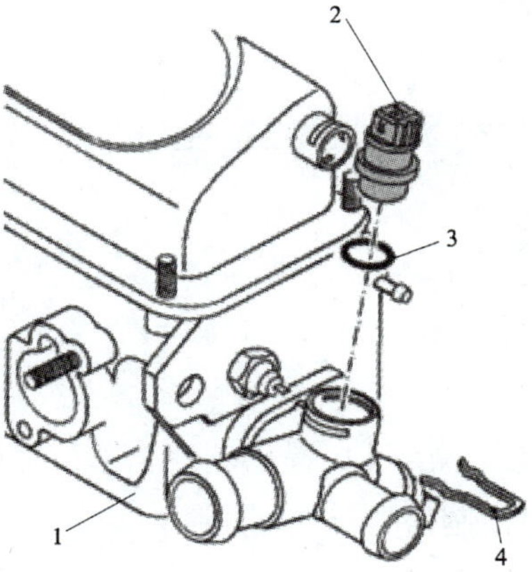

a)

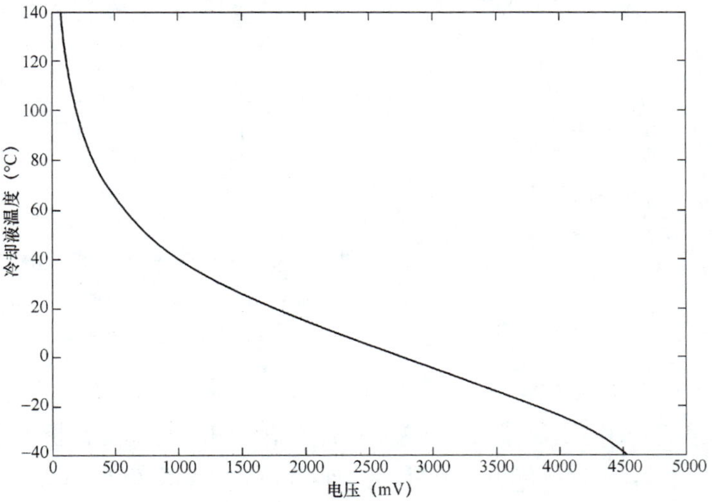

b)

图 2-11　发动机冷却液温度传感器

a）发动机冷却液温度传感器位置　b）冷却液温度与电压关系

1—汽缸盖　2—发动机冷却液温度传感器　3—O 形圈　4—卡簧

图 2-12a 所示为电控汽油喷射系统中常见的串联检测电路，由于热敏电阻的电阻值随温度变化，因此图中 *A* 点的分电压也随温度的变化而相应地变化，对于温度电阻特性已经确定的热敏电阻，ECU 根据 *A* 点的分电压就能确定检测对象的温度。

图 2-12b 所示为串并联混合检测电路，采用这种检测电路，在不增加计算工作量的前提下，可以提高检测低温段和高温段温度输出信号的分度精度。在串并联混合检测电路中，分压电阻是由一个较高阻值的电阻（如 10 kΩ 电阻）和另一个与三极管串联的较低阻值的电阻（如 1 kΩ 电阻）并联而成。

在发动机冷却液温度较低时，三极管处于截止状态，此时的分压电阻为 10 kΩ。当冷却液温度升高时，*B* 点的电压将逐渐减小，当电压低于设定值（如 1.00～1.25 V）时，ECU 使三极管导通，此时的分压电阻由 10 kΩ 和 1 kΩ 并联而成，其电阻值约为909 Ω，由于分压电阻阻值减小，*B* 点的电压再次恢复到 3.50～5.00 V，形成与较高温度段相对应的第二组输出电压信号，如图 2-13 所示。串并联混合检测电路不仅改善了输出信号的线性，而且可使分度精度小于 0.1℃，以满足高精度温度测量的要求。国产别克轿车中冷却液温度传感器的检测电路采用串并联混合检测电路。

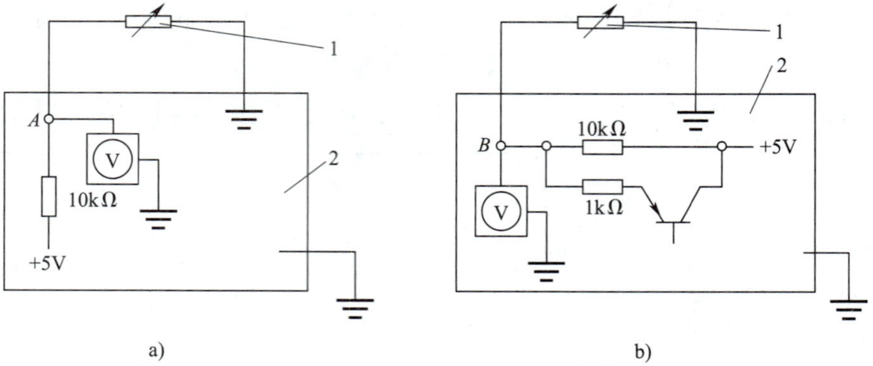

图2-12　串联/串并联混合检测电路

a）串联检测电路　b）串并联混合检测电路

1—热敏电阻　2—ECU

（8）车速传感器（VSS）。车速传感器检测汽车行驶速度，给ECU提供车速信号。车速信号用于巡航控制和限速断油控制，也是自动变速器的主控制信号。

（9）氧传感器（O_2S，见图2-14）。氧传感器安装在排气管上，废气中的氧气与传感器相作用，产生电压输出。氧传感器由一用陶瓷型材料二氧化锆（ZrO_2）制成的元件和加热器组成。二氧化锆元件的内侧和外侧都包着一层铂的薄覆盖层。环境大气被引导至传感器的内侧，传感器的外侧则直接暴露在废气中。处于高温（400℃）时，如果二氧化锆元件内部表面上的氧气浓度与外部表面上的氧气浓度相差太大时，此元件将产生电压。当混合气较稀时，废气中氧气较多，因此传感器内、外氧气浓度就没有多大差别，二氧化锆元件产生的电压很小（约为100 mV）。相反，当混合气较浓时，废气中几乎无氧气，传感器内、

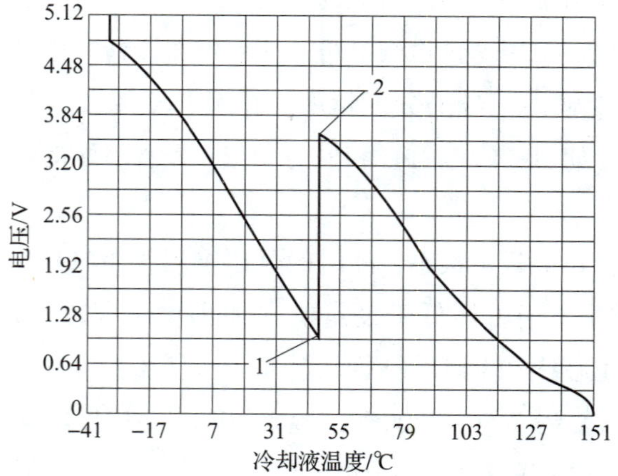

图2-13　串并联混合检测电路的输出特性

1—低于50℃时的输出特性　2—高于50℃时的输出特性

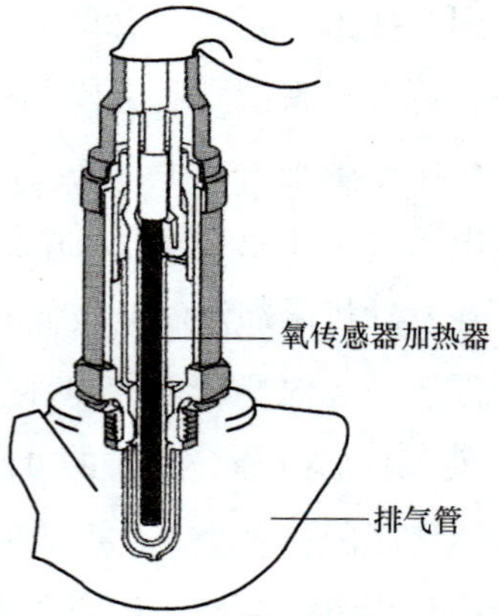

图2-14　氧传感器

外侧氧气浓度之差很大，二氧化锆元件就产生相对而言的高电压（约为 900 mV）。氧传感器检测汽车排气中的氧含量，向 ECU 输送空燃比的反馈信号，进行喷油量的闭环控制，使平均空燃比保持在理论空燃比附近。

（10）爆震传感器（KS，见图 2-15）。爆震传感器用来检测汽油机是否爆震及爆震强度，检测所得的信号输入 ECU，可作为点火正时控制的修正（反馈）信号。

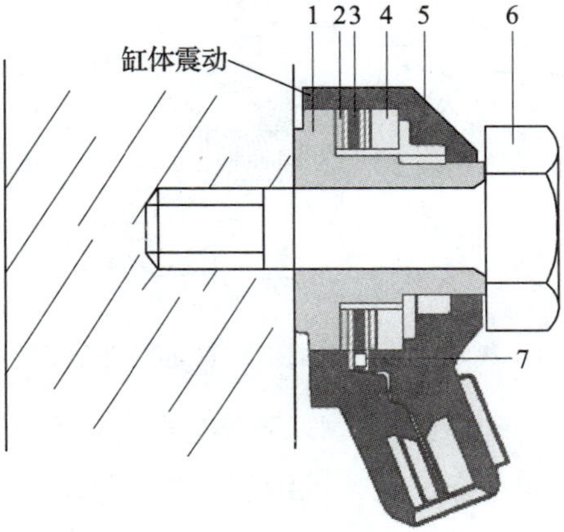

图 2-15　爆震传感器

1—套筒底座　2—绝缘垫圈　3—压电元件　4—惯性配重　5—塑料壳体　6—固定螺母　7—信号线

（11）起动开关（STA）。起动开关信号用来判断发动机是否处在起动状态。在起动时，进气管内混合气流速慢、温度低，因此燃油的雾化较差。为了改善起动性能，在起动发动机时必须使混合气加浓。ECU 检测到 STA 信号后，确认发动机处于起动状态，然后根据冷却液和进气温度，对起动时的喷油量进行修正。

（12）空调开关（A/C）。空调信号用来检测空调压缩机是否工作。当空调开关打开，空调压缩机工作，发动机负荷加大时，由空调开关向 ECU 输入信号，及时修正喷油量和点火提前角，使发动机的怠速转速达到预定值。

（13）挡位开关。自动变速器由 P/N 挡（停车挡或空挡）挂入其他挡位时，发动机负荷将有所增加，挡位开关向 ECU 输入信号，通过修正喷油量和点火提前角，调整发动机的怠速转速。当自动变速器挂入 P 挡或 N 挡时，挡位开关提供 P/N 挡位置信号，防止不在 P/N 挡时发动机起动。

（14）制动灯开关。在制动时，由制动灯开关向 ECU 提供制动信号，作为燃油喷射控制和点火控制的修正信号。

（15）动力转向开关。采用动力转向装置的汽车，当转向盘由中间位置向左右转动时，动力转向油泵工作而使发动机负荷加大，此时动力转向开关向 ECU 输入信号，作为燃油喷射控制和点火控制的修正信号。

（16）巡航（定速）控制开关。当进入巡航控制状态时，巡航控制开关向ECU输入巡航控制状态信号，由ECU对车速进行自动控制。

（17）怠速空气控制阀。其形式主要有旋转滑阀式、步进电动机式、节气门控制电动机直动式等。步进电动机式怠速空气控制阀（见图2-16）安装在节气门体上，它主要用来控制怠速旁通气道的大小，从而控制怠速的转速。

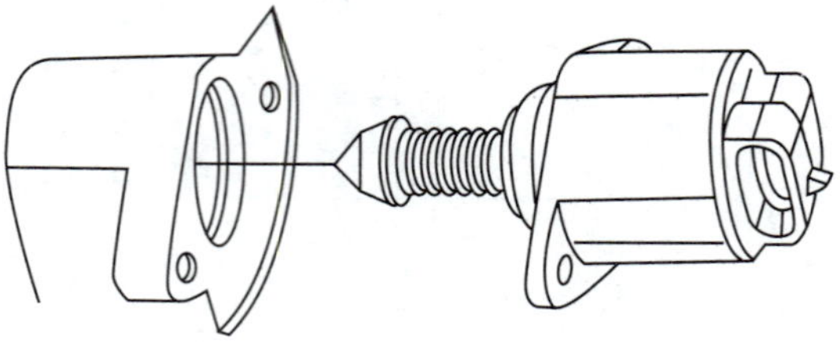

图2-16　步进电动机式怠速空气控制阀

怠速空气控制阀由阀芯、进给丝杆、弹簧、转子、定子绕组、壳体等部件组成。

进给丝杆的一端与阀芯固连在一起，进给丝杆的螺纹端旋入转子。当转子顺时针或逆时针旋转时，进给丝杆由于受到挡板的约束，只能做轴向移动，阀芯也随进给丝杆一起做轴向移动，使阀与阀座之间的距离发生改变，即改变了怠速旁通气道截面积，从而起到调节流过怠速旁通气道空气量的作用。

发动机ECU通过控制定子绕组的电压脉冲，交替变换定子爪形磁极极性，使转子产生步进式转动。通常怠速空气控制阀的正常工作范围为0~125步。

电控汽油喷射系统其他元件有：喷油器、点火器、EGR阀、二次空气喷射阀、活性炭罐电磁阀、燃油泵继电器、风扇继电器、空调压缩机继电器、自诊断显示与报警装置、仪表显示器等。

学习单元2　电控汽油发动机燃料供给系统

学习目标

➤ 了解电控汽油发动机燃料供给系统构造

➤ 熟悉电动汽油泵、汽油滤清器、燃油压力调节器、喷油器的结构和工作原理

知识要求

一、电控汽油发动机燃料供给系统构造

电控汽油发动机燃料供给系统主要由燃油箱、电动汽油泵、汽油滤清器、燃油压力调节器、进油管、回油管、油轨（供油总管）、喷油器等组成（见图 2-17）。

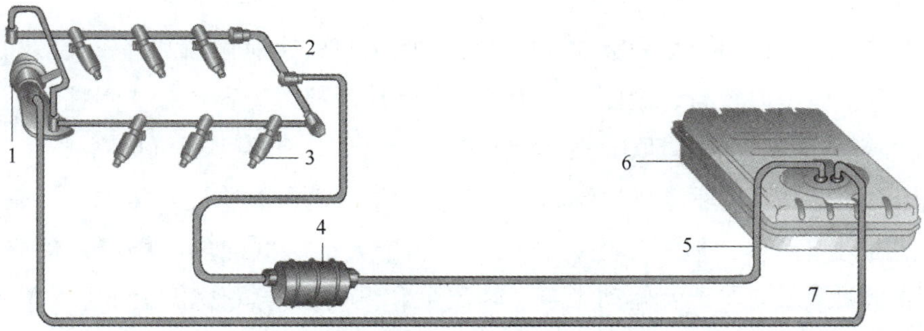

图 2-17　电控汽油机燃料供给系统构造

1—燃油压力调节器　2—油轨　3—喷油器　4—汽油滤清器　5—进油管　6—燃油箱　7—回油管

电动汽油泵将燃油从燃油箱内吸出，通过进油管送到发动机上的油轨，经喷油器以一定压力喷入进气管道，与新鲜空气混合形成可燃混合气进入汽缸燃烧。其压力由燃油压力调节器进行调节，以保持稳定的燃油喷射。

二、各部件结构及工作原理

1. 电动汽油泵

在电控汽油发动机燃料供给系统中，电动汽油泵负责供应具有一定压力的燃油，其单位时间输油量要比发动机额定功率工况的单位时间耗油量多出 8 倍以上。大量的燃油经燃油压力调节器不断地回流至燃油箱，既控制了油压，又冷却了燃油管道，避免发生气阻。

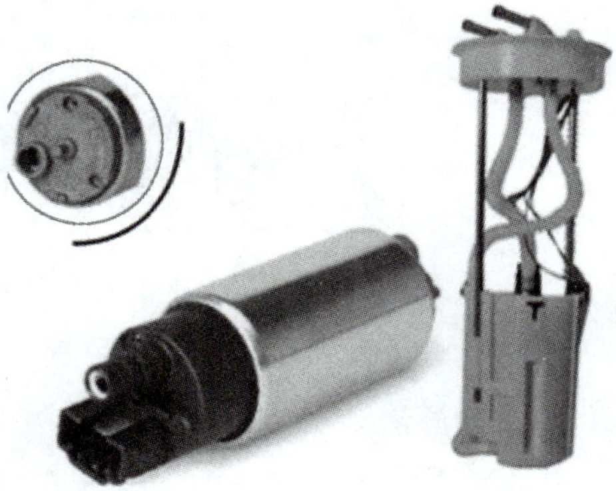

图 2-18　电动汽油泵总成

电动汽油泵（见图 2-18）的结构虽然多种多样，但都是由泵油组件、永磁电动机、端盖、外壳等部分组成，外壳卷边将其他各部分铆紧成一体。泵油组件的转子（或泵轮）与电动机转子同轴。燃油由泵油组件流经电动机和端盖而向外输

出。电动机的接线头设在端盖上。端盖的出油道中装有一个单向阀。当发动机停机时，单向阀关闭，燃油管路中的燃油就不会向电动汽油泵回流而保持一定的残余油压，这样有利于下次迅速起动。此外，还有一个超压溢流阀（安全阀）装在泵油组件的支撑件上或端盖上，当燃油管路阻塞使系统中油压超过允许值时即开启而溢流卸压，使电动汽油泵的出油口与进油口短路，燃油在电动汽油泵的内部循环，这样可避免损坏燃油管路或电动汽油泵。

不同类型的电动汽油泵的主要区别是泵油组件不同。泵油组件按工作原理可分为容积泵和流体动力泵两大类。

容积泵靠泵腔容积的变化来吸油和压油，因此是间歇性地输油，有较大的油压波动和振动噪声，但工作压力较高。滚柱泵、齿轮泵和叶片泵都属于容积泵。滚柱泵的工作压力约为200 kPa，齿轮泵的工作压力可达400 kPa，叶片泵工作压力还可更高。

流体动力泵是靠泵轮驱动燃油流动，流动中燃油因动量变化而产生油压，是一种连续输油的泵，压力波动小，但工作压力较低，宜用于大油量低油压的场合。轴流泵、离心泵、涡轮泵和侧槽泵均属于流体动力泵。轴流泵和侧槽泵的工作压力约为100 kPa，另两种泵约为300 kPa。涡轮泵（见图2-19）和侧槽泵用得较多，有的车型使用两级汽油燃料泵（见图2-20）。

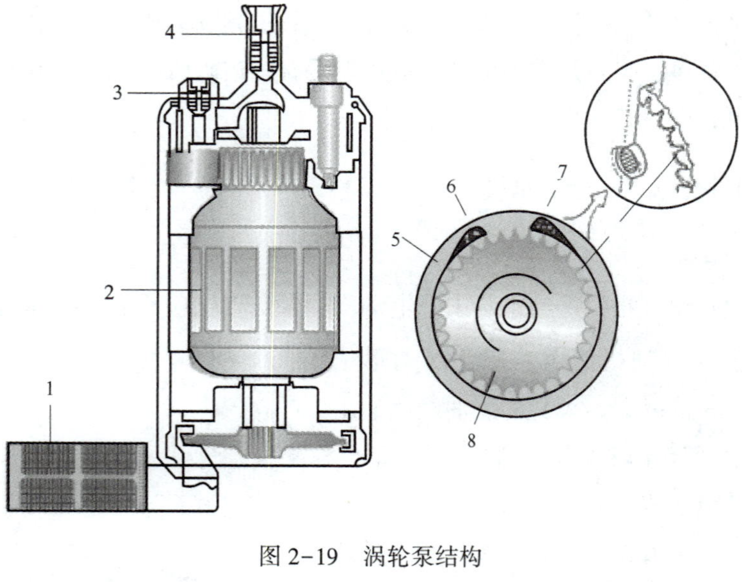

图2-19　涡轮泵结构

1—滤网　2—电动机　3—泄压阀　4—单向阀　5—壳体　6—出口　7—入口　8—叶轮

2. 汽油滤清器

汽油滤清器（见图2-21）安装在电动汽油泵之后的压力油路中，其功用是滤除燃油中的杂质和水分，防止燃油系统堵塞，减小机械磨损，以保证发动机正常工作。

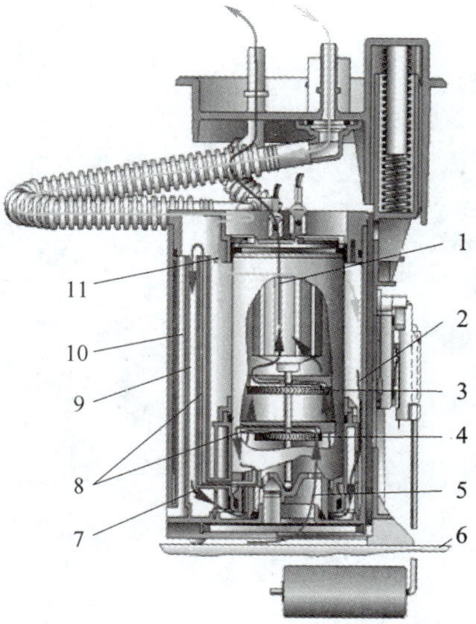

图 2-20　两级汽油燃料泵结构

1—主级压力面　2、7—主级吸入面　3—主级泵元件
4—初级泵元件　5—初级吸入面　6—燃料储存器
8—初级压力面　9—储油罐　10—溢流　11—回流

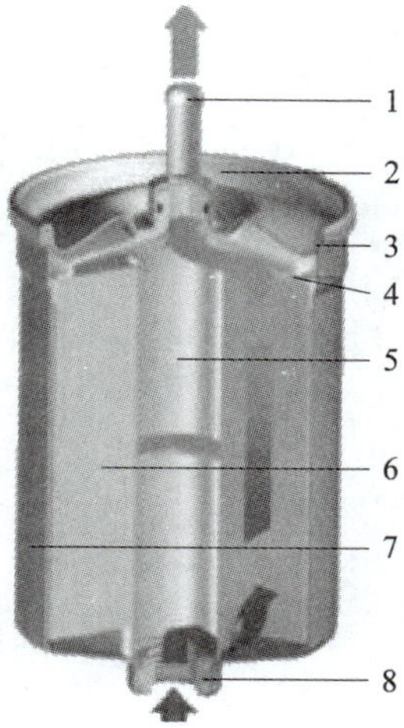

图 2-21　汽油滤清器结构

1—出口　2—滤清器盖　3—双层咬口
4—支撑弹簧　5—支撑管　6—纸质滤芯
7—镀钢外壳　8—螺纹接口

在电控汽油发动机燃油供给系统中，一般采用的都是纸质滤芯、一次性的汽油滤清器。燃油从入口进入滤清器，经过壳体内的纸质滤芯过滤后，清洁的燃油从出口流出。

3. 燃油压力调节器

燃油压力调节器（见图 2-22）的主要功用是保持燃油分配管内油压与进气歧管内气压的压差不变，差值因发动机的类型而异，一般为 0.25~0.35 MPa。ECU 采用压力差恒定的控制方法，能使 ECU 用单一控制参数（喷油器开启时间）对喷油量进行既简单又精确的控制。

燃油压力调节器是一个膜片减压阀，其壳体内腔被膜片分成两个腔室。上方腔室连通进气歧管压力，并有一弹簧紧压在膜片上，使回油阀关闭。下方腔室连通燃油压力。当膜片下方燃油压力超过膜片上方压力时，就推动膜片向上压缩弹簧，打开回油阀，使超压的燃油经回油管流回燃油箱。由于膜片上方除了弹簧压力之外还作用着进气歧管压力（负压力），因此燃油向上推动膜片打开回油阀所需的燃油压力=弹簧压力+进气歧管的负压力，当上方真空度较大，即进气歧管的负压力增大时，由等式可知，燃油压力相对减小。

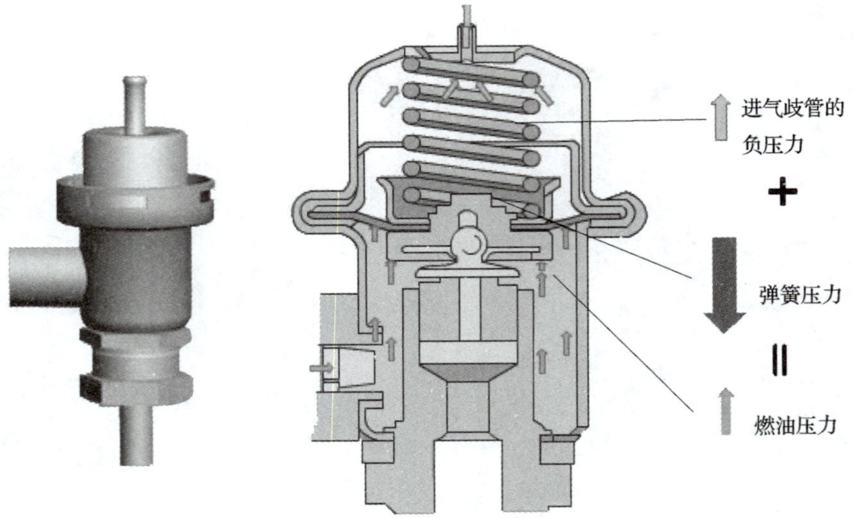

图 2-22　燃油压力调节器

因此，不论进气歧管真空度如何变化，燃油压力调节器都能使燃油压力与进气歧管内气压的压差保持恒定，其数值为定值的燃油压力调节器弹簧预紧力，一般为 0.25～0.35 MPa。

4. 喷油器

喷油器依次分布于燃油分配管路上，根据 ECU 的指令，控制燃油喷射量，将燃油以雾状喷入汽缸，保证发动机正常工作。

喷油器按喷油口的结构不同，可分为轴针式和孔式两种。目前采用较多的是多孔式喷油器（见图 2-23）。

孔式喷油器主要由电磁线圈、回位弹簧、衔铁、针阀等组成，针阀与衔铁制成一体（见图 2-24）。

喷油器不喷油时，回位弹簧通过衔铁使针阀紧压在阀座上，防止滴漏。电磁线圈通电时，产生电磁吸力，将衔铁吸起并带动针阀离开阀座，同时回位弹簧被压缩，燃油经过针阀并由轴针与喷口的环隙或喷孔中喷出。当电磁线圈断电时，电磁吸力消失，回位弹簧迅速使针阀关闭，喷油器停止喷油。

针阀上的凸缘用于使针阀的最大升程保持定值，由于对喷油量有影响的因素（如针阀最大升程、喷孔大小、喷油器内外压力差）已是定值，因此喷油量仅与针阀开启的持续时间有关。

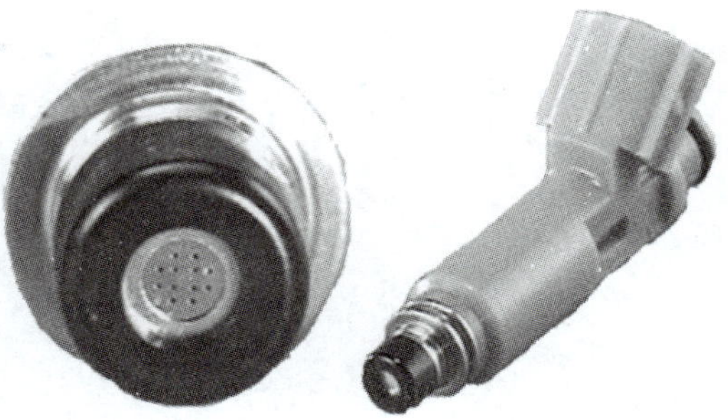

图 2-23　多孔（十二孔）式喷油器

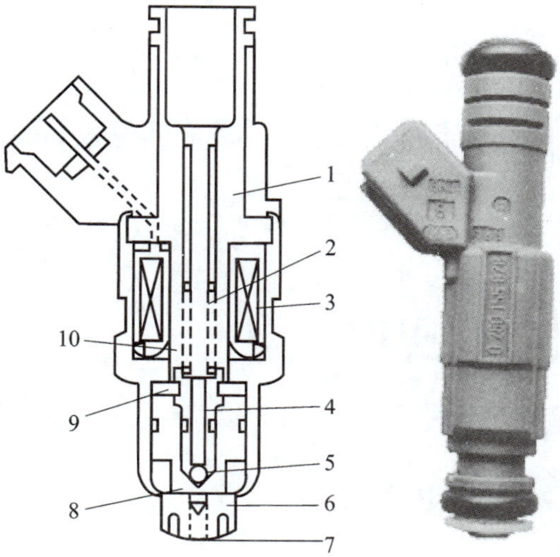

图 2-24　孔式喷油器结构

1—喷油器体　2—回位弹簧　3—电磁线圈

4—针阀　5—钢球　6—护套　7—喷孔

8—阀座　9—挡块　10—衔铁

各车型装用的喷油器，按其线圈的电阻值大小可分为高阻值喷油器（电阻为 13~16 Ω）和低阻值喷油器（电阻为 2~3 Ω）两种类型。喷油器的驱动方式可分为电流驱动和电压驱动两种。电流驱动方式只适用于低阻值喷油器，电压驱动方式对高阻值和低阻值喷油器均可使用。

在采用电流驱动方式的喷油器控制电路中，不需附加电阻，低阻值喷油器直接与蓄电池连接，通过 ECU 中的三极管对流过喷油器线圈的电流进行控制。喷油器针阀的开启时刻总是比 ECU 向喷油器发出指令的时刻晚，此时间差即称为喷油器喷油迟滞时间（或无效喷油时间）。在喷油器电流驱动回路中，由于无附加电阻，回路的阻抗小，ECU 向喷油器发出指令时，流过喷油器电磁线圈的电流迅速增加，电磁线圈产生的电磁力使针阀迅速开启，喷油器喷油迟滞时间短，响应性好。此外，采用电流驱动方式，保持针阀开启，使喷油器喷油时的电流较小，喷油器电磁线圈不易发热，也可减少功率损耗。

采用电压驱动方式的喷油器驱动电路较简单，但因其回路中的阻抗大，喷油器的喷油迟滞时间长。其中，电压驱动高阻值喷油器的喷油迟滞时间最长，电压驱动低阻值喷油器次之，电流驱动的喷油器最短。低阻值喷油器采用电压驱动方式时，必须加入附加电阻。因为低阻值喷油器电磁线圈的匝数较少，加入附加电阻可减小工作时流过电磁线圈的电流，以防止电磁线圈发热而损坏。

学习单元3　电控汽油发动机故障诊断及排除

学习目标

➢ 能够诊断与排除电控汽油发动机常见故障

技能要求

诊断与排除电控汽油发动机常见故障

（以上汽大众 AJR 型发动机汽油喷射系统为例）

操作准备

1. 操作条件

（1）电控汽油发动机乘用车。

（2）成套维修工具。

（3）燃油压力表。

（4）万用表。

（5）检测仪。

（6）试灯。

（7）满足本工位操作要求的其他必要配置。

2. 操作内容

（1）测量燃料供给系统压力。

（2）测试电动汽油泵工作状况。

（3）检修喷油器。

3. 安全操作规范

（1）在发动机运转或用起动机带动发动机运转时，不要触碰或拔下高压线。

（2）拆装汽油喷射和点火系统连接线及蓄电池时，必须关断点火开关，否则可能损坏发动机 ECU。

（3）采用的万用表内阻应不小于 10 MΩ/V，防止万用表的电压损坏电子元件。测试前，应按规定选好量程。

（4）若要用起动机带动发动机运转（如进行汽缸压缩试验），应拔下点火线圈输出极插头和喷油器插头。试验结束后，用检测仪查询故障。

（5）保持零件的清洁。当汽油喷射系统拆开后，既不要用压缩空气吹，也不要移动车辆。

操作步骤

在检修燃料供给系统时，应先目视各有关插接器有无脱落、熔丝有无烧断、管路有无泄漏等现象。

步骤 1 测量燃料供给系统压力

测试条件：电动汽油泵继电器正常，电动汽油泵工作正常，汽油滤清器正常，蓄电池电压正常。

燃料供给系统的维修技术参数见表 2–1。

表 2–1　　AJR 型发动机燃料供给系统维修技术参数

<table>
<tr><td>发动机代号</td><td colspan="2">AJR</td></tr>
<tr><td>怠速转速（不能调整）</td><td colspan="2">（800±30）r/min</td></tr>
<tr><td>断油（最高）转速</td><td colspan="2">6 400 r/min</td></tr>
<tr><td rowspan="2">怠速时燃料供给系统压力</td><td>连接燃油压力调节器真空管</td><td>（250±20）kPa</td></tr>
<tr><td>取下燃油压力调节器真空管</td><td>（300±20）kPa</td></tr>
<tr><td>熄火 10 min 后燃料供给系统保持压力</td><td colspan="2">大于 150 kPa</td></tr>
<tr><td rowspan="3">喷油器参数</td><td>喷油器形式</td><td>4 孔喷油器</td></tr>
<tr><td>30 s 喷油量</td><td>78~85 mL</td></tr>
<tr><td>室温时电阻</td><td>13~18 Ω</td></tr>
</table>

（1）如图 2–25 所示，将燃油压力表安装在燃油分配管的供油管上，打开燃油压力表开关，起动发动机怠速运转。系统压力标准为：怠速时拔下燃油压力调节器真空管为（300±20）kPa；不拔燃油压力调节器真空管为（250±20）kPa。

（2）接上燃油压力调节器真空管，轰一下油门，燃油压力表指针应在 280~300 kPa 区间跳动。

（3）关闭点火开关，10 min 后，燃料供给系统保持压力应大于 150 kPa。

（4）如果燃料供给系统保持压力小于 150 kPa，检查燃油管路，如果燃油管路正常，起动发动机，怠速运转。当燃油压力建立起来后，关闭点火开关，同时关闭燃油压力表开关，继续观察燃油压力表指针是否会下降。如果继续下降，故障为燃油箱内管路或燃油泵回油阀泄漏。如果不再下降，故障为燃油压力调节器泄漏。

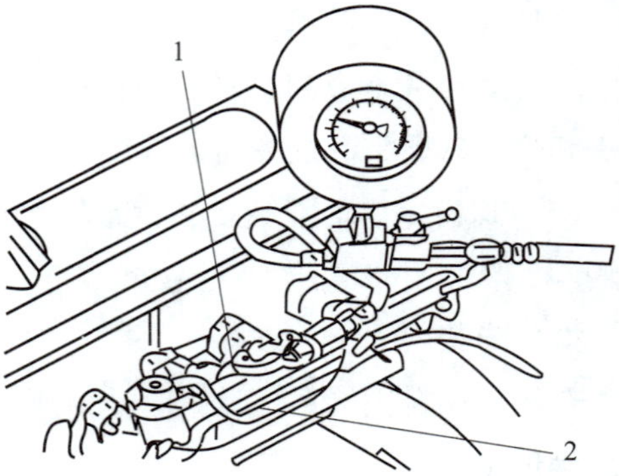

图 2-25 燃料供给系统油压的测量

1—供油管 2—回油管

（5）系统油压不足检查：检查管路接头或管子是否渗漏；检查汽油滤清器是否过脏；检查电动汽油泵是否损坏或蓄电池电压是否不足；检查燃油压力调节器是否损坏。

（6）系统油压过高检查：检查燃油压力调节器是否损坏；检查燃油回油管路是否堵塞。

步骤 2 测试汽油泵工作状况

测试汽油泵工作状况时应保证蓄电池电压正常，电动汽油泵熔丝正常，汽油滤清器正常。

（1）接通点火开关。在燃油箱口应该能够听到电动汽油泵约 2 s 起动运转的声音。

（2）如果电动汽油泵没有起动，应关闭点火开关，对中央线路板上熔丝盒 5 号位电动汽油泵熔丝 S5（10 A）进行检查，确认熔丝 S5 正常（否则更换修理）。

（3）电动汽油泵继电器（J17）在中央电器继电器板 2 号位（见图 2-26），电动汽油泵继电器控制着电动汽油泵、喷油器、空气流量计、活性炭罐电磁阀和加热型氧传感器的电压供应。

（4）检查前应确保蓄电池电压正常，拔下电动汽油泵继电器，接通点火开关，使用试灯测试中央线路板 5/85 和 2/30 端子 12 V 供电是否正常（否则修理供电电路或更换中央线路板）。

（5）使用试灯连接 5/85 和 4/86 端子，起动发动机试灯应点亮（否则检查修理中央线路板电动汽油泵继电器 4/86 到 ECU 的 4 号脚线路故障，见图 2-27）。如果以上检查正常，应检查电动汽油泵继电器。

（6）如果电动汽油泵继电器良好，电动汽油泵仍然不工作，打开行李箱饰板，从密封凸缘拔下 3 个端子的导线插头（见图 2-28）。起动发动机，用万用表测量导线上端子 1 和端子 3 之间的电压。电压的额定值约为蓄电池的电压（12 V）。或用试灯测试，试灯应点亮。

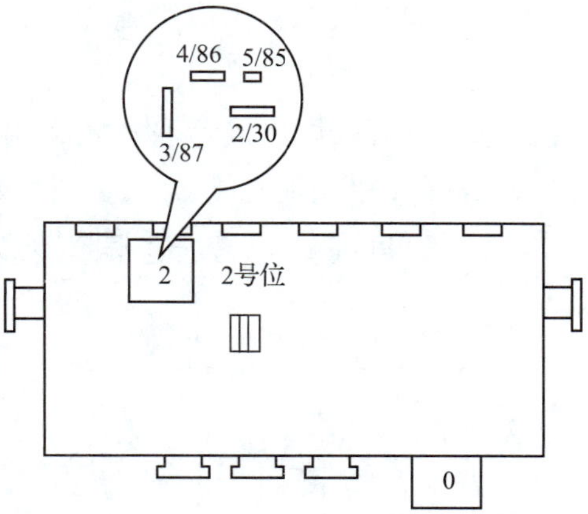

图 2-26　电动汽油泵继电器位置

注：图上数字为端子编号。

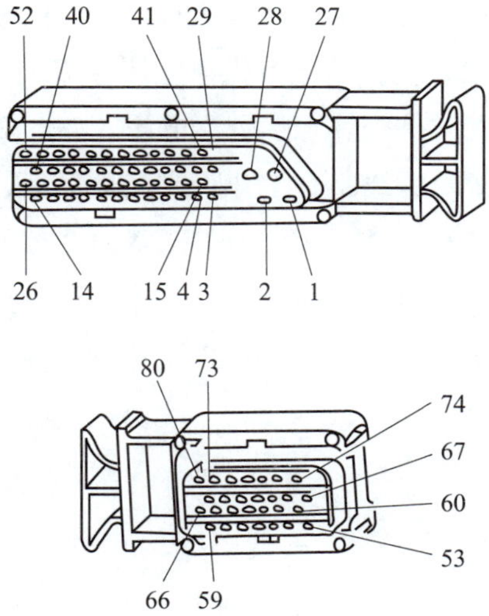

图 2-27　发动机 ECU 端子

注：图上数字为端子编号。

（7）如果电压没有达到额定值（或试灯没点亮），则根据电路图查找并排除电路中的故障。

（8）如果电压达到了额定值，旋下密封凸缘紧固大螺母，检查密封凸缘和电动汽油泵之间的导线是否有开路故障，如图 2-29 所示。如果没有发现开路故障，说明电动汽油泵有故障，应更换电动汽油泵。

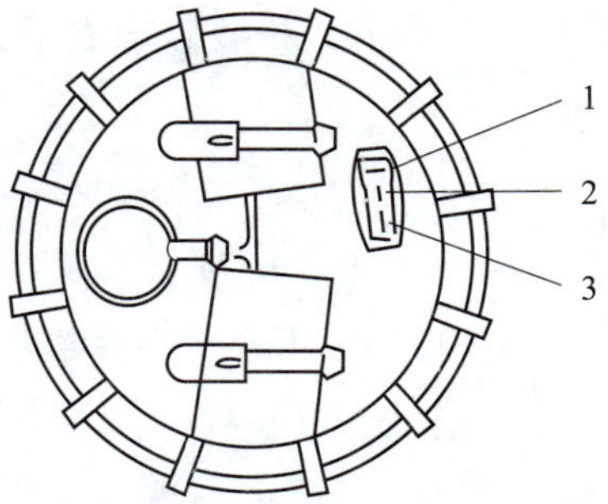

图 2-28　电动汽油泵导线插头

1、2、3—端子

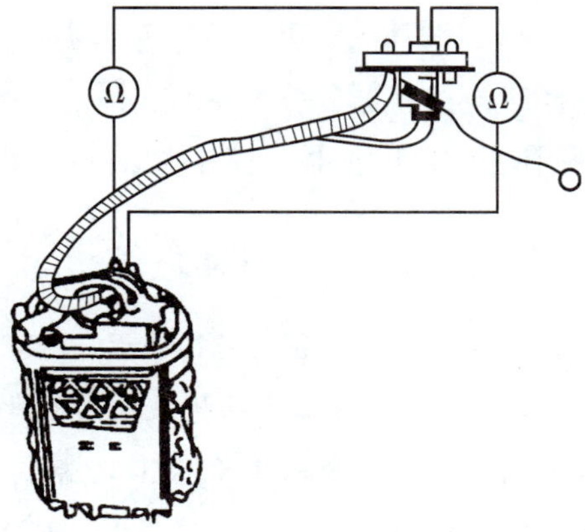

图 2-29　检查密封凸缘与电动汽油泵之间的导线是否有开路故障

步骤 3　喷油器的检修

（1）发动机运转时，用手指接触每个喷油器，都应察觉到喷油脉动，如果有断缸现象且某一缸没有察觉到喷油脉动应进行相关电路检测。

（2）测量喷油器供电电压。拔下喷油器插头，打开点火开关，检测喷油器插头端子1对地电压是否等于蓄电池电压，如图2-30所示。如果不符合要求，则应检查端子1到附加熔丝间的线路有无开路或接触不良。

（3）检查发动机ECU喷油器控制电路。用发光二极管试灯连接喷油器插头端子1和2，起动发动机，发光二极管试灯应闪烁，否则应检查喷油器插头端子2到发动机ECU间的线路有无开路或接触不良（见图2-31），如果线路正常，尝试更换发动机ECU。

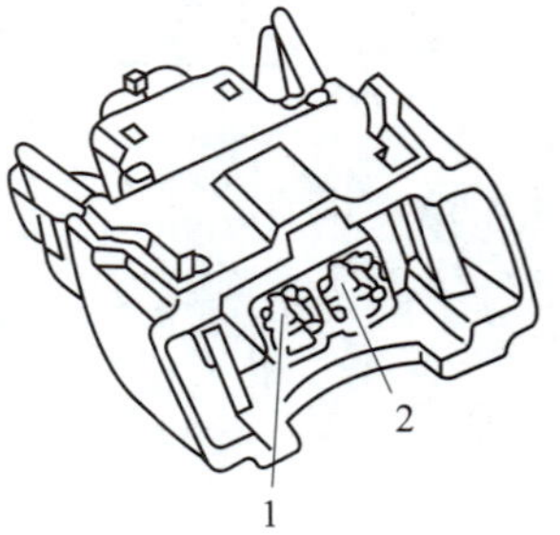

图2-30　喷油器插头端子

1、2—端子

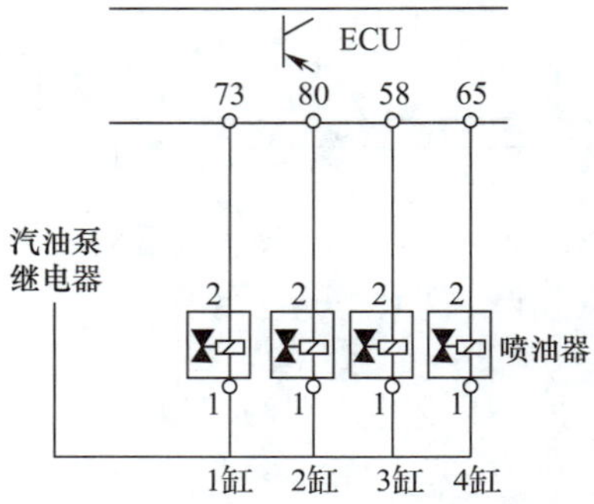

图2-31　喷油器连接电路

注：图上数字为端子编号。

（4）测量喷油器电阻值，室温时应为13~18 Ω，否则应更换。

（5）检查喷油器的滴漏。拆下4个喷油器，将4个喷油器头部放入喷油器清洗测试仪的4个量杯内，目测每个喷油器的滴漏。油泵运转时，控制喷油器不动作时不允许有滴漏现象，否则应更换喷油器。控制喷油器动作检查喷射形状，所有喷射形状应符合原厂要求。

注意：

喷油器的连接电路如图2-31所示。ECU控制4个喷油器顺序开启（与点火顺序相对应：1—3—4—2）。喷油器的供电来自电控汽油泵继电器，当ECU接通喷油器供电后，喷油器开启喷油。喷油量只取决于ECU控制的喷油器开启时间的长短。

当喷油器发生堵塞、发卡、滴漏时，ECU不能检测到，必须人工检查和排除。如果有一个喷油器不工作，发动机可能会产生起动困难、怠速不稳、加速不良、动力差等现象。当喷油器控制电路开路或短路时，ECU能检测到，使用检测仪的“执行元件诊断”功能可对喷油器进行测试。

第 2 节 柴油机基本工作原理与检修

学习单元 1 常规柴油机

学习目标

- 了解柴油的使用性能指标
- 了解柴油机燃料供给系统构造和工作原理

知识要求

一、柴油的使用性能指标

1. 发火性

发火性指燃油的自燃能力。柴油的发火性用“十六烷值”表示，十六烷值越高，发火性越好。但十六烷值高的柴油的凝点也高，因而蒸发性差。故通常汽车用柴油的十六烷值应为 40~50。

2. 蒸发性

由燃油的蒸馏实验确定需要测定的馏程是50%馏出温度、90%馏出温度及95%馏出温度。相同蒸发量的馏出温度越低，表明柴油蒸发性越好，越有利于可燃混合气的形成和燃烧。应注意的是，不同燃烧室结构对柴油蒸发性要求不同，在采用预燃室式或涡流室式燃烧室的柴油机中，可燃用重馏分柴油，而用直接喷射式燃烧室的柴油机则要求用轻馏分柴油。

3. 黏度

黏度决定燃油的流动性。黏度越大，流动性越差。黏度也随温度而变化，温度升高，黏度变小，温度降低，黏度变大。

4. 凝点

凝点指柴油冷却到开始失去流动性的温度。

柴油是从石油中提炼出的碳氢化合物，含碳 87%、氢 12.6%和氧 0.4%。柴油按凝点分为 10、0、-10、-20、-35 五个牌号，其凝点分别不高于 10℃、0℃、-10℃、-20℃、-35℃。其代号分别为 RCZ-10、RC-0、RC-10、RC-20、RC-35，“R”和“C”是“燃”和“柴”字的汉语拼音字头，凝点在 0℃以上的则在“-”前加上“Z”，选用时，所选牌号的凝点应比实际气温低 5~10℃。

二、柴油机燃料供给系统构造和工作原理

1. 柴油机燃料供给系统构造

柴油机燃料供给系统的任务是完成燃料的储存、滤清和输送工作，按柴油机各种不同工况的要求，定时、定压地将一定质量的燃油喷入燃烧室，使其与空气迅速而良好地混合和燃烧，最后使废气排入大气。

柴油机可燃混合气的形成和燃烧都是直接在燃烧室内进行的。当活塞接近压缩上止点时，柴油喷入汽缸，与高压高温的空气接触、混合，经过一系列的物理、化学变化才开始燃烧。之后便是边喷射，边混合，边燃烧。混合气的形成和燃烧是一个非常复杂的物理、化学变化过程。

柴油机燃料供给系统的燃油供给装置包括柴油箱、输油泵、柴油滤清器、喷油泵、喷油器等，空气供给装置包括空气滤清器、进气管道，如图 2-32 所示。

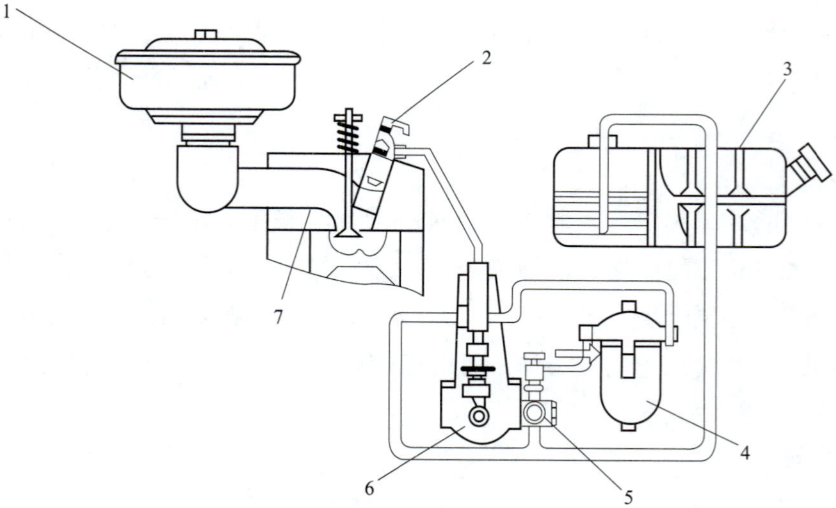

图 2-32　柴油机燃料供给系统组成

1—空气滤清器　2—喷油器　3—柴油箱　4—柴油滤清器

5—输油泵　6—喷油泵　7—进气管道

柴油箱储有经过沉淀和滤清的柴油。柴油从柴油箱被吸入输油泵并泵出，经柴油滤清器滤去杂质后，进入喷油泵。自喷油泵输出的高压柴油经高压油管和喷油器喷入燃烧室。由于输油泵的供油量比喷油泵喷油量大得多，过量的柴油便经回油管回到输油泵。燃油供给油路包括以下三段。

➢ 低压油路

从柴油箱到喷油泵入口的这段油路中的油压是由输油泵建立的，而输油泵的出油压力一般为 0. 15~0. 3 MPa，这段油路称为低压油路。

➢ 高压油路

从喷油泵到喷油器这段油路中的油压是由喷油泵建立的，一般在 10 MPa 以上，故这段油路称为高压油路。

➢ 回油回路

由于输油泵的供油量比喷油泵的最大喷油量大 3~4 倍，为了保持进入喷油泵进油室内的油压稳定，喷油泵进油室的一端装有限压阀（又称溢流阀），大量多余的燃油经限压阀和回油管流回输油泵的进口或直接流回柴油箱。喷油器工作间隙泄漏的极少数柴油也经回油管流回柴油箱。

2. 主要装置工作原理

（1）输油泵。输油泵工作原理为：当偏心轮的凸起部分向上时，活塞在活塞弹簧的作用下向上运动，此时，活塞下腔的容积增大，压力降低，产生一定的真空度，出油阀关闭，进油阀打开，柴油被吸入输油泵下腔，同时，输油泵上腔压力增大，上腔的柴油进入通道输出。周而复始，柴油不断地被吸入输出。输油泵如图 2-33 所示，在柴油机中的安装位置如图 2-34 所示。

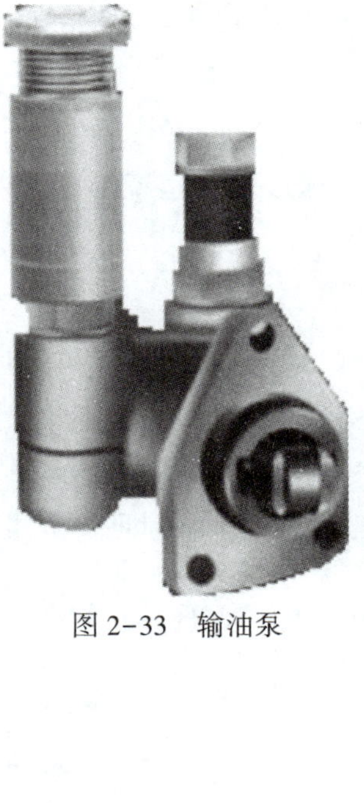

图 2-33　输油泵

图 2-34　输油泵安装位置

（2）柴油滤清器。燃油中若含有杂质，将导致输油泵零部件、喷油嘴的损坏，因此必须装用柴油滤清器（见图2-35）。

（3）调速器。调速器可根据发动机负荷变化自动调节供油量，从而保证发动机的转速稳定在很小的范围内。调速器按功能可分为两速调速器、全速调速器、定速调速器和综合调速器；按转速传感方式可分为气动式调速器、机械离心式调速器和复合式调速器。

图2-35　柴油滤清器

（4）喷油器。喷油器将喷油泵供给的高压柴油以一定的压力呈雾状喷入燃烧室。目前采用的喷油器都是闭式喷油器，分孔式和轴针式两种。

喷油器应雾化均匀，喷射干净利落，无滴漏现象，喷射的油束形状与方向均适应燃烧室。

喷油器由喷油嘴、壳体、调压件三部分组成。喷油嘴由针阀和阀体组成，用螺套装在壳体上，并借助定位销使喷孔在汽缸中保持所定的方位。在针阀上套有铜锥体，其可密封汽缸并帮助喷油嘴散热。针阀上部的圆柱表面和针阀体的相应内圆柱面做高精度的滑动配合，配合间隙为0.002~0.004 mm。此间隙过大则可能发生漏油而使油压下降，影响喷雾质量；间隙过小时针阀将不能自由滑动。针阀耦件的配合面通常经过精磨后再相互研磨以保证其配合精度。因此，选配和研磨好的一副针阀耦件是不能互换的，这点在维修过程中应特别注意。壳体用来安装调压件和进油管等部件，并利用其定位销正确地将喷油器固装在汽缸盖座孔中。调压件是控制和调节喷油嘴开启压力的装置，由调压弹簧、调压螺钉、护帽及推杆组成。通过调压螺钉改变调压弹簧预紧力可调整喷油压力。

孔式喷油器（见图2-36）孔数为1~8个，孔径为0.2~0.8 mm。其特点为：喷孔的位置和方向与燃烧室形状相适应，以保证油雾直接喷射在球形燃烧室壁上；喷射压力较高；喷油嘴细长，喷孔小；加工精度高。

轴针式喷油器（见图2-37）有以下特点。

➢ 不喷油时针阀关闭喷孔，使高压油腔与燃烧室隔开，避免燃烧气体冲入油腔内引起积炭堵塞。

➢ 喷孔直径较大，便于加工且不易堵塞。

➢ 针阀在油压达到一定值时开启，供油停止时，又在弹簧作用下立即关闭，因此，喷油开始和停止都干脆利落，没有滴漏现象。

➢ 不能满足对喷油质量有特殊要求的燃烧室的需要。

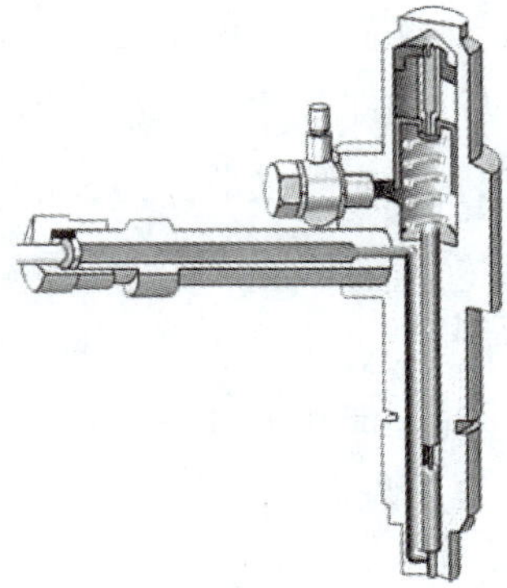

图 2-36　孔式喷油器

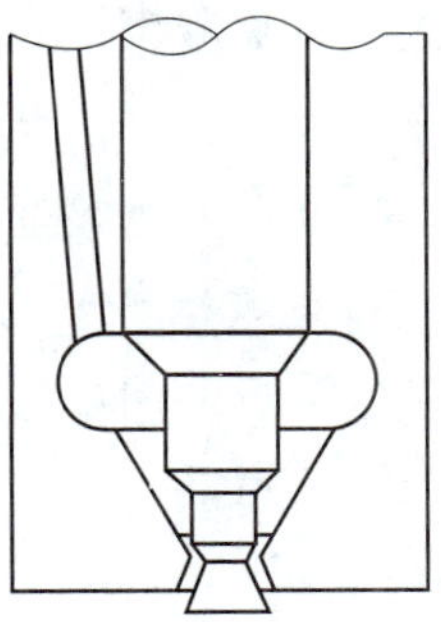

图 2-37　轴针式喷油器

（5）喷油泵。喷油泵用以提高柴油压力，按照发动机的工作顺序、负荷大小，定时定量地向喷油器输送高压柴油，且各缸供油压力均等。

喷油泵分为柱塞式喷油泵、转子泵、分配式喷油泵。

柱塞式喷油泵的柱塞和柱塞套是一对精密耦件，经配对研磨后不能互换，要求有高的精度、小的表面粗糙度值及好的耐磨性，其径向间隙为 0.002～0.003 mm。柱塞式喷油泵通过柱塞在柱塞套内的往复运动吸油和压油，每一副柱塞与柱塞套只向一个汽缸供油。泵油机构主要由柱塞耦件（柱塞和柱塞套）、出油阀耦件（出油阀和出油阀座）等组成。柱塞的下部固定有调节臂，可通过它来调节和转动柱塞的位置。柱塞上部的出油阀由出油阀弹簧压紧在出油阀座上，柱塞下端与装在滚轮体中的垫块接触，柱塞弹簧通过弹簧座将柱塞推向下方，并使滚轮保持与凸轮轴上的凸轮相接触，如图 2-38 所示。

喷油泵凸轮轴由柴油机曲轴通过传动机构来驱动。四冲程柴油机曲轴转两圈，喷油泵凸轮轴转一圈。柱塞的圆柱表面上铣有直线形（或螺旋形）斜槽，斜槽内腔和柱塞上面的泵腔用孔道连通。柱塞套上有两个圆孔，都与喷油泵体上的低压油腔相通。柱塞由凸轮驱动，在柱塞套内做往复直线运动，此外它还可以绕本身轴线在一定角度范围内转动。

工作时，在喷油泵凸轮轴上的凸轮与柱塞弹簧的作用下，柱塞做上、下往复运动，从而完成泵油任务，泵油过程可分为以下三个阶段。

➤ 进油过程：当柱塞下移，燃油自低压油腔经进油孔被吸入，并充满泵腔。

➤ 供油过程：柱塞自下止点上移的过程中，起初有一部分燃油被从泵腔挤回低压油

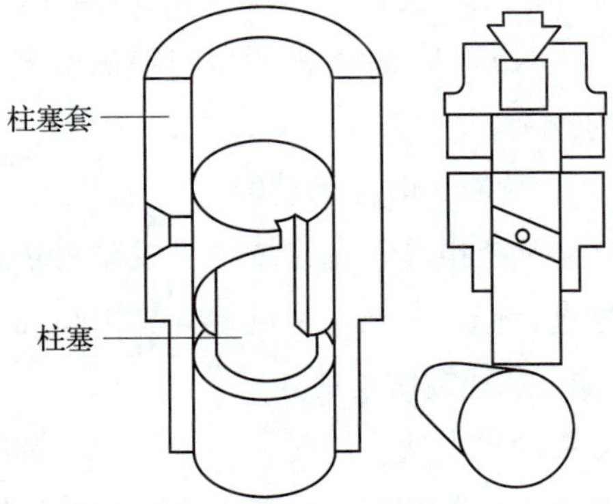

图 2-38　柱塞式喷油泵的泵油原理

腔，直到柱塞上部的圆柱面将两个油孔完全封闭为止；此后柱塞继续上升，柱塞上部的燃油压力迅速增高到足以克服出油阀弹簧的作用力，出油阀即开始上升；当出油阀的圆柱环形带离开出油阀座时，高压燃油便自泵腔通过高压油管流向喷油器；当燃油压力高出喷油器的喷油压力时，喷油器开始喷油。

➢ 回油过程：当柱塞继续上移，斜槽与油孔开始接通，于是泵腔内油压迅速下降，出油阀在弹簧压力作用下立即回位，喷油泵停止供油，此后柱塞仍继续上行，直到凸轮达到最高升程为止，但不再泵油。

学习单元 2　柴油机电控燃油喷射系统

学习目标

➢ 了解柴油机电控燃油喷射系统的基本功能

➢ 了解柴油机电控燃油喷射系统的组成和工作原理

知识要求

一、柴油机电控燃油喷射系统的基本功能

1. 喷油量控制功能

喷油量控制是柴油机电控燃油喷射系统的一项主要功能。柴油机电控燃油喷射系统根据加速踏板位置传感器和发动机的转速传感器的信号计算出基本喷油量，并根据进气温度、进气压力、冷却液温度对喷油量进行修正，通过执行机构的快速响应对喷油量进行精确的控制。

2. 喷油正时控制功能

柴油机电子控制系统根据发动机转速和燃油喷射量确定喷油正时，根据冷却液温度等信号进行修正，从而精确地计算出喷油起始点。

3. 怠速控制功能

柴油机怠速运转时，发电机、空调压缩机、动力转向油泵等装置的工作状态变化将引起发动机负荷的变化，从而导致发动机转速的变化。柴油机电控燃油喷射系统通过反馈控制系统控制喷油量，把怠速控制在所设定的目标转速值上。

4. 缸平衡功能

在多缸柴油机工作时，即使喷油量控制指令值一致，但各缸力学性能有差异，也会引起发动机转速的波动。柴油机电控燃油喷射系统通过检测各缸在做功冲程转速的变化，自动修正各缸喷油量，减小发动机转速的波动，使发动机平稳运转。

5. 废气再循环 EGR 控制功能

柴油机电控燃油喷射系统通过控制参与再循环废气量来减少废气中的 NO_x 的排放。当发动机达到一定的温度时，ECU 根据发动机的负荷和转速决定再循环的废气量，并根据发动机的进气温度、进气流量、进气压力来修正，ECU 发出控制信号控制 EGR 阀的动作。

6. 增压控制功能

ECU 根据增压压力传感器的信号，控制电子真空转换装置的电磁阀的开关频率，从而控制通往废气旁通阀或废气涡轮叶片的控制气室的真空度，改变增压压力，以适应负荷变化的需要。

7. 起动预热控制功能

在不同的起动条件下，柴油机电控燃油喷射系统通过控制起动预热塞的通电时间，改善柴油机的低温起动性能和稳定低温怠速运转。

8. 排气制动功能

当排气制动动作时，ECU 根据排气制动设定，可以在“0”和怠速供油量之间调节供油量。

9. 防止过热功能

柴油机电控燃油喷射系统可以防止冷却液过热。当冷却液温度过高时，发动机最大转矩会减小。

10. 钥匙动作停车功能

柴油机电控燃油喷射系统使用起动钥匙替代通常的机械熄火装置。与切断执行装置电流一样，它切断通向电子停车装置的电流，从而切断发动机的燃油供给。

柴油机电控燃油喷射系统的其他功能还包括系统自我监测功能、跛行回家功能、紧急停车功能等。

二、柴油机电控燃油喷射系统的组成

柴油机电控燃油喷射系统由信号输入装置、ECU、执行元件组成。

1. 信号输入装置

信号输入装置主要由一系列传感器和开关组成，信号输入装置主要采集驾驶员的期望值及发动机的运行工况、运行环境的相关参数值。

柴油机电控燃油喷射系统传感器有加速踏板位置传感器、发动机曲轴转速传感器、凸轮轴位置传感器、进气温度传感器、大气压力传感器、增压压力传感器、水温传感器、燃油温度传感器、空气流量或空气质量传感器、齿杆位置传感器或油量控制套筒位置传感器（用于电控直立泵或分配式喷油泵控制系统）、针阀运动传感器（用于可变预行程控制及电控分配式喷油泵）、预行程控制套位置传感器（用于可变预行程控制）、转角传感器，部分传感器如图 2–39 所示。

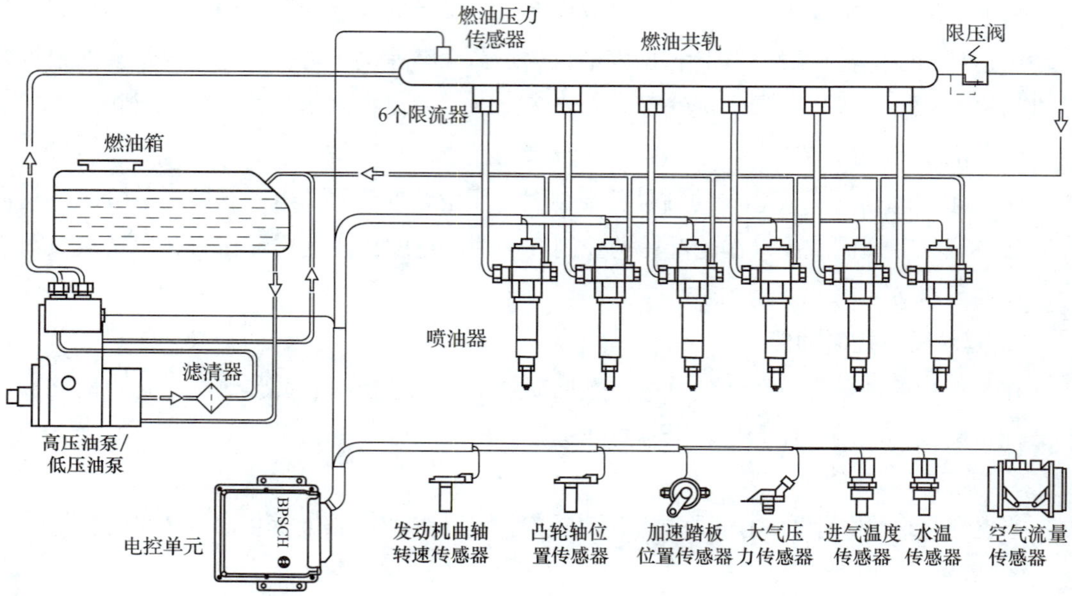

图 2–39　柴油机电控燃油喷射系统组成

开关主要有离合器踏板开关、制动器开关、怠速开关、巡航控制开关，还可有空调开关、动力转向开关、自动变速器的空挡开关。

2. ECU

ECU 具备以下几项功能。

（1）接收传感器或其他装置的输入信息，给传感器提供参考（基准）电压；将输入的信息变成微机所能接受的信号。

（2）存储、计算、分析处理信息。计算出输出值；存储该车型的特征参数；存储运算中的数据（随机存取），存储故障信息。

（3）运算分析。根据信息参数求出执行命令数值；将输出信息数值与标准值比较，查处故障。

（4）输出执行命令。将弱信号变为强的执行命令，输出故障信息。

（5）自我修正功能（自适应功能）。

3. 执行元件

执行元件是受 ECU 控制，具体执行某项功能的装置，一般是由 ECU 控制执行器电磁线圈的搭铁回路，也有是由 ECU 控制的某些电子电路。

在柴油机电控燃油喷射系统中，执行器主要有齿杆或油量控制套筒驱动执行器、预行程控制套筒驱动执行器、正时活塞行程驱动执行器、油量控制电磁阀、废气再循环控制电磁阀、增压控制电磁阀、冷起动预热塞继电器、空调压缩机继电器、冷却风扇继电器、冷却水加热装置继电器、自诊断显示与报警装置、仪表显示器。

三、电子控制共轨柴油机燃油系统组成

电子控制共轨柴油机燃油系统（见图 2-40）由低压油路和高压油路组成，如图 2-41 所示。低压油路为高压油路供给足够的油量，主要由油箱，带有粗滤装置的电动输油泵，低压回路的进、出油管，燃油滤清器组成。高压油路除了产生高压外，还有燃油分配和燃油计量的作用，主要由配有元件关闭阀和高压控制阀的高压油泵、高压蓄能器、共轨压力传感器（RPS）、高压控制阀、流量控制阀和喷油器组成。燃油系统共轨（见图 2-42）的作用是滤波和稳压，并储存高压燃油，向各汽缸喷油器分配燃油。

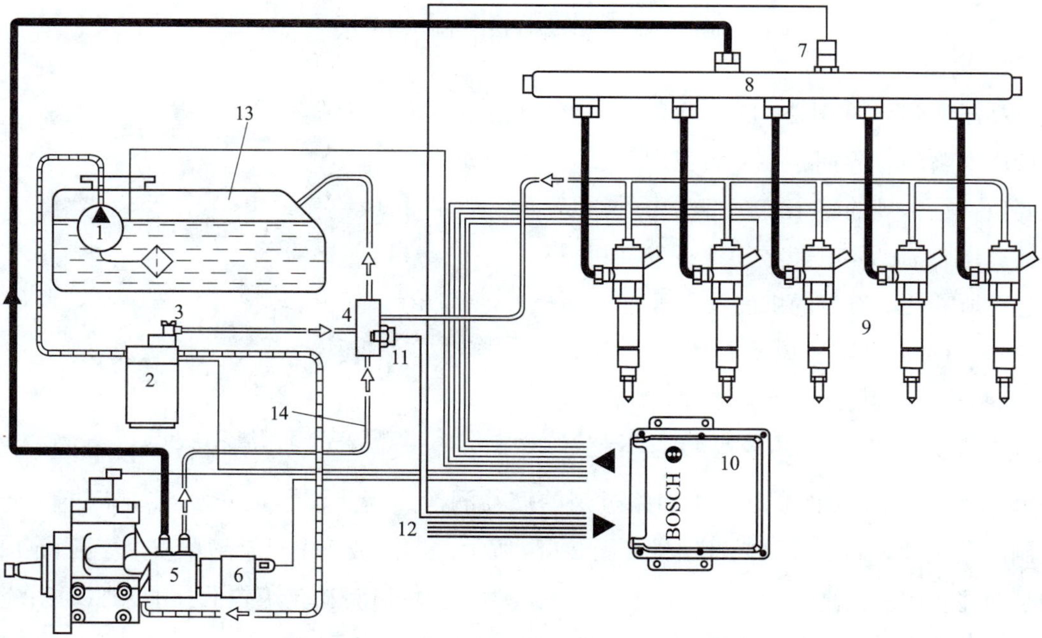

图 2-40　电子控制共轨柴油机燃油系统组成

1—电动输油泵　2—燃油滤清器　3—回油阀　4—回油储存器　5—高压油泵　6—高压控制阀　7—共轨压力传感器　8—共轨管　9—喷油器　10—控制单元　11—油温传感器　12—其他传感器　13—油箱　14—低压回路进、出油管

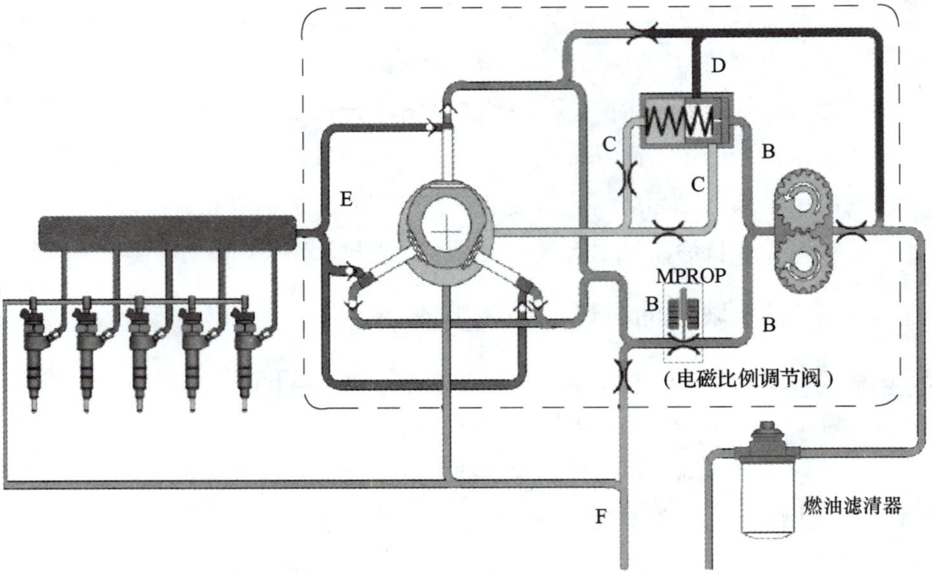

图 2-41　燃油系统高低压油路

A 来自燃油滤清器　C 润滑用燃油　E 高压油
B 内部压力油　D 内部燃油回油　F 燃油回油

1. 高压油泵

高压油泵（见图 2-43）是高压回路和低压回路的分界面，在所有工况下，它主要负责在车辆的整个使用寿命中供给足够的高压燃油，同时还必须保证发动机迅速起动所需要的额外的供油量和压力。

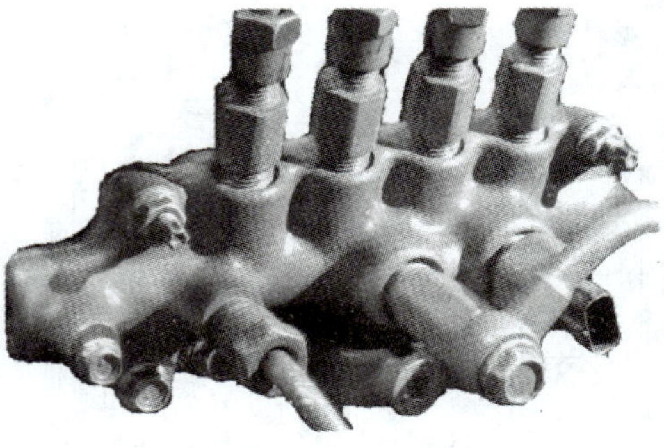

图 2-42　燃油系统共轨

高压油泵的安装位置与传统柴油机分配泵相同。其通过带轮法兰、带轮、齿带由发动机驱动，其最高转速不超过 3 000 r/min。高压油泵由低压油路过来的燃油润滑。高压油泵上安装有用来进行压力控制的电磁阀。高压油泵内部结构如图 2-44 所示。燃油被三个呈辐射状安装、互隔 120°的泵油柱塞压缩，高压油泵每转一圈，有三次供油，峰值驱动转矩较低，油泵驱动系统保持较稳定的负荷。16 N · m 的转矩大约是驱动一个同等分配泵所需转矩的 1/9，这就意味着共轨系统与传统的喷射系统相比在泵的驱动方面具有较少的负荷。所需的动力是随着共轨压力和泵的速度（供油量）成比例上升的。

图 2-43 高压油泵

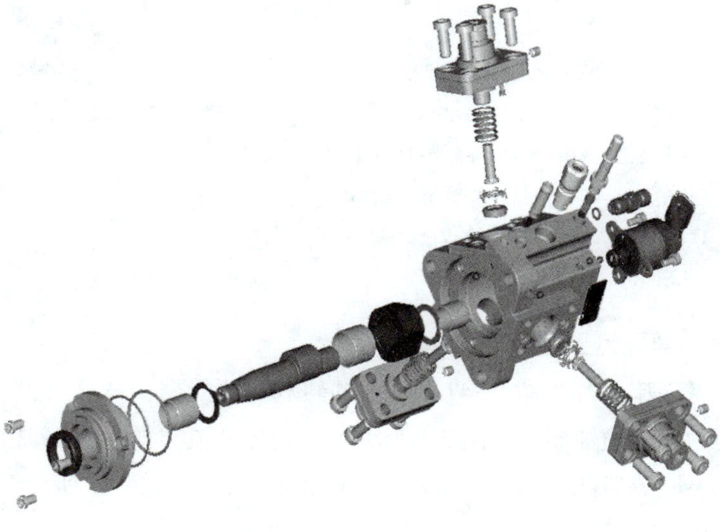

图 2-44 高压油泵内部结构

2. 进油计量比例阀

进油计量比例阀安装在高压油泵的第一级加压（齿轮泵）和第二级加压（柱塞泵）之间，以调整经第一级加压到第二级加压的燃油量，而阀的开启量由 ECU 控制。其结构如图 2-45 所示。其控制方式是 ECU 通过改变高脉冲信号占空比，控制进油流量，以增大或减少油量。

3. 燃油系统压力限制阀

燃油系统压力限制阀（见图 2-46）相当于安全阀，但并不控制压力。其可以限制共轨中的压力，避免压力过高或过低。共轨压力高于 200 MPa 时，阀打开；低于 30 MPa 时，阀关闭。

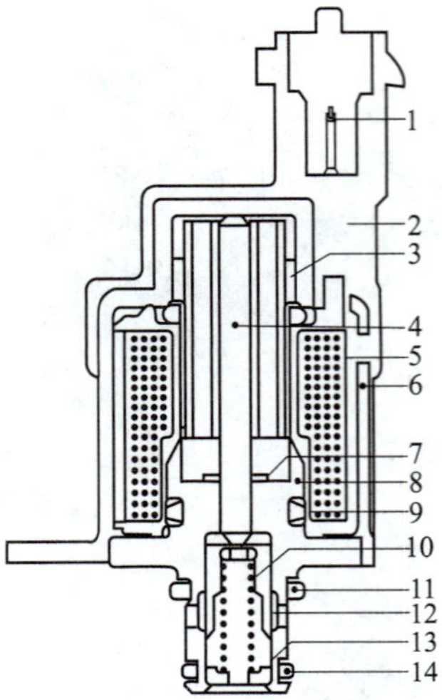

图 2-45　进油计量比例阀结构

1—插座　2—电磁阀壳体　3—轴承　4—带挺杆的枢轴
5—带线圈壳体的线圈　6—外壳　7—剩余气隙垫片
8—磁芯　9、11、14—O 形圈　10—带有控制缝隙的柱塞
12—弹簧　13—安全元件

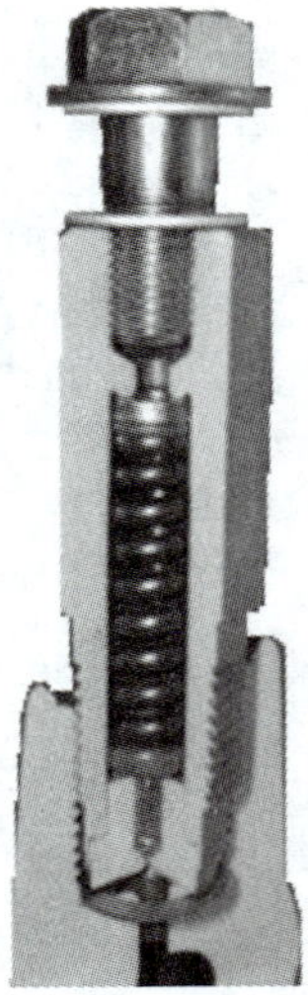

图 2-46　燃油系统压力限制阀

4. 燃油系统流量限流器

燃油系统流量限流器（见图 2-47）可使共轨和高压管路内的压力波动减小，将高压燃油以稳定的压力供给喷油器，如图 2-48 所示。当燃油流出的量过多时，为了保护发动机，燃油系统流量限流器能将燃油通路切断，停止供油，如图 2-49 所示。

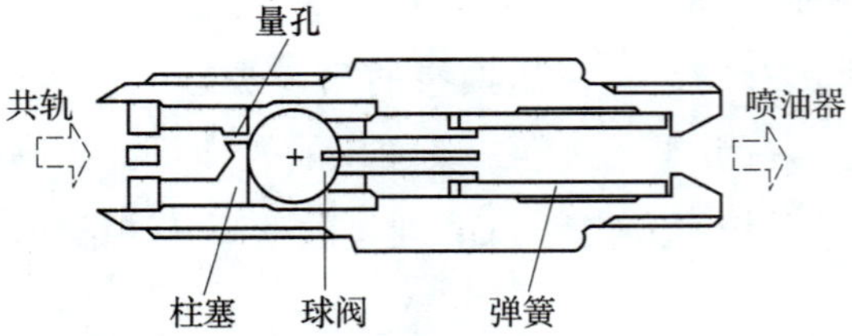

图 2-47　燃油系统流量限流器结构

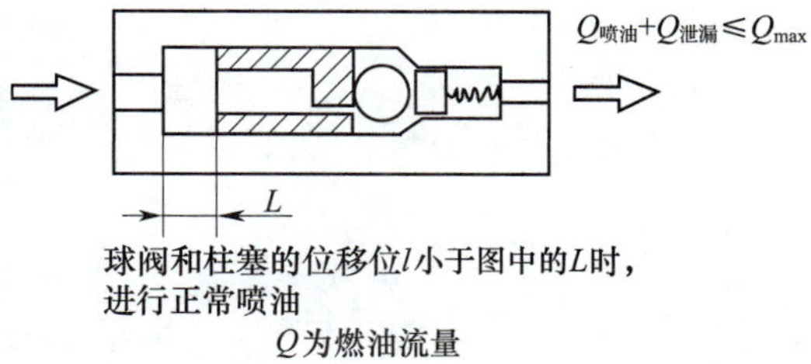

图 2-48　限流器正常时工作示意图

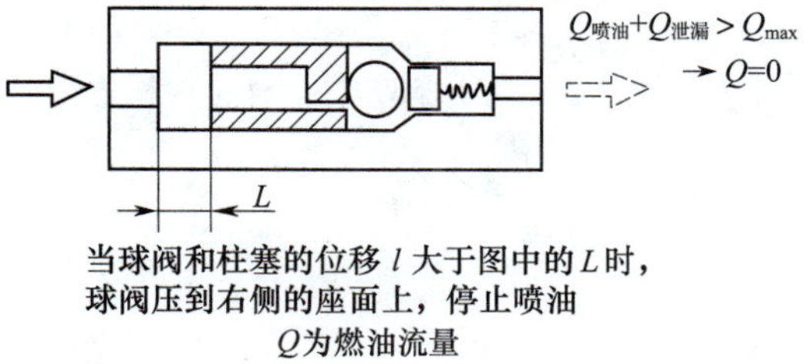

图 2-49　限流器异常时工作示意图

5. 喷油器

喷油器由外阀、内阀、泄油孔、节流孔、针阀控制活塞等组成，如图 2-50 所示。

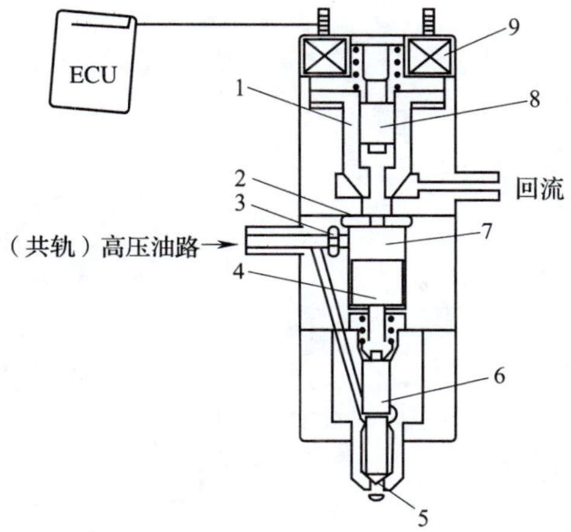

图 2-50　喷油器结构

1—外阀　2—泄油孔　3—节流孔

4—针阀控制活塞　5—喷孔　6—针阀

7—控制腔　8—内阀　9—电磁阀

燃油来自高压油路，经通道流向喷油嘴，同时经节流孔流向控制腔，控制腔与燃油回路相连，途经一个由电磁阀控制其开关的泄油孔。

泄油孔关闭时，作用于针阀控制活塞的液体压力超过了作用在喷油嘴针阀承压面的力，结果，针阀被迫进入阀座且将高压通道与燃烧室隔离密封。

当喷油器的电磁阀被触发，泄油孔被打开，控制腔的压力下降，活塞上的液体压力也随之下降。一旦液体压力降至低于作用于喷油嘴针阀承压面上的力，针阀就被打开，燃油经喷孔喷入燃烧室。电磁阀不是直接打开喷油嘴针阀，而是采用了一套液体压力放大系统。针阀处燃油来自（共轨）高压油路，电磁阀不能产生快速直接打开针阀所需的力，其通过打开泄油孔使得控制腔压力降低，从而打开针阀。

此外，针阀和针阀控制活塞处泄漏的燃油经连接回油管，会同高压油泵和压力控制阀的回油流回油箱。

3

第 3 章

汽车底盘基本工作原理与检修

第 1 节　汽车底盘基本工作原理

学习单元 1　汽车行驶原理

学习目标

- 了解汽车驱动力及其影响因素
- 了解汽车的行驶阻力
- 了解汽车的行驶条件和影响附着系数的因素

知识要求

一、汽车驱动力及其影响因素

1. 驱动力的产生

汽车要产生运动，并保持一定速度行驶，必须由外界对汽车施加一个推动力，这个推动力称为驱动力。发动机曲轴输出的转矩经离合器、变速器（包括分动器）、传动轴、主减速器、差速器、半轴（及轮边减速器）传递至车轮，产生一个作用于路面的力 F_0；路面产生一个作用于车轮圆周上的切向反作用力 F_t，如图 3-1 所示。习惯将 F_t 称为汽车驱动力。若驱动车轮的半径为 r，则：

$$F_t = T_t / r$$

$$T_t = T_{tq} i_g i_0 \eta_T$$

如果忽略轮胎和地面的变形，则：

$$F_t = \frac{T_{tq} i_g i_0 \eta_T}{r}$$

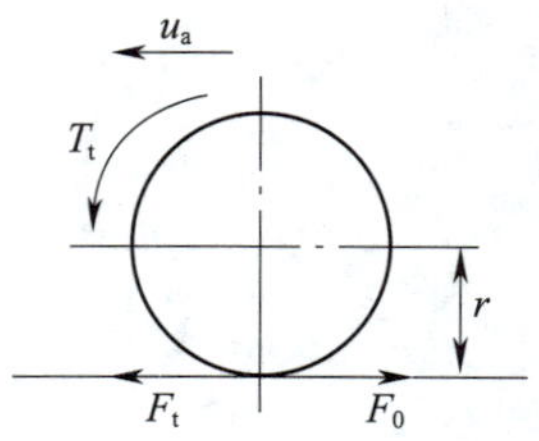

图 3-1　汽车驱动力

u_a—车速

式中　T_t——传输至驱动轮圆周的转矩；

r——车轮半径；

T_{tq}——汽车发动机输出转矩；

i_g——变速器传动比；

i_0——主减速器传动比；

η_T——汽车传动系统机械效率。

2. 发动机的外特性

发动机的功率、转矩及燃油消耗率与发动机曲轴转速的变化关系，即为发动机的速度特性。当发动机节气门全开，或高压油泵处于最大供油量位置时，此特性称为发动机的外特性，对应的关系曲线称为外特性曲线；如果节气门部分开启，则称为发动机部分负荷特性曲线。

图 3-2 所示为某发动机的外特性曲线。n_{min} 为发动机最低稳定工作转速，随着发动机转速 n_e 的增加，发动机的有效功率和有效转矩都在增加，发动机转矩达到最大值 T_{tqmax} 时，相应的发动机转速为 n_{tq}，再增大发动机转速时，有效转矩 T_{tq} 有所下降，但功率 P_e 继续增加，一直达到最大功率 P_{emax}，此时发动机转速为 n_P，继续提高发动机转速，其功率反而下降。一般取发动机最高转速 n_{max} = （1.1～1.2）n_P。

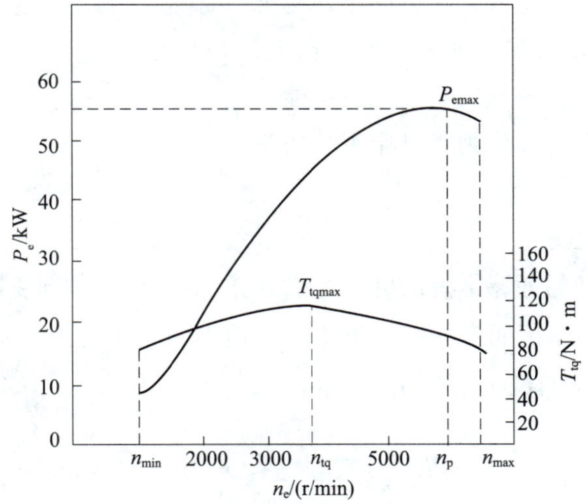

图 3-2 某发动机外特性曲线

如转矩 T_{tq} 单位用 N·m 表示，功率 P_e 单位用 kW 表示，转速 n_e 单位用 r/min 表示，它们之间有如下关系：

$$P_e = T\omega = T_{tp}\frac{2\pi n}{60}\frac{1}{1\,000} = \frac{T_{tp}n_e}{9\,550}$$

3. 汽车的驱动力图

汽车变速器处于各个挡位上时，汽车驱动力 F_t 与车速 u_a 之间的函数关系曲线，称为汽车驱动力图。它直观地显示变速器处于各挡位时，驱动力随车速变化的规律。

当已知发动机外特性曲线、传动系统的传动比及机械效率、车轮半径等参数时，即可作出汽车驱动力图，具体方法如下。

（1）从发动机外特性曲线上取若干（n_e，T_{tq}）。

（2）根据选定的不同挡位传动比，按式 $F_t = T_t/r$ 算出驱动力值。

（3）根据转速 n_e、变速器传动比 i_g 及主减速比 i_0，由下式计算与所求 F_t 对应的车速：

$$u_a = 0.377\frac{rn_e}{i_g i_0}$$

（4）建立 F_t、u_a 坐标，选好比例尺，对应每个挡位，将计算出的值（F_t，u_a）分别描点并连成曲线，即得驱动力图。

图3-3所示为某五挡变速器汽车的驱动力图。从图中可以看出驱动力与其行驶速度的关系及不同挡位驱动力的变化。每一个挡位对应一条曲线，挡位越低，传动比越大，相应的车速越低而驱动力越大。驱动力曲线表示了在该挡位上，以不同车速等速行驶时，节气门全开汽车可能产生的驱动力，驱动力图可以作为工具用来分析汽车的动力性。

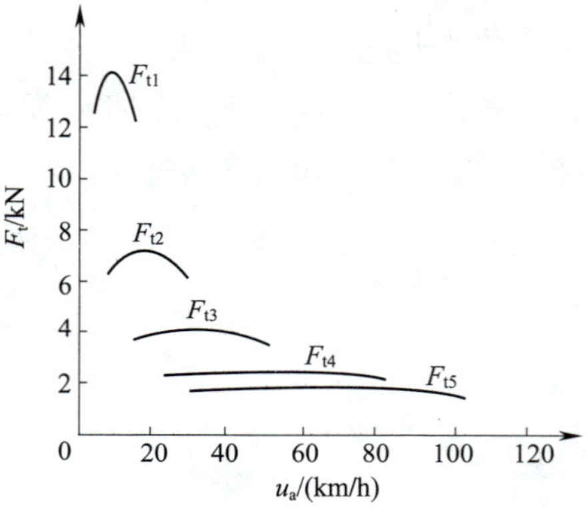

图3-3　某五挡变速器汽车驱动力图

4. 影响驱动力的因素

（1）传动系统的机械效率。发动机的功率 P_e 经传动系统传到驱动车轮的过程中，要克服传动系统各部件的摩擦而有一定的损失。若损失的功率为 P_T，则传到驱动轮的功率为（$P_e - P_T$），传动系统的机械效率 η_T 为：

$$\eta_T = \frac{P_e - P_T}{P_e} = 1 - \frac{P_T}{P_e}$$

传动系统的功率损失由传动系统中的变速器、万向节、主减速器等的功率损失所组成。其中变速器和主减速器的功率损失所占比例最大，其余部件功率损失较小。

损失的功率含机械损失功率和液力损失功率。机械损失功率是指齿轮传动副、轴承、油封等处的摩擦损失的功率，其大小取决于啮合齿轮的对数、传递的转矩等因素。液力损失功率是指消耗于润滑油的搅动、润滑油与旋转零件之间的表面摩擦的功率。其大小取决于润滑油的品质、温度、箱体内的油面高度，以及齿轮等旋转零件的转速。液力损失随传动零件转速提高、润滑油油面高度及黏度增加而增大。

传动系统的机械效率是在专门的试验装置上测试得到的。在做动力性计算时，机械效率取常数。采用有级机械变速传动系统的轿车取 $\eta_T=0.9\sim0.92$，采用单级主减速器传动的货车取 $\eta_T=0.9$，采用双级主减速器的汽车取 $\eta_T=0.85$，4×4 汽车取 $\eta_T=0.85$，6×6 汽车取 $\eta_T=0.8$。

（2）车轮半径。轮胎的尺寸及结构直接影响汽车的动力性。车轮按规定气压充好气后，处于无载时的半径，称为自由半径。

在汽车重力作用下，轮胎发生径向变形。车轮中心与轮胎接地面的距离为静力半径 r_s。静力半径小于其自由半径，它取决于载荷、轮胎的径向刚度，以及支撑面的刚度。

作用于车轮上的除径向载荷外，还有转矩。车轮中心至轮胎与道路接触面切向反作用力之间的距离为动力半径。此时轮胎不仅产生径向变形，同时还产生切向变形。其切向变形取决于轮胎的切向刚度、轮胎承受的转矩及转动时的离心惯性力等。

根据车轮转动圈数 n 与车轮实际滚动距离 s 之间关系换算得出的车轮半径，为车轮的运动半径（滚动半径）r_r，用下式表示：

$$r_r=\frac{s}{2\pi n}$$

显然，对汽车做动力学分析时，应该用静力半径 r_s；而做运动学分析时，应该用运动半径 r_r。但在一般的分析中常不计它们的差别，统称为车轮半径 r，即认为：

$$r_s=r_r=r$$

汽车的驱动力、滚动阻力及附着力的大小，与车轮的直径、形式、胎压有很大关系。从前述的驱动力和车速公式中可知，车轮半径与驱动力成反比，而与车速成正比。通常车轮半径是根据汽车类型选定的，同时要考虑汽车驱动力和行驶车速两个因素。轮胎花纹和胎压对附着系数有显著影响，因此，正确选用、合理使用轮胎，有利于提高汽车的动力性。

二、汽车的行驶阻力

汽车在水平道路上等速行驶时，必须克服来自路面的滚动阻力 F_f 和来自空气的阻力 F_W；当汽车在坡道上上坡行驶时，还必须克服重力沿坡道的分力，即坡度阻力 F_i；另外，汽车加速行驶时，还需要克服加速阻力 F_j。因此汽车行驶的总阻力为：

$$\sum F=F_f+F_W+F_i+F_j$$

上述各种阻力中，滚动阻力和空气阻力是在任何行驶条件下均存在的，坡度阻力和加速阻力仅在一定行驶条件下存在，汽车在水平道路上等速行驶时就没有坡度阻力和加速阻力。

1. 滚动阻力

汽车行驶时，车轮与路面在接触区域的径向、切向和侧向均产生相互作用力，轮胎与路面也存在相应的变形。无论是轮胎还是路面，其变形过程必然伴随着一定的能量损失。这些能量损失是车轮转动时产生滚动阻力的根本原因。汽车的总质量越大，轮胎和路面的变形越大，滚动阻力也越大。汽车在松软的路面上行驶时，滚动阻力主要是由路面变形引起的；而汽车在较硬路面上行驶时，滚动阻力主要是由轮胎变形引起的。

滚动阻力的表达式为：

$$F_f = G \cdot \cos\alpha \cdot f$$

式中 G——汽车总重力，N；

α——路面的纵向坡道角，水平路面 $\cos\alpha=1$；

f——汽车的滚动阻力系数。

滚动阻力是一种始终作用在汽车上的行驶阻力。滚动阻力系数 f 的大小与轮胎结构、路面性质、车速等因素有关。

表 3-1 列出了车速为 50 km/h 时，汽车在各种路面上行驶时的滚动阻力系数值。

表 3-1　　滚动阻力系数值

路面类型	滚动阻力系数
良好的沥青或混凝土路面	0. 010～0. 018
一般的沥青或混凝土路面	0. 018～0. 020
碎石路面	0. 020～0. 025
良好的卵石路面	0. 025～0. 030
坑洼的卵石路面	0. 035～0. 050
压紧土路（干燥的）	0. 025～0. 035
压紧土路（雨后的）	0. 050～0. 150
泥泞土路（雨季或解冻期）	0. 100～0. 250
干沙路面	0. 100～0. 300
湿沙路面	0. 060～0. 150
结冰路面	0. 015～0. 030
压紧的雪道	0. 030～0. 050

汽车使用过程中，轮胎气压过低、前后轴不平行、轮辋偏摆过大、轮毂轴承过紧、前轮前束及前轮外倾过大、制动蹄与制动鼓间隙过小等因素，都会使滚动阻力系数加大，油耗增加。试验表明，胎面花纹磨损的旧胎比新胎的滚动阻力系数小；子午线轮胎的滚动阻

力系数比普通斜交胎小20%~30%；转弯时的侧向力及路面不平时的冲击力，使轮胎变形增加，滚动阻力系数显著增大。

滚动阻力系数随车速的提高而增大。当车速为100 km/h以下时，随着车速的增加，滚动阻力系数增加缓慢；当车速为140 km/h以上时，滚动阻力系数增加较快；当车速达到轮胎的临界车速时，滚动阻力系数增加更快，这时轮胎的变形已来不及恢复，轮胎的周缘呈波浪状，称为驻波现象。出现驻波现象后，轮胎温度迅速上升，导致胎面与帘布层脱离，瞬间便会出现爆胎现象，因此高速轿车必须采用高速度等级的轮胎。

2. 坡度阻力

如图3-4所示，当汽车上坡行驶时，其重力沿坡道斜面的分力 F_i 表现为对汽车行驶的一种阻力，称为坡度阻力。坡度阻力 F_i 按下式计算：

$$F_i = G\sin\alpha$$

式中　α——道路坡度角，(°)。

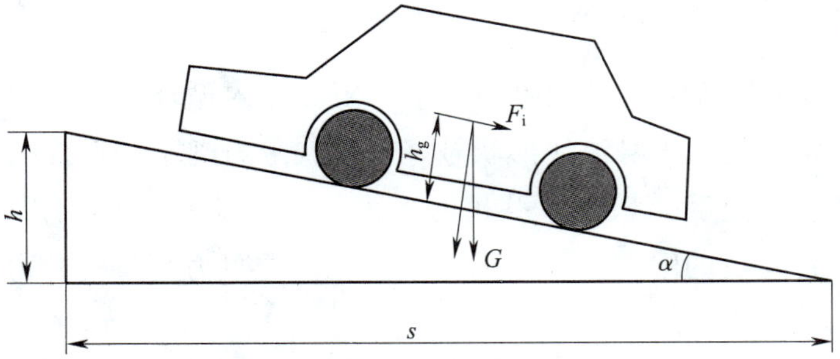

图3-4　汽车的上坡阻力

坡道的坡度 i 用坡高 h 与底长 s 之比表示：

$$i = \frac{h}{s} \times 100\% = \tan\alpha$$

当坡度角 $\alpha < 15°$时，$\sin\alpha \approx \tan\alpha = i$，则：

$$F_i = G\sin\alpha \approx G\tan\alpha = Gi$$

由于坡度阻力 F_i 与滚动阻力 F_f 均属与道路有关的汽车行驶阻力，因此常把这两种阻力之和称为道路阻力 F_ψ，即：

$$F_\psi = F_f + F_i = fG\cos\alpha + G\sin\alpha$$

令 $\psi = f\cos\alpha + \sin\alpha$，$\psi$ 称为道路阻力系数。

当坡度角 α 较小时，$\cos\alpha \approx 1$，$\sin\alpha \approx i$，则：

$$F_\psi = F_f + F_i \approx Gf + Gi = G(f + i) = G\psi$$

坡度 i 与坡度角 α 的换算如图 3-5 所示。

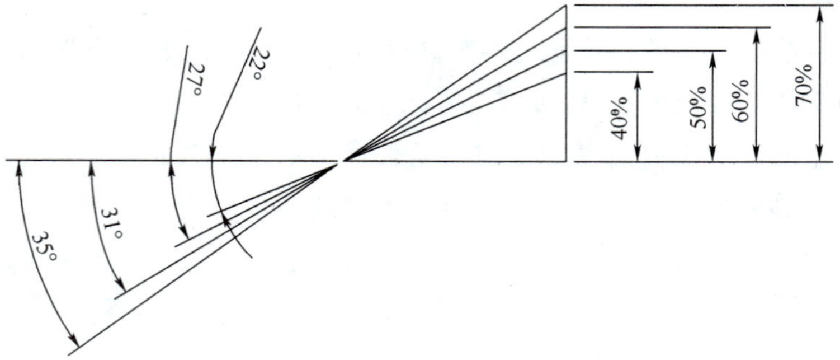

图 3-5　坡度 i 与坡度角 α 的换算示意图

3. 空气阻力

汽车行驶时受到的空气作用力在行驶方向上的分力，称为空气阻力。它分为压力阻力和摩擦阻力两部分。空气作用在汽车车身表面上的法向压力的合力在行驶方向上的分力称为压力阻力。由于空气的黏性，空气在车身表面产生的切向力的合力在行驶方向上的分力称为摩擦阻力。

压力阻力又分为四部分：形状阻力、干扰阻力、内循环阻力、诱导阻力。形状阻力与车身主体形状有关，车身流线形状越好，形状阻力越小；干扰阻力是车身表面凸起物，如后视镜、门把手、车灯等引起的阻力；空气流经车体内部（发动机冷却系统、车内通风等）构成的阻力，为内循环阻力；诱导阻力是空气升力在水平方向上的投影。

对于一般轿车，这几部分阻力的比例大致为：形状阻力占 58%，干扰阻力占 14%，内循环阻力占 12%，诱导阻力占 7%，摩擦阻力占 9%，如图 3-6 所示。

空气阻力中，形状阻力占的比例最大，因此，改善车身流线形状，是减小空气阻力的关键。

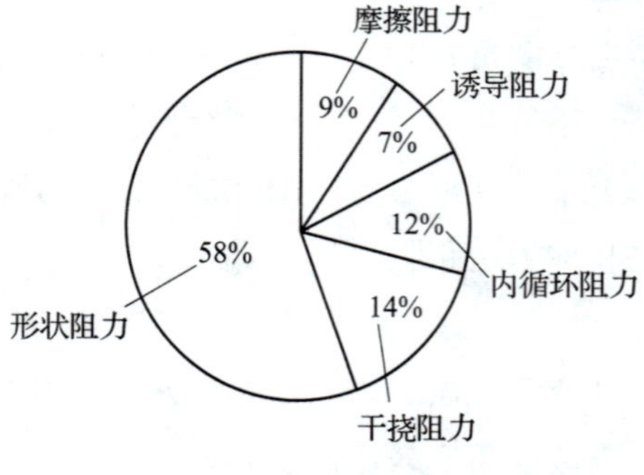

图 3-6　空气阻力分布比例

空气阻力 F_W 的计算公式为

$$F_W = \frac{C_D A u_a^2}{21.15}$$

式中　u_a ——相对速度，在无风时即为汽车的车速，km/h；

A ——迎风面积，m^2；

C_D ——空气阻力系数。

上式表明，减小空气阻力主要应减小 C_D 及

A，并合理控制车速。空气阻力与车速的平方成正比。汽车高速行驶时，空气阻力消耗了发动机的大部分功率，当车速低于 30 km/h 时，空气阻力可以忽略不计。C_D 值主要取决于汽车外形，包括车头、车尾形状及车身的流线程度，其值由风洞试验测定。

4. 加速阻力

汽车加速行驶时，需克服其质量的惯性，这就是加速阻力 F_j。汽车质量分为平移质量和旋转质量（主要是曲轴、飞轮、离合器总成和所有车轮的质量）两部分。加速时平移质量产生惯性力，旋转质量产生惯性力偶矩，为了便于计算，一般把旋转质量的惯性力偶矩转化为平移质量的惯性力，并以系数 δ 进行换算，则汽车加速时的加速阻力 F_j 为：

$$F_j = \delta m \frac{du}{dt}$$

式中 δ——汽车旋转质量换算系数，$\delta>1$，主要与飞轮、车轮的转动惯量，以及传动系统的传动比有关；

m——汽车质量，kg；

$\frac{du}{dt}$——汽车行驶加速度，m/s^2。

三、汽车的行驶条件和影响附着系数的因素

汽车行驶过程中，受到各种行驶阻力的作用。因此，为保证汽车正常行驶，必须有足够的驱动力，用以克服各种行驶阻力。驱动力 F_t 必须大于滚动阻力、加速阻力、坡度阻力和空气阻力之和，汽车才能加速行驶。若驱动力小于这四个阻力之和，则汽车无法开动，正在行驶中的汽车将减速直至停车。因此，汽车行驶的第一个条件为：

$$F_t \geqslant F_f + F_W + F_i + F_j$$

此条件为汽车行驶的驱动条件，但它并不是汽车行驶的充分条件，实际上，驱动力是受附着力限制的。增加发动机转矩及增大传动比，可以增大驱动力。但驱动力达到路面可能给出的最大切向力，即附着力为 F_ϕ 时，驱动轮会出现滑转现象，汽车不能前进。

附着力是路面对驱动轮切向反作用力的极限值，在硬路面上，它与驱动轮地面法向反作用力 F_{z2} 成正比，即：

$$F_{x2max} = F_\phi = F_{z2}\phi$$

式中 F_{x2max}——路面对驱动轮切向反作用力的极限值。

驱动轮地面法向反作用力与汽车的总体布置、行驶状况及道路的坡度有关。式中 ϕ 为附着系数，它与路面的种类和状况、车轮运动状况、胎压及花纹有关，车速对附着系数也有影响。

在一般动力性分析中只取附着系数的平均值。轮胎与不同路面间的峰值附着系数和滑动附着系数见表3-2。

表3-2　　轮胎与不同路面间的附着系数

路面	峰值附着系数	滑动附着系数
沥青或混凝土路面（干）	0.80~0.90	0.75
混凝土路面（湿）	0.80	0.70
沥青路面（湿）	0.50~0.70	0.45~0.60
碎石路面（干）	0.60	0.55
土路（干）	0.68	0.65
土路（湿）	0.55	0.40~0.50
雪路（压实）	0.20	0.15
冰路面	0.10	0.07

硬路面的接触强度大，坚硬的路面、路面微小的凸起物和轮胎表面的机械啮合作用等，使轮胎与路面之间产生较大的附着力，故附着系数较大。潮湿的路面和微观凸凹、被灰土及沙石所填平的路面，附着系数较小。

轮胎气压对附着系数有较大的影响，在干燥的硬路面上，降低轮胎的气压，轮胎与路面微观不平处的啮合面积增大，附着系数增大。在潮湿的硬路面上，适当提高轮胎气压，可以提高对路面的单位压力，有利于挤出接触处的水分，使附着系数增大。此外，在硬路面上行驶的汽车，胎面花纹做成浅而细的形状，可以增强胎面与路面上微小凸起物间的啮合作用，有利于使附着系数增大。在软路面上行驶的汽车，胎面花纹做成粗而深的形状，可增大嵌入轮胎花纹内的土壤的剪切断面，达到使附着系数增大的目的。轮胎花纹做成具有良好的排水功能的形状，可以使汽车与潮湿路面间的附着系数增大。

车速对附着系数也有影响。在硬路面上，车速增加时，轮胎来不及与路面微小凸起部分很好啮合，附着系数减小。雨天在硬路面上行驶，车速提高时，轮胎与路面间的水不易被挤出，附着系数显著减小。在松软路面上行驶的汽车，若车速提高，车轮的作用力很容易破坏土壤的结构，也造成附着系数减小。

应当明确，附着力并不是汽车受到的一个力，它只是路面给车轮切向力的极限值。当地面切向力达到此值时，驱动轮将产生滑转，汽车不能行驶，因此，汽车行驶应满足的第二个条件——附着条件（对于后轮驱动的汽车）为：

$$F_{x2}=F_{t}-F_{f2}\leqslant F_{\phi}=F_{z2}\phi$$

$$F_t \leqslant F_{z2}(f+\phi)$$

式中 F_{x2} ——地面对驱动轮的切向反作用力；

F_t ——驱动轮的驱动力；

F_{f2} ——驱动轮上的滚动阻力；

而$f \ll \phi$，所以上式可近似为：

$$F_t \leqslant F_{z2}\phi \text{ 或 } F_t \leqslant F_{z\phi}\phi$$

式中 $F_{z\phi}$ ——作用于所有驱动轮上的地面法向反作用力。

联立式得汽车行驶的驱动与附着条件为：

$$F_f+F_W+F_i+F_j \leqslant F_t \leqslant F_{z\phi}\phi$$

这也是汽车行驶的必要与充分条件。

学习单元2 摩擦离合器

学习目标

- 了解摩擦离合器的作用、类型和结构
- 熟悉膜片弹簧离合器的组成、结构
- 了解双质量飞轮结构
- 熟悉离合器液压操纵系统的结构及组成

知识要求

一、摩擦离合器的作用和组成

1. 摩擦离合器的作用

摩擦离合器可以保证汽车平稳起步，在换挡过程中切断动力传递。

2. 摩擦离合器的类型

摩擦离合器所能传递的最大转矩与摩擦面上的压紧力、摩擦因数、摩擦面数目和尺寸有关。

摩擦离合器按摩擦面数目多少可分为单盘离合器和双盘离合器；按压紧弹簧形式不同

可分为螺旋弹簧离合器和膜片弹簧离合器；按弹簧布置方式不同可分为周置弹簧离合器和中央弹簧离合器。

3. 摩擦离合器的结构

摩擦离合器结构如图 3-7 所示。它由发动机飞轮、带有摩擦片的从动盘、花键毂及嵌套其上的输出轴、将从动盘压紧在飞轮上的压紧弹簧、离合器踏板、传动机构等部分组成。

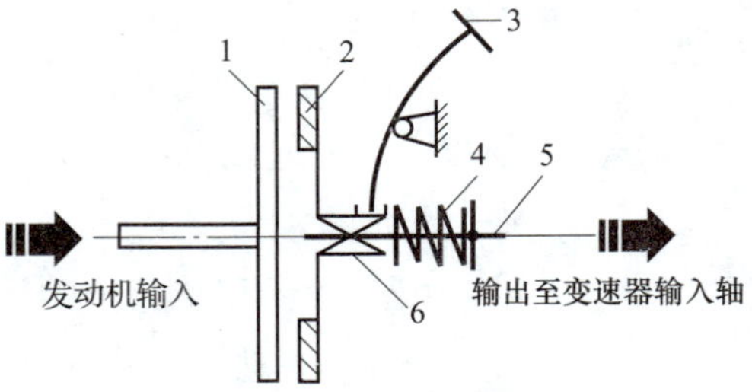

图 3-7　摩擦离合器结构

1—飞轮　2—从动盘　3—离合器踏板

4—压紧弹簧　5—输出轴　6—花键毂

汽车行驶过程中，弹簧的压紧力使飞轮和从动盘紧紧相靠，从动盘摩擦片和飞轮之间的摩擦力将发动机输出转矩传给离合器输出轴，即变速器输入轴；当需要短暂中断动力传递时，驾驶员踩动离合器踏板，从动盘向右移动，压缩弹簧，使主、从动盘脱离接触，实现分离；通过控制踏板力可以控制主、从动盘上的压紧力，进而控制离合器传递转矩的大小，满足汽车平稳起步的要求。

为了保证车辆行驶平稳舒适、操纵自如、性能稳定，并使摩擦离合器具有足够的使用寿命，通常要求离合器必须满足以下要求：分离彻底，结合柔和，从动部分的转动惯量小，散热良好，调整、维修方便。

二、膜片弹簧离合器

膜片弹簧离合器（见图 3-8）用一个薄弹簧钢板制成的、带有锥度的膜片弹簧作为离合器的压紧弹簧，膜片弹簧中心部分沿圆周均匀地开有若干条径向切口，余下的指状部分成为弹性的分离杠杆，膜片弹簧两侧通过支撑圈和铆钉安装在离合器盖上。当离合器盖与飞轮相连时，弹簧受迫压缩，将压盘紧紧压向飞轮，离合器处于接合状态。分离离合器时，分离叉向内推动分离轴承和膜片弹簧内侧指状部分，使膜片弹簧以支撑圈为支点转动（弹簧趋向于呈反锥形），膜片弹簧外端通过分离钩带动压盘远离飞轮，使离合器分离。

离合器盖与飞轮安装面有一距离 L（见图 3-9a）。当离合器盖固定到飞轮上时，由于离合器盖靠向飞轮，右侧支撑圈压膜片弹簧，使之发生弹性变形，膜片弹簧对压盘和从动盘产生压紧力，离合器处于接合状态（见图 3-9b）。当分离离合器时，分离轴承左移，膜片弹簧以左侧支撑圈为支点，进一步变形，其外缘通过分离钩拉动压盘，使离合器分离（见图 3-9c）。

螺旋弹簧和膜片弹簧作为离合器压紧弹簧的弹性特性比较如图 3-10 所示。假设受到预压缩的弹簧处于图中 b 的压缩状态，两种弹簧有相同的压紧力 P_1。当摩擦片磨损量达到许用极限时，弹簧压缩变形量减小到 a，此时可以看出，螺旋弹簧压紧力为 P_3，而膜片

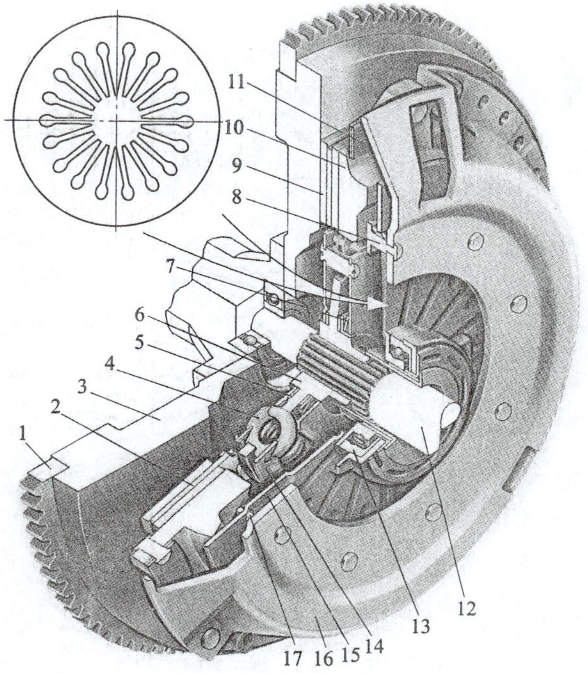

图 3-8　上汽大众桑塔纳轿车膜片弹簧离合器

1—飞轮齿圈　2—从动盘本体　3—飞轮　4—减振弹簧　5—阻尼片　6—从动盘毂

7—阻尼片压紧碟簧　8—铆钉　9—摩擦片　10—压盘　11—传动片　12—输出轴

13—分离轴承　14—减振器端盖　15—膜片弹簧　16—离合器盖　17—支撑圈

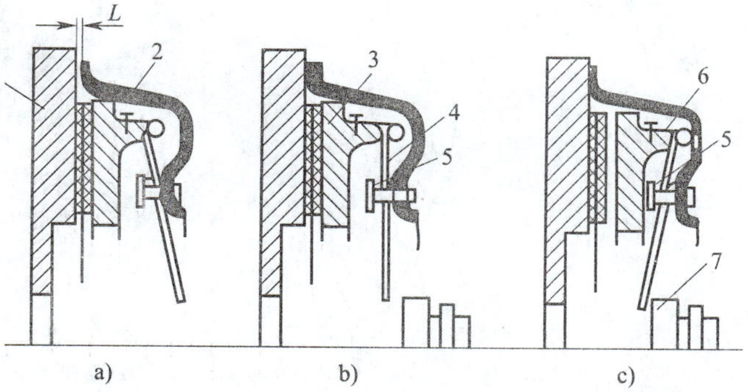

图 3-9　膜片弹簧离合器工作原理示意

a）安装位置　b）接合状态　c）分离状态

1—飞轮　2—离合器盖　3—压盘　4—膜片弹簧　5—膜片弹簧支撑圈　6—分离钩　7—分离轴承

弹簧压紧力为 P_2，显然膜片弹簧压紧力下降较少，有利于可靠传力。当分离离合器时，两种弹簧均产生进一步压缩，弹簧变形量达到 c，此时螺旋弹簧和膜片弹簧维持这种变形所需作用力分别为 P_4 和 P_5，明显可知，膜片弹簧所需外力比螺旋弹簧小，即膜片弹簧离合器操纵更省力。除此之外，膜片弹簧还有许多其他优点。首先，由于膜片弹簧本身兼起分离杠杆作用，大大简化了结构，减轻了质量，并明显缩短了离合器轴向尺寸。其次，由于膜片弹簧与压盘沿整个圆周接触，压力分布均匀，摩擦片接触更好，磨损更均匀。最后，由于膜片弹簧是旋转对称零件，平衡性好，高速时不会因离心力产生弯曲变形，压紧力波动很小，具有理想非线性特征，磨损后，弹簧压力几乎保持不变。

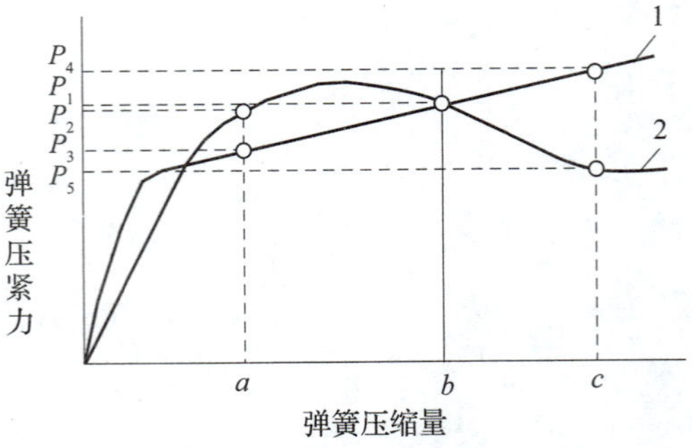

图 3-10　螺旋弹簧与膜片弹簧的比较

1—螺旋弹簧　2—膜片弹簧

离合器从动盘有带扭转减振器和不带扭转减振器的两种结构，无论哪种从动盘，其构成主要为从动盘本体、摩擦片和从动盘毂三部分（见图 3-11）。不带扭转减振器时从动盘本体直接与从动盘毂相连，而带扭转减振器时从动盘本体与从动盘毂之间通过减振器弹簧弹性连接。

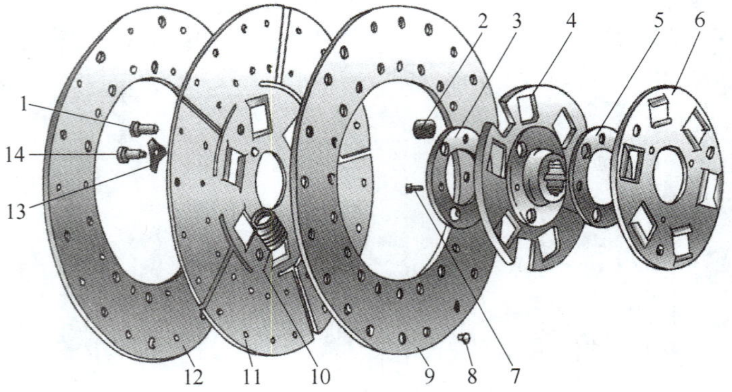

图 3-11　离合器从动盘

1—从动盘铆钉　2—扭转限位套　3、5—阻尼片　4—从动盘毂　6—减振器端盖

7—阻尼片铆钉　8—摩擦片铆钉　9、12—摩擦片　10—减振器弹簧

11—从动盘本体　13—阻尼片压紧弹簧　14—阻尼片压紧弹簧铆钉

从动盘本体沿径向分成若干扇形区域，在圆周方向这些扇形钢片翘曲成波浪状，两摩擦片分别与其波峰和波谷部分铆接，由于波浪状翘曲钢片有弹性变形能力，因此形成从动盘轴向弹性，这样可以使离合器接合柔和，汽车起步平稳。

扭转减振器主要由起缓冲作用的减振器弹簧和衰减振动的阻尼片组成。从结构上看，从动盘本体、从动盘毂和减振器端盖都开有六个矩形窗口，每个窗口中沿圆周方向安装有减振器弹簧，从动盘本体和减振器端盖的窗口开有翻边，使弹簧不致脱出，这样的设计可以实现摩擦片向从动盘毂传递转矩过程中两者之间的弹性连接。减振器端盖与从动盘本体通过铆钉连为一体，并将从动盘毂及其两侧的阻尼片夹在中间，当从动盘本体和从动盘毂之间出现往复旋转振荡时（见图 3-12），借助阻尼片消耗吸收振动能量，达到减振目的。从动盘毂上开有与扭转限位套相对应的缺口，缺口与扭转限位套之间的间隙能够限制从动盘本体和从动盘毂之间最大相对转动量。为了保证阻尼片磨损后其上仍能具有足够的正压力，采用阻尼片压紧弹簧来维持阻尼力矩稳定。

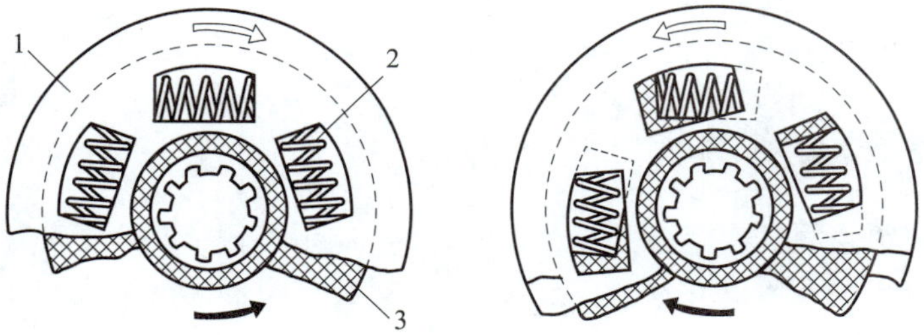

图 3-12　离合器扭转减振器工作示意图

1—从动盘本体（减振器端盖）　2—减振器弹簧　3—从动盘毂

有些离合器从动盘中采用了多级刚度弹簧，即将减振器弹簧分为若干组，根据从动盘本体和从动盘毂之间相对转角大小分级依次起作用，由此获得变刚度特性，它可以更好地避免传动系统共振，降低工作噪声，如图 3-13 所示。

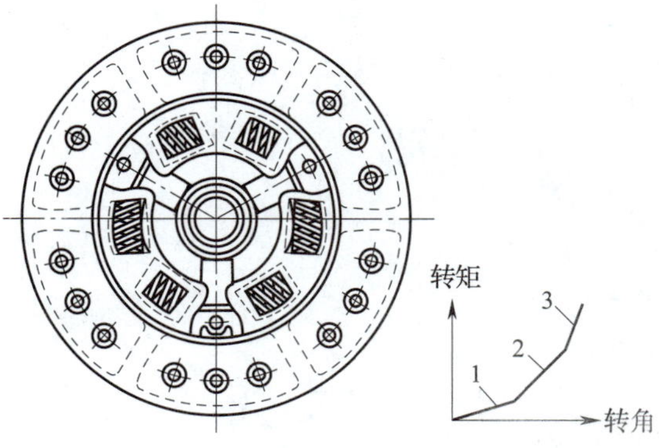

图 3-13　变刚度扭转减振器

上述在离合器从动盘上设置的扭转减振器，由于受布置空间所限，减振器工作扭转角度小、扭转刚度大、容量小、减振器弹簧强度不易保证，因此减振效果受到一定限制。

三、双质量飞轮

双质量飞轮由初级飞轮、扭转减振器和次级飞轮组成（见图3-14），其中初级飞轮一方面要为扭转减振器和离合器提供安装空间，另一方面也以适当的转动惯量确保汽车起动，并减少向后传递的振幅，扭转减振特性较好，因此取消了离合器从动盘上的扭转减振器。目前，包括上汽大众帕萨特在内的很多汽车都在使用双质量飞轮。

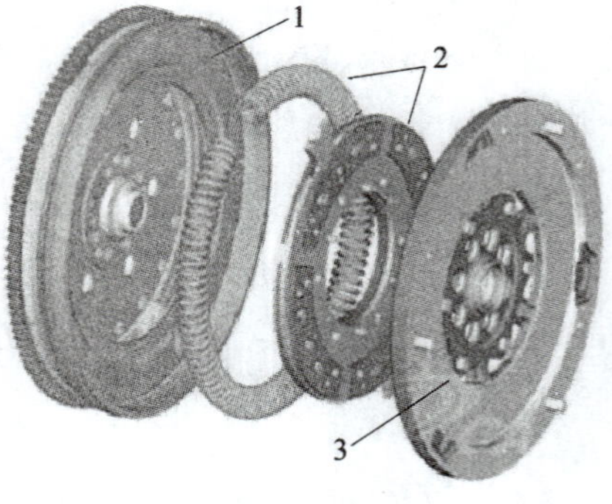

图3-14　双质量飞轮

1—初级飞轮　2—扭转减振器　3—次级飞轮

四、离合器液压操纵系统

离合器液压操纵系统具有摩擦阻力小、质量小、布置方便、接合柔和等优点，它主要由储液罐、主缸、工作缸、管路等构成。主缸由踏板控制，将储液罐中油液压入工作缸，工作缸中的推杆推动离合器分离叉，操纵离合器动作。帕萨特轿车离合器液压操纵系统由离合器踏板、储液罐、主缸、工作缸、油管总成、分离叉、分离轴承等组成，如图3-15所示。

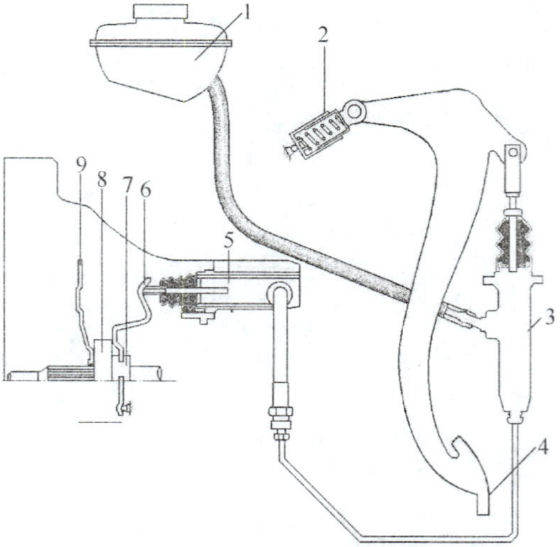

图3-15　帕萨特轿车离合器液压操作系统结构

1—储液罐　2—踏板回位弹簧　3—主缸　4—离合器踏板　5—工作缸　6—分离叉
7—分离套筒　8—分离轴承　9—膜片弹簧

离合器主缸的结构如图 3-16 所示，主缸壳体借补偿孔和进油孔与储液罐相通。缸体内装有活塞，活塞沿圆周开有轴向小孔，活塞两端装有密封圈和皮碗。回位弹簧将皮碗、活塞垫片压向活塞，盖住活塞上的小孔，形成单向阀，同时将活塞推向极限位置，使皮碗位于补偿孔和进油孔之间，两孔同时导通。踩下离合器踏板时，主缸活塞下移，压缩活塞回位弹簧，当皮碗将补偿孔关闭后，管路油压升高，推动工作缸活塞。迅速放松离合器踏板时，活塞回位弹簧使主缸活塞快速上移，由于油液与管壁间存在黏滞作用，流动较慢，活塞左端可能产生一定的真空度，会减缓活塞的回位速度，此时可借助活塞上的轴向小孔和活塞左右压差让经进油孔流入的油液推开弹簧片和皮碗弥补上端压力的不足。为避免出现补偿油液与陆续回到主缸的原油液造成活塞上端油液过多的情况，补偿孔又起到将多余油液排回储液罐的作用。此外补偿孔还具有补偿因系统泄漏或温度改变而引起的油液容积变化的作用。

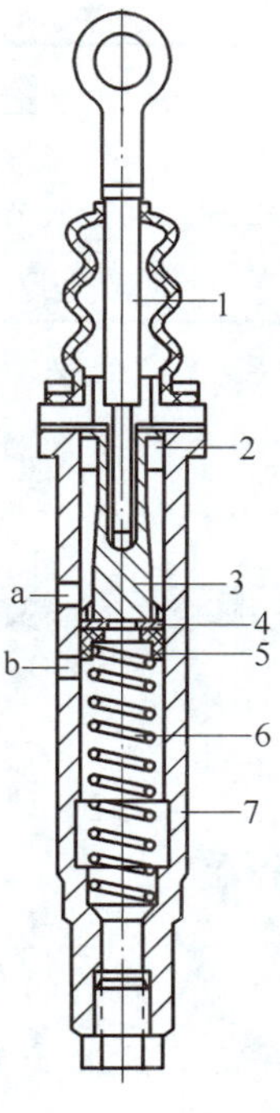

图 3-16　离合器主缸结构

1—推杆　2—密封圈　3—活塞　4—活塞垫片　5—皮碗　6—活塞回位弹簧　7—主缸壳体　a—进油孔　b—补偿孔

离合器工作缸结构如图 3-17 所示，工作缸内部装有活塞、皮碗，缸体一端装有进油管接头和放气螺塞，当管路中出现空气集聚影响离合器操纵时，可借放气螺塞释放空气。操纵系统还可以借助主缸活塞与工作缸活塞直径上的差异产生增力效果，补偿液流在通道内流动的压力损失。

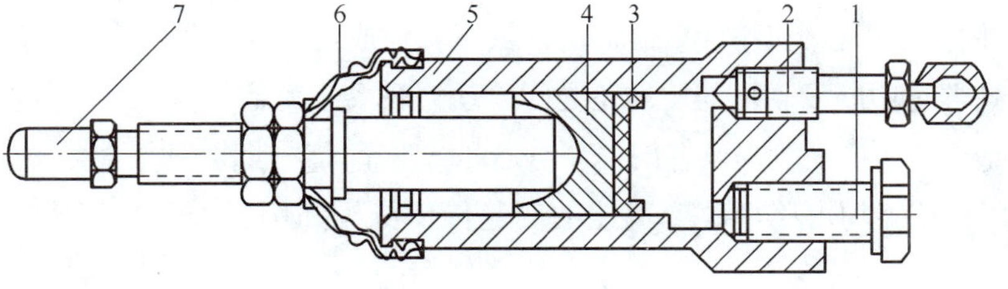

图 3-17　离合器工作缸结构

1—进油管接头　2—放气螺塞　3—皮碗　4—活塞　5—挡圈　6—护罩　7—分离推杆

帕萨特轿车离合器主要性能指标见表 3-3。

表 3-3　　帕萨特轿车离合器主要性能指标

项目	参数
离合器踏板行程	131. 8～139. 1 mm
离合器踏板最大踏板力	122. 2 N（不计回位弹簧的作用）
系统压力	0. 222 MPa

学习单元 3　手动变速器

学习目标

- 了解手动变速器的作用和工作原理
- 熟悉手动变速器的变速传动机构的结构和工作原理
- 熟悉手动变速器的换挡机构的结构和工作原理

知识要求

一、变速器的作用和工作原理

1. 变速器的作用

汽车变速器（本学习单元提及的“变速器”均指手动变速器）有以下作用。

（1）变速器可按需要改变传动比，达到“减速、增矩”的目的，同时扩大汽车驱动轮转矩和转速的变化范围。

（2）变速器可在发动机不改变旋向的前提下，完成汽车反向行驶，实现倒车。

（3）变速器可中断发动机与驱动轮之间的动力联系，满足发动机起动、怠速运转等工况需要。为此，发动机一般都设有倒挡、空挡和若干个前进挡。

任何车用变速器均由用于改变速比的变速传动机构和用以实现换挡操作的换挡机构组成。

2. 换挡的必要性

图 3-18 所示为某汽车驱动性能曲线，它指示 1～6 挡的驱动力和车速之间的关系。理想状态下，发动机驱动力的曲线应该像图中曲线 A 那样连续变动。但实际手动传动桥的驱

动力像 1~6 挡驱动性能曲线那样不连续变动。因此，应缩小图中的阴影区域，从而保持驱动性能曲线接近于理想的曲线，有效地传递发动机的驱动力。

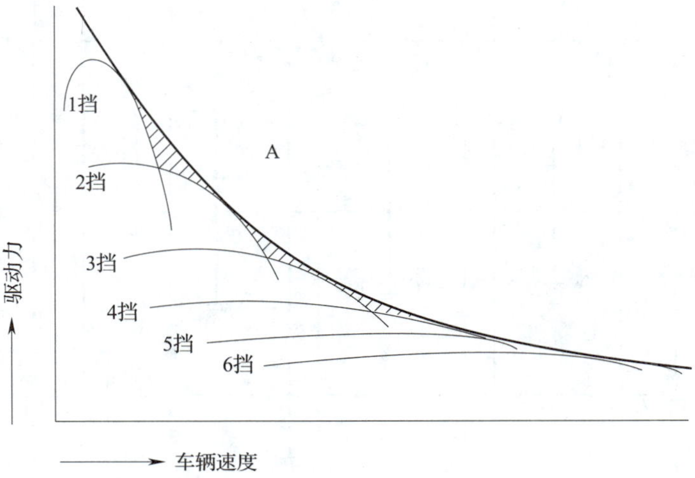

图 3-18　驱动性能曲线

增加挡位可使驱动性能曲线接近理想曲线 A，但传动桥的设计就变得复杂而且会使驾驶员的换挡操作复杂化。因此，一般挡位数设置为 4~6 挡，多数为 5 挡。

汽车起步时，需要使用具有最大驱动力的 1 挡。高速行驶时，可以使用高挡位以进一步增加车速，通过采用驱动力小的挡位，可以降低发动机转速并改善燃油消耗量。

使用倒挡时，倒挡惰轮使倒挡齿轮反转，车辆便反向行驶。

二、变速器的变速传动机构

1. 三轴变速器

变速器利用齿轮传动时的速度特性和动力特性达到“减速、增矩”的目的。当以大小不等的两齿轮啮合传动时，若以小齿轮作为动力输入元件，大齿轮为动力输出元件，传动可获得“减速、增矩”效果；但若以大齿轮作为动力输入元件，小齿轮为动力输出元件，传动则有“减矩、增速”的作用。

图 3-19 所示是一台典型的 6 挡固定轴式手动变速器的结构，它由输入轴（又称第一轴）、中间轴、输出轴（第二轴），以及一系列传动所需的齿轮组成，因此又称三轴变速器。它适用于标准的发动机前置后轮驱动式传动系统。输入轴前端通过离合器与发动机曲轴相连，输出轴后端通过凸缘与万向传动装置相接。齿轮 1 与输入轴制成一体，与齿轮 20 构成常啮合传动齿轮副。齿轮 12、15、16、17、18、19 和 20 都固定于中间轴上，相应的

齿轮 4、5、6、7、9 和 10 则空套在输出轴上。接合套花键毂通过内花键与输出轴相连。与接合套花键毂相套的接合套可以在换挡拨叉作用下沿接合套花键毂做轴向滑动。

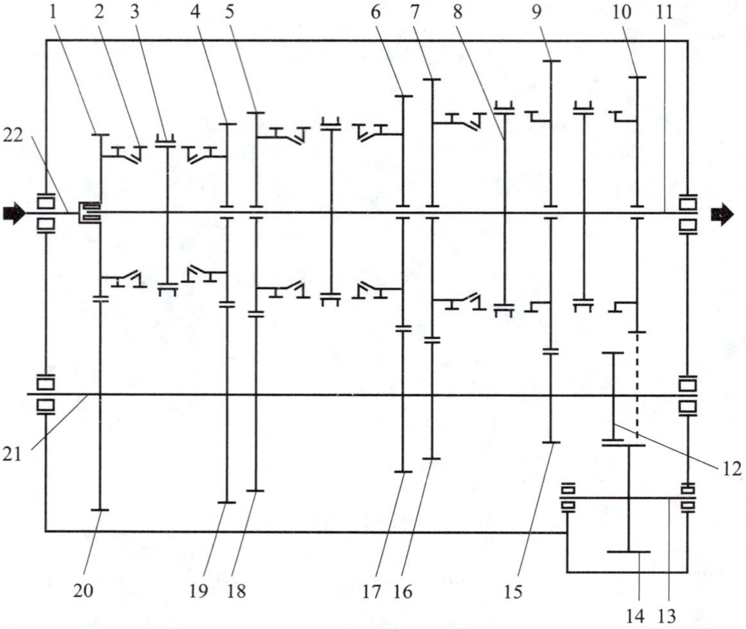

图 3-19　三轴变速器结构

1—输入轴常啮合齿轮　2—6 挡同步器　3—接合套　4—输出轴 5 挡齿轮　5—输出轴 4 挡齿轮　6—输出轴 3 挡齿轮　7—输出轴 2 挡齿轮　8—接合套花键毂　9—输出轴 1 挡齿轮　10—输出轴倒挡齿轮　11—输出轴　12—中间轴倒挡齿轮　13—倒挡轴　14—倒挡中间齿轮　15—中间轴 1 挡齿轮　16—中间轴 2 挡齿轮　17—中间轴 3 挡齿轮　18—中间轴 4 挡齿轮　19—中间轴 5 挡齿轮　20—中间轴常啮合齿轮　21—中间轴　22—输入轴

变速器通过输入轴常啮合齿轮将动力传给中间轴，中间轴经过其上各挡齿轮将动力传给输出轴上空套的相应各齿轮，当接合套将接合套花键毂与输出轴某挡齿轮上相应的接合齿圈相接合时，便可实现某一挡的动力传动。当所有接合套均处于中间位置时，变速器并无动力输出，此时变速器为空挡。

例如，挂 1 挡时，换挡拨叉使接合套右移，与齿轮 9 上的接合齿圈接合后，动力便可从输入轴依次经齿轮 1、齿轮 20、中间轴、齿轮 15 和齿轮 9，以及相应的接合齿圈、接合套和接合套花键毂传给输出轴。

当接合套 3 左移与齿轮 1 上的接合齿圈接合时，动力从输入轴经过齿轮 1 和其上的接合齿圈、接合套 3 及花键毂直接传给输出轴。这种不经中间轴齿轮传动，通过将输入轴与输出轴直接相连实现的动力传动称为直接挡，其速比为 1。由于该挡传动时，变速器输入轴和输出轴事实上就是一根轴，因此传动效率高达 100%。

乘用车在直接挡之后一般都有速比小于 1 的超速挡，以提高发动机的使用负荷率，降低汽车在良好路面上行驶时的燃油消耗量，达到节省燃油的目的。

为实现汽车逆向行驶，变速器中间轴的一侧设置了一根倒挡轴，轴上空套的倒挡中间齿轮是一个改变旋向的惰轮，它分别与齿轮 10 和齿轮 12 常啮合。当齿轮 10 旁的接合套右移与该齿轮上的接合齿圈接合时，便可获得速比较大的倒挡。

2. 二轴变速器

发动机前置前轮驱动或发动机后置后轮驱动的各型汽车通常采用二轴变速器，其特点是变速器只有输入与输出两根平行设置的轴，各挡均采用同步器换挡。由于布置上对紧凑性的要求，这种变速器通常与主减速器连为一体，组成变速驱动桥。由于这种变速器从输入轴到输出轴只经过了一对齿轮传动，因此获得的减速比较小。由于它无法设置不经中间轴齿轮传动而将输入轴与输出轴直接相连的传动直接挡，因此没有传动效率高达 100% 的挡位。但是其传动效率高，结构紧凑，噪声低，操作灵活可靠。

桑塔纳 2000 系列轿车采用 5 挡二轴变速器，由传动机构、换挡机构、变速器壳体等组成。

桑塔纳 2000 系列轿车 5 挡二轴变速器的结构如图 3-20 所示。当驾驶员挂上某一挡位时，动力由输入轴传入变速器，再通过相啮合的齿轮副由输出轴传至主减速器，在变速器

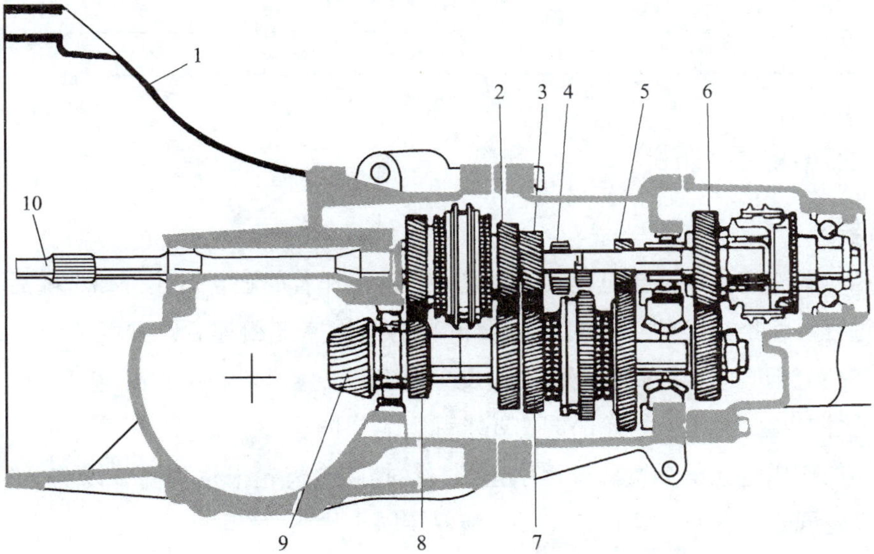

图 3-20　桑塔纳 2000 系列轿车 5 挡二轴变速器结构

1—变速器壳体　2—输入轴 3 挡齿轮　3—倒挡齿轮　4—倒挡轴　5—输入轴 1 挡齿轮

6—输入轴 5 挡齿轮　7—输出轴 2 挡齿轮　8—输出轴 4 挡齿轮　9—输出轴　10—输入轴

中实现了变速、变扭。变速器设置有超速挡（传动比小于1），主要用于在良好路面或空车行驶时，提高汽车的燃料经济性。桑塔纳2000系列轿车5挡二轴变速器的性能参数见表3-4。

表3-4　　桑塔纳2000系列轿车5挡二轴变速器的性能参数

项目	参数
型号	013 300 043B
尺寸（长×宽×高）/mm	712×410×362
速比（齿轮比）	
Ⅰ	3.455（38∶11）
Ⅱ	1.944（35∶18）
Ⅲ	1.286（36∶28）
Ⅳ	0.969（31∶32）
Ⅴ	0.800（28∶35）
R	3.176（38∶12）
润滑油规格	SAE75W-90 MIL-L-2105 API/GL-5
润滑油容量/L	2.0
总成质量/kg	36

三、变速器的换挡机构

1. 同步器

机械齿轮式变速器的换挡过程实际上是将一对工作着的啮合齿轮分离，随后接合新一对齿轮的过程。换挡时必须待一对欲啮合齿轮的圆周速度相等后，方可无冲击地平稳接合，换入新挡。否则，会因两齿轮撞击而发生冲击和产生噪声，缩短变速器工作寿命，降低行驶舒适性。这种对啮合齿轮的同速要求称之为“同步”。

同步器的作用是在整个换挡过程中达到：换挡啮合齿轮未达到同步以前，阻止接合；换挡啮合齿轮同步后，只要换挡未完成，能保持同步状态。

同步器有常压式、惯性式、自增力式等多种，目前广泛采用的是惯性式同步器。

（1）常压式同步器。常压式同步器（见图3-21）是较早出现的同步器形式之一。它由接合套、花键毂等组成，花键毂通过内外花键套接在接合套和变速器输出轴上，可左右滑动。在花键毂的径向孔内，装有定位钢球，钢球借助弹簧的压力嵌在接合套内切出的环槽中，以便在换挡时借接合套向花键毂传递轴向推力。在挡位齿轮 1 和挡位齿轮 4 上接合齿圈一侧设有一个外锥面，它与花键毂两侧加工出的内锥面一道构成“同步”所需的摩擦面。若向左或向右拨动接合套，其内花键齿圈可与挡位齿轮 1 或挡位齿轮 4 上的接合齿圈接合，即挂上相应的挡位。

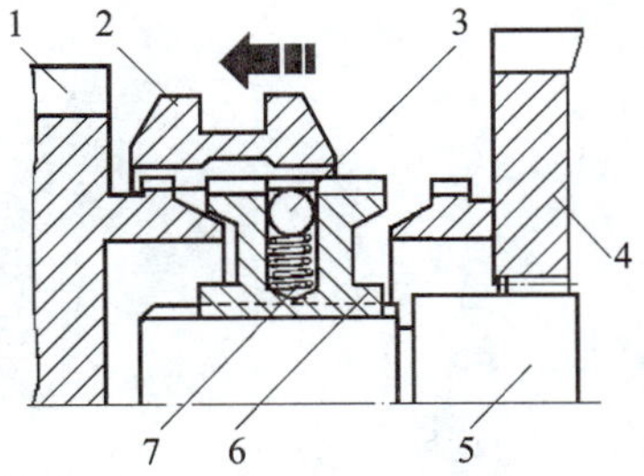

图 3-21　常压式同步器结构

1、4—挡位齿轮　2—接合套

3—定位钢球　5—输出轴

6—花键毂　7—弹簧

在向左拨动接合套换挡时，通过定位钢球带动花键毂一同向左运动，使得花键毂的内锥面与挡位齿轮 1 的外锥面接触，由于弹簧对定位钢球的作用，在接合套上轴向力不大的情况下，定位钢球能阻止接合套在花键毂停止运动时继续向左移动，两锥面通过驾驶员的操控相互压紧。挡位齿轮 1 与花键毂之间的转速差使两锥面一经接触便产生摩擦作用，这种摩擦作用促使齿轮的转速迅速与花键毂转速趋于一致。此时，通过增大施加于接合套上的推力，使接合套克服弹簧力压下定位钢球，并使花键毂继续左移，与挡位齿轮 1 的接合齿圈接合，挂入新挡。

由此可见，常压式同步器换挡与接合套换挡工作过程上的区别主要在于，前者的摩擦作用能使需要接合的两花键齿圈迅速达到并保持同步，并靠带弹簧的定位销对接合套产生阻力，使两齿圈在达到同步之前暂不接合。

但是，在此种同步器中，对接合套的轴向阻力是由弹簧压力造成的，故其大小有限（常压式由此而得名）。如果驾驶员用力较猛，仍可能在未达到同步前，接合套便已克服弹簧推力，压下定位钢球而与挡位齿轮 1 的接合齿圈接触，产生换挡冲击。

针对常压式同步器的不足之处，惯性式同步器做出了改进。即通过增设锁止装置，在结构上保证接合套与待接合的花键齿圈在达到同步前无法接触，从而有效地避免齿间发生冲击和噪声。

（2）惯性式同步器。惯性式同步器有锁环式和锁销式两种。下面以锁环式同步器（见图 3-22）为例，说明惯性式同步器的工作原理。

在锁环式同步器上，花键毂套装入输出轴后，用卡环轴向定位。在花键毂与接合齿圈之间，设有一个青铜制锁环（又叫同步环），锁环上开有断续的短花键齿圈，花键齿断面轮廓尺寸与接合齿圈、花键毂上的外花键齿均相同。锁环上的花键齿面对着接合套的一端有锁止倒角（也称锁止角），且与接合套齿端的锁止倒角相同。锁环具有与接合齿圈上的锥形摩擦面锥度相同的内锥面，锥面上制出细牙的螺旋槽，以使锥面接触后破坏油膜，增加锥面间的摩擦。三个滑块分别嵌合在花键毂的三个轴向槽

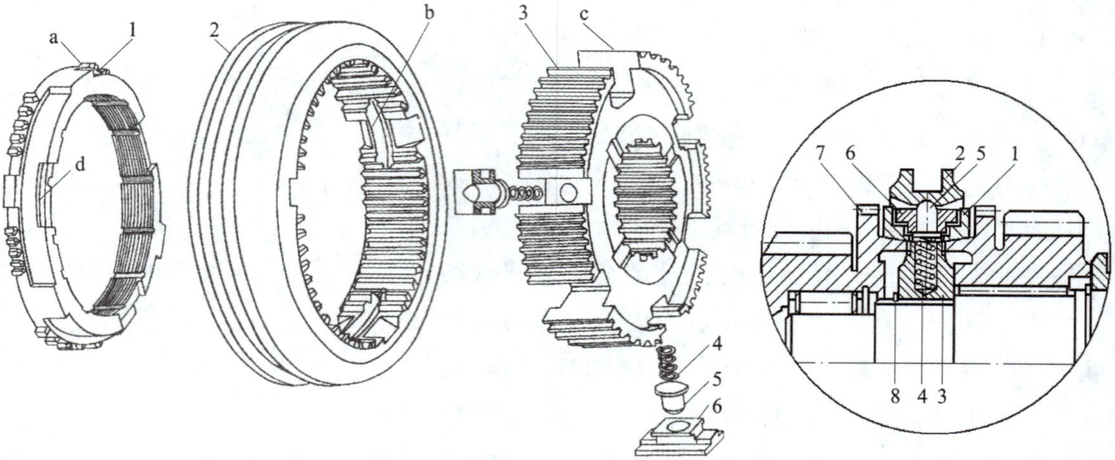

图 3-22　锁环式同步器结构

1—锁环　2—接合套　3—花键毂　4—弹簧　5—定位销　6—滑块　7—接合齿圈　8—卡环

内，可沿槽做轴向滑动。三个定位销分别插入三个滑块的通孔中。在弹簧的作用下，定位销压向接合套，使定位销端部的球面正好嵌在接合套中部的凹槽 b 中，起到空挡定位作用，同时可以向滑块传递接合套上的轴向推力。滑块的端部伸入锁环的三个缺口 d 中，以其与锁环相接触的端面传递接合套的轴向换挡推力，使它的锥形内摩擦面与待接合齿轮相接触，产生同步作用。锁环的三个凸缘 a 分别插入花键毂的三个通槽 c 中，只有当凸缘 a 位于通槽 c 的中央时，接合套的内花键齿才可能穿过锁环的外花键齿与接合齿圈接合。

当变速器由低挡换入高挡时，锁环式同步器工作过程可分成图 3-24 所示的四个阶段，具体如下。

当接合套刚从低挡退入空挡时（见图 3-23a），待接合的高挡接合齿圈转速较高，而原来与低挡齿轮啮合的花键毂和接合套仍在原运动件带动下以较低速旋转，此时花键毂借其通槽的端面与锁环凸缘端面的接触，推动空套的锁环以较低速度旋转。若以图中零件序号作为转速 n 的下角标表示各自转速，则此时有 $n_1>n_7=n_2=n_4$，接合齿圈与锁环存在转速差。

开始挂高挡时（见图 3-23b），驾驶员施加在接合套上的轴向换挡推力依次作用在定位销、滑块和锁环上，使锁环与接合齿圈接触，两者的锥形摩擦面上出现摩擦转矩，由于 $n_1>n_7$，锁环在该摩擦转矩作用下相对于花键毂向前超越，直至锁环凸缘的另一端面抵靠花键毂通槽相应的端面为止，此时，接合套的内花键齿恰好与锁环的锁止齿错位约半个齿

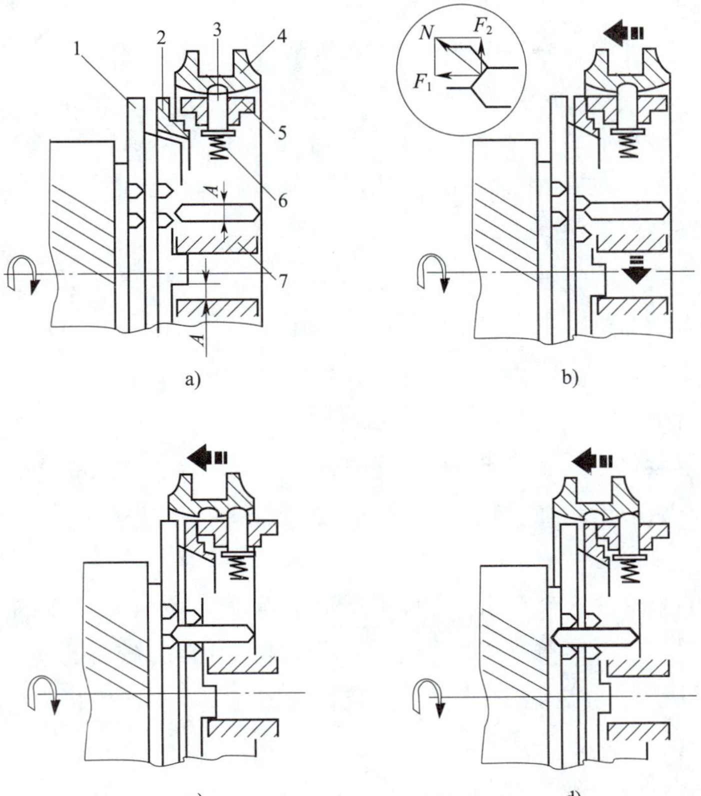

图 3-23　锁环式同步器工作过程

a）从低挡退入空挡　b）挂高挡　c）施加换挡推力　d）完成换挡

1—接合齿圈　2—锁环　3—定位销　4—接合套　5—滑块　6—弹簧　7—花键毂

厚。这种超越量 A（即花键毂通槽宽度与锁环凸缘宽度之差）由设计保证，以便从位置上确保锁环对接合套的锁止。驾驶员作用在接合套上的换挡推力转化成接合套与锁环齿端倒角间的法向压力 N，其切向分力 F_2（形成拨环力矩）力图使锁环回转，解除锁止；轴向分力 F_1 形成锥形摩擦面上的法向压力，产生接合套与接合齿圈之间同步所需的摩擦力矩。由于接合套和花键毂与整车相连，具有很大的转动惯量，转速下降很慢，而接合齿圈仅与转动惯量很小的离合器从动部分相接合，转速下降很快，即接合齿圈在换挡过程中做减速运动，根据惯性原理可知，接合齿圈上必然产生一个与其旋转方向相同的惯性转矩，此惯性转矩通过摩擦锥面作用到锁环上，克服切向分力 F_2 产生的拨环力矩，阻止锁环相对于接合套向回转动。由于摩擦锥面上摩擦力矩传递给锁环的惯性转矩与力 N 的轴向分力 F_1 成正比，而拨环力矩与切向分力 F_2 成正比，因此，同步器设计中，只要适当地选择锁止角和摩擦锥面锥度，便能够保证同步前接合齿圈施加在锁环上的惯性力矩总是大于拨环力矩，而使驾驶员通过操纵系统施加在接合套上的换挡推力无论多大，锁环始终保持锁止。

当驾驶员继续施加换挡推力（见图 3-23c），接合齿圈与锁环同步（$n_1=n_2$）后，由于惯性力矩消失，锁止效应解除，在 F_2 作用下，锁环相对接合套退转一定角度，使接合套内花键齿插入锁环的外齿中。

接合套与锁环接合后，轴向分力 F_1 不再存在，锥面间摩擦力矩消失，如果此时接合套花键齿与接合齿圈的花键齿发生错位抵触，作用于接合齿圈花键齿端斜面上的切向分力会使接合齿圈及其相连接零件相对于锁环和接合套转过一个角度，最终使接合套内花键齿插入接合齿圈的齿中，完成换挡（见图 3-23d）。

降挡过程也可照此分析。由此可以看出，锁环式同步器的作用在于：依靠锁环，借助惯性力，保证主、从动齿轮在“同步”之前产生锁止；靠摩擦使换挡主、从动齿轮迅速同步。

受结构布置的紧凑性、合理性、锥面可产生摩擦力矩大小等方面限制，锁环式同步器多用于轿车、轻型载货汽车和中型载货汽车的高挡中。在传力较大的变速器中，可采用锁销式惯性同步器，其齿轮结构更加合理，并且在摩擦锥面上可产生更大的摩擦力矩，使得同步时间得以缩短。

锁销式同步器结构如图 3-24 所示。锁销和定位销与接合套连接，锁销与定位销沿同一圆周相间均匀分布，锁销的端部固定在摩擦锥环的孔中，其中部轴颈和接合套上相应销孔两端具有角度相同的锁止角。接合套中钻有斜向孔，孔内装有定位弹簧，它将定位钢球顶向定位销中部的环槽中，以保证接合套处于正确的空挡位置。

当接合套受到向左的轴向换挡力作用时，定位钢球和定位销会将摩擦锥环推向左方，使之与摩擦锥盘接触，在具有转速差的摩擦锥环和摩擦锥盘的锥面摩擦力作用下，摩擦锥环与锁销一起相对接合套偏转一个角度，从而使锁销的轴线与接合套上销孔的轴线发生偏移，锁销中部倒角与销孔端部倒角相互抵触，在惯性作用下产生锁止效应。此时锁止面上法向压力 N 的轴向分力 F 使摩擦锥环压向摩擦锥盘，使接合套与待接合齿轮迅速同步，随后输入轴齿轮上起锁止作用的惯性力矩消失，锁销锁止面上法向压力的切向分力 P 使摩擦锥环、摩擦锥盘和输入轴齿轮一起相对于接合套退让一个角度，使接合套孔轴线与锁销轴线重合，接合套便能沿锁销轴向移动，实现换挡。

综上所述，现代变速器中的同步器在换挡过程中，均能有效地让未同步前的啮合件锁止，并使不同步的待啮合件迅速同步，由此消除或减轻变速器换挡时轮齿间的冲击和噪

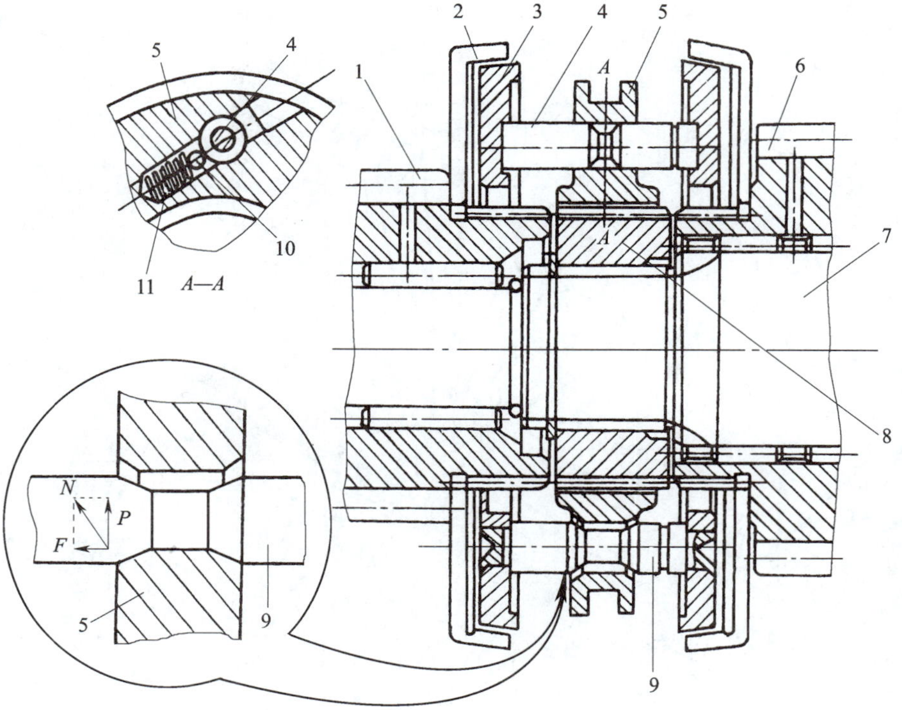

图 3-24　锁销式同步器结构

1—输入轴齿轮　2—摩擦锥盘　3—摩擦锥环　4—定位销　5—接合套　6—输出轴齿轮
7—输出轴　8—花键毂　9—锁销　10—定位钢球　11—定位弹簧

声，使得换挡更加快捷便利，因此在各类车辆上得到了广泛的运用。

2. 变速器的换挡操纵机构

变速器换挡操纵机构应能保证驾驶员迅速、准确、可靠地变换挡位，应具有明确的换挡手感，无换挡干涉，无自动跳挡，随时可退回空挡。为防止变速器在换挡过程中出现误动作，变速器设有自锁、互锁等装置。变速器换挡是靠驾驶员操纵设置在其座位附近的变速杆来实现的。变速杆从驾驶室地板下方伸入驾驶室，换挡操纵机构一般由变速杆、拨块、拨叉、拨叉轴及各种保险装置组成（见图 3-25）。这些装置多集中安装在变速器上盖或侧盖内。拨叉轴 8、9、10 和 11 的两端支撑在变速器壳体上，可以做轴向滑动。每根拨叉轴上固定连有一个换挡拨叉。变速杆通过叉形拨杆球头的横向移动将球头送入相应拨块的凹槽内，完成选挡动作，借助叉形拨杆球头的纵向移动，通过拨叉轴上的拨块和拨叉可拨动同步器上的接合套，完成换挡动作。由于每根拨叉轴的两个轴向极端位置可对应两个不同的挡位，因此，一个 4 挡或 5 挡变速器需要三根拨叉轴，而一个 6 挡变速器则需要四

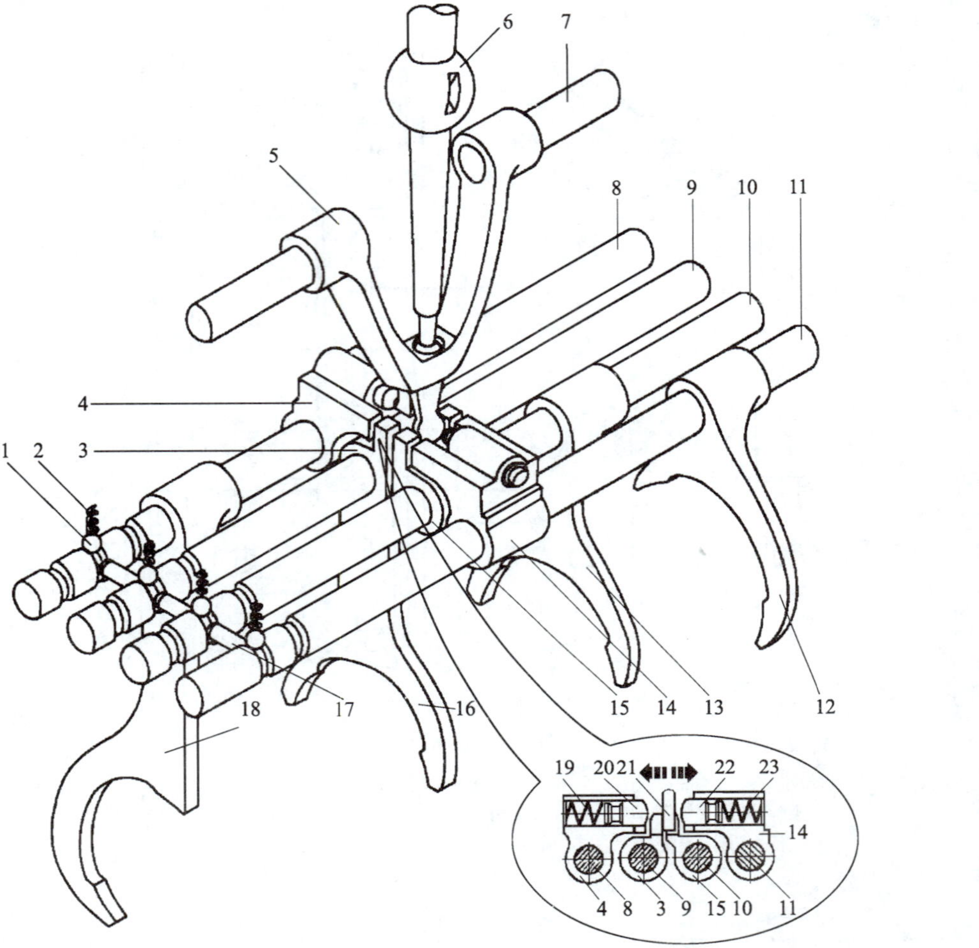

图 3-25　6 挡变速器换挡操纵机构

1—自锁钢球　2—自锁弹簧　3—3、4 挡拨块　4—5、6 挡拨块　5—叉形拨杆　6—变速杆　7—拨杆轴
8—5、6 挡拨叉轴　9—3、4 挡拨叉轴　10—1、2 挡拨叉轴　11—倒挡拨叉轴　12—倒挡拨叉
13—1、2 挡拨叉　14—倒挡拨块　15—1、2 挡拨块　16—3、4 挡拨叉　17—互锁销
18—5、6 挡拨叉　19—选挡锁弹簧　20—选挡锁销　21—叉形拨杆球头　22—倒挡锁销　23—倒挡锁弹簧

根拨叉轴。

由于挡位和换挡操纵机构不同，各种变速器变速杆的挡位排列方式各不相同，驾驶员需按仪表板或操纵手柄上的挡位排列图操作。

为保证换挡后变速器齿轮全齿面啮合，且不出现自动脱挡，变速器换挡操纵机构中设有自锁装置。它一方面可以通过将自锁钢球压入换挡拨叉轴上的凹槽产生进挡手感，并以此阻碍因振动引发的自动脱挡，另一方面也可如图 3-26 所示对接合齿圈的齿形做特殊处理，借助啮合齿产生的轴向锁止力，防止自动脱挡。

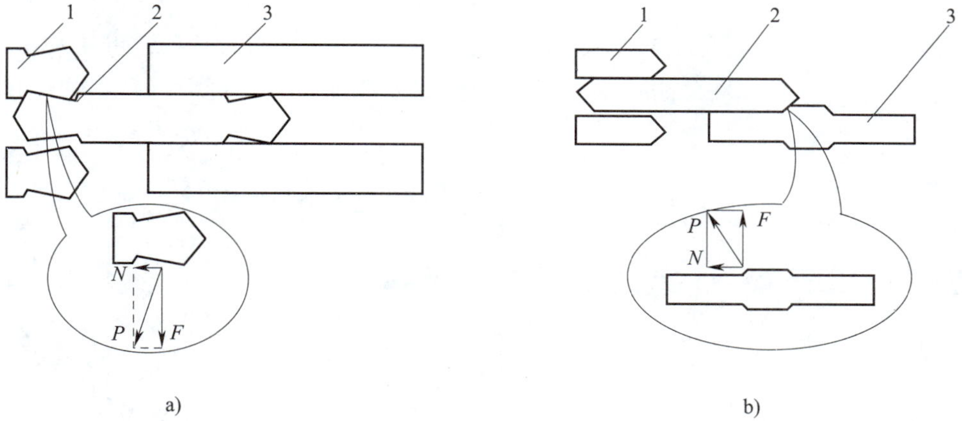

图 3-26　接合齿圈齿形对自动脱挡的影响

1—接合齿圈　2—接合套　3—花键毂

为防止变速器同时挂入两个挡位，造成啮合齿轮干涉而导致结构损坏，变速器换挡操纵机构必须设置互锁装置。变速器自锁与互锁装置如图 3-27所示。互锁装置由互锁钢球和互锁销组成，每根拨叉轴朝向互锁钢球一侧的表面上均制出一个深度相等的凹槽。任一拨叉轴处于空挡位时，其侧面凹槽都正好对准互锁钢球。设计上两个互锁钢球的直径之和正好等于相邻两轴表面之间的距离加上一个凹槽的深度。中间拨叉轴上两个侧面凹槽之间有孔相通，孔中设有一根可以滑动的互锁销，销的长度等于拨叉轴直径减去一个凹槽的深度。当变速器处于空挡时，所有拨叉轴的侧面凹槽与互锁钢球、互锁销都在一条直线上。随意移动某根拨叉轴进行换挡操作，均会将互锁钢球挤出该轴侧面凹槽，同时通过各互锁钢球和互锁销的联动作用，将互锁钢球分别嵌入其余两个拨叉轴凹槽中，将它们锁止在空挡位。

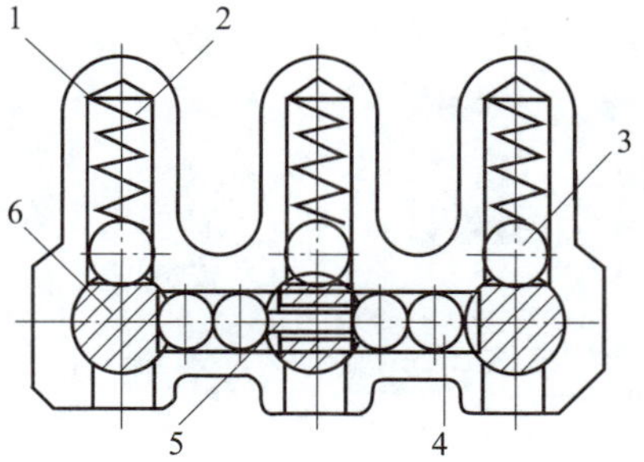

图 3-27　变速器自锁与互锁装置

1—变速器壳　2—自锁弹簧　3—自锁钢球

4—互锁钢球　5—互锁销　6—换挡拨叉轴

为避免汽车行进中误挂倒挡，防止变速器零部件损坏和保证行车安全，变速器换挡操纵机构中设有倒挡锁。倒挡锁由倒挡锁销及倒挡锁弹簧组成（见图 3-26），该装置的存在使驾驶员选倒挡时必须额外用力，产生明显手感，达到提醒驾驶员注意的目的。同样，对于 6 挡变速器来说，由于它有四根换挡拨叉轴，因此必须在 5、6 挡拨块上设置增强手感的选挡锁，选挡锁的结构与倒挡锁类似，由选挡锁销和选挡锁弹簧组成。当叉形拨杆下端叉形拨杆球头向右摆动轻靠到倒挡锁销后，再完成挂挡动作，可挂入 1、2 挡；当叉形拨杆下端叉形拨杆球头向左摆动轻靠到选挡锁销后，再进行挂挡，可挂入 3、4 挡；当叉形拨杆下端叉形拨杆球头向右摆动，压紧选挡锁弹簧后，再进行挂挡，可挂入 5、6 挡。

学习单元 4　行星齿轮自动变速器结构

学习目标

- 熟悉行星齿轮自动变速器的组成
- 了解液力变矩器的工作原理
- 了解行星齿轮变速系统结构和工作原理
- 了解液压自动控制系统

知识要求

一、自动变速器的组成

本学习单元提及的“自动变速器”均指行星齿轮自动变速器。现代自动变速器主要有液力机械式自动变速器（Automatic Transmission，简称 AT）、机械式自动变速器（Automatic Mechanical Transmission，简称 AMT）和无级自动变速器（Continuously Variable Transmission，简称 CVT）三种。自动变速器由液力变矩器、行星齿轮变速系统、换挡执行元件、液压自动控制系统、壳体、电子控制系统等部分组成，如图 3-28 所示。

自动变速器的优点有：起步平稳，传动系统冲击振动小，零部件使用寿命长；稳定车速低，有利于提高汽车通过性能；换挡操作大大简化，减小劳动强度，增加了驾驶舒适性和汽车安全性；使发动机始终能够在较佳的工况下运转，确保汽车具有良好的动力性和燃油经济性，同时可以降低有害物排放量。

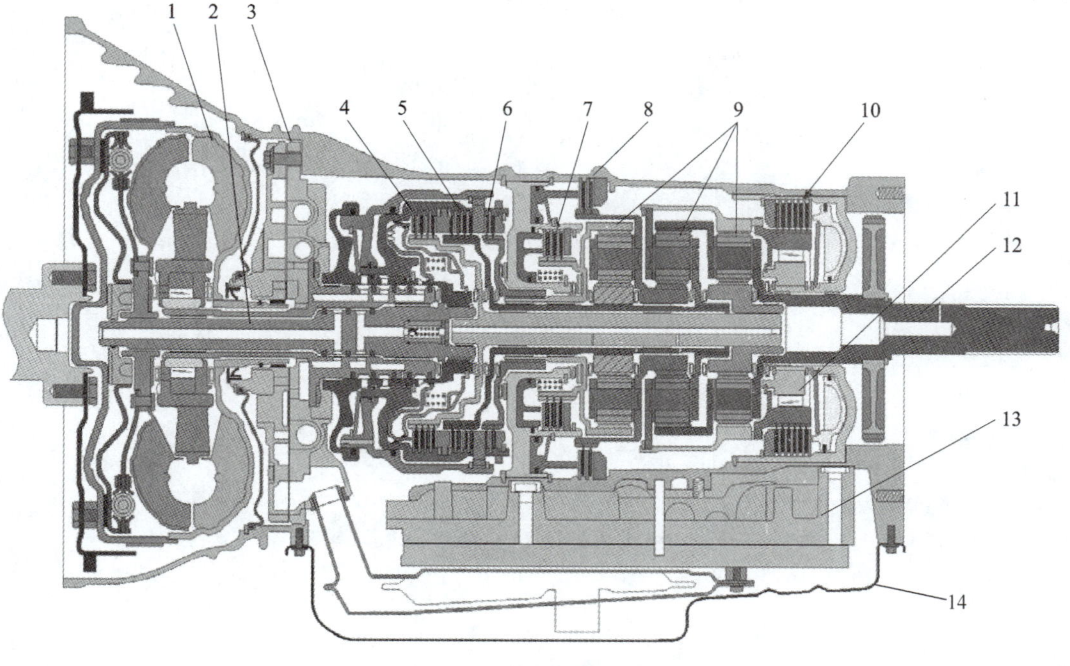

图 3-28　自动变速器总成

1—液力变矩器　2—输入轴　3—油泵总成　4、5、6、7、8、10、11—换挡执行元件

9—行星齿轮变速系统　12—输出轴　13—液压自动控制系统　14—壳体

二、液力变矩器

液力变矩器是自动变速器上不可缺少的组成部分，安装在发动机的飞轮上，起着将发动机的动力传递给齿轮变速机构的作用，它替代了传统传动系统中的离合器，实现了发动机与齿轮变速机构之间的“柔性”连接，且其本身也具有一定的自动调节传动速比功能，从而给汽车传动带来益处。现代汽车自动变速器所采用的液力变矩器都属于兼有液力耦合器和液力变矩器功能的综合式液力变矩器（见图 3-29），它能充分利用两者的优点，使其性能得到改善。

液力耦合器主要由壳体、泵轮、涡轮等组成（见图 3-30a），泵轮与涡轮均为沿径向排列着许多叶片的半圆环，两者相向耦合布置，互不接触，中间留有 3~4 mm 的间隙，形成一个圆环状的工作轮（见图 3-30b）。安装在发动机飞轮上的壳体与泵轮焊接为一体，随发动机曲轴一起转动，形成液力耦合器的主动部分。涡轮与耦合器输出轴相连，是液力耦合器的从动部分。液力耦合器壳体内充满 ATF（自动变速箱油），当发动机运转时，发动机曲轴带动液力耦合器壳体和泵轮叶片一同旋转，泵轮中的 ATF 随之开始运动，在离心力的作用下，这些 ATF 被甩向泵轮叶片外缘处，并冲向涡轮叶片，涡轮在此冲击力作用下

图 3-29　综合式液力变矩器结构

1—泵轮　2—导轮和单向离合器　3—涡轮　4—离合器总成

5—壳体　6—焊接的毂　7—轴承　8—油泵驱动轴

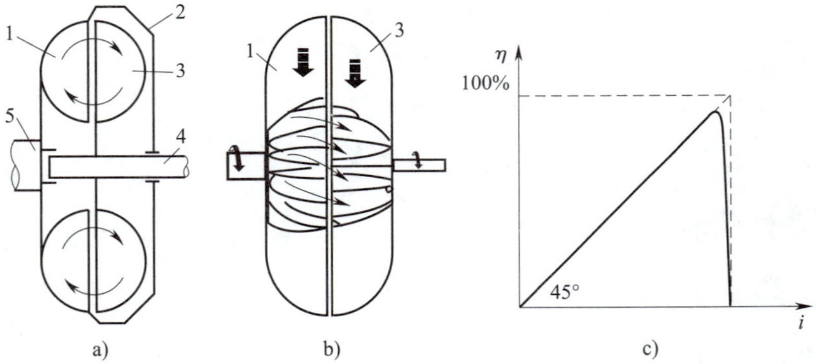

图 3-30　液力耦合器

a）组成　b）工作轮　c）效率图

1—泵轮　2—壳体　3—涡轮　4—耦合器输出轴　5—发动机曲轴

开始旋转，在惯性作用下，冲向涡轮叶片的 ATF 沿涡轮叶片向内缘流动，又返回到泵轮的内缘，继续下一次循环流动。

在液力耦合器泵轮和涡轮叶片内循环流动的 ATF，从泵轮叶片内缘向外缘运动的过程中泵轮对其做功，其速度和动能逐渐增大；而在 ATF 由涡轮叶片外缘向内缘流动的过程中，ATF 对涡轮做功，其速度和动能逐渐减小。因此，液力耦合器的传动原理是：发动机的动能通过泵轮转化为 ATF 的动能，ATF 在循环流动过程中又将本身的动能转化为涡轮的动能输出。实现这种能量转化的必要条件是 ATF 在泵轮和涡轮之间循环流动。这种循环流动的产生依赖于泵轮与涡轮的转速差，只有这种转速差的存在才能使两轮叶片外缘产生液压差，因此，液力耦合器在正常工作时，泵轮转速总是大于涡轮转速。

由于在液力耦合器内只有泵轮和涡轮两个工作轮，ATF 在循环流动过程中，除了与泵轮和涡轮之间的作用力以外，没有受到其他任何附加外力。依据作用力与反作用力相等原理，ATF 作用在涡轮上的转矩应等于泵轮作用在 ATF 上的转矩，即发动机传给泵轮的转矩与涡轮上输出的转矩相等。这就是液力耦合器的传动特点。

液力耦合器的传动效率（η）等于涡轮与泵轮转速之比（i）。涡轮与泵轮转速差越大，转速比越小，耦合器传动效率越低；反之，涡轮与泵轮转速差越小，转速比越大，耦合器传动效率越高。即当发动机运转而汽车尚未起步时，液力耦合器的传动效率为零；当汽车刚起步时，车速（涡轮转速）较低，耦合器传动效率较低；随着车速提高，涡轮转速逐渐提高，涡轮与泵轮转速差逐渐变小，液力耦合器传动效率逐渐增高；当涡轮与泵轮转速相同时，理论上传动效率应该为 100%，但是实际上，此时泵轮和涡轮叶片外缘处的 ATF 压力相等，导致泵轮上的 ATF 无法冲击涡轮，ATF 的循环流动现象消失，耦合器失去传递转矩的作用，传动效率急剧下降至零（见图 3-30c）。

液力耦合器能够实现传动上的“柔性”连接，但无增加转矩的作用，而且在汽车低速行驶时传动效率很低，故在汽车上已很少单独使用。

液力变矩器在结构上与液力耦合器相似，如图 3-31a 所示。它由泵轮、涡轮、导轮等组成。其中泵轮和涡轮的构造与液力耦合器基本相同。导轮也由沿径向排列的许多叶片构成，设置在泵轮和涡轮之间，并与它们保持一定的轴向间隙，互不接触，通过导轮固定套固定在变速器壳体上，三者相配形成圆环状的工作轮，内里充满 ATF，如图 3-31b 所示。

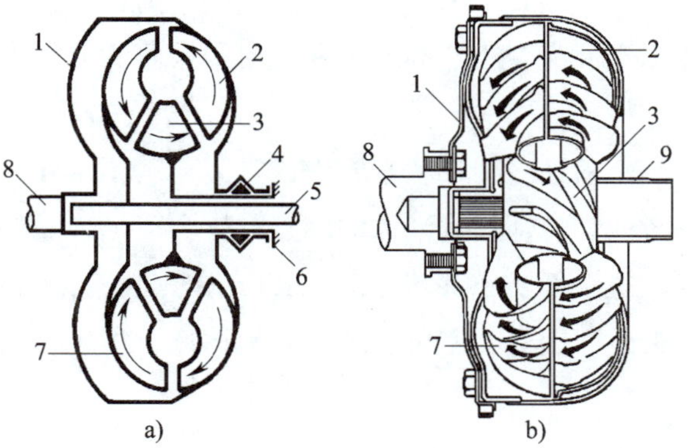

图 3-31　液力变矩器

a）组成　b）工作轮

1—变矩器壳体　2—泵轮　3—导轮　4—单向离合器　5—输出轴

6—变速器壳体　7—涡轮　8—发动机曲轴　9—导轮固定套

发动机起动后，输入轴带动泵轮旋转，使泵轮叶片间的 ATF 沿叶片从内缘向外缘甩出；ATF 便经泵轮叶片外缘流进涡轮叶片外缘，泵轮旋转也使得其叶片带动 ATF 随工作轮绕其轴线做圆周运动，使 ATF 流进涡轮时的方向改变，从而推动涡轮按泵轮同一方向旋转。从泵轮流出的 ATF 进入导轮，经导轮叶片改变方向后回流至泵轮，推动泵轮叶片，促使泵轮旋转，使转矩增大。

导轮的作用是改变涡轮上的输出转矩。由于从涡轮叶片内缘流向导轮的 ATF 仍具有相则当大的速度（动能），可以利用 ATF 的冲击力提高涡轮的输出转矩。如果不设置导轮，则当泵轮和涡轮之间转速相差很大时，ATF 从涡轮回流到泵轮会冲击泵轮叶片前部，阻挡泵轮旋转。导轮能改变从涡轮回流至泵轮的 ATF 方向，使 ATF 冲击泵轮叶片的背面（见图 3-32c），促使泵轮旋转，泵轮将来自发动机和从涡轮回流至泵轮的合成转矩传递至涡轮，使涡轮输出转矩增大。

在速比较小的范围内，导轮固定不动起到变矩的作用，以适应汽车行驶阻力的变化。在速比较大的工作范围内，导轮固定不动将阻碍液力变矩器的动力传递，降低其传动效率。为解决这一问题，在导轮中间增设单向离合器（见图 3-32b）来改善传动效率。设置单向离合器后，当速比较小，转速差大时，导轮被单向离合器锁住不动，ATF 改变方向后流向泵轮背面，促使泵轮旋转，起增矩作用；当转速比较大，涡轮与泵轮转速差小时，ATF 冲击导轮背面，这时单向离合器解除锁止，导轮按与泵轮相同的方向自由旋转，ATF 即顺利地回流到泵轮，液力变矩器不产生增矩作用，其功能与普通液力耦合器相同。

电子控制的综合式液力变矩器具有图 3-32d 所示的工作特性，整个液力变矩器的工作分为三个阶段，当变矩系数 K 大于 1 时，它处于增矩工况；一旦 $K=1$ 后，它自动转变为耦合器工况；而当涡轮转速升高到 $i=0.8\sim0.85$ 时，锁止离合器接合，它处于直接传动状态。这样一来既可避免出现液力变矩器的减矩和液力耦合器的低效率工况，又可获得高效的直接传动。

液力变矩器各工作轮密封在一个环状空腔内，其间充满了 ATF，这种油液既是工作介质，又是液力元件的润滑油和冷却剂。液体的剧烈摩擦会产生大量的热量，特别是当泵轮旋转，涡轮静止时，发动机全部功率都转化成了 ATF 的热能，ATF 温度的升高会加速其老化速度，还会使密封件失效。因此，ATF 必须不断地循环，送入自动变速器油液冷却器加以冷却。

三、行星齿轮变速系统

行星齿轮变速系统是一种常啮合传动装置，其传动比变换可通过分离与接合离合器或制动器而方便地实现，有利于动力换挡或自动换挡。电子控制自动变速器的行星齿轮变速

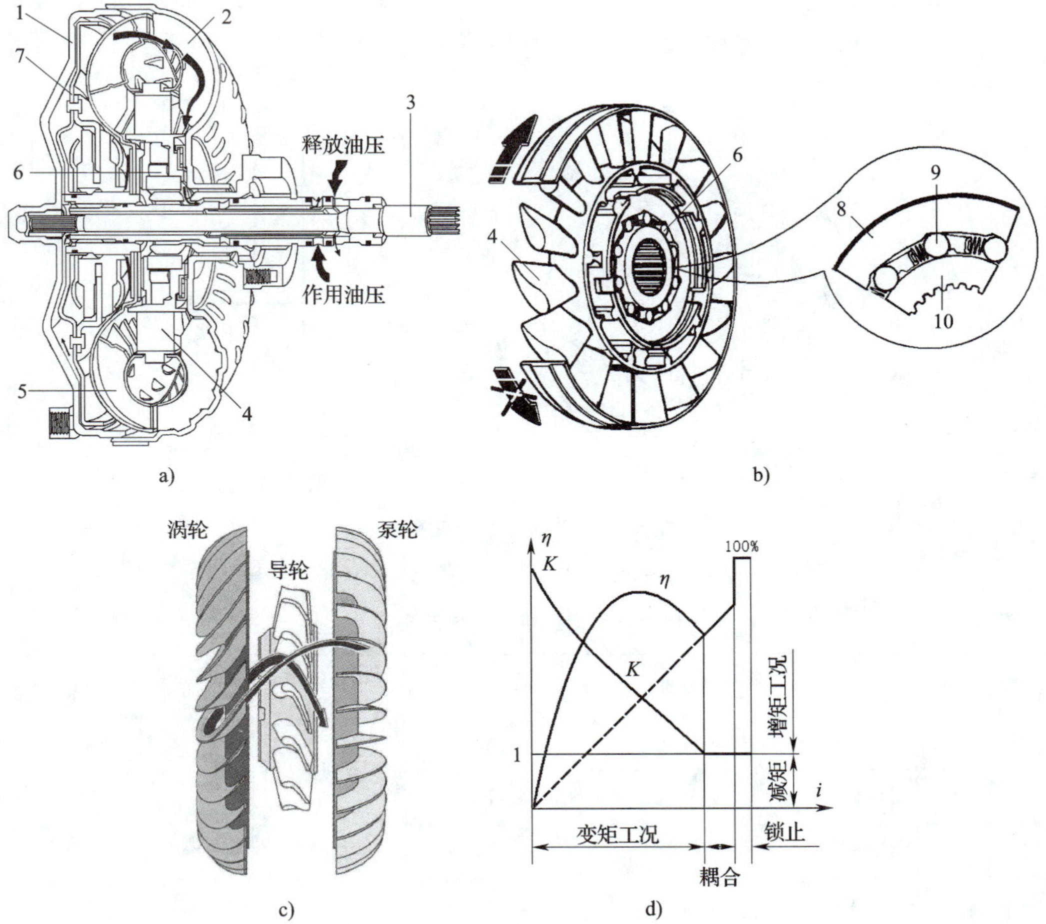

图 3-32　综合式液力变矩器

a）变矩器结构　b）单向离合器　c）工作轮　d）工作特性

1—变矩器壳体　2—泵轮　3—油泵驱动轴　4—导轮　5—涡轮　6—单向离合器

7—锁止离合器压盘　8—单向离合器外圈　9—滚柱　10—单向离合器内圈

系统一般由双排行星齿轮或三排行星齿轮组成，并广泛采用三自由度变速器。

1. 行星齿轮机构

由于液力变矩器的变矩系数尚无法满足汽车行驶需要，液力机械式自动变速器通常都采用齿轮式变速器作为其主要的变速装置，行星齿轮机构是最常采用的结构形式。

单排行星齿轮机构如图 3-33 所示，它由太阳轮、行星轮、齿圈和行星架组成。单排行星齿轮机构所能实现的传动方案见表 3-5。由该表可以看出：当行星架作为从动件时，行星齿轮机构做减速增矩传动；当行星架作为主动件时，行星齿轮机构做增速减矩传动；

当行星架固定不动时，行星齿轮机构输入与输出反向传动。采用不同的连接方式还能从该行星齿轮机构上得到变速器所需要的其他各种传动。

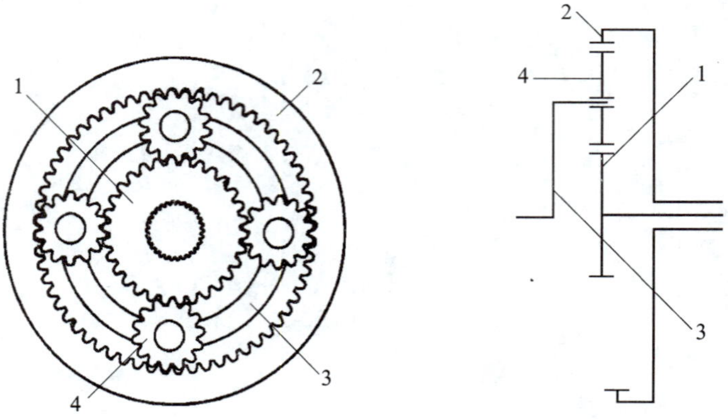

图 3-33　单排行星齿轮机构

1—太阳轮　2—齿圈　3—行星架　4—行星轮

表 3-5　　单排行星齿轮机构的传动方案

<table>
<tr><th>方案</th><th>主动件</th><th>从动件</th><th>固定件</th><th colspan="2">备注</th></tr>
<tr><td>1</td><td>太阳轮</td><td>行星架</td><td>齿圈</td><td rowspan="2">前进挡</td><td rowspan="3">减速、增矩</td></tr>
<tr><td>2</td><td>齿圈</td><td>行星架</td><td>太阳轮</td></tr>
<tr><td>3</td><td>太阳轮</td><td>齿圈</td><td>行星架</td><td>倒挡</td></tr>
<tr><td>4</td><td>行星架</td><td>齿圈</td><td>太阳轮</td><td rowspan="2">前进挡</td><td rowspan="3">增速、减矩</td></tr>
<tr><td>5</td><td>行星架</td><td>太阳轮</td><td>齿圈</td></tr>
<tr><td>6</td><td>齿圈</td><td>太阳轮</td><td>行星架</td><td>倒挡</td></tr>
<tr><td>7</td><td colspan="3">任意连接两元件，且不固定</td><td>直接挡</td><td>转速、转矩不变</td></tr>
<tr><td>8</td><td colspan="3">三元件无联系且无固定</td><td>空挡</td><td>不能传动</td></tr>
</table>

除上述单排行星齿轮机构以外，自动变速器中还常用到双行星齿轮机构（见图 3-34），它以内行星轮和外行星轮共同作为传动过渡惰轮，内行星轮组与太阳轮啮合，而外行星轮组与齿圈啮合，可获得与前述单排行星齿轮机构旋向相反的传动。

采用行星齿轮传动，由于内啮合的缘故，能够充分利用齿圈中部的空间，加之由于采用多个行星齿轮同时传递动力，可以使变速机构的体积大大减小，质量减轻；另外，其具有常啮合、同轴传动的特点，使得汽车传动更加平稳，冲击载荷减小。

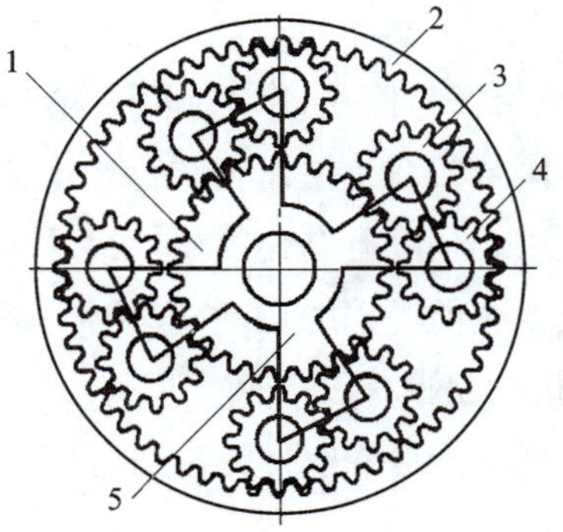

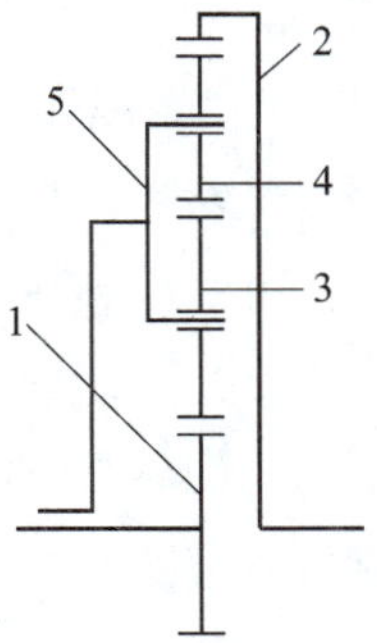

图 3-34　双行星齿轮机构

1—太阳轮　2—齿圈　3—内行星轮　4—外行星轮　5—行星架

单排行星齿轮机构一般不能为汽车行驶提供足够多可供选择的传动速比，因此实际汽车上所采用的减速齿轮机构均由 2～3 个单排行星齿轮机构按一定方式复合而成，它们仍然具有两个以上的自由度，工作中必须对其中某些元件的运动加以约束（固定或相互连接），使它们成为只有一个自由度的机构，以获取确定的传动比。

常见的复合式行星齿轮机构有辛普森式（Simpson）、拉维娜式（Ravigneaux）、CR-CR（串联）式等多种形式，如图 3-35 所示。

如图 3-35a 所示，辛普森式行星齿轮机构通常由两排行星齿轮复合而成，前后两行星排的太阳轮连接为一个前后太阳轮组件；前行星排的行星架与后行星排的齿圈也连接在一起，构成前架后圈组件，作为机构的输出元件；动力可以从前排齿圈或前后太阳轮组件处输入。

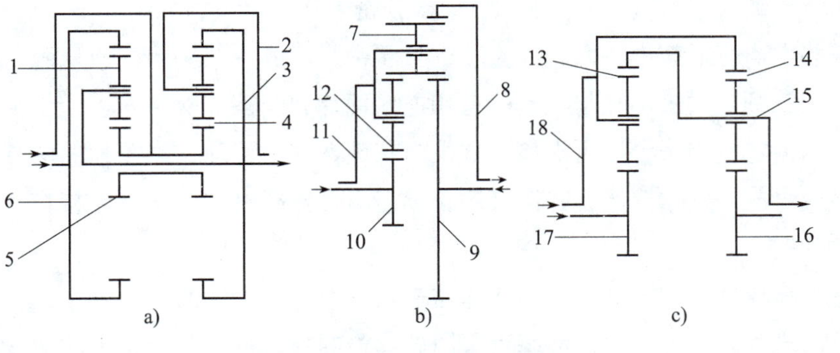

图 3-35　各种复合式行星齿轮机构

a）辛普森式　b）拉维娜式　c）CR-CR（串联）式

1—前行星轮　2—后行星架　3—前架后圈组件　4—后行星轮　5—前后太阳轮组件　6—前排齿圈　7—长行星轮　8—齿圈　9—后太阳轮　10—前太阳轮　11—行星架　12—短行星轮　13—前行星轮　14—后行星轮　15—前圈后架组件　16—后太阳轮　17—前太阳轮　18—前架后圈组件

如图 3-35b 所示，拉维娜式行星齿轮机构由一排单排行星齿轮机构和一排双行星齿轮机构复合而成，后太阳轮、长行星轮、行星架、齿圈组成单行星齿轮式行星排，前太阳轮、短行星轮、长行星轮、行星架和齿圈共同组成双行星齿轮式行星排，系统可以前后太阳轮作为输入元件，齿圈作为输出元件。这种结构具有结构简单、尺寸小、传动比变化范围大、灵活多变等特点，可组成具有三个或四个前进挡的自动变速器。

如图 3-35c 所示，CR-CR 式行星齿轮机构将前齿圈与后行星架相连，构成前圈后架组件，而前行星架与后齿圈组合成一体，构成前架后圈组件，动力可以从前太阳轮或者前架后圈组件输入，从前圈后架组件输出。

2. 变速换挡执行机构

行星齿轮自动变速器实现挡位变换的方式与手动变速器完全不同，其所有齿轮都处于常啮合状态，换挡不是靠移动齿轮实现分离或接合来进行，而是通过用不同的方式对某些行星齿轮机构的基本元件施加运动上的约束来实现，这种约束的完成依靠的是换挡执行机构。

自动变速器换挡执行机构由制动器、离合器和单向离合器三种不同的执行元件组成，依靠它们来完成连接、固定、锁止等动作。所谓连接是将行星齿轮变速器输入轴与行星齿轮机构中的某个基本元件连接，输入动力。或者是将前行星排的某一基本元件与后行星排的某元件连接，以约束这两个元件的运动。所谓固定便是指将行星齿轮机构中的某一元件与变速器壳体连接，使之固定不能旋转。所谓锁止则是指将某一行星排三个基本元件中的两个连接在一起，从而将该行星排锁止，产生直接传动。

离合器是产生连接或锁止的执行机构，通常借助一组浸泡在 ATF 中的摩擦片实现连接，故又称湿式离合器。它主要由离合器鼓、活塞、回位弹簧、弹簧座、若干钢片、若干摩擦片、压盘、离合器毂（图中未画出）、橡胶密封圈等组成，如图 3-36 所示。

活塞安装在离合器鼓中，两者以橡胶密封圈密封形成一个密闭的液压腔，液压腔通过离合器鼓内圆轴颈上的进油孔与控制油道相连。钢片和摩擦片交替安置，钢片以外花键与离合器鼓上的内花键相嵌合，可沿离合器鼓内花键做轴向移动；摩擦片的两端面烧结有铜基粉末冶金或合成纤维摩擦层，并以其内花键与离合器毂上的外花键套接在一起，也可沿键槽轴向移动。

离合器鼓和离合器毂分别与自动变速器输入轴或行星齿轮的某个基本元件相连接，当活塞液压腔内充入高压油液时，活塞克服回位弹簧的弹力将钢片与摩擦片压紧，离合器处于接合状态，鼓与离合器毂连为一体。当液压腔内的油压撤除后，活塞在回位弹簧的作用下被压回离合器鼓的底部，并将液压腔内的 ATF 从进油孔排出。此时钢片与摩擦片分离，离合器鼓与离合器毂彼此脱离联系。离合器中钢片与摩擦片的数目视其传动力大小而定，其碟形弹簧具有一定的轴向弹性，可以减缓离合器接合时的冲击力。

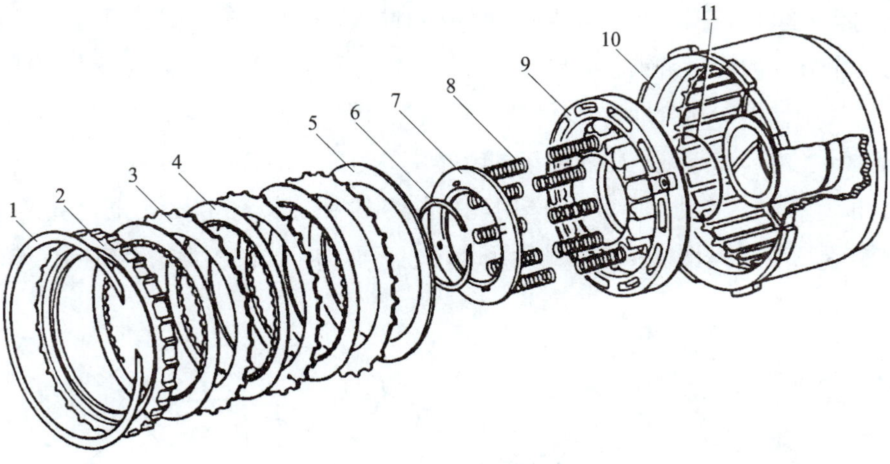

图 3-36　离合器

1、6—弹簧挡圈　2—压盘　3—钢片　4—摩擦片　5—碟形弹簧　7—弹簧座

8—回位弹簧　9—活塞　10—离合器鼓　11—橡胶密封圈

制动器的作用是将行星齿轮机构中的某个基本元件固定，使之不能旋转。其形式主要有片式和带式两种，片式制动器结构与片式离合器大致相同，只需将离合器鼓换成变速器壳体即可。而带式制动器主要由制动鼓、制动箍带、伺服活塞、回位弹簧、活塞挺杆等组成，如图 3-37 所示。制动鼓与行星齿轮某个需要固定的基本元件相连，当控制油压由油缸进出液孔 5 输入时，伺服活塞克服回位弹簧的弹力和活塞左端残余油压将活塞挺杆向外推出，制动箍带抱紧制动鼓，实现行星齿轮元件的固定。当油压从油缸进出液孔 6 进入，由油缸进出液孔 5 卸压时，活塞在左侧弹簧弹力和油压作用下迅速回位，制动箍带被释放。

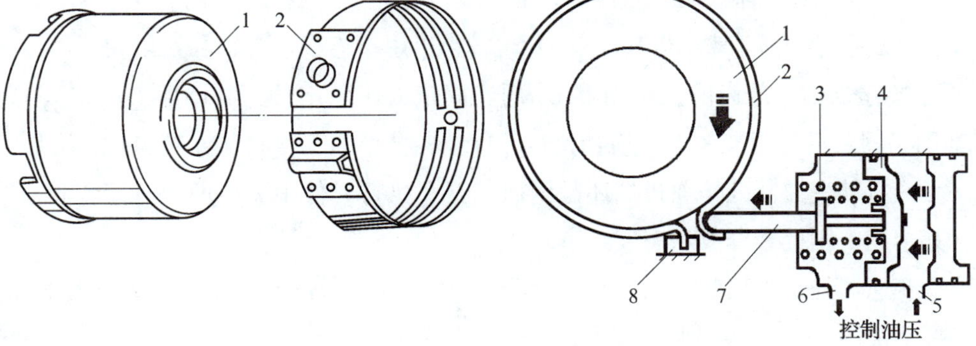

图 3-37　带式制动器

1—制动鼓　2—制动箍带　3—回位弹簧　4—伺服活塞　5、6—油缸进出液孔　7—活塞挺杆　8—变速器壳体

单向离合器可以根据行星齿轮某一元件相对旋转运动方向控制其只能沿一个方向旋转，而另一个方向的旋转被锁止。单向离合器与上述制动器和离合器的最大差别在于它无须油压专门控制。单向离合器常见的结构有两种，即楔块式和滚柱斜槽式（见图 3-38）。两者均由外环、内环和起锁止作用的滚柱或楔块等组成。前者（见图 3-38b）利用楔块上的长短对角线差异，借助摩擦力的作用使楔块顺时针旋转（卡死锁止）或逆时针旋转（自由释放）。后者（见图 3-38a）则利用外环内表面加工出的楔形槽产生同样的效果。

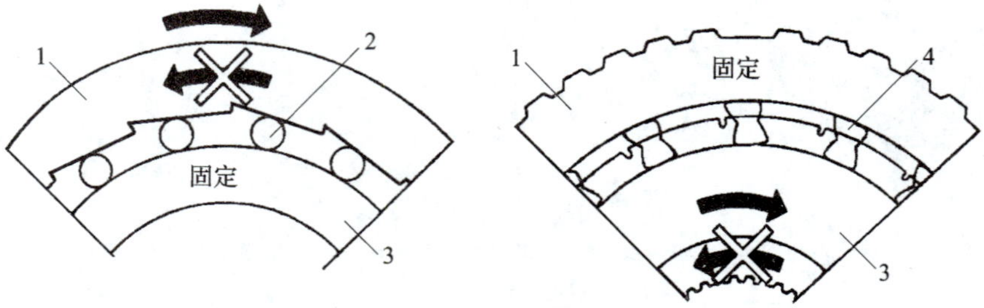

图 3-38　单向离合器

a）滚柱斜槽式单向离合器　b）楔块式单向离合器

1—外环　2—滚柱　3—内环　4—楔块

四、行星齿轮变速原理

不同汽车上的自动变速器因挡数不同，所采用的行星齿轮机构形式不同，离合器、制动器及单向离合器的数目和布置位置不同，结构上会有较大的差异，但是其行星齿轮变速的原理是完全一样的。

图 3-39 所示为辛普森式三挡行星齿轮机构，它有两个离合器 C_1 和 C_2、两个制动器 B_1 和 B_2，以及一个单向离合器 F_1，其中离合器 C_1 用于连接输入轴和太阳轮组件，离合器 C_2 用来连接输入轴和前齿圈，制动器 B_1 用于固定太阳轮组件，制动器 B_2 和单向离合器 F_1 则都用于固定后行星架。五个换挡执行元件在各挡位的工作状况见表 3-6。从表中可以看出，无论自动变速器处于前进挡还是倒挡，五个执行元件中总有两个处于工作（接合）状态，其余三个则处于释放状态。

自动变速器处于 1 挡时，动力经离合器 C_2 从前排齿圈输入，在单向离合器 F_1 的作用下后行星架被固定，该结构中前、后太阳轮连为一体，前行星架与后齿圈也连在一起，此时速比：

$$i_1 = (1+\alpha_1+\alpha_2)/\alpha_1$$

式中　α_1——前排齿圈齿数与太阳轮齿数之比；

α_2——后排齿圈齿数与太阳轮齿数之比。

自动变速器处于 2 挡时，动力仍由离合器 C_2 从前排齿圈输入，在制动器 B_1 的作用下前后太阳轮被固定，后排行星齿轮机构自由空转，这时的传动可认为是由前行星排单独完成，此时速比：

$$i_2=(1+\alpha_1)/\alpha_1$$

自动变速器处于 3 挡时，动力经由离合器 C_1 和 C_2 同时传入前排齿圈和前排太阳轮，前排齿圈和前排太阳轮以共同的速度旋转，这时相当于将此行星齿轮机构的两元件锁在了一起，前排行星架将以同样的速度与太阳轮和齿圈一起旋转，行星齿轮机构不起变速作用，故此时速比：

$$i_3=1$$

自动变速器处于倒挡时，动力经离合器 C_1 由前后太阳轮输入，在制动器 B_2 的作用下后排行星架被固定，动力直接经过后行星排由齿圈输出，获得反向旋转传动，此时的速比：

$$i_R=-\alpha_2$$

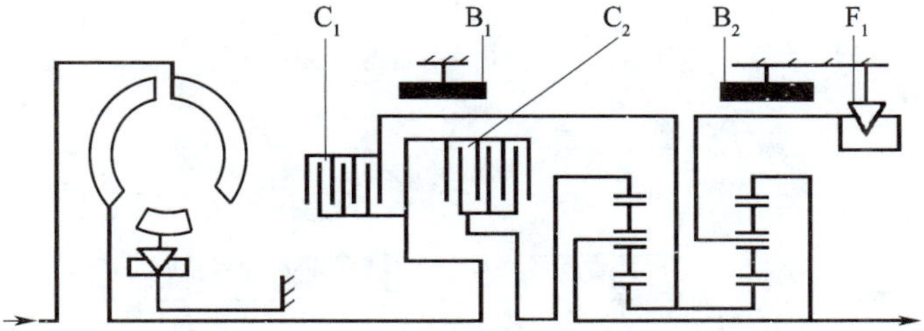

图 3-39　辛普森式三挡行星齿轮机构

表 3-6　　**换挡执行元件在各挡位的工作状况**

手柄位置	变速器挡位	换挡执行元件工作状态				
		C_1	C_2	B_1	B_2	F_1
D	1 挡		○			○
	2 挡		○	○		
	3 挡	○	○			
2 或 1	1 挡		○		○	
	2 挡		○	○		
R	倒挡	○			○	

注：○——接合、制动或锁止。

五、液压自动控制系统

自动变速器的换挡控制经历了全液压控制和电控液压控制两个阶段，两者的主要差异在于变速器感受车辆行驶状况的方式及控制手段不同。通常自动变速器主要以行驶车速信号和发动机节气门开度信号作为换挡控制信号。

全液压控制自动变速器以液力方式感受汽车工作状态，即通过调速阀根据车速调节出车速油压作用于换挡阀的一侧；通过节气门阀调制出与节气门开度大小相关的节气门油压，作用在换挡阀的另一侧。若干个换挡阀根据这些压力控制需要进入相应换挡执行器活塞的油压，实现自动换挡，如图 3-40a 所示。

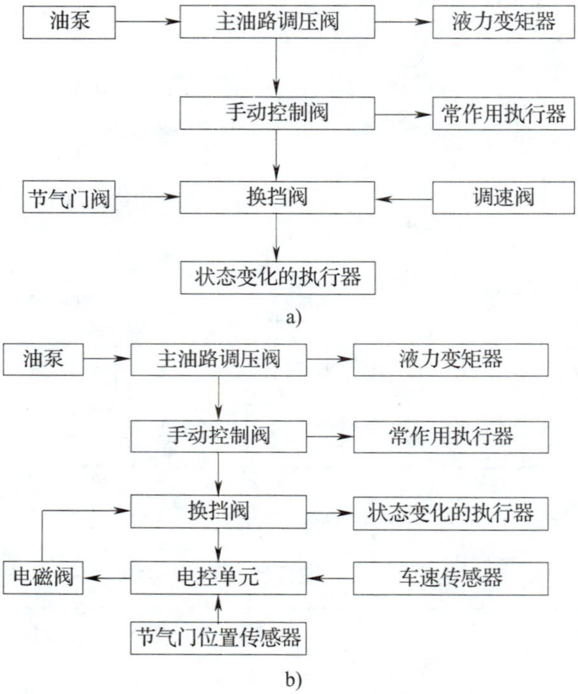

图 3-40　两种自动换挡控制方式

a）全液压控制自动换挡原理　b）电控液压控制自动换挡原理

电控液压自动变速器则通过车速传感器和节气门位置传感器产生车速和节气门开度信号，经过 ECU 分析处理后，控制相应的电磁阀，调节若干换挡阀两端的换挡信号油压，由换挡阀的动作决定进入某些制动器或离合器活塞的液压，实现挡位自动变换，如图 3-40b 所示。从图 3-40 可以看出，无论哪种换挡控制系统都包含一套液压调节控制系统，它通常主要由油泵、手动控制阀、主油路调压阀、换挡阀等组成。此外，为了减少或避免换挡冲击，提高汽车换挡舒适性，液压控制系统中还专门设有控制压力调节过程的装置，如储能器、储能器阀等，以改善自动变速器的换挡品质。

自动变速器油泵有内啮合齿轮泵、摆线泵、叶片泵等多种形式，如图 3-41 所示。其中内啮合齿轮泵主要由中心齿轮、齿圈、月牙形隔板等组成，如图 3-41a 所示。中心齿轮为主动齿轮，齿圈为从动件，月牙形隔板将这两者之间的空腔分隔为吸油腔和压油腔，泵壳上开有分别连通两腔的进、出油口。发动机运转时，中心齿轮带动齿圈旋转，吸油腔中由于齿轮不断退出啮合，容积增大，形成局部真空，将 ATF 从进油口吸入，并随齿轮的旋转通过齿间的空隙将 ATF 带到压油腔；压油腔中，由于齿轮不断地进入啮合，容积减小，ATF 被压出出油口。内啮合齿轮泵具有结构紧凑、尺寸小、质量轻、自吸力强、流量波动小、噪声小等特点，是自动变速器中运用最多的一类油泵。

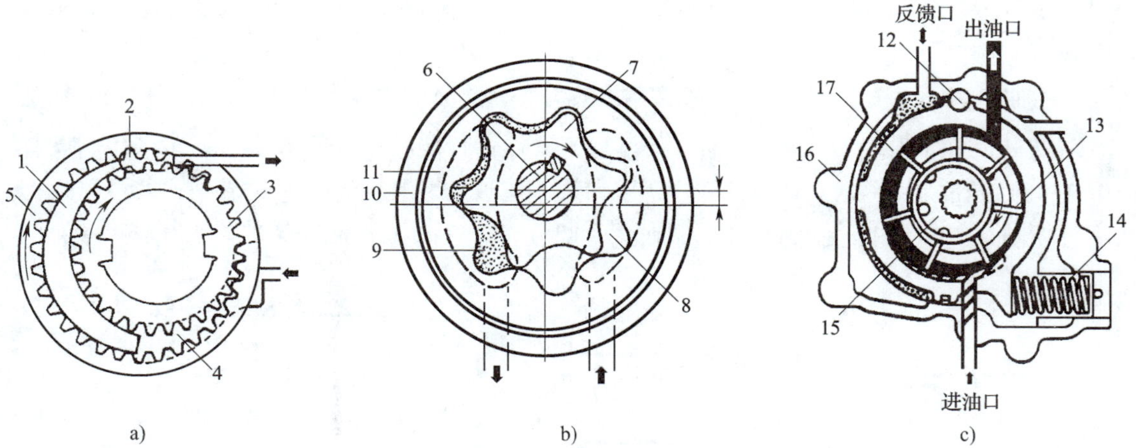

图 3-41　自动变速器油泵结构

a）内啮合齿轮泵　b）摆线泵　c）叶片泵

1—月牙形隔板　2—压油腔　3—中心齿轮　4—吸油腔　5—齿圈　6—驱动轴　7—内转子　8—吸油腔　9—压油腔　10—泵壳　11—外转子　12—轴销　13—叶片　14—回位弹簧　15—转子　16—泵壳体　17—可调节定子

摆线泵由一对具有共轭摆线齿廓的转子啮合而成，外转子齿数比内转子多一个，内、外转子偏心设置，使得两者之间形成与内转子数目相同的工作腔，当转子如图 3-41b 所示顺时针旋转时，右侧各工作腔的容积由大变小，形成局部真空，吸入 ATF；而左侧各工作腔的容积也由大变小，形成局部高压区，将 ATF 压出。摆线泵齿数越多出油脉动越小，同时齿宽和偏心距越大，排量越大。它具有结构简单、尺寸紧凑、运转平稳、工作噪声小、高速性能好等优点，但其加工精度要求高、流量脉动较大。

叶片泵由转子、可调节定子、叶片、泵壳体等组成（见图 3-41c）。转子与定子之间的偏心设置使得叶片以离心力向外甩开时，在转子和定子之间由于偏心形成的月牙形空腔中，形成容积逐渐由小变大的吸油腔（下部）和容积逐渐由大变小的压油腔（上部）。叶片泵的优点是运转平稳、噪声小、泵油流量均匀、容积效率较高，缺点是结构复杂、对油液污物较敏感。叶片泵可以较容易地成为变排量泵，当以轴销将定子设计为可调节后，从反馈口将油泵输出油压反馈引入位于泵壳体与定子之间的调节控制腔时，可以实现对油泵输出流量的控制，即当油泵输出油压，也即反馈油压增大时，反馈油压克服回位弹簧的弹力，将推动定子绕轴销逆时针转动，由于转子与定子的偏心量减小，油泵的输出流量下降，实现油泵的变排量输出。由于油泵的输出流量通常与转速成正比，为保证发动机怠速运转时能排出足够的油量，往往在发动机高速旋转时，会因油泵输出流量的增大造成油泵输出流量超过实际需要，此时过多的油液将通过压力调节阀返回油底壳，同时引起油泵出口背压增高，造成油泵驱动能量的过多损耗。油泵的变排量调节功能能减少这种能量的损失。

主油路调压阀根据油泵油压分别调制出液力变矩器油压和换挡执行油压，并使后者能随着挡位的变化而改变，以满足车辆行驶过程中变速器传递转矩的需要。主油路调压阀（见图3-42）通常是由阀芯、调压柱塞、调压弹簧、弹簧座等组成的阶梯式滑阀，它可以根据来自控制系统的几个控制阀反馈油压变化，调节变速器控制主油路油压（又称工作压力）。

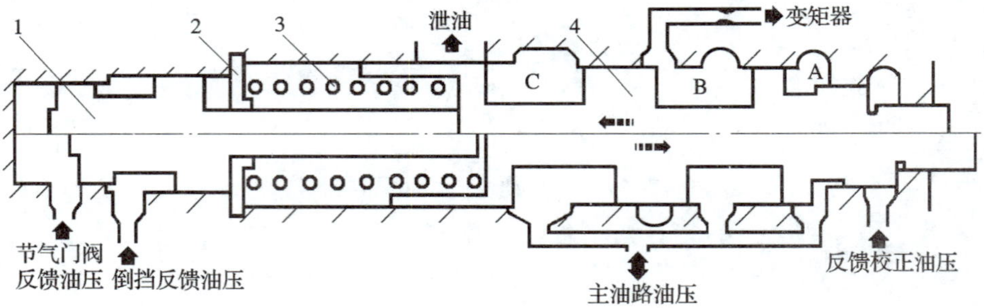

图3-42　主油路调压阀结构

1—调压柱塞　2—弹簧座　3—调压弹簧　4—阀芯

来自油泵的油压经过阀体上的油道分别进入主油路调压阀的A、B、C腔。由于A腔中左右两阶梯形阀芯直径不同，作用在两端面上的油压差将产生一个向左的推力，随着主油路油压增高，阀芯压缩调压弹簧，打开C腔的泄油口，使主油路中部分ATF流回油底壳，主油路油压随之下降，其后C腔中的油压在A腔油压差和调压弹簧弹力作用下维持在一定水平上。

手动控制阀（见图3-43）是一种依靠人工直接控制的多路换向阀，设置在自动变速器控制阀板中，经过机械传动机构由自动变速器手动操纵杆控制，用以完成自动变速器各相应手柄位置下的油路状态控制。

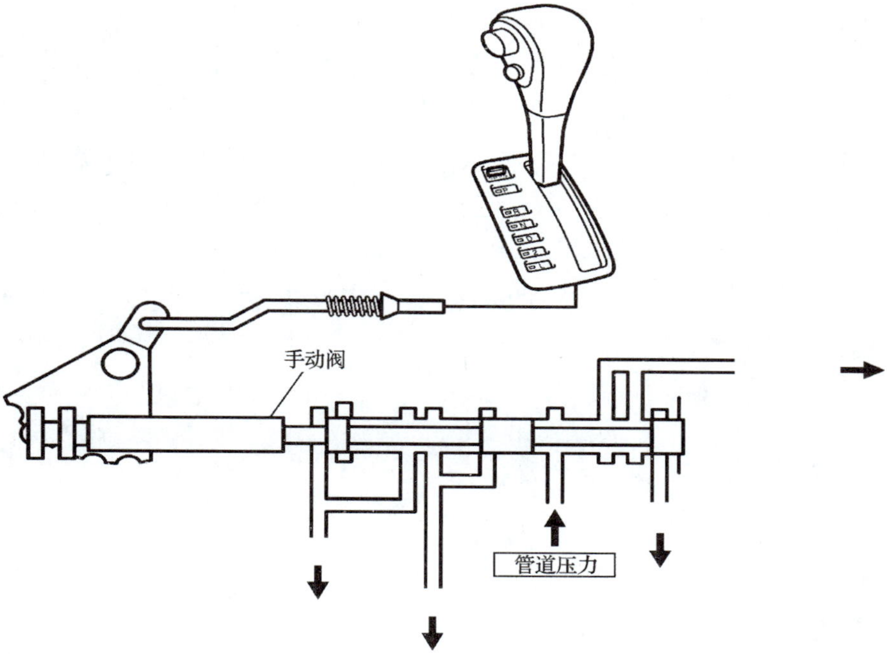

图 3-43 自动变速器手动控制阀

换挡阀根据车速信号油压与节气门信号油压，适时按接合或释放要求对换挡执行器油压做出调整。其结构如图 3-44 所示，它由回位弹簧和换挡阀阀芯组成。在换挡阀阀芯的

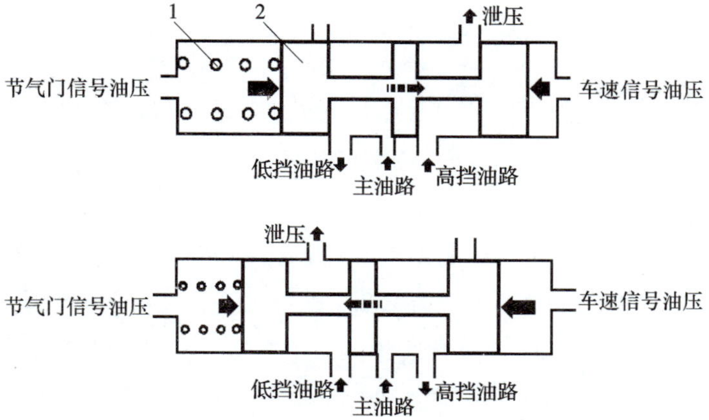

图 3-44 自动变速器换挡阀结构

1—回位弹簧 2—换挡阀阀芯

右端作用着由车速控制的信号油压，左端作用着随节气门开度变化的节气门信号油压和回位弹簧弹力，换挡阀阀芯的位置取决于阀芯两端信号油压的大小。当操纵手柄位于前进挡 OD、D、2 和 1 时，手动控制阀将主油路 ATF 送至换挡阀，此时若右端的车速信号油压低于左端的节气门信号油压和回位弹簧弹力之和，换挡阀阀芯保持在右端；如果右端车速信号油压高于左端的节气门信号油压和回位弹簧弹力之和，换挡阀阀芯移至左端。换挡阀阀芯的这种位置变化能将主油路油压引向不同的换挡执行元件，使之接合，并使另一些原已作用着的执行元件泄油释放压力，实现换挡。即当换挡阀阀芯从右端移向左端时，自动变速器升挡，反之当换挡阀由左端移向右端时，自动变速器降挡。

上述车速信号油压和节气门信号油压可以由液压型调速器和节气门阀产生，也可以通过车速传感器和节气门位置传感器将信号传给 ECU，由 ECU 控制压力调节阀产生。节气门门开度越大，节气门信号油压越高；车速越高，车速信号油压也越高。从而当车速达到足够高且发动机负荷不大时，换挡阀阀芯左移，变速器升挡；当车速不高但发动机节气门处于大开度时，换挡阀阀芯右移，变速器降挡。

学习单元 5　定轴式自动变速器

学习目标

- 熟悉定轴式自动变速器的组成
- 了解定轴式齿轮变速传动机构结构
- 了解定轴式自动变速器电子控制系统、液压控制系统和液压执行机构

知识要求

定轴式自动变速器以广汽本田雅阁轿车 MAXA 自动变速器为代表，该自动变速器主要由定轴式齿轮变速传动机构、液压控制系统和电子控制系统三大部分组成，可以提供四个前进挡和一个倒挡，与发动机曲轴成直线排列，前轮驱动，自动变速器与驱动桥合为一体，动力传递路线短，结构紧凑。广汽本田雅阁轿车 MAXA 自动变速器的内部结构如图 3-45 所示，其齿轮变速传动机构如图 3-46 所示。本学习单元内提及的“自动变速器”均指定轴式自动变速器。

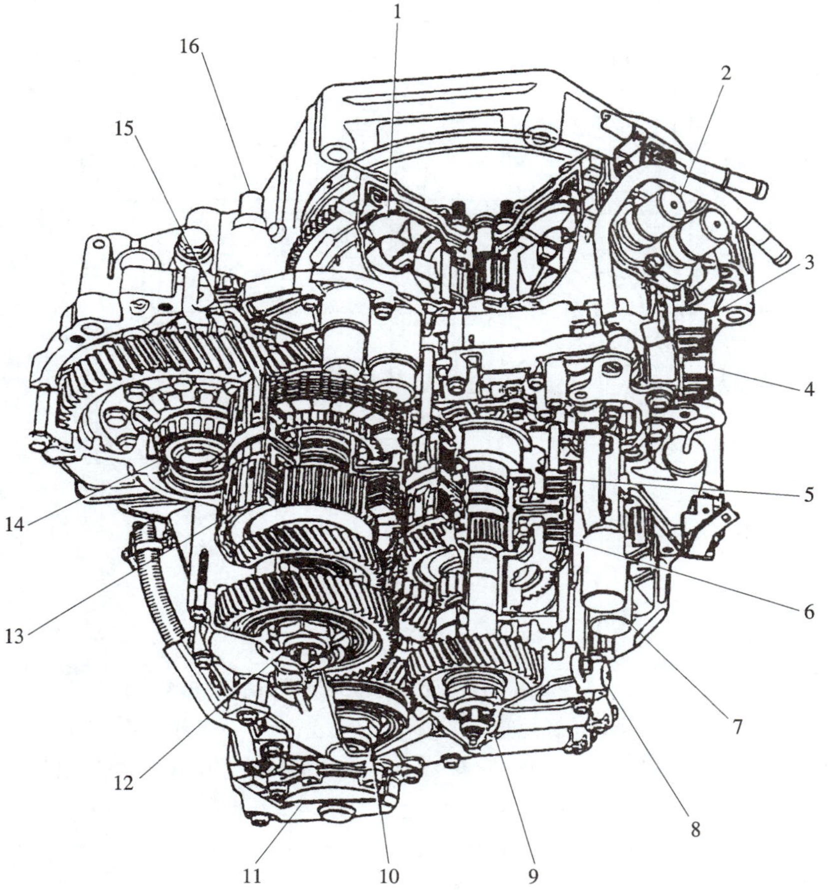

图 3-45　广汽本田雅阁轿车 MAXA 自动变速器的内部结构

1—液力变矩器总成　2—锁止控制电磁阀/换挡控制电磁阀 A　3—换挡控制电磁阀 B
4—换挡控制电磁阀 C　5—3 挡离合器　6—4 挡离合器　7—A/T 离合器压力控制电磁阀总成
8—主轴转速传感器　9—主轴　10—中间轴　11—A/T 挡位置开关　12—副轴　13—2 挡离合器
14—差速器总成　15—1 挡离合器　16—2 挡离合器压力开关

一、液力变矩器、定轴式齿轮变速传动机构

液力变矩器主要由泵轮、涡轮和导轮组成。泵轮通过螺栓与曲轴的驱动盘相连。

定轴式齿轮变速传动机构主要由平行轴、各挡齿轮、湿式多片离合器（本学习单元提及的离合器均指湿式多片离合器）等组成。平行轴为三根，即主轴、中间轴和副轴。主轴与发动机曲轴主轴颈同轴。主轴上装有 3 挡、4 挡离合器，主轴 3 挡、4 挡、倒挡齿轮和倒挡、主轴惰轮（倒挡齿轮与 4 挡齿轮制为一体）。中间轴上装有最终主动齿轮，1 挡、3 挡、4 挡、倒挡、2 挡、驻车挡齿轮及惰轮（最终主动齿轮与中间轴制成一体）。副轴上装

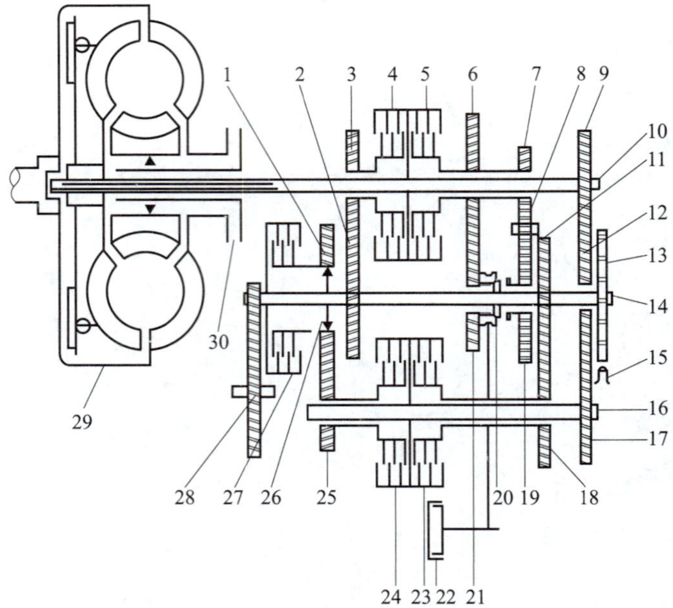

图 3-46　MAXA 自动变速器的齿轮变速传动机构

1—中间轴 1 挡齿轮　2—中间轴 3 挡齿轮　3—主轴 3 挡齿轮　4—3 挡离合器　5—4 挡离合器
6—主轴 4 挡齿轮　7—主轴倒挡齿轮　8—倒挡惰轮　9—主轴惰轮　10—主轴
11—中间轴 2 挡齿轮　12—中间轴惰轮　13—驻车挡齿轮　14—中间轴
15—驻车锁销　16—副轴　17—副轴惰轮　18—副轴 2 挡齿轮
19—中间轴倒挡齿轮　20—倒挡滑套　21—中间轴 4 挡齿轮　22—伺服阀
23—2 挡离合器　24—1 挡离合器　25—副轴 1 挡齿轮　26—单向离合器
27—1 挡固定离合器　28—最终主动齿轮　29—液力变矩器　30—油泵

有 1 挡、2 挡离合器，1 挡、2 挡齿轮及惰轮。中间轴 4 挡齿轮及其倒挡齿轮可以锁止在副轴中部，工作时是锁止 4 挡齿轮还是倒挡齿轮则取决于接合套的移动方式。主轴和副轴上的齿轮与中间轴上的齿轮保持常啮合状态。行车中，当通过控制系统使定轴式自动变速器中某一组齿轮实现啮合时，动力将从主轴和副轴传递到中间轴，并由中间轴输出，同时仪表板上的 A/T 挡位指示灯将显示正在运行的挡位（D4、D3、2、1 或 R）。

二、电子控制系统

电子控制系统主要由动力系统控制模块（PCM）、节气门位置传感器、主轴转速传感器、中间轴转速传感器、换挡控制电磁阀、A/T 离合器压力控制电磁阀、锁止控制电磁阀等组成。换挡和锁止由电子控制系统控制，以保证在各种条件下的顺畅行驶。电子控制系统可通过液压控制系统对自动变速器实行换挡控制、锁止控制和坡度逻辑控制。

三、液压控制系统

液压控制系统主要由自动变速器油泵、各种滑阀等组成。ATF 油泵为内齿轮式，由液力变矩器一端的齿槽驱动。滑阀主要包括主阀体、调节器阀体、伺服器体、蓄压器体等。主阀体包括手动阀、调制阀、换挡阀、伺服控制阀、液力变矩器单向阀、倒挡阀、锁止换挡阀、锁止控制阀、冷却器单向阀、ATF 油泵齿轮等。调节器阀体包括调节器阀、锁止正时阀、减压阀等。伺服器体包括伺服阀、换挡阀、倒挡阀、3 挡和 4 挡蓄压器等。蓄压器体包括 1 挡和 2 挡蓄压器、润滑单向阀等。各控制阀的 ATF 由调节器阀体调压后，经由手动阀进入阀体。1 挡、3 挡和 4 挡离合器分别由对应的供油管路提供液压，2 挡离合器则由变速器内部特定的液压回路提供液压。

四、液压执行机构——离合器

自动变速器通过液压使离合器接合与分离来实现变速器齿轮的啮合与脱离，从而达到变换挡位的目的。离合器主要由多片离合器片、多片离合器盘、离合器活塞、离合器毂等组成。离合器盘与离合器毂在周向固连，而在轴向可做相对移动。当 ATF 引入离合器毂时，离合器活塞移动，离合器片与离合器盘压紧，实现离合器的接合，动力便通过离合器毂传递给与轴套相接的齿轮。同理，当液压从离合器活塞中卸压时，离合器片与离合器盘分离。已分离的离合器片与离合器盘将独立运动而不传递动力。

1. 1 挡离合器

1 挡离合器可使 1 挡齿轮实现啮合或脱离。1 挡离合器位于副轴中部，它与 2 挡离合器背向相接。1 挡离合器由副轴内的 ATF 供油管提供液压。

2. 2 挡离合器

2 挡离合器可使 2 挡齿轮实现啮合或脱离。2 挡离合器位于副轴中部，它与 1 挡离合器背向相接。2 挡离合器由副轴与液压回路相连的回路提供液压。

3. 3 挡离合器

3 挡离合器可使 3 挡齿轮实现啮合或脱离。3 挡离合器位于主轴中部，它与 4 挡离合器背向相接，3 挡离合器由主轴内的 ATF 供油管提供液压。

4. 4 挡离合器

4 挡离合器可使 4 挡齿轮实现啮合或脱离。4 挡离合器与倒挡齿轮位于主轴中部，4 挡离合器与 3 挡离合器背向相接。4 挡离合器由主轴内的 ATF 供油管提供液压。

五、换挡控制机构

PCM 接收到位于车辆各个部位的传感器输入的信号后，控制换挡控制电磁阀 A、B 和 C、A/T 离合器压力控制电磁阀等来变换换挡阀通向离合器 ATF 入口的位置。A/T 离合器压力控制电磁阀控制换挡阀，使其在低速挡和高速挡之间进行平稳的变换。这样，使通向某一离合器的油压增加，使离合器与相关齿轮相啮合。

六、锁止机构

在 3 挡和 4 挡离合器的 D4 位置，以及在 3 挡离合器的 D3 位置，增加的 ATF 由液力变矩器的后部通向 ATF 通路，使锁止活塞在液力变矩器盖上锁止。此时主轴与发动机曲轴同速，与液压控制同时，PCM 为锁止机构进行最佳定时。当锁止控制电磁阀动作时，调制器通过压力变换使锁止开关打开或者关闭。锁止控制电磁阀和锁止正时阀依据 A/T 离合器压力控制电磁阀控制锁止的范围。锁止控制电磁阀安装在液力变矩器的壳体上，A/T 离合器压力控制电磁阀安装在变速器箱体上，它们均由 PCM 控制。

学习单元 6 万向节传动装置

学习目标

- 了解万向节传动装置组成和作用
- 熟悉万向节构造和工作原理

知识要求

一、万向节传动装置组成和作用

在汽车发动机前置与后轮驱动之间存在很大的一段空间距离，由于车轮在汽车行驶过程中会随着路面的起伏上下跳动，而发动机和变速器总成的动力输出端位置相对车架保持不变，因此必须在两者之间建立起既能够维持动力传递，又可允许两者相对运动的传动关系，该任务通常由传动系中的万向节传动装置完成。万向节传动装置可以在空间实现不在一条直线上的动力传递，且允许两传动点之间角度和距离的改变。万向节传动装置的位置如见图 3-47 所示。

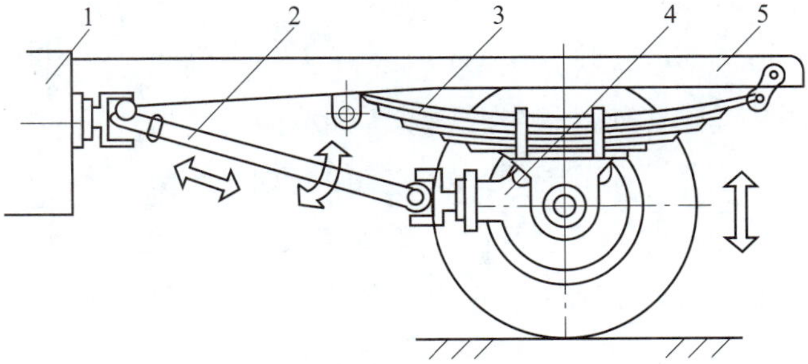

图 3-47　万向节传动装置的位置

1—变速器　2—万向节传动装置　3—悬架　4—驱动桥　5—车架

汽车上任何不在一条轴线上且相对位置经常变化的转轴之间欲实现动力传递，均需要借助万向节传动装置。该装置常见于变速器与驱动桥之间（见图 3-48a）和变速驱动桥与转向驱动轮之间（见图 3-48b），此外，在转向操纵系统或者变速器远端操纵系统中也有运用。

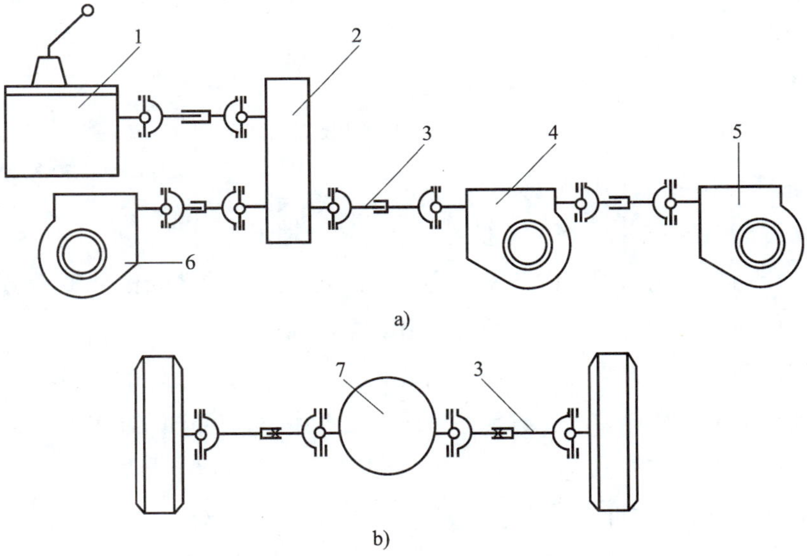

图 3-48　万向节传动装置在汽车传动系统中的应用

a）万向节传动装置在变速器与驱动桥之间　b）万向节传动装置在变速驱动桥与转向驱动轮之间

1—变速器　2—分动器　3—万向节传动装置　4—中驱动桥　5—后驱动桥　6—前驱动桥　7—变速驱动桥

万向节传动装置一般由万向节和传动轴组成，传动轴上可设置能够改变长短的花键，当传动轴分段传动时，还有中间支撑装置。

二、万向节构造和工作原理

万向节是实现不同轴线扭转动力传动的关键机构，按其在扭转方向上是否有明显的弹性，可以划分为刚性万向节（见图 3-49a）和柔性万向节（见图 3-49b）两种，前者靠空间铰链结构协调两不共线轴传动过程中的运动干涉，能耐受大转矩，有很高的传动刚度和较长的使用寿命；后者依靠万向节中的弹性连接件（如胶布垫或橡胶连接块）协调这种干涉，它具有成本低和缓冲减振等优点，但传递转矩较小，只能在夹角 3°~5°范围内传动。现今车辆上所用万向节大多属于刚性万向节，它又可以细分为等速万向节、准等速万向节和不等速万向节（如十字轴式万向节）三种类型。

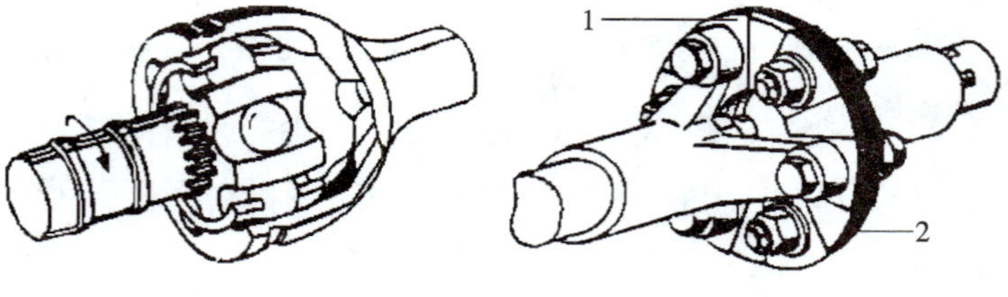

a)　　b)

图 3-49　万向节

a）刚性万向节　b）柔性万向节

1—万向节叉　2—橡胶连接块

1. 十字轴式万向节

十字轴式万向节主要由两个万向节叉、十字轴、轴承等组成，如图 3-50 所示。具有一定交角的两传动轴分别与两万向节叉相连，两万向节叉上的孔借滚针轴承与十字轴的两对轴颈相套，使得主动轴转动时，从动轴既可随之转动，又可绕十字轴中心在任意方向上摆动，以协调运动干涉。十字轴轴颈在万向节叉孔内的转动靠滚针轴承减少磨损、提高传动效率，滚针轴承可借螺栓和端盖封装在万向节叉孔中，也可借挡圈实现封装。为实现滚针轴承润滑，通常十字轴中部设有油道，润滑脂可通过注油嘴和油道到达轴承滚针表面，轴承内端部的油封可起防尘和防润滑脂流出的作用（见图 3-51）。

十字轴式万向节能在轴向交角出现变化时保证可靠传动，允许相邻两轴的最大传动交角达 15°~20°，同时还具有传动效率较高、结构简单、加工制造容易等优点，因此在现代汽车上广泛采用。但是，它也具有传动不等速这一明显缺点，即当输入和输出轴之间存在夹角时，两轴旋转的角速度不相等，这种不等速性可以借助图 3-52 加以分析。

图 3-52a 所示为万向节运动到主动叉处于垂直位置，十字轴平面与主动轴垂直的状态。此时，主动叉上 a 点速度 V_a 垂直于主动叉，从动叉上 b 点速度 V_b 垂直于从动叉。若

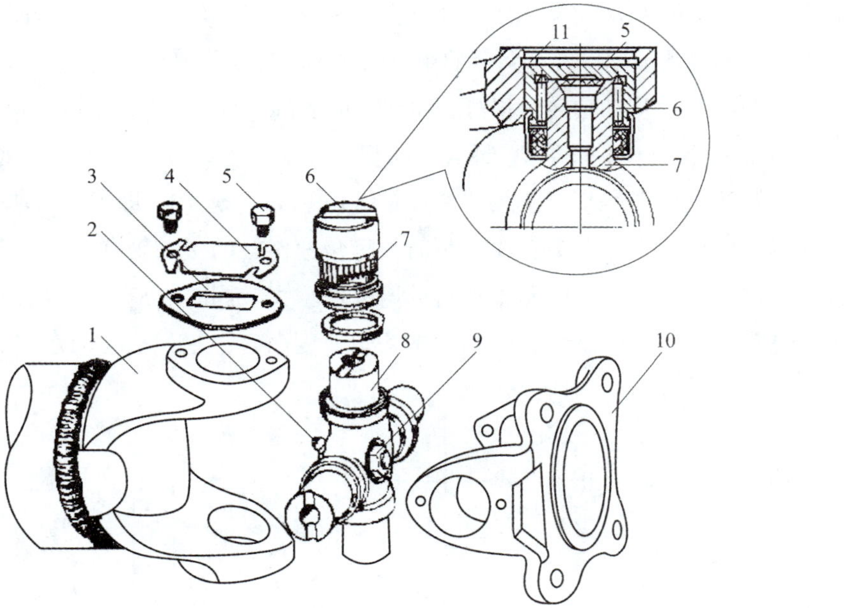

图 3-50　十字轴式万向节结构

1、10—万向节叉　2—注油嘴　3—端盖　4—锁片　5—螺栓　6—轴承套　7—滚针轴承
8—十字轴　9—安全阀　11—挡圈

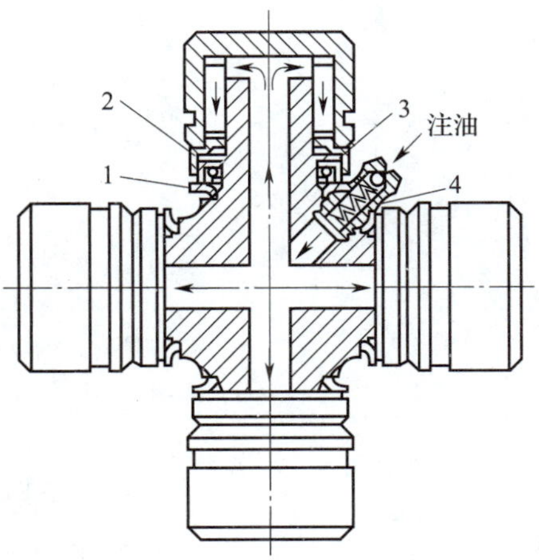

图 3-51　十字轴的润滑和密封

1—油封挡盘　2—油封座　3—油封　4—注油嘴

从另一角度考虑，认为 b 点是十字轴上相应的接触点，则可将 b 点速度分解为十字轴平面内绕主动轴的速度 V'_b（牵连速度）和十字轴绕主动轴万向节叉的转动速度 V''_b（相对速度），由速度三角形可以看出，V_b 大于 V'_b。由于十字轴各轴颈长度相等，即 $oa=ob$，因此 $V'_b=V_a$，故可知 V_b 大于 V_a。由此看出，当主动叉和从动叉转到上述位置时，从动轴的转速大于主动轴的转速。

同理，图 3-52b 所示为万向节运动到主动叉处于水平位置，十字轴平面与从动轴垂直的状态。此时，主动叉上 a 点速度 V_a 垂直于主动叉，从动叉上 b 点速度 V_b 垂直于从动叉，若从另一角度考虑，认为 a 点是十字轴上相应的接触点，则可将 a 点速度分解为十字轴平面内绕从动轴的速度 V'_a（牵连速度）和十字轴绕从动轴万向节叉的转动速度 V''_a（相对速度），由速度三角形可以看出，V_a 大于 V'_a。由于十字轴各轴颈长度相等，即 $oa=ob$，因此 $V'_a=V_b$，故可知 V_a 大于 V_b。

由此得出，当主动叉和从动叉转到上述位置时，从动轴的转速小于主动轴的转速。

图 3-52c 显示了不同位置万向节的主、从动轴转角变化情况，由图可以看出，主动轴转角 φ_1 从 0°到 90°时，从动轴转角相对主动轴转角是超前的，即在此范围内从动轴转速大于主动轴转速，在 φ_1 为 45°时，转速差最大。同理可知，主动轴转角 φ_1 从 90°到 180°的范围内，主动轴转速大于从动轴转速。当 φ_1 为 90°或 180°时，$\varphi_1-\varphi_2=0$，即此时两轴的平均角速度相同。由此可以看出，当万向节存在夹角时，等角速旋转的主动轴联动的是不等角速转动的从动轴，且这种不等速性会随两轴夹角的增大而增大。同时也应注意到，这种传动的不等速性指的是瞬时角速度，就每转一圈的平均角速度而言，主、从动轴是相等的。

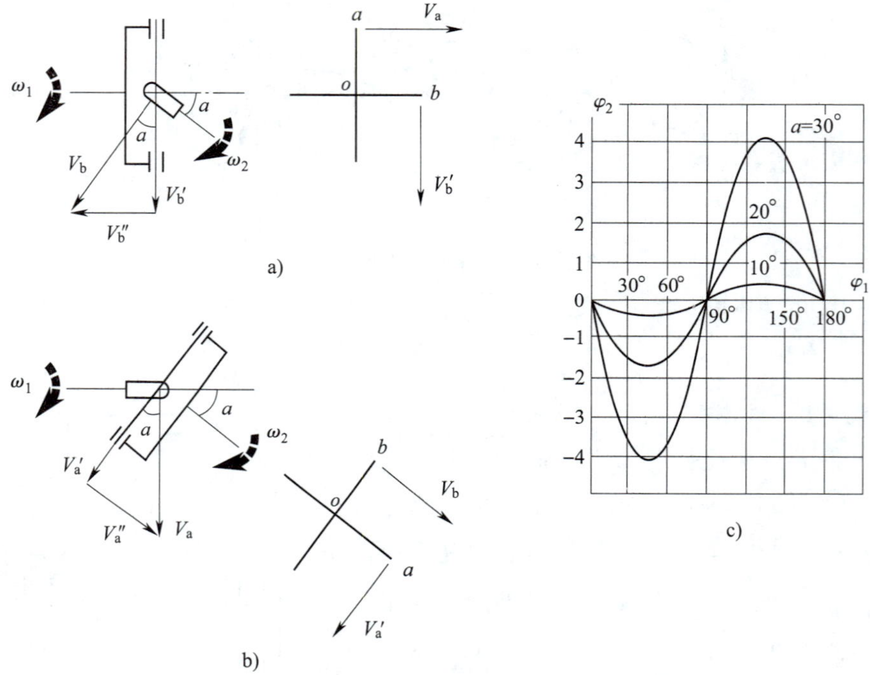

图 3-52　十字轴式万向节的不等速性

a）主动叉处于垂直位置，十字轴平面与主动轴垂直

b）主动叉处于水平位置，十字轴平面与从动轴垂直

c）不同位置万向节的主、从动轴转角变化

十字轴万向节瞬时传动的不等速性会使从动轴及与之相关的传动件产生扭转振动与冲击，破坏汽车行驶的平顺性，也会缩短汽车部件的使用寿命，因此必须加以消除。通过运动学分析可知，十字轴万向节欲实现等速传动，需要同时满足以下三个条件，如图 3-53 所示。

①万向节成对使用。

②两万向节上的输入与输出轴所夹角度（α_1、α_2）相同。

③中间传动轴上的万向节叉处于同一平面内。

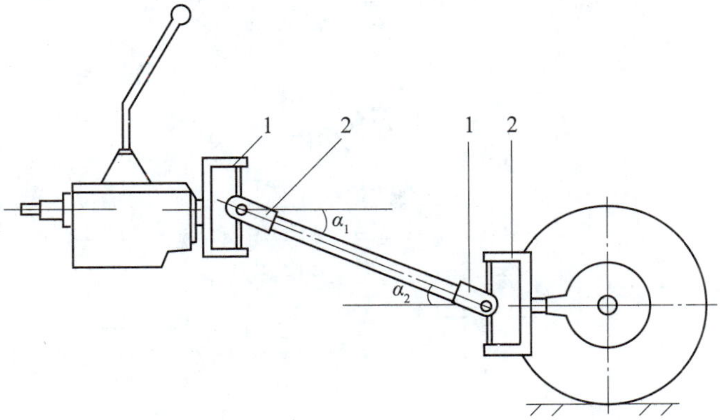

图 3-53　十字轴万向节等速传动的布置方法

1—主动叉　2—从动叉

上述实现等速传动的条件在转向驱动桥上是难以得到保证的。转向的车轮需要偏摆近 40°左右的角度，此时已不满足两万向节上的输入与输出轴所夹角度相同的条件，较大的转速差会导致行驶冲击，必须采用等速万向节解决这一问题。

2. 准等速万向节和等速万向节

为了满足汽车布置的需要，需将成对使用、具有等速传动特性的十字轴式万向节在结构上加以缩小，因而出现了如图 3-54 所示的双联式万向节。它实际上就是将中间传动轴长度缩减至零的双十字轴万向节传动机构。该结构中的双联叉相当于两个在同一平面内的万向节叉。为使与万向节叉相连的主动轴和从动轴的角速度相同，还需保证 $\alpha=\beta$，该结构中专门设置了分度机构，其原理是以球形铰链连接主、从动轴两万向节叉，使两轴实现联动，近似保证 $\alpha=\beta$。从结构上看，从动轴上万向节叉 7 内端球头与球碗相配合，并置于另一万向节叉 1 内端球碗座中，球头和球碗中心与十字轴中心的连线中点重合，当从动轴上万向节叉 7 相对万向节叉 1 摆动时，双联叉也被带动偏转相应角度，这时两十字轴中心线与两万向节叉的轴线交角近似相同，从而保证两轴角速度近似相等。故双联式万向节只具有准等速性。

双联式万向节具有结构简单、制造方便、工作可靠等优点，且能允许两轴间有较大的轴间夹角，可用于转向驱动桥上。

三销式万向节（见图 3-55）是另一种由双联式万向节演变而来的准等速万向节，它主要由主动轴叉、从动轴叉、两个三销轴，以及相应的轴承和密封件组成。主、从动轴叉可以分别与转向驱动桥的内、外半轴相连接。该结构的最大特点是在相邻两轴交角大至 45°时，仍能保持较平稳地传动，为转向驱动桥性能的提高提供了必要的保证。同时，它也具有较大的扭矩传递能力，可用于较大型的车辆。

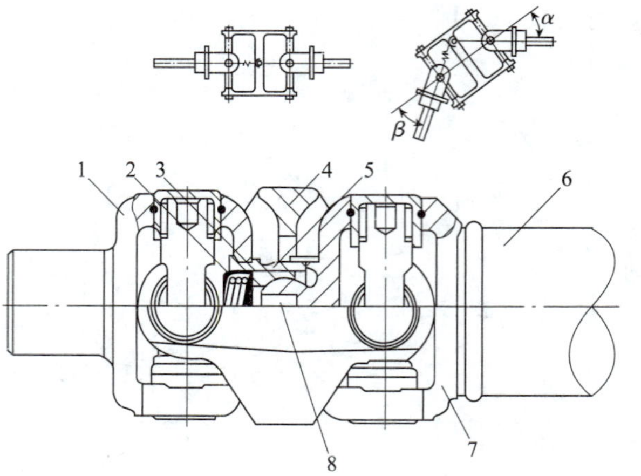

图 3-54　双联式万向节结构

1、7—万向节叉　2—弹簧　3—球碗　4—双联叉　5—球碗座　6—从动轴　8—球头

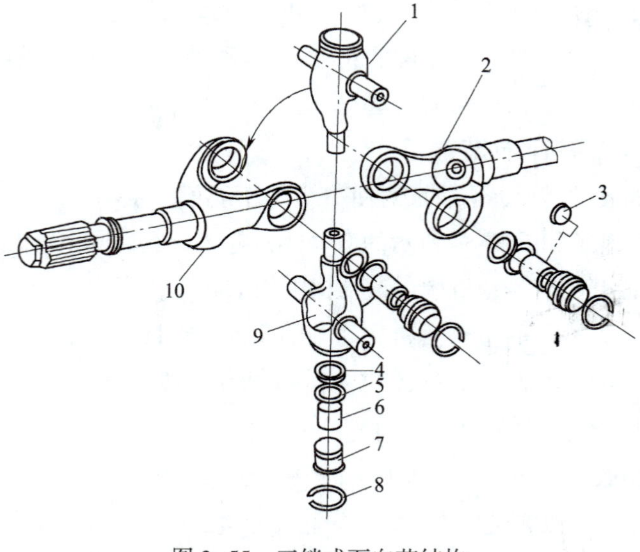

图 3-55　三销式万向节结构

1、9—三销轴　2—主动轴叉　3—推力垫片　4—密封罩

5—毛黏圈　6—衬套　7—轴承座　8—卡环　10—从动轴叉

通过运动学分析可知，万向节实现等速传动的基本条件是工作过程中万向节传力点始终位于两轴交点的平分面上。球笼式万向节是现代车辆上使用最多的一种等速万向节，其结构如图 3-56 所示，主要由球形壳、星形套、钢球、保持架等组成。星形套以内花键与主动轴相连，其外表面的圆弧形凹槽与球形壳内表面上的凹槽一起构成钢球的滚动球道，保持架将钢球限制在球道内，并将它们维持在一个平面内传递转矩。

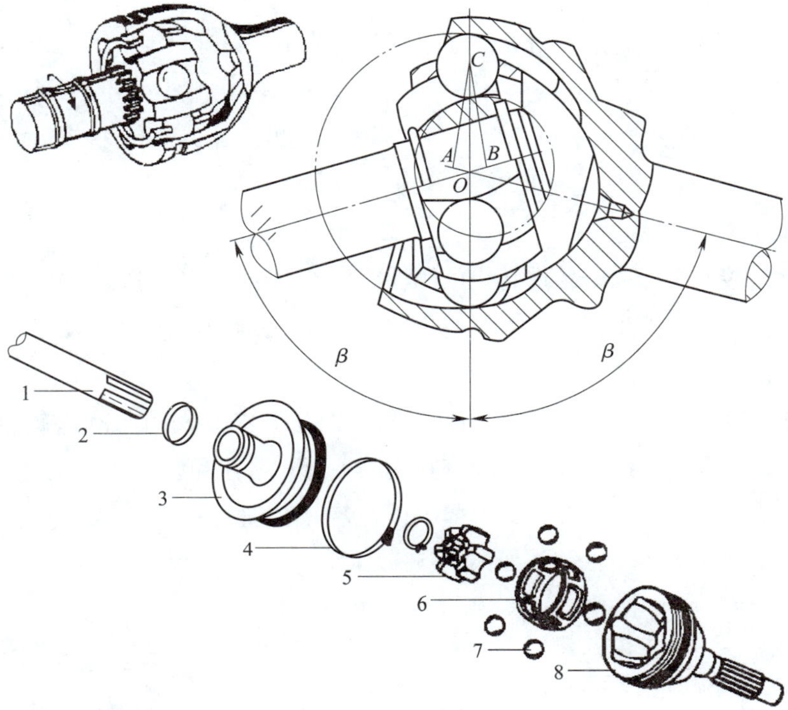

图 3-56　球笼式万向节结构

1—主动轴　2、4—带箍　3—外罩　5—星形套　6—保持架　7—钢球　8—球形壳

由于星形套外球道中心 B 和球形壳内滚道中心 A 分别位于万向节中心 O 的两边，且在保持架与球形壳和星形套相对于 O 点定心配合下保持与 O 等距，钢球中心 C 与 A、B 两点等距。由于 $OA=OB$，$CA=CB$，CO 为公共边，因此三角形 COA 与三角形 COB 全等，$\angle COA=\angle COB$。由此可知，当两轴交角变化时，传力的钢球所在平面始终平分两轴交角，即主动轴与从动轴保持等角速传动。该结构传动夹角可达 45°，传动中所有钢球均参与传力，承载能力强，结构紧凑，拆装方便。

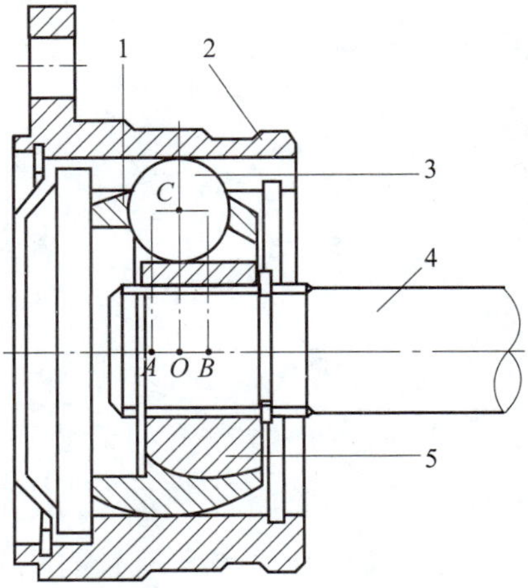

图 3-57　伸缩型球笼式万向节结构

1—保持架　2—柱状外壳　3—钢球

4—主动轴　5—星形套

为满足轿车转向驱动桥上既需等速传动，又需改变长度的要求，由上述普通球笼式万向节变形出伸缩型球笼式万向节（见图 3-57），其钢球内外滚道呈圆柱形，传动过程中星形套与柱状外壳可以沿轴向运动，从而达到改变传动路径长度的目的。其

保持架内球面中心 B 与外球面中心 A 位于万向节中心 O 点两旁，且保持与 O 点等距，从而使钢球中心 C 到 A、B 的距离相等，以保证万向节做等角速转动。该结构是以钢球的滚动实现长度伸缩的，这样既可以省去传动轴上的花键，简化结构，还可以消除花键的滑动阻力。这种伸缩型球笼式万向节可获得 10~24 mm 的长度变化量，允许的最大传动夹角只有 18°左右，因此只适合作为轿车断开式转向驱动桥的内侧万向节。

3. 传动轴和中间支承

传动轴是连接两个万向节传递转矩的刚性杆件。汽车在行驶过程中由万向传动装置连接的部件在位置上经常发生变化，为了避免运动干涉，往往在传动轴上设置可以轴向伸缩滑动的花键，以适应传动轴改变长度的需要。

花键由花键轴和滑动套配合而成，为了减少两者轴向滑动阻力和磨损，延长使用寿命，它还设有加注润滑脂的油嘴，以及密封用的油封、堵盖和防尘套，也可以对花键进行磷化处理或喷涂尼龙层，还可以在花键槽内设置各种滚动元件，将花键中的滑动摩擦转化为滚动摩擦。滚动花键传动轴结构如图 3-58 所示。

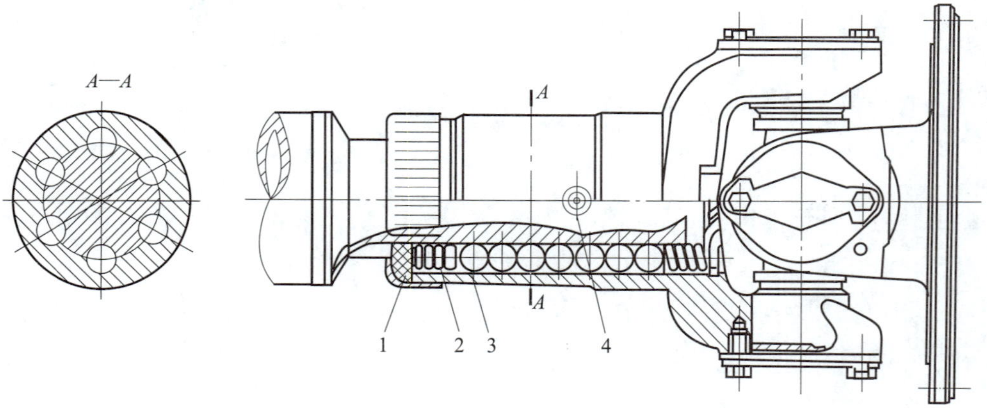

图 3-58　滚动花键传动轴结构

1—油封　2—弹簧　3—钢球　4—油嘴

当传动轴高速旋转时，微小的质量偏心都有可能产生较大的离心力，从而导致剧烈的振动。因此传动轴在与万向节装配完成后，需经过动平衡处理，即以平衡片校正传动轴（见图 3-59）上的不平衡量。为了防止使用中拆出花键后错误地安装，破坏已有的平衡，在花键轴和滑动套上均刻有指明装配位置关系的记号。

为了充分利用传动轴材料，保证其具有足够的强度和刚度，传动轴常由 3~5 mm 的钢板材料制成空心状。但在转向驱动桥和断开式驱动桥上，为了节约空间，通常将传动轴制成实心轴。

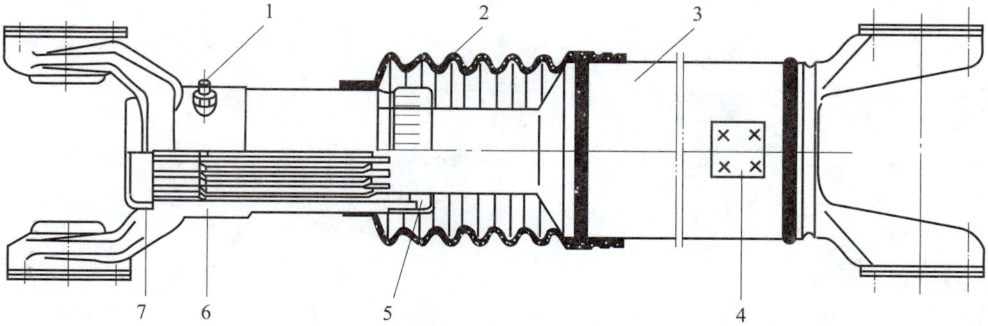

图 3-59　传动轴结构

1—注油嘴　2—护套　3—主传动轴　4—平衡片　5—油封　6—万向节滑动叉　7—堵盖

随着传动轴长度增加，其自振频率降低，易产生共振。因此当实际使用中传动轴过长时，常将传动轴分成两段或者三段，并且以中间支承（见图 3-60）加以固定。通常，中间支承安装在车架横梁上，它应能够补偿传动轴轴向和角度上的安装误差和车架变形引起的干涉，其结构如图 3-61 所示。

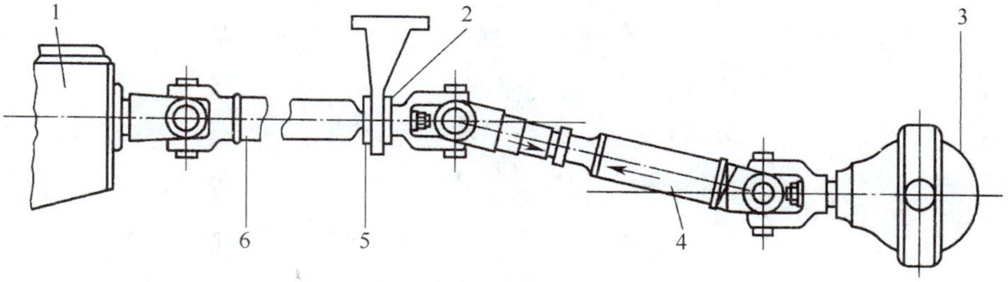

图 3-60　两段传动轴中间支承

1—变速器　2—中间支承　3—后驱动桥　4—后传动轴　5—球轴承　6—前传动轴

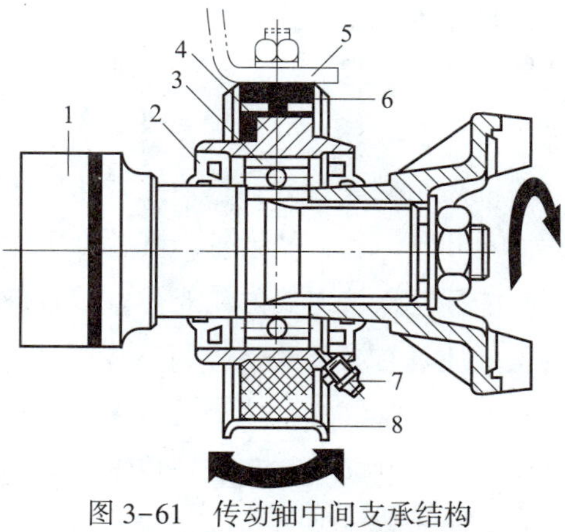

图 3-61　传动轴中间支承结构

1—传动轴　2—油封　3—轴承　4—轴承座　5—车架横梁　6—橡胶垫　7—注油嘴　8—U 形架

学习单元7　驱动桥

学习目标

- 了解主减速器的分类、结构原理
- 了解差速器的结构原理

知识要求

一、主减速器

1. 主减速器的分类

主减速器的基本作用是进一步增大驱动转矩，降低发动机转速。当采用发动机纵置的布置形式时，主减速器还具有改变转矩传递方向的作用。

按照使用要求的不同，汽车的主减速器有不同的结构形式。主减速器通常由一对或两对齿轮副实现减速传动，按减速传动齿轮副数目多少可将主减速器分为单级和双级两种形式，其结构如图3-62所示；而按主减速器能够提供的挡数可将主减速器分为单速比式和双速比式两种，前者的传动比是固定的，后者则能提供两种不同的传动比供驾驶员选择，以适应不同的行驶需要；按齿轮齿形不同还可将主减速器分为圆柱齿轮式、圆锥齿轮式和准双曲面齿轮式。

有些汽车为了获得较大的减速传动比，或者为了降低车厢地板高度，会在车轮上增加一套齿轮减速装置，称为轮边减速器。

2. 主减速器的结构原理

主减速器一般主要由一对锥齿轮构成，分别称为主减速器主动齿轮和主减速器从动齿轮。为减轻齿轮啮合传动的冲击和噪声，且使齿轮沿其长度方向磨损均匀，主减速器主动齿轮和主减速器从动齿轮均应能始终保持正确的相对位置，且应具有足够的支承刚度，以减小啮合变形。同时，在结构上应具有必要的啮合调整装置。

为此，主减速器主动齿轮通常与轴制成一体，其支承方式有跨置式和悬置式两种（见图3-63），跨置式可获得较大的支承刚度，有利于延长主动齿轮使用寿命，在输入端可采用相互贴近的轴承支承，有利于减小主减速器纵向长度。但是由于在主减速器内部需要设置主动齿轮支承点，因此主减速器壳的结构比较复杂。

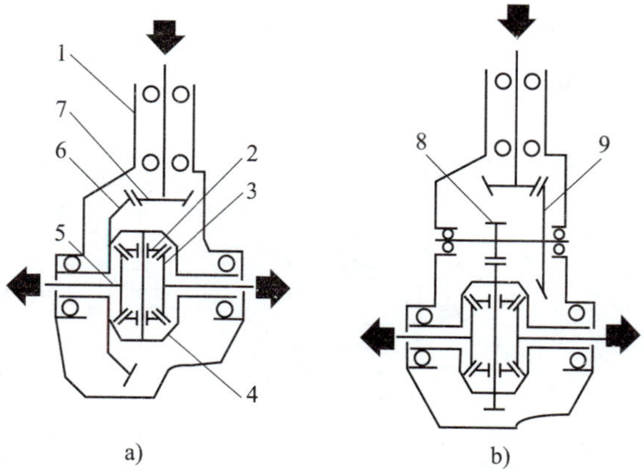

图 3-62　单级与双级主减速器结构

a）单级主减速器　b）双级主减速器

1—主减速器壳　2—差速器行星齿轮　3—半轴齿轮　4—差速器壳　5—半轴　6—主减速器从动齿轮　7—主减速器主动齿轮　8—主减速器第二级主动齿轮　9—主减速器第一级从动齿轮

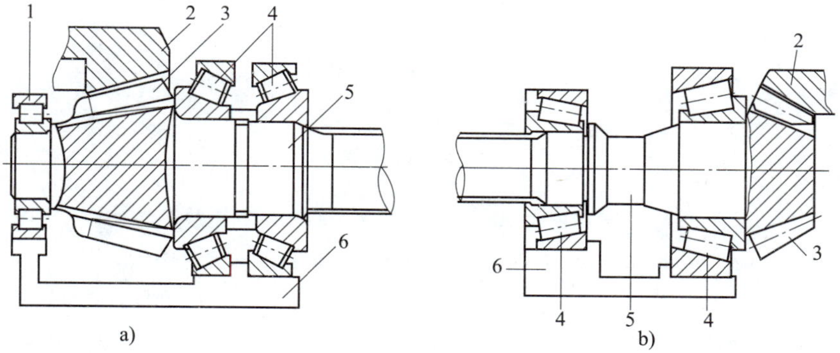

图 3-63　跨置式与悬置式支承

a）跨置式　b）悬置式

1—小端圆柱滚子轴承　2—主减速器从动齿轮　3—主减速器主动齿轮　4—大端齿轮　5—主减速器输入轴　6—主减速器壳

图 3-64 所示为东风 EQ1090E 型载货汽车单级主减速器及差速器结构。主减速器齿轮啮合位置和啮合间隙的调整，在结构上可依赖调整垫片和调整螺母来完成，借助调整垫片可实现对主减速器主动齿轮轴向位置的调整，而调整螺母能实现间隙调整。

啮合状态调整得如何可以通过在主减速器主动齿轮轮齿上涂红色颜料（红丹粉与机油的混合物）后，转动啮合的齿轮，观察红色印记位置和面积大小加以判断。一般来说，若主减速器从动齿轮正转和逆转时，轮齿工作面上的印记都位于齿高的中间偏小端，并占齿面宽度的 60% 以上，则为正确啮合（见图 3-65）。

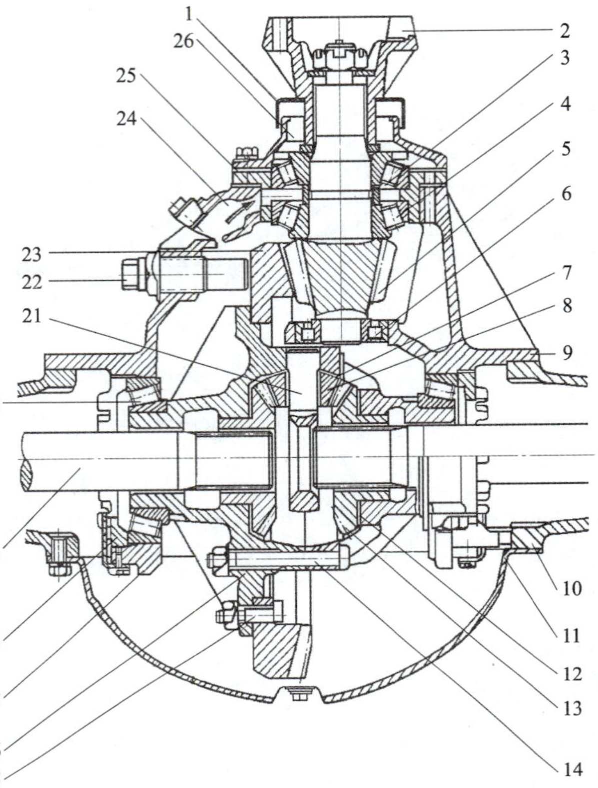

图 3-64　东风 EQ1090E 型载货汽车单级主减速器及差速器

1—防尘罩　2—凸缘　3、4—大端圆锥滚子轴承　5—主减速器主动齿轮　6—小端圆柱滚子轴承　7—行星齿轮垫片　8—行星齿轮　9—主减速器壳　10—半轴壳　11—主减速器盖　12—半轴齿轮推力垫片　13—半轴齿轮　14—差速器壳连接螺栓　15—主减速器从动齿轮螺栓　16—差速器壳　17—差速器轴承盖　18—调整螺母　19—半轴　20—差速器轴承　21—行星齿轮轴　22—限位支承螺栓　23—主减速器从动齿轮　24—轴承润滑油道　25—调整垫片　26—油封

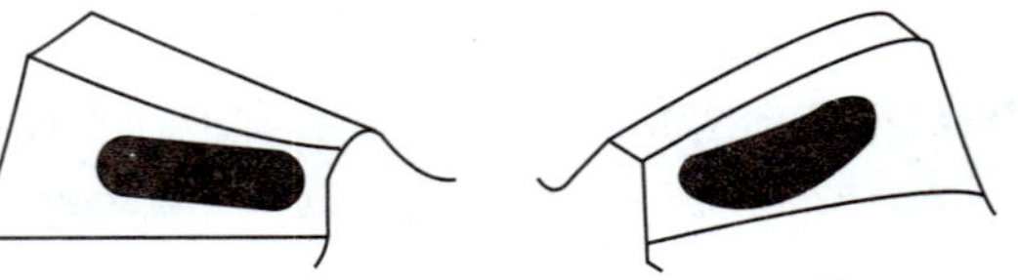

图 3-65　主减速器从动齿轮正确的啮合印记位置

正常的啮合间隙应在汽车生产厂家所规定的范围以内。若间隙过大，应将主减速器从动齿轮调向主减速器主动齿轮，反之亦然。为保证调节后的差速器圆锥滚子轴承预紧度不

变，一端调整螺母拧入的圈数应等于另一端调整螺母拧出的圈数。

为使汽车驱动桥具有足够的离地间隙，充分降低车厢地板高度，应在保证驱动所需传动比和足够齿轮强度前提下，尽可能减少主减速器主动齿轮齿数，这样可以相应减小主减速器从动齿轮的直径。由于从保证齿轮齿根不发生根切的角度出发，各种齿轮的最少齿数限制不同，主减速器齿轮采用不同齿形所获得的效果也不相同，而螺旋锥齿轮不发生根切的最小齿数比直齿齿轮少，因此采用螺旋锥齿轮在同样传动比条件下，结构比较紧凑、运转平稳、噪声较低。此外，准双曲面齿轮被越来越多地应用在汽车上，其主要原因是，与螺旋锥齿轮相比，准双曲面齿轮（见图 3-66）工作平稳性更好，轮齿的弯曲强度和接触强度更高，同时，它还具有让主减速器主动齿轮轴线可相对主减速器从动齿轮轴线向下偏置的特点。这种偏置可在保证汽车离地间隙的同时，降低主减速器主动齿轮和传动轴的位置，从而降低车身和整车重心高度，提高汽车行驶稳定性。

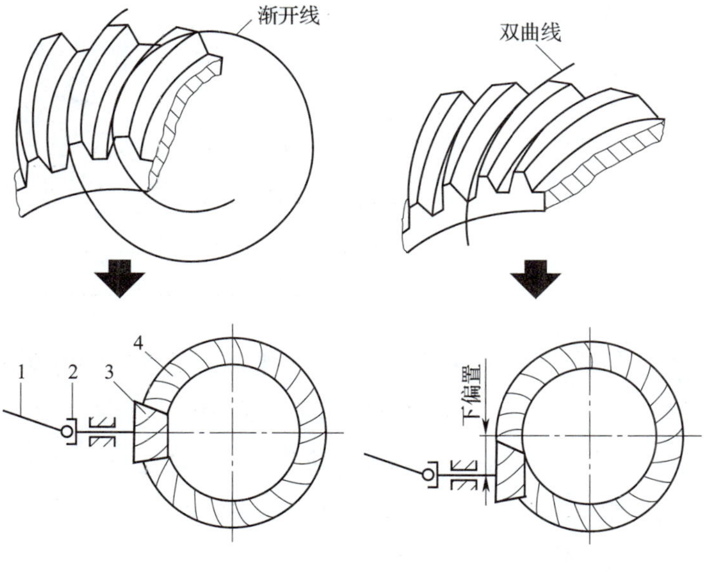

图 3-66　准双曲面齿轮

1—传动轴　2—万向节　3—主减速器主动齿轮　4—主减速器从动齿轮

但是，准双曲面齿轮工作时，齿面存在较大的相对滑动，齿面间工作压力很大，齿面油膜易受到破坏。因此，只有采用含有防刮伤添加剂的专用双曲面齿轮油，才能达到减小摩擦、延长使用寿命和提高效率的目的，绝不可以用普通齿轮油代替。

主减速器内的润滑主要靠飞溅方式完成，但由于小端圆柱滚子轴承润滑较为困难，因此可在壳体上铸专门的进油道和回油道。齿轮传动时飞溅起的润滑油由进油道流入轴承小端，依靠离心力作用，润滑油由轴承小端甩向大端，随后经回油道流回油底壳。为防止壳内气压过高导致润滑油渗漏，主减速器壳上设有通气塞。

二、差速器

汽车行驶过程中，车轮对路面的相对运动有两种状态，即滚动和滑动。其中滑动又分滑转和滑移两种。

设车轮中心在车轮平面内相对路面的移动速度为 v，车轮旋转角速度为 ω，车轮滚动半径为 r，则车轮处于不同运动方式中的特征见表 3-7。

表 3-7　　车轮处于不同运动方式中的特征

运动状态	滚动	滑动	
		滑转	滑移
图示	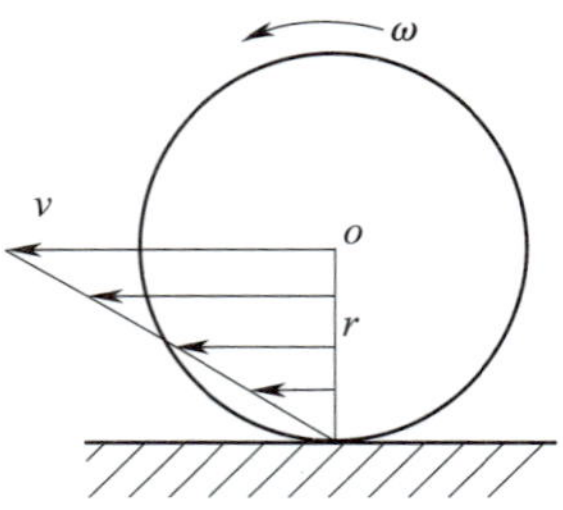	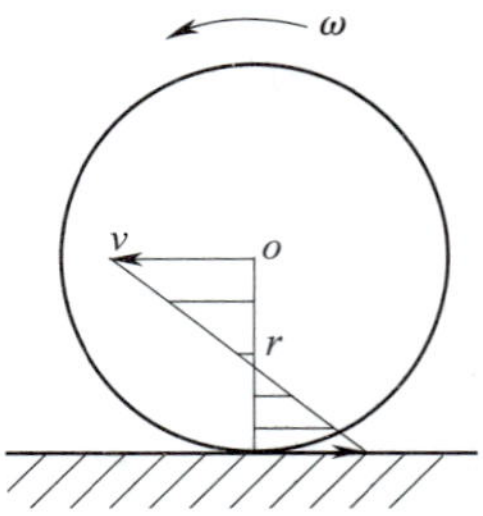	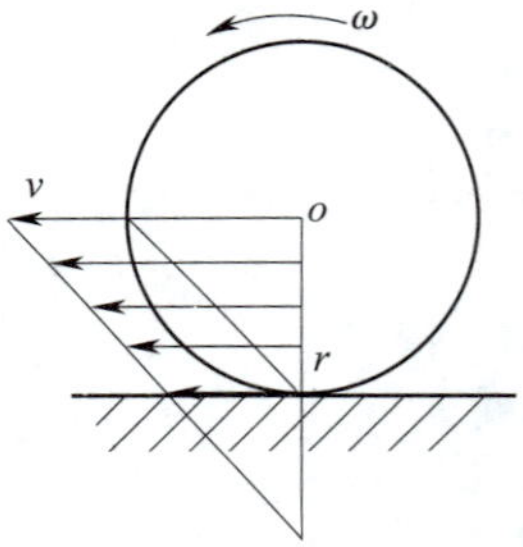
特征	$v=r\times\omega$	$v<r\times\omega$	$v>r\times\omega$

当汽车转弯行驶时，内、外两侧车轮绕同一中心旋转，故在同一时间内，外侧车轮驶过的曲线距离显然大于内侧车轮。若两侧车轮固定于同一刚性转轴上，以同一角速度转动，则外侧车轮必然会边滚动边滑移，而内侧车轮却会边滚动边滑转。同样的情形也会发生在不平路面的直线行驶时，因为此时两侧车轮实际运动的曲线距离仍然会不相等。此外，轮胎承载不同、气压不同、磨损不同也会导致各车轮的滚动半径实际上不可能完全相等，因此，只要各车轮角速度相等，即使在非常平直的路面上，车轮相对路面的滑动也必然存在。

车轮相对路面的滑动一方面会加速轮胎磨损，增加动力损耗，另一方面，还会影响轮胎与地面的附着，破坏汽车转向、驱动和制动性能。为此，汽车在结构上必须能够保证允许各个车轮以不同角速度旋转。这一点对从动轮而言并无问题，因为它们本身就独立地与车轴相连。但对驱动轮来说，由于左右车轮与车轴刚性相连，便会出现上述运动干涉。为了保证驱动轮在不中断动力传递的情况下，以不同角速度旋转，需要将连接两车轮的车轴断开（称为半轴），且在半轴和主减速器之间加入一个被称为轮间差速器的机构。

同理，在多轴驱动的汽车上，各驱动桥间由传动轴相连，所有驱动轮在转速上也会出现运动干涉现象，为了消除这些不利影响，需要在各驱动轴间加设差速器。

汽车差速器的传动机构多采用行星齿轮系统。按齿轮形状，齿轮式差速器有圆锥齿轮式和圆柱齿轮式两种。按两侧输出转矩是否相等，齿轮式差速器有对称式和不对称式两种，如图 3-67 所示。对称式齿轮差速器用作轮间差速器或平衡悬架上两驱动桥之间的轴间差速器。不对称式齿轮差速器用作前、后驱动桥之间或前驱动桥与中、后驱动桥之间的轴间差速器。

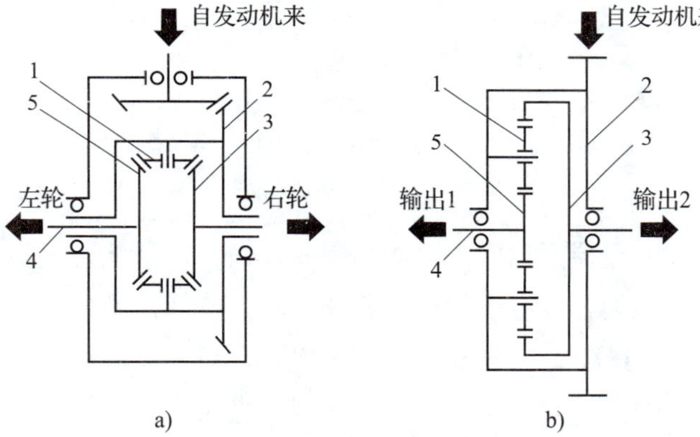

图 3-67　齿轮式差速器

a）对称式齿轮差速器　b）不对称式齿轮差速器

1—行星轮　2—主减速器从动齿轮（差速器壳）　3、5—半轴齿轮　4—半轴

对称式圆锥齿轮差速器由行星齿轮、十字行星齿轮轴、半轴齿轮、差速器壳等组成，如图 3-68 所示。行星齿轮个数由差速器传递转矩大小决定，中级以下轿车的差速器通常设两个行星齿轮，此时的行星齿轮轴为一根直轴。大多数汽车的差速器有四个行星齿轮，行星齿轮轴为十字轴，差速器壳由两部分组成，主减速器从动齿轮用铆钉或螺栓固定在差速器壳左半部的凸缘上。装合时，十字行星齿轮轴的四个轴颈嵌在两差速器壳凹槽形成的孔内。十字行星齿轮轴每个轴颈浮套一个直齿圆锥行星齿轮，分别与两个直齿圆锥半轴齿轮啮合。半轴齿轮的轴颈支承在差速器壳相应的座孔内，并用花键与半轴相连。动力自主减速器从动齿轮依次经过差速器壳、十字行星齿轮轴、行星齿轮、半轴齿轮和半轴输出给驱动轮。当两侧车轮以相同速度旋转时，行星齿轮绕半轴轴线转动，形成行星齿轮的公转。而当两侧车轮遇到不同阻力时，行星齿

轮除做上述公转外，还绕自身轴线自转，此时，两半轴齿轮带动两侧车轮以不同转速转动。

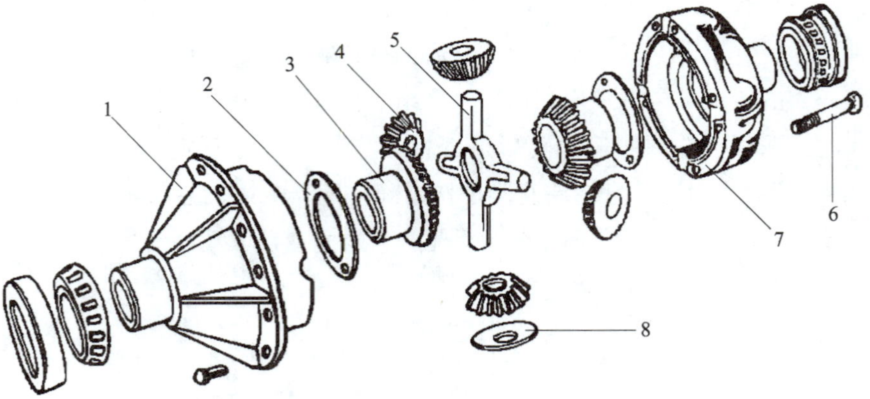

图 3-68 对称式圆锥齿轮差速器分解图

1、7—差速器壳 2 半轴齿轮推力垫片 3—半轴齿轮

4—行星齿轮 5—十字行星齿轮轴 6—差速器壳螺栓 8—行星齿轮球面垫片

行星齿轮的背面及差速器壳相应内表面均制成球面，以保证行星齿轮对正中心，有利于和两个半轴齿轮正确地啮合。由于行星齿轮和半轴齿轮都是锥齿轮传动，在动力传递时会产生很大的轴向力，另外，在齿轮与差速器壳之间存在相对运动，因此为减少齿轮与差速器壳间的磨损，在半轴齿轮和行星齿轮与差速器壳之间分别装有铜或聚甲醛塑料制成的平垫片和球面垫片，利用这些垫片可以调整半轴齿轮和行星齿轮的啮合间隙。

差速器壳中的润滑油可从壳体上的进出液窗口进入，为保证行星齿轮和十字行星齿轮轴轴颈间有良好的润滑，在十字行星齿轮轴轴颈上铣有平面，并在行星齿轮的轮齿间钻有通油孔。

汽车差速器是依据行星齿轮的差速原理工作的，汽车上常见的对称式圆锥齿轮差速器结构如图 3-69a 所示，与主减速器从动齿轮连为一体的差速器壳中装有行星齿轮轴，形成行星齿轮架，作为差速器的主动件；通过行星齿轮带动的左右两半轴齿轮是差速器的从动件。差速器的工作状态分为行星齿轮无自转和有自转两种（见图 3-69d），假设差速器壳以角速度 ω_0 输入，左右两半轴齿轮的输出角速度分别为 ω_1 和 ω_r，行星齿轮中心到差速器旋转轴线（半轴轴线）的距离为 r，行星齿轮半径为 r_4。则当汽车直线行驶时，行星齿轮仅有随行星架（差速器壳）绕差速器旋转轴线公转的运动，即行星齿轮无绕行星齿轮轴的自转运动，行星齿轮上 A、B、C 点具有相同的速度 $\omega_0 \times r$，于是有 $\omega_1 = \omega_r = \omega_0$，即此时差速器无差速作用，两半轴输出角速度等于差速器壳的角速度（见图 3-69c）。

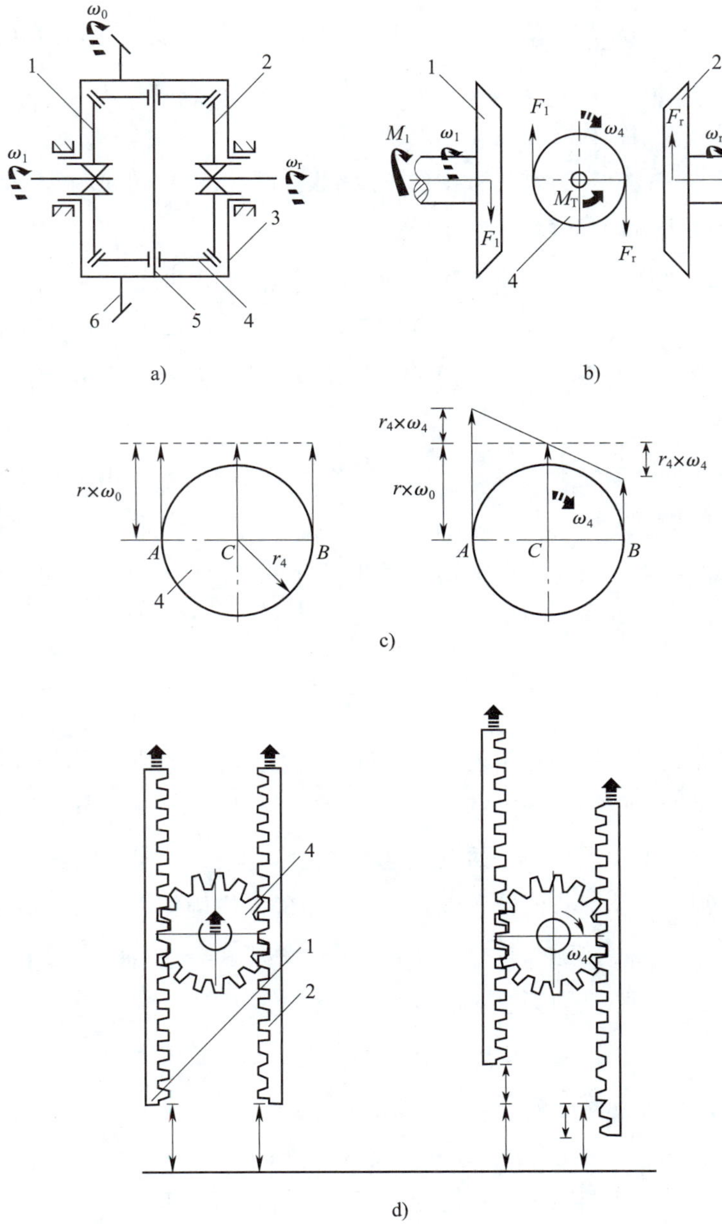

图 3-69　对称式圆锥齿轮差速器

a）结构　b）转矩分配　c）角速度　d）差速器工作状态

1—左半轴齿轮　2—右半轴齿轮　3—差速器壳　4—行星齿轮　5—行星齿轮轴　6—主减速器从动齿轮

当汽车转弯行驶时，行星齿轮除有上述公转角速度 ω_0 外，还存在绕行星齿轮轴的自转角速度 ω_4，行星齿轮啮合点 A 的圆周速度为 $\omega_0 \times r + \omega_4 \times r_4$，即 $\omega_1 \times r = \omega_0 \times r + \omega_4 \times$

r_4；而啮合点 B 的圆周速度为 $\omega_0 \times r - \omega_4 \times r_4$，也可表述为 $\omega_r \times r = \omega_0 \times r - \omega_4 \times r_4$。将上述两等式左边和右边分别相加，消去 $\omega_4 \times r_4$ 后可知 $\omega_1 + \omega_r = 2\omega_0$，也可用转速表达为 $n_1 + n_r = 2 \times n_0$。

由此可知，对称式圆锥齿轮差速器的运动特征为：左右两侧半轴齿轮的转速之和等于差速器壳转速的两倍。在汽车行驶过程中便可以借助行星齿轮自转使两侧驱动的车轮以不同的转速在地面上做无滑动的滚动，实现差速。

从上述所得公式中还可知道，当 $n_1 = 0$ 时（右轮陷入泥坑时的情形），$n_r = 2 \times n_0$；而当 $n_0 = 0$ 时，$-n_1 = n_r$。这表明在某些特殊工况下，差速器给驱动轮提供了多余的运动自由度，前种情况意味着汽车会发生打滑，后种情况则表明中央制动器作用时，$n_0 = 0$，但并不能将汽车绝对锁死。

对称式圆锥齿轮差速器的转矩分配可以通过图 3-70b 来分析，由主减速器传来的主动转矩 M_0 经差速器壳、行星齿轮轴、行星齿轮和半轴齿轮传给半轴。由于行星齿轮相当于一根等臂杠杆，且两个半轴齿轮直径相同，因此当行星齿轮无自转时，主动转矩 M_0 总是平均分配给左、右两个半轴齿轮（左、右半轴齿轮转矩分别为 M_1、M_r），即：

$$M_1 = M_r = \frac{1}{2} M_0$$

这种转矩分配方式对于在平坦路上行驶的汽车来说，并无大碍，但在不平坦路上却会大大影响车辆的通过性。例如，当车辆某一驱动轮与湿滑路面相接触时，往往会导致该车轮原地滑转，另一车轮即使在平坦路面上，也无法正常行驶。这是因为在差路面上的车轮与路面之间附着力很小，路面只能给予该侧半轴很小的反作用转矩，而差速器转矩平均分配的特点，使得与平坦路面接触车轮上分配到的转矩只能和与差路面接触车轮的很小转矩一致，最终汽车获得的总驱动力无法克服行驶阻力，无法前进。

为了量化地衡量差速器转矩分配的特点，定义了锁紧系数 K，用它来表征差速器能够实现转矩转移量的大小。锁紧系数为：

$$K = M_r / M_1$$

目前大量使用的对称式圆锥齿轮差速器的锁紧系数 K 为 1.1~1.4。

综上所述可知，采用普通行星齿轮差速器使汽车通过坏路面的行驶能力受到限制。若能在一个驱动轮滑转时，设法将大部分转矩甚至全部转矩传给不滑转的驱动轮，便可以充分利用平坦路面一侧车轮上的附着力，提高汽车的越野性能，因此出现了各种防滑式差速器，如托森差速器、黏性联轴差速器等。

学习单元8 车架

学习目标

➢ 了解框架式车架、脊梁式车架和综合式车架

知识要求

除普通轿车和部分大客车外，现代大多数汽车均有起着骨架作用的车架，它承担着两个重要的任务，即作为支承连接汽车各总成零件的安装基体，承受车内外的各种静载荷；在汽车极为复杂的行驶工况中，承受动载荷。

汽车车架按其结构形式的不同可分为框架式、脊梁式（又称中梁式）和综合式三种，其中框架式又可分为边梁式、周边式和X式。

一、框架式车架

1. 边梁式车架

边梁式车架由两根纵置的边梁（纵梁）和若干根连接边梁的横梁构成。通常，用铆接或焊接的方法将它们连接为一个坚固的刚性构架。前一种连接方式适合于大量流水生产，如生产普通载货汽车车架；而后一种连接方式则更适合于小批量生产方式，如生产大客车车架、挂车车架等。

纵梁用低合金钢钢板冲压而成，主要承受沿汽车纵向作用的力产生的弯曲载荷，其断面可以是开放的槽形、工字形或Z形，也可以是封闭的箱形，如图3-70所示。开放的断面形式具有制造简单和连接安装方便的优点，故得到了广泛应用；而封闭断面形式具有较强的抗扭能力，常被用于纵梁上那些承受较大局部扭转载荷的部位，甚至是越野车的整根纵梁。

图3-71所示为一载货汽车车架，它由两根纵梁和八根横梁铆接而成。其中纵梁为槽形不等高断面梁。由于纵梁所受弯矩两端小、中部大，且要有效利用材料的强度，使应力分布更加均匀，因此中部断面高度大，两端断面高度逐渐减小，以达到减轻结构质量的目的。为了便于总成安装，且为车轮跳动留出更多空间，纵梁采用了上部水平、下部收缩的结构方式。为安装诸如钢板弹簧、燃油箱、蓄电池、备用轮胎、转向机等总成，在左右纵

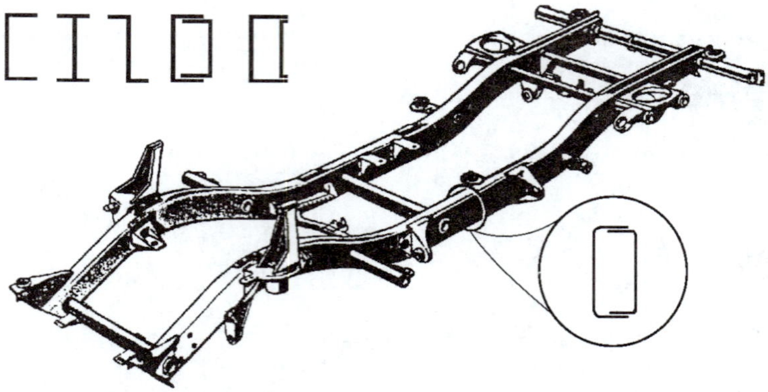

图 3-70　车架纵梁的断面形式

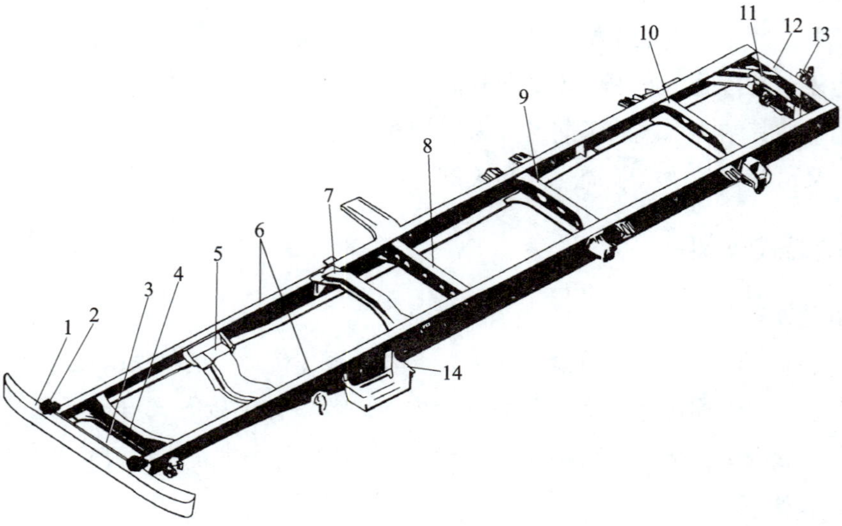

图 3-71　东风 EQ1090E 载货汽车车架结构

1—保险杠　2—挂钩　3—前横梁　4—发动机前悬置横梁　5—发动机后悬置横梁　6—纵梁
7—驾驶室后悬置横梁　8—传动轴中间支承横梁　9—后钢板弹簧前支架横梁　10—后钢板弹簧后支架横梁
11—后拖钩加强横梁　12—后横梁　13—后拖钩总成　14—蓄电池托架

梁上各设有 100 多个安装孔。

有时，为了增强局部的连接强度，普通轿车上也会增设车架或副车架结构，这些车架结构通常与轿车承载式车身连为一体，起到局部的加强作用（见图 3-72、图 3-73）。

边梁式车架结构的优点是便于安装驾驶室、车厢和其他总成，便于总成的设计布置，便于改装变形车等，还有利于汽车系列产品的开发，因此被广泛用于载货汽车、大客车和各类特种汽车上，应用最为广泛。

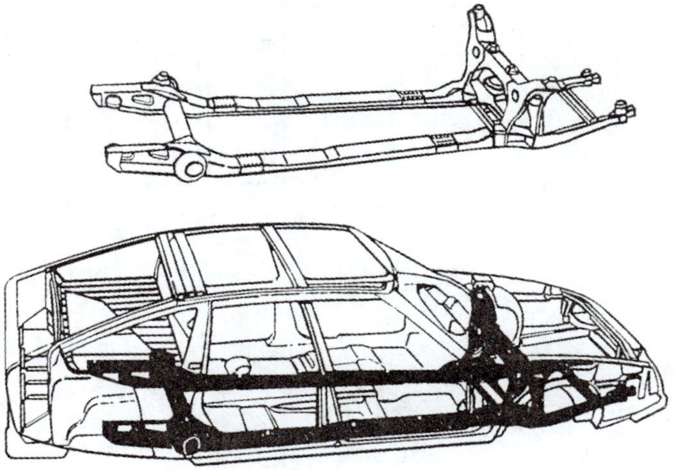

图 3-72　雪铁龙 CX 轿车的附加车架结构

2. 周边式车架

周边式车架由边梁式车架派生而来，中部纵梁间距宽，前后两端纵梁间距窄。前部宽度取决于转向前轮的最大转角，后部宽度取决于后轮轮距，中部宽度则取决于车身门槛梁的内壁宽度，中部与前后部的连接处用缓冲臂或抗扭盒连接过渡，具有一定的弹性，可缓和不平路面造成的冲击。此种车架结构较复杂，多用于中、高级轿车（见图 3-74）。

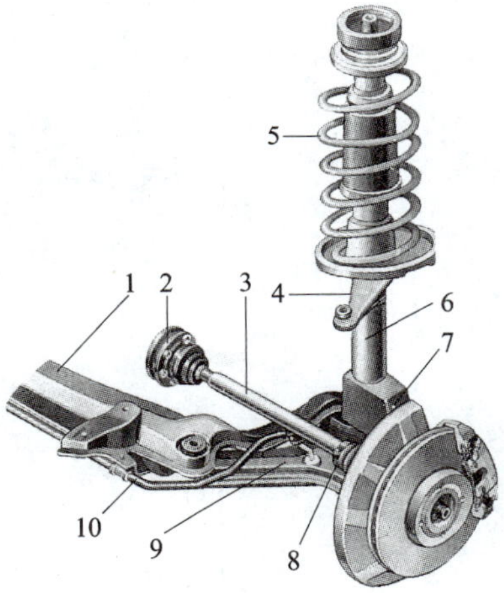

图 3-73　大众桑塔纳轿车的副车架结构

1—副车架　2—伸缩型球笼式万向节　3—半轴　4—转向节臂　5—悬架弹簧　6—套管　7—转向节　8—等速万向节　9—导向臂　10—横向稳定杆

3. X 式车架

X 式车架由两根纵梁及 X 形的横梁组成，这种 X 形布置的横梁可将转矩转化为弯矩，具有较高的抗扭刚度，这种效果对短而宽的车架尤为明显，因而在某些轿车上得到应用（见图 3-75）。

二、脊梁式车架

如图 3-76 所示是一个具有脊梁式车架的轿车底盘，中间脊梁采用封闭的管状结构，传动轴安装在管内，主减速器壳固定在中间脊梁尾端，采用断开式驱动桥，中间脊梁前端连有向两旁伸出的支架，以支承发动机、前轴总成等部件。

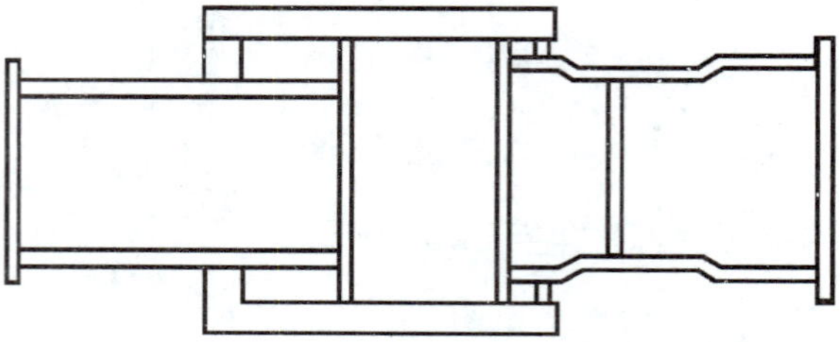

图 3-74　周边式车架结构

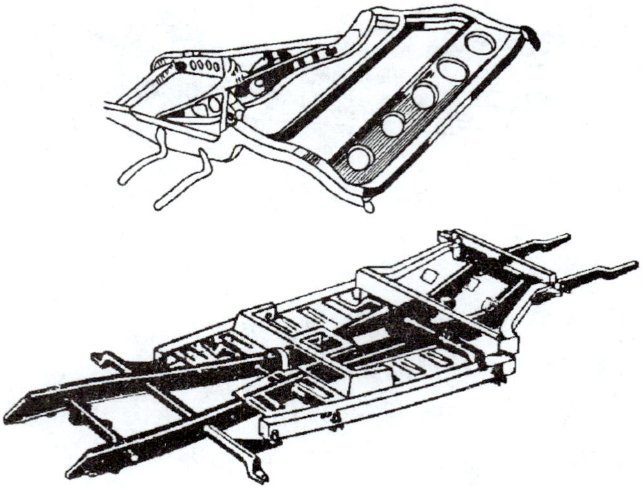

图 3-75　X 式车架结构

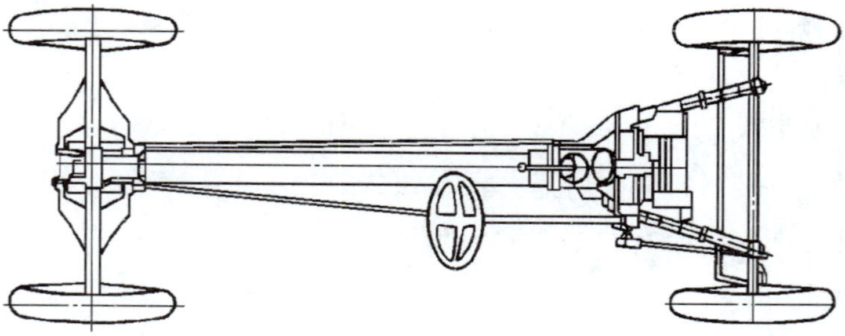

图 3-76　具有脊梁式车架的轿车底盘

脊梁式车架为车轮跳动提供了较大的空间，特别适合于与独立悬架相配使用，可提高汽车的越野性；其车架质量较轻，重心较低，车架的强度和刚度较大，中间脊梁还能封闭传动轴，起到防尘的作用。但是，这种车架的制造精度要求高，工艺难度大，保养维修不便。

三、综合式车架

综合式车架（见图 3-77）是边梁式车架与脊梁式车架形式的综合，通常中部具有较大的扭转刚度，但也存在制造工艺复杂的缺点，使用较少。

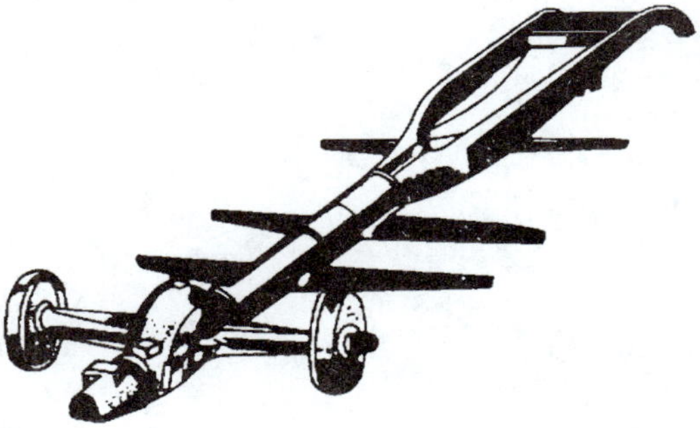

图 3-77　综合式车架结构

四、立体桁架式车架

随着汽车制造业的发展，车架的结构形式呈现出日益多样化的趋势，以钢管组合焊接而成的立体桁架式车架结构（见图 3-78）能有效增加汽车整体的强度和刚度，故已在赛车、大客车和特种汽车上得到广泛应用。

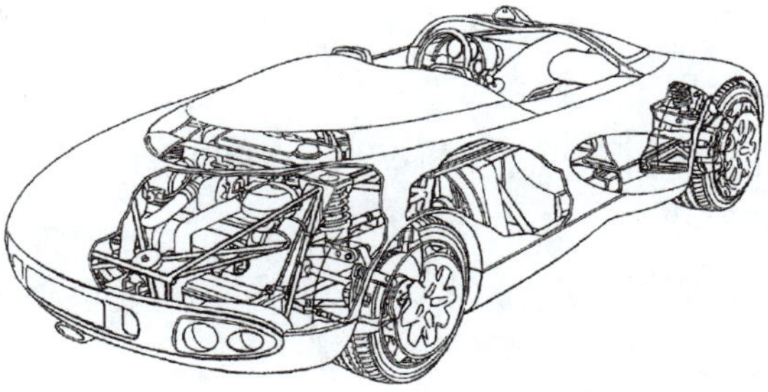

a)

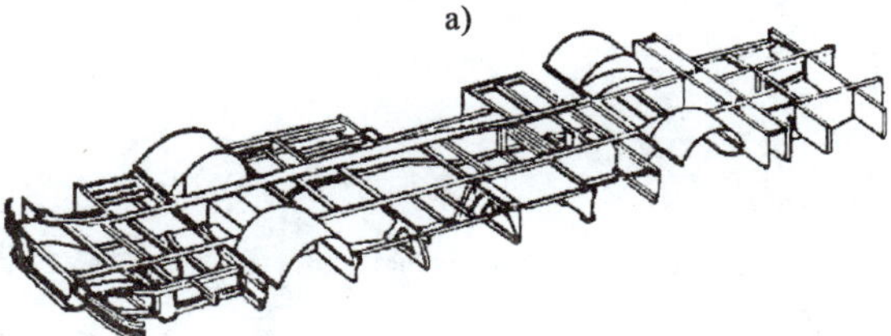

b)

图 3-78　桁架式车架结构

a）轿车桁架式车架　b）大客车桁架式车架

学习单元9 车桥与车轮

学习目标

- 了解转向桥的结构组成
- 熟悉转向轮定位
- 了解转向驱动桥的结构组成
- 熟悉车轮与轮胎的参数和结构

知识要求

汽车车桥又称车轴，通过悬架与车架或承载式车身相连接，两端与左右车轮连接。它的基本作用是安装车轮和悬架，传递车架与车轮之间的各种作用力。为实现上述功用，车桥必须满足以下要求：有足够的强度和刚度，传力可靠，保证悬架和车轮安装定位等。

根据悬架结构的不同，车桥可分为整体式车桥和断开式车桥两种，前者中部是刚性的实心或空心梁结构，用于非独立悬架；后者采用活动关节式结构，与独立悬架配用。根据车桥上车轮所起作用不同，车桥又可分为转向桥、驱动桥、转向驱动桥和支持桥（又称随动桥）四种类型，其中转向桥和支持桥为从动桥，驱动桥和转向驱动桥为主动桥。采用前轮驱动方式的现代大多数轿车和采用全轮驱动方式的越野车，其前桥为转向驱动桥。

一、转向桥

转向桥利用其轴端起铰链作用的转向节使车轮在一定的偏转角度范围内实现汽车的转向。它除了能够承受汽车上下颠簸产生的垂直载荷外，还需承受驱动、制动和转弯行驶时产生的纵向力和横向力，以及由这些力引起的力矩。由于转向桥大多位于汽车的前部，因此也常被称为前桥。

整体式转向桥（见图3-79）由前梁、转向节、转向主销等组成，而断开式转向桥（见图3-80）则由转向节、悬架导向臂等构成。

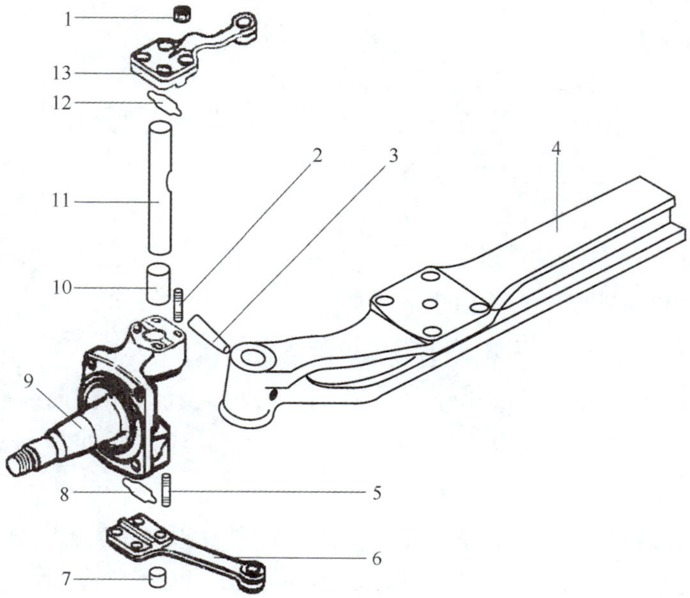

图 3-79　整体式转向桥结构

1、7—螺母　2、5—双头螺栓　3—楔形锁销　4—前梁　6—转向梯形臂　8、12—密封垫
9—转向节　10—转向节衬套　11—转向主销　13—转向节臂

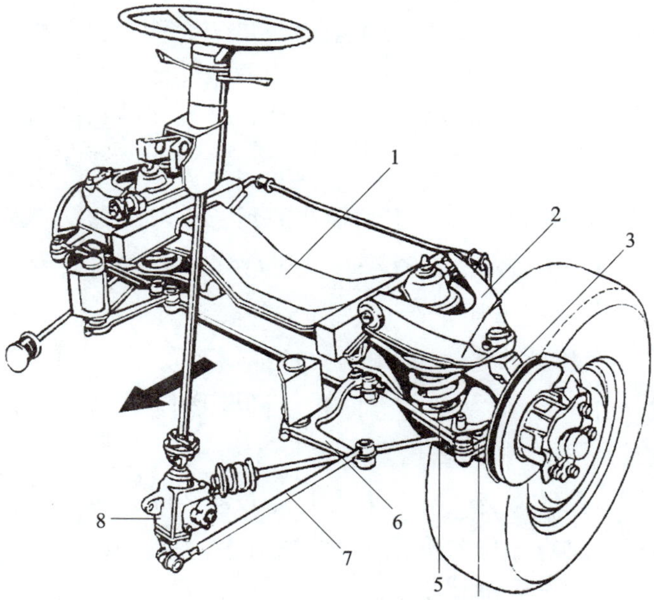

图 3-80　大众轻型载货汽车断开式转向桥结构

1—车架　2—悬架导向臂　3—转向节　4—转向节臂　5—转向横拉杆
6—转向三角臂　7—转向直拉杆　8—转向机

二、转向轮定位

为保证汽车稳定的直线行驶能力，降低驾驶员工作的疲劳强度，提高转向系统反应速度，增加行车的安全性，延长轮胎使用寿命，改善行车操纵稳定性，汽车转向轮应能满足以下要求。

- 轮胎磨损小——汽车行进过程是驾驶员不断地调整方向的过程，此时，会加剧轮胎的磨损，好的转向桥应能使转向轮磨损减至最小。
- 转向轻便——驾驶员可以用较小的力控制汽车转向。
- 能自动回正——当转向轮受外力作用发生偏转，或汽车转向行驶过程中转向轮发生偏转时，一旦施加在转向盘上的外力消失，转向轮应能立即自动回正到直线行驶的位置。

满足这些要求需依赖转向轮正确的定位。汽车转向轮的空间位置由转向轮本身、转向节和前梁的相对安装关系来确定，这些关系反映到转向轮的几个定位参数上，包括主销后倾角、主销内倾角、前轮外倾角、前轮前束等。

汽车的转向桥设计中，转向主销在汽车的纵向和横向平面内都存在一定的倾角。其中转向主销在纵向平面内上部向后方倾斜的角度，称为主销后倾角。而转向主销在横向平面内上部向内倾斜的角度，称为主销内倾角。前轮中心平面相对于地面也不垂直，该中心平面一般向外倾斜一定的角度，称为前轮外倾角。此外，从上方俯视两前轮，其车轮中心平面也并非平行朝前，一般会呈现前窄后宽的朝内收敛姿态，称为前轮前束。

当转向主销具有后倾角时，转向主销轴线的延长线与路面交点将处于车轮与地面接触点的前方，如图3-81所示。在汽车行驶过程中，若转向轮发生偏转，导致汽车行驶方向发生改变，汽车自身质量会产生一个与转弯方向相反的离心力，为平衡此离心力的作用，地面必然会在接触点处对车轮产生一个与离心力方向相反的摩擦反作用力 F。由于该反作用力 F 的作用点与转向主销轴线 $O-O$ 存在一段距离 a，因此必将会对车轮产生大小为 $F\times a$ 的力矩作用。该力矩方向恰好与车轮原偏转方向相反，它将使已偏转的车轮回复到中间平衡位置，保证了汽车具有稳定的直线行驶能力，此力矩称为稳定力矩。但是，该力矩也不可过大，过大会造成转向沉重，一般采用的主销后倾角为2°~3°。

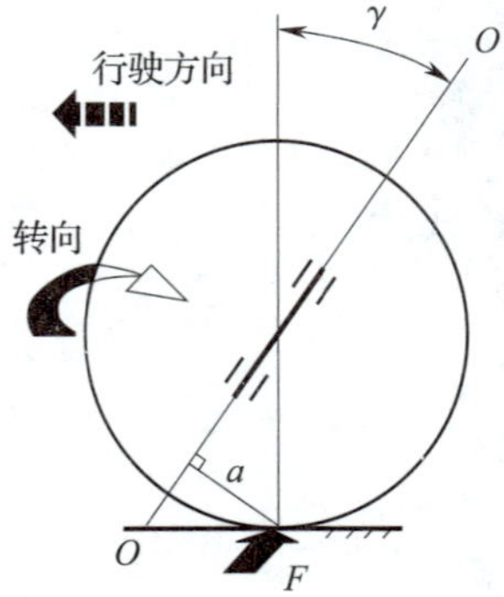

图3-81　主销后倾角及其作用

主销内倾角有使车轮自动回正和减少车轮磨损的作用。如图 3-82 所示，当转向车轮绕转向主销转动时（为解释方便，假设车轮转过 180°，至图中双点画线所示位置），车轮的最低点将陷入地面以下，实际上这意味着转向轮将连同整个汽车前部一起被托起一个相应的高度，这时汽车本身的重力有使转向轮回复到原中间位置的效应，主销内倾角还可减小转向主销轴线与地面交点到车轮中心平面与地面交点之间的距离 c，这样有利于减小转向时驾驶员需在转向盘上施加的力，使转向操纵轻便，同时还可减小转向轮传给转向盘的冲击力。但是，c 值也不宜过小，也就是说，主销内倾角不宜过大，否则会出现转向时轮胎在地面上滑动量增大的后果，这样一方面会增大轮胎与路面间的摩擦阻力，使得转向变得沉重，另一方面也会加速轮胎的磨损。因此，主销内倾角一般不大于 8°，偏置距 c 一般为 40~60 mm。

前轮外倾角（见图 3-83）是另一个重要的车轮定位角，它可与主销内倾角一起减小转向盘作用力，同时还能补偿载荷增加引起车桥变形而带来的车轮内倾，减少轮胎的偏磨。车轮外倾可形成路面对车轮垂直反作用力 N 沿轮毂轴向向内的分力 F，该力会将轮毂压向内端的轮毂大轴承，而非产生向外压迫外侧小轴承的负荷，从而延长外侧小轴承使用寿命。适当大小的前轮外倾角还有利于车轮与路面路拱的协调。但是，过大的前轮外倾角会导致轮胎的偏磨，一般前轮外倾角为 1°左右。

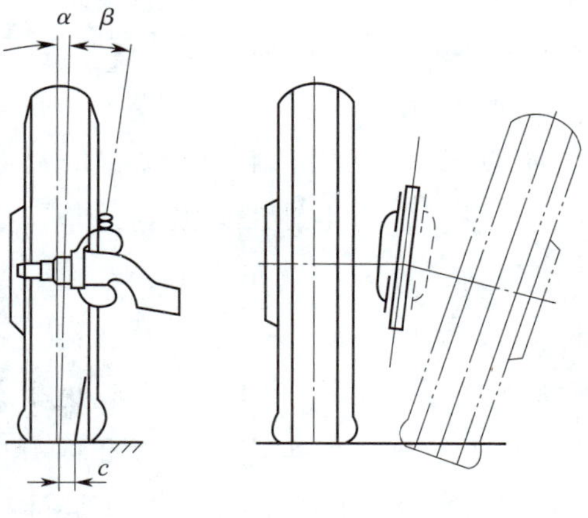

图 3-82　主销内倾角的自动回正作用

α—前轮外倾角　β—主销内倾角

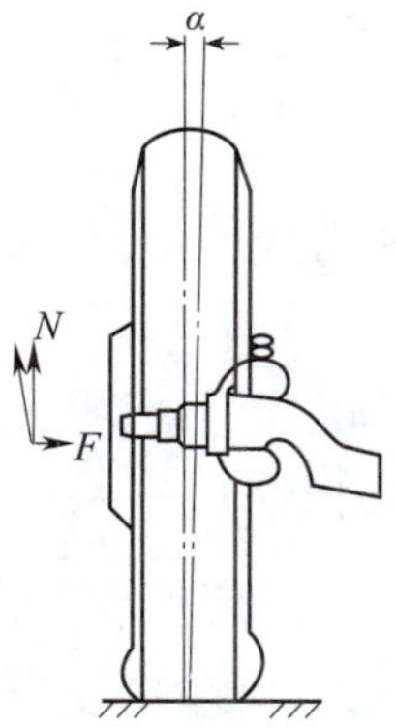

图 3-83　前轮外倾角及其作用

α—前轮外倾角

具有外倾角的车轮滚动起来犹如一个滚锥，两个具有外倾角的转向轮在这种“滚锥效应”作用下，会产生向外分离的滚动趋势。尽管由于前轴的约束作用，这种分离并不能发生，但是它会导致轮胎在地面上的边滚边滑现象，从而加剧轮胎的磨损。为了弥补车轮外倾造成的滚动不协调，实际汽车上的左右车轮中心面不平行，通常两轮前边缘距离小于后边缘距离，其差值（$A-B$）被称为前轮前束（见图 3-84）。前轮前束可以通过调节转向横拉杆长度来调整。

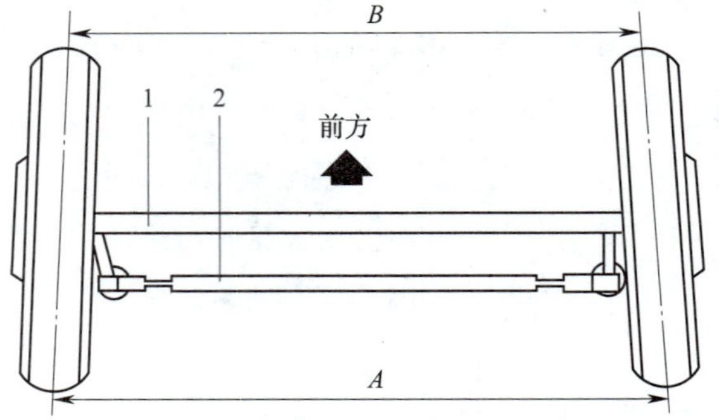

图 3-84　前轮前束

1—车轴　2—转向横拉杆

三、转向驱动桥

采用全轮驱动的越野车上，汽车的转向桥还兼有驱动的作用；一些采用发动机前置、前轮驱动的轿车也有一个既用来驱动也用来转向的前桥。这种兼有驱动和转向功能的车桥称为转向驱动桥。

一般轿车的转向驱动桥是一种与独立悬架相配的车桥结构，通常由复合变速器，主减速器和差速器组成的变速驱动装置，左、右两半轴，以及为适应车轮独立跳动而设置在半轴上的万向节等组成。变速驱动装置安装在车身上，经由悬架导向机构连接的车轮可相对车身在空间做上下跳动。为保证汽车在驱动及转向过程中的运动平稳性，半轴上的万向节一般采用等速万向节。此外，由于在车轮上下跳动过程中，车轮中心与变速驱动装置的输出端之间的距离会发生变化，因此内万向节采用可改变轴向长度的伸缩型球笼式万向节。图 3-85 所示是轿车上常见的转向驱动桥。

四、车轮与轮胎

车轮与轮胎是汽车行驶系统中极其重要的部件之一，它处于车轴和地面之间，具有如下基本功用。

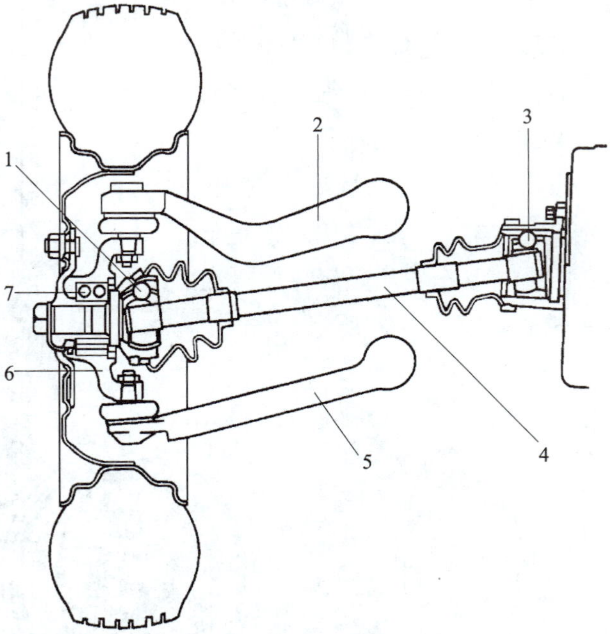

图 3-85　轿车的转向驱动桥结构

1—等速万向节　2—悬架上摆臂　3—伸缩型球笼式万向节　4—半轴
5—悬架下摆臂　6—转向节　7—轮毂轴承

➤ 支承整车的质量，包括在汽车上下运动时质量产生的惯性动载荷。

➤ 缓和由路面传给车体的冲击力，产生一定的“隔绝”作用。

➤ 轮胎和路面之间的摩擦作用产生驱动和阻止汽车运动的外力，即驱动力和制动力；同时还产生平衡汽车侧向力的地面侧向反作用力，保证汽车行驶时的横向稳定性，以及转向时的“回正能力”。

➤ 起到跨越障碍的作用，保证汽车的通过性。

汽车高速行驶时，车轮处于高速旋转的状态，若车轮存在动不平衡，驾驶的操纵稳定性和行驶平顺性将受到影响，轮胎磨损加剧，轮毂轴承使用寿命缩短。

针对车轮和轮胎的使用特点，车轮应具有足够的强度和刚度、较轻的质量、较强的散热能力、足够的使用寿命，轮胎应具有良好的弹性特性。

1. 车轮

车轮是介于轮胎和车轴之间的金属承载旋转件总成，它既是轮胎的骨架，也是轮胎与车轴的连接件。其主要由轮毂、轮辋和轮辐组成。轮毂是车轮与车轴连接的部分，在轮毂与车轴之间通常有起支承作用的轮毂轴承，轮辐是轮毂与轮辋之间的圆盘形连接件，轮辋是固定轮胎的圆柱状金属圈。如图3-86所示，车轮制造方式分为组合式和整体式两种，前者主要用于钢制车轮，通常利用螺栓、焊接和铆接方式将轮毂、轮辐和轮辋相连，也可利用辐条直接将轮毂与轮辋相连；后者是以铸造或锻造方式完成车轮制造，大多用于铝合金、铝镁合金等轻合金制车轮。钢制车轮制造容易，价格低廉；铝合金制车轮质量轻，散热能力强，造型方便。主要车轮形式如图3—87所示。

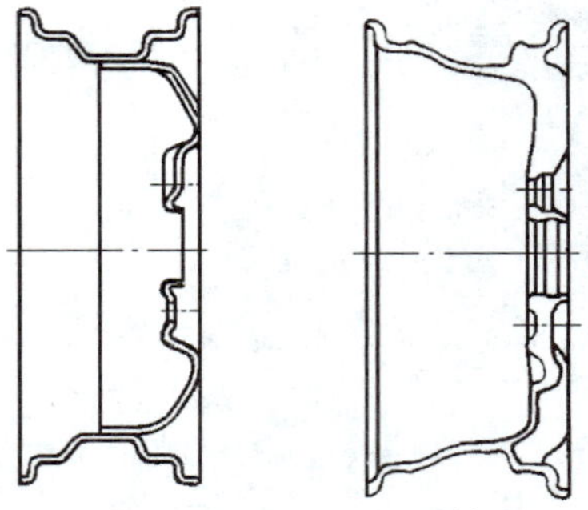

a) b)

图3-86 车轮制造方式

a）组合式 b）整体式

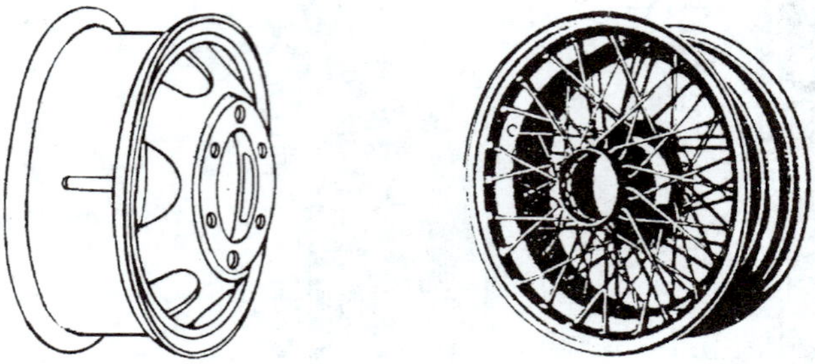

a) b)

图3-87 主要车轮形式

a）辐板式车轮 b）辐条式车轮

2. 轮胎

轮胎的发展已有150多年的历史。1839年，固特异（C. Goodyear）发明的橡胶硫化法奠定了橡胶轮胎在汽车上应用的基础；1845年，英国人汤姆逊（R. W. Thompson）发明了空气轮胎；1888年，英国人邓鲁普（J. B. Dunlop）发明了充气轮胎；1904年出现了带花纹轮胎，其后轮胎技术伴随汽车技术的进步而快速发展。轮胎骨架材料从20世纪初的棉制帘线、20世纪30年代的人造丝帘线、20世纪40年代的尼龙帘线、20世纪60年代的聚酯帘线，发展到20世纪70年代以后出现的钢丝帘线、玻璃纤维帘线和芳香族聚酰胺帘线。1948年，法国米其林公司开发出子午线轮胎，因为其具有传统斜交线轮胎不可比拟的优异性能，如今已得到广泛的应用。世界轮胎技术正朝着子午化、无内胎化和扁平化方向发展。

轮胎安装在轮辋上，外缘直接与地面接触，产生控制汽车行驶的摩擦力，即驱动力、制动力、横向推力、转向推力等。同时，它还和汽车悬架承担、缓和汽车行驶时受到的冲击，衰减由此产生的振动，充当汽车行驶的“减振垫”。另外，轮胎还必须承受作用在其上的重力，包括行驶过程中产生的惯性动载荷。当车轮滚动时，轮胎在各种力的作用下始终交替处在加载和卸载状态中，其间，有相当部分的能量变为橡胶分子间的内摩擦，使得轮胎温度上升，过高的温度将极大地影响橡胶性能和轮胎组织，严重时甚至会造成胎面橡胶整块剥落，从而大大缩短轮胎的使用寿命。因此，轮胎胎体必须具有适宜的弹性、足够的承载能力、均匀的质量分布和良好的散热能力，胎面上应具有良好的接触摩擦特性和耐磨性。

轮胎按胎体结构不同可分为充气轮胎和实心轮胎，现代汽车几乎都采用了弹性特性更好的充气轮胎。轮胎还可分为有内胎和无内胎两种。现在无内胎充气轮胎应用较普遍，其结构如图 3-88 所示。

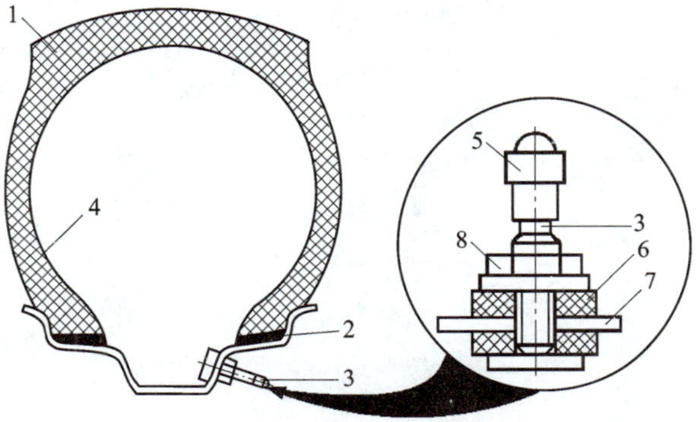

图 3-88　无内胎充气轮胎结构

1—轮胎　2—胎圈橡胶密封层　3—气门嘴　4—橡胶密封层

5—气门嘴帽　6—橡胶密封垫　7—轮辋　8—锁紧螺母

无内胎轮胎具有以下优点：结构简单、质量轻；轮胎刺穿后，胎压不会急剧下降，提高了行驶安全性，尤其适合高速行驶的车辆使用；气密性较好，无内外胎间的摩擦，并可直接通过轮辋散热，轮胎工作温度低，使用寿命长。

轮胎各部分名称及构造如图 3-89 所示，从外表上看，轮胎可分为胎冠、胎肩、胎侧和胎圈，胎冠直接承受地面摩擦力和全部载荷作用，该部分厚度较大，用耐磨的橡胶制成，以减缓冲击，保护其内帘布层和内胎免受损伤。

汽车轮胎表面花纹主要有普通花纹、全季节花纹、雪地花纹等，如图 3-90 所示。花纹由凸起的筋肋和沟槽组成，用来提高轮胎通过积水路面时的排水能力，改善轮胎与地面的接触，增强摩擦效果。

子午线轮胎胎体帘布层帘线与胎面中心线成 90°或接近 90°角排列。由于子午线轮胎的帘线排列方式能够充分利用帘线强度，其帘布层数较普通斜交胎减少 40%~50%，因此胎体较柔软。又由于帘线在轮胎圆周方向上仅靠橡胶维系，无法承受较大的切向力，因此子午线轮胎外胎内均需设置若干层帘线与子午断面成大角度、高强度、不易拉伸的起箍紧胎体作用的环状带束层，以提高外胎面的刚度。带束层采用强度较高、拉伸变形很小的织物帘布（由玻

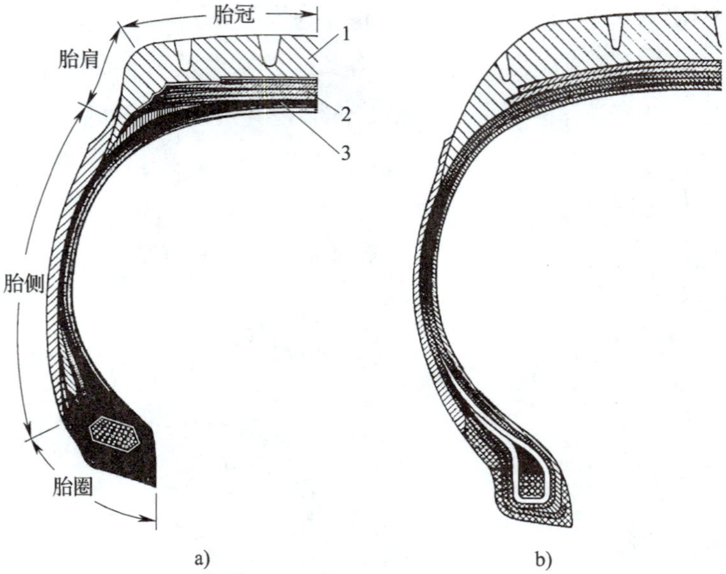

图 3-89　轮胎各部分名称及构造

a）载货汽车轮胎　b）轿车轮胎

1—胎面　2—缓冲层　3—帘布层

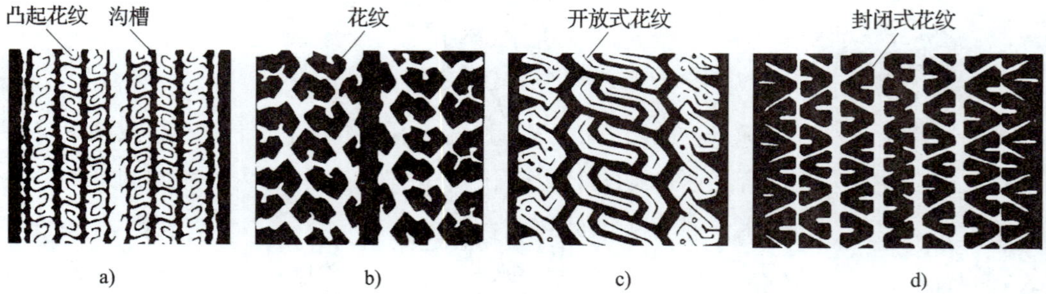

图 3-90　轮胎表面花纹

a）普通花纹　b）全季节花纹　c）雪地花纹　d）高性能花纹

璃纤维、聚酰胺纤维等高强度材料制成）或钢丝帘布制造。现代子午线轮胎普遍采用了钢丝带束层结构，它可以减小行驶中外胎面的变形，降低滚动阻力，同时避免轮胎爆破。子午线轮胎与普通斜交胎的帘线排列形式如图 3-91 所示，子午线轮胎与普通斜交胎比较，具有弹性大、耐磨性好、滚动阻力小、附着性能好、缓冲能力强、承载能力大、不易刺穿等优点。

按轮胎内气压高低还可将其分为高压胎、低压胎和超低压胎。由于低压胎具有弹性特性好、轮胎断面宽、接地面积大、胎壁薄、散热性能好、使用寿命长等诸多优点，因此目前各类汽车多用低压胎。

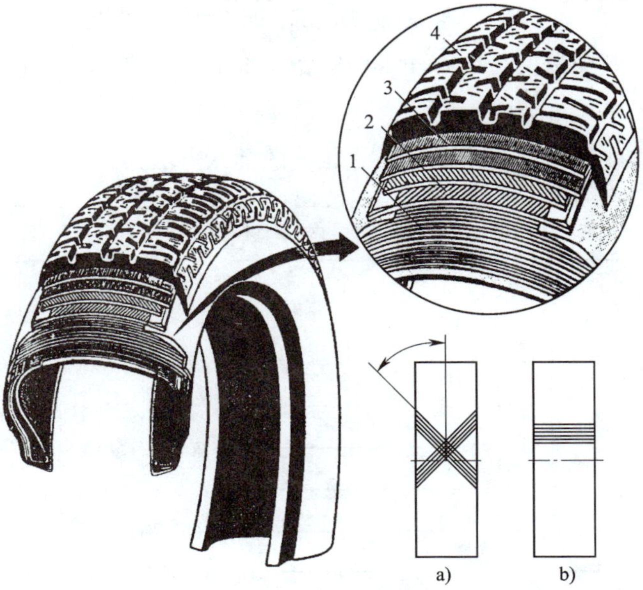

图 3-91　轮胎的帘线排列形式

a）普通斜交胎　b）子午线轮胎

1—帘线层　2—缓冲层　3—带束层　4—胎冠

如图 3-92 所示，我国汽车用低压充气轮胎规格采用英制标注，标记方式如下：

轮胎断面宽度 W（in）+气压标示符+轮辋直径 d（in）

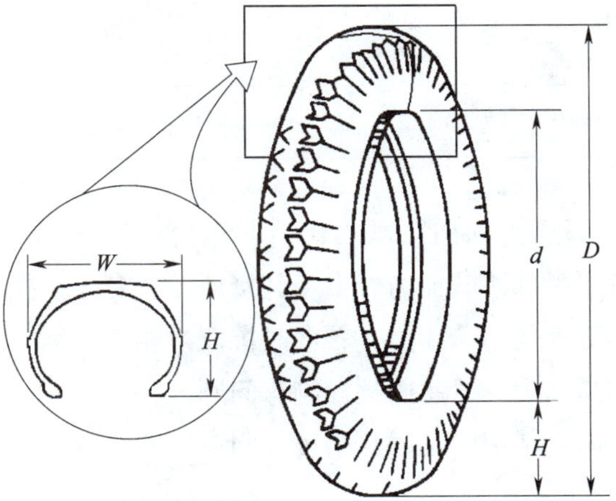

图 3-92　轮胎规格标记

D—轮胎外径　d—轮辋直径　W—轮胎断面宽度　H—轮胎断面高度

其中，气压标示符以“-”表示低压胎。如 9.00-20 轮胎表示轮胎断面宽 9 in（1 in=2.54 cm）、轮辋直径 20 in 的低压胎。如果是子午线轮胎，则用 9.00R20 表示，字母 R 表示子午线轮胎。

ISO（国际标准化组织）标准对子午线轮胎的标注方法为：

轮胎断面宽度（mm）/扁平率+结构代号+轮辋直径（in）+允许载荷代号+速度代号

例如 185/70 R 15 88 H

H——速度代号（H表示210km/h）
88——允许载荷代号（88表示560kg）
15——轮辋直径（15in）
R——结构代号（子午线轮胎）
70——扁平率（70%）
185——轮胎断面宽度（185mm）

其中，速度代号表征了轮胎允许的最高使用速度。一般说来，在环境温度高、载荷大、车速高的使用条件下，轮胎散热条件差，热量累积快，轮胎温度上升迅速，容易出现爆胎现象。为此，轮胎生产厂家对同一规格的轮胎可能生产几种适用于不同速度的产品，使用中应该严格遵循速度代号的限制，不应超速。各种速度代号所表征的速度界限值见表 3-8。

表 3-8　　各种速度代号所表征的速度界限值

速度代号	F	G	J	K	L	M	N	P	Q	R	S	T	U	H	V
km/h	80	90	100	110	120	130	140	150	160	170	180	190	200	210	240

扁平率是轮胎断面高度与断面宽度之比，即轮胎扁平率=$H/W\times100\%$。在相同情况下，低扁平率轮胎具有更大的承载能力，由于其接地面积更大，接地点压力分布均匀，因此在干燥路面上可获得更大的附着能力，转向时抗侧滑能力更强，转向更灵敏，但是与此同时它也存在转向阻力矩增大、轮胎磨损加剧等问题。

对于各种规格的轮胎，使用时必须严格遵守制造厂家提供的额定载荷，以保证轮胎正常的使用寿命和使用安全。

第 2 节　汽车底盘检修

学习单元 1　手动变速器检修

学习目标

- 能够检修、调整手动变速器操纵机构
- 能够检修变速传动机构
- 能够检修同步器组件
- 能够装配、调整手动变速器

技能要求

检修、调整手动变速器操纵机构

操作准备

1. 操作条件

（1）整套手动变速器操纵机构实物部件。

（2）组套维修工具。

（3）专用工具 VW5305/7（变速器操纵机构的调整专用工具）。

（4）满足本工位操作要求的其他必要配置。

2. 操作内容

（1）分解、检修和组装手动变速器操纵机构。

（2）调整手动变速器操纵机构。

操作步骤

步骤 1　分解、检修和组装手动变速器操纵机构

图 3-93 所示为手动变速器操纵机构分解图。手动变速器操纵机构零部件的拆装与调整均可参照此图。

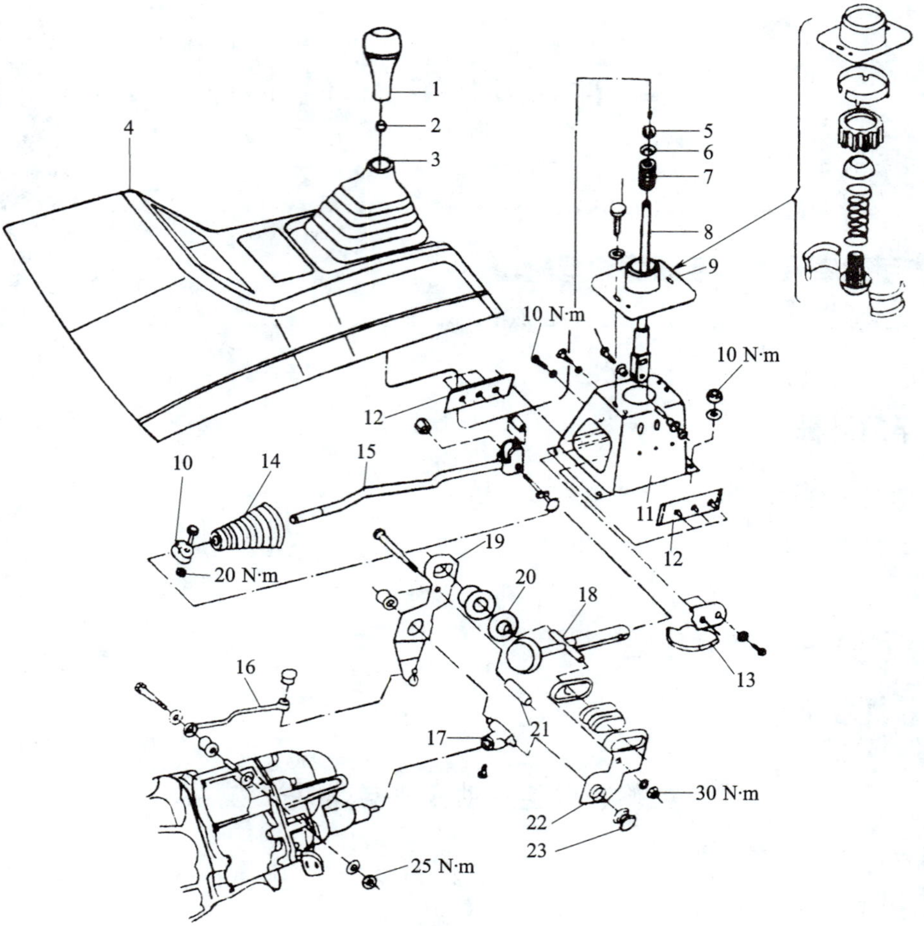

图 3-93　手动变速器操纵机构分解图

1—换挡手柄　2—防尘罩衬套　3—防尘罩　4—仪表板　5—锁环　6—挡圈　7—弹簧　8—上换挡杆
9—换挡杆支架　10—夹箍　11—变速杆罩壳　12—缓冲垫　13—倒挡缓冲垫　14—密封罩
15—下换挡杆　16—支撑杆　17—离合块　18—换挡连接套　19—轴承右侧压板
20—罩盖　21—支撑轴　22—轴承左侧压板　23—塑料衬套

（1）上换挡杆的拆卸和安装

1）上换挡杆的拆卸。拆下换挡手柄，取下防尘罩。取下仪表板。拆下固定在上换挡杆的锁环（注意锁环一经拆卸就要更换），取下挡圈和弹簧。拆下换挡杆支架。拆下变速杆罩壳，使上、下换挡杆脱离。

2）上换挡杆的安装。上换挡杆的安装按照与拆卸相反的顺序进行，但需注意以下事项：检查所有零件的完好情况，更换已经损坏的零件；润滑衬套和挡圈；调整上换挡杆；

使用快干胶固定换挡手柄。

（2）换挡杆支架的拆卸和安装

1）换挡杆支架的拆卸。取下换挡手柄和防尘罩。拆下锁环、挡圈和弹簧（锁环一经拆卸就要更换）。拆下换挡杆支架的固定螺栓，取下换挡杆支架。换挡杆支架零件分解如图 3-94 所示。换挡杆支架只有加润滑脂时才分解，一旦发现任何零件损坏，就要全部更换。

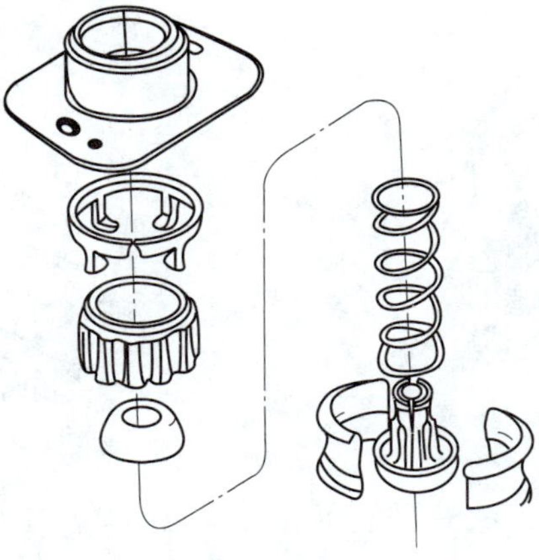

图 3-94　换挡杆支架零件分解图

2）换挡杆支架的安装。用润滑脂润滑换挡杆支架内部件，装上换挡杆支架，螺栓不用旋紧，将换挡杆支架上的孔与变速杆罩壳上的孔对准，用 10 N·m的力矩旋紧螺栓。装上弹簧、挡圈和新的锁环。检查各挡的啮合情况（如有必要，移动换挡杆支架上的椭圆形孔来调整）。装上防尘罩和换挡手柄（用快干胶固定换挡手柄）。

步骤 2　调整手动变速器操纵机构

（1）挂入 1 挡。

（2）将上换挡杆向左推至缓冲垫处。

（3）慢慢松开上换挡杆，上换挡杆朝右返回 5~10 mm。

（4）挂入 5 挡。

（5）将上换挡杆向右推至缓冲垫处。

（6）慢慢松开上换挡杆，上换挡杆朝左返回 5~10 mm。

（7）当上换挡杆朝 1 挡和 5 挡压去时，上换挡杆大致返回同样的距离，如有必要，可通过移动换挡杆支架的椭圆形孔进行调整。

（8）检查各挡齿轮啮合是否平滑。

（9）如果啮合困难，要进行调整。

（10）将上换挡杆置于极限位置上。

（11）旋松夹箍的螺母，移动上换挡杆，要求下换挡杆在连接时自由滑动，如图3-95 所示。

（12）取下换挡手柄和防尘罩。

（13）将换挡杆支架孔与变速杆罩壳的孔对准，并旋紧螺栓，如图 3-96 所示。

（14）用专用工具 VW5305/7 进行安装，将其嵌入换挡杆支架前孔中，将上换挡杆放在“C”位置上，如图 3-97 所示。

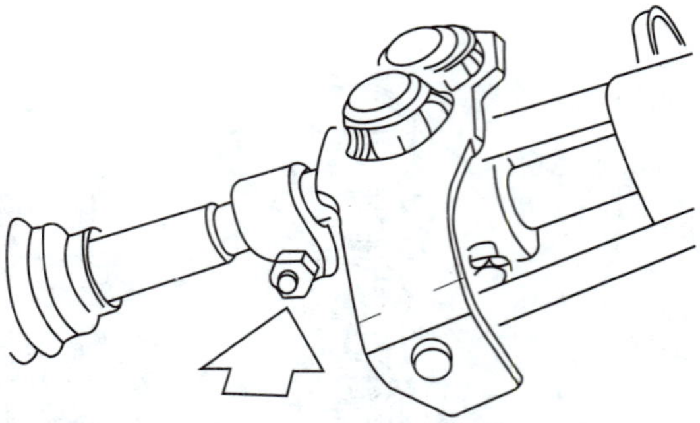

图 3-95　旋松夹箍螺母

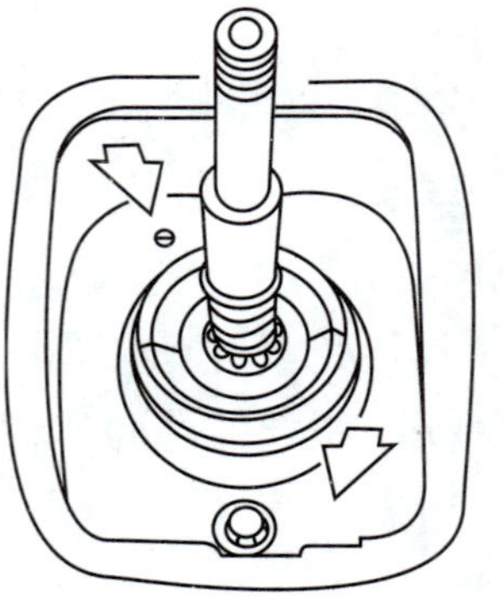

图 3-96　换挡杆支架孔与变速杆罩壳孔对准

（15）轻轻地旋紧专用工具 VW5305/7 下面的螺栓，将其固定好，如图 3-98 所示。

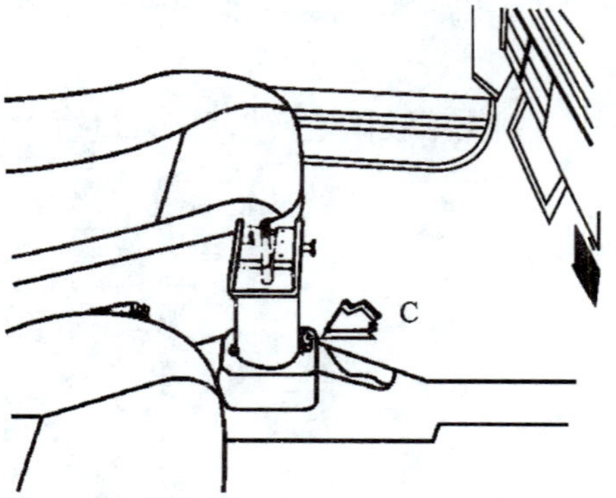

图 3-97　将上换挡杆放在“C”位置上

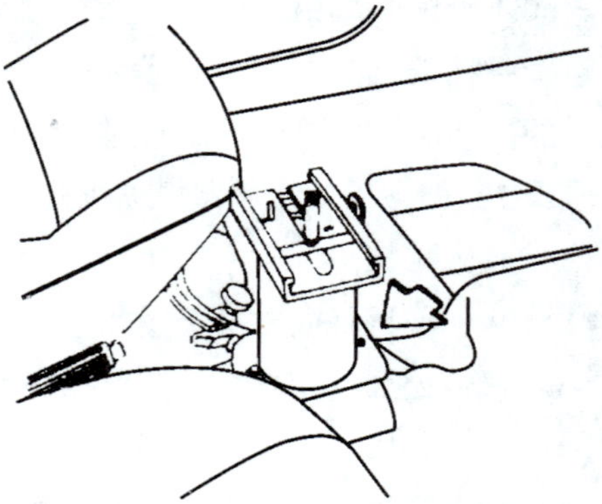

图 3-98　固定专用工具 VW5305/7

（16）将上换挡杆推到最右面，直至缓冲垫处，旋紧定位器螺栓，如图 3-99 所示。

（17）将上换挡杆放在“B”位置上，如图 3-100 所示。

（18）用 20 N·m 的力矩旋紧夹箍螺母。

（19）取下专用工具 VW5305/7。

（20）挂入 1 挡，将上换挡杆向左压到底。

（21）松开上换挡杆，由于弹簧的作用上换挡杆返回右边。

（22）挂入 5 挡，将上换挡杆向右压到底。

（23）松开上换挡杆，由于弹簧的作用上换挡杆返回左边（在挂入 1 挡和 5 挡时，上换挡杆大致返回相同的距离。如果不是这样，可移动换挡杆支架上的椭圆形孔来修正）。

（24）先后挂入所有的挡位，特别要注意倒挡的锁住功能。

（25）装上仪表板、防尘罩和换挡手柄。

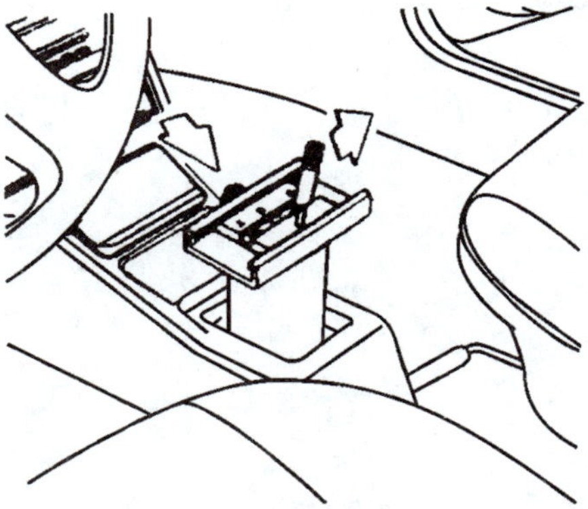

图 3-99　旋紧定位器螺栓

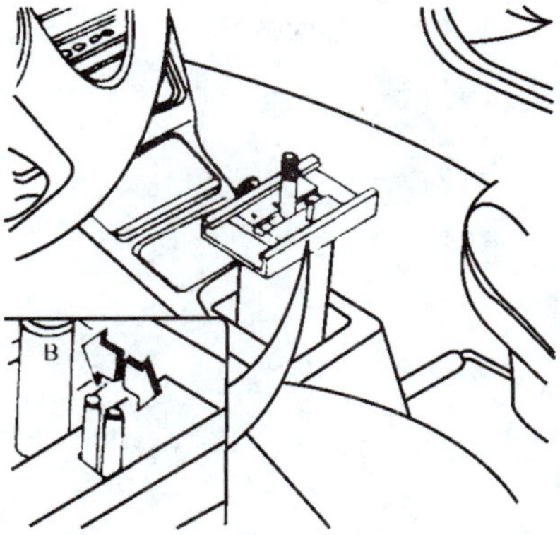

图 3-100　将上换挡杆放在“B”位置上

检修变速传动机构

检修对象包括输入轴、输出轴和倒挡轴及其上的齿轮、轴承、止退垫圈、弹性挡圈。

操作准备

1. 操作条件

（1）整套手动变速器实物部件。

（2）组套维修工具。

（3）塞尺、千分尺。

（4）专用压床。

（5）满足本工位操作要求的其他必要配置。

2. 操作内容

（1）分解输入轴、输出轴和倒挡轴。

（2）检修、组装输入轴、输出轴和倒挡轴，并更换缺陷部件。

操作步骤

步骤 1　分解输入轴、输出轴和倒挡轴

变速传动机构由输入轴、输出轴及其上的齿轮组成。输入轴和输出轴的分解分别如图 3-101和图 3-102 所示。

（1）整套齿轮的拆卸

1）拆卸变速器。

2）拆下变速器后盖。

3）拆下轴承支座。

4）拆下整套齿轮。

（2）输入轴的拆卸

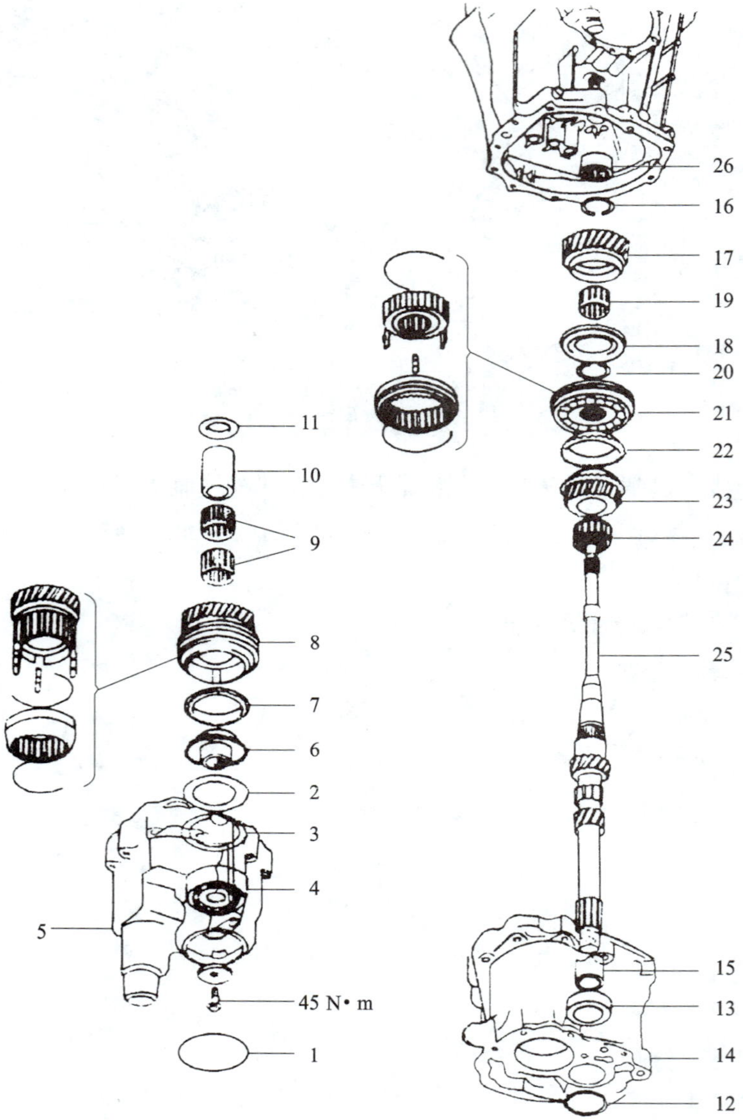

图 3-101　输入轴分解图

1—后轴承的罩盖　2—挡油圈　3、12、20—锁环　4—输入轴后轴承　5—变速器后盖　6—5 挡同步器套管　7—5 挡同步环　8—5 挡同步器和齿轮　9—5 挡齿轮滚针轴承　10—5 挡齿轮滚针轴承内圈　11—固定垫圈　13—中间轴承　14—轴承支座　15—中间轴承内圈　16—有齿的锁环　17—4 挡齿轮　18—4 挡同步环　19—4 挡齿轮滚针轴承　21—3 挡和 4 挡同步器　22—3 挡同步环　23—3 挡齿轮　24—3 挡齿轮滚针轴承　25—输入轴　26—输入轴滚针轴承

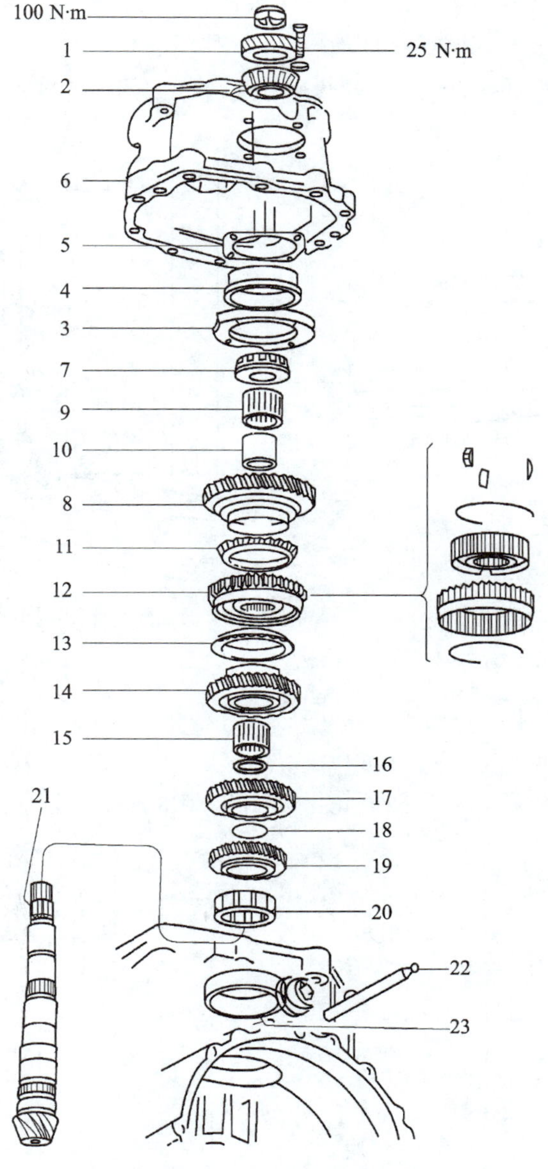

图 3-102　输出轴分解图

1—5 挡齿轮　2—输出轴外后轴承　3—轴承保持架　4—后轴承外圈　5—调整垫片 S3　6—轴承支座
7—输出轴内后轴承　8—1 挡齿轮　9—1 挡齿轮滚针轴承　10—1 挡齿轮滚针轴承内圈
11—1 挡同步环　12—1 挡和 2 挡同步器　13—2 挡同步环　14—2 挡齿轮　15—2 挡齿轮滚针轴承
16—卡环（厚度应用测量薄板用的样板测定，可使用的厚度为 1. 5 mm 和 1. 6 mm）
17—3 挡齿轮（凸缘应转向 4 挡齿轮）　18—卡环　19—4 挡齿轮（凸缘应转向输出轴齿轮）
20—输出轴前轴承　21—输出轴　22—圆柱销　23—输出轴前轴承外圈

1）拆下 4 挡齿轮的有齿锁环。取下 4 挡齿轮、同步环和滚针轴承。

2）拆下 4 挡同步环，如图 3-103 所示。

3）取下 3 挡和 4 挡同步器、3 挡同步环和齿轮，如图 3-104 所示。取下 3 挡齿轮滚针轴承。

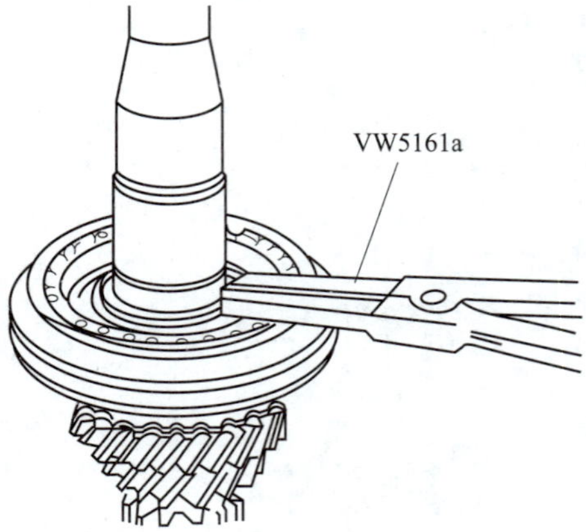

图 3-103 拆下 4 挡同步环

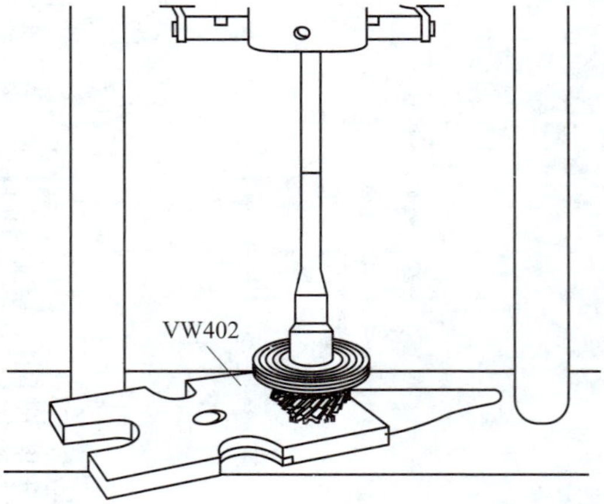

图 3-104 取下 3 挡和 4 挡同步器、3 挡同步环及齿轮

注：以下图中未具体说明的代号均为专用工具。

4）取下输入轴的中间轴承内圈，如图 3-105 所示。

（3）输出轴的拆卸

1）拆下输出轴内后轴承和 1 挡齿轮，如图 3-106 所示。取下 1 挡齿轮滚针轴承和 1 挡同步环。

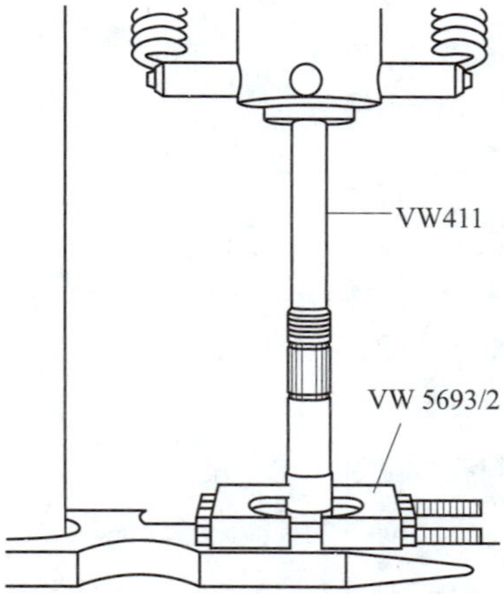

图 3-105 取下输入轴中间轴承内圈

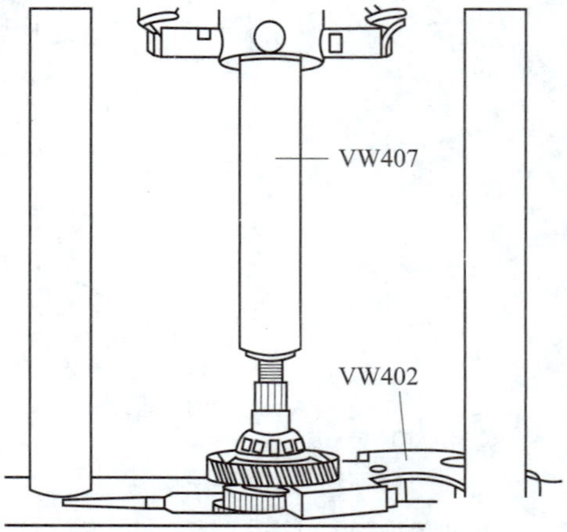

图 3-106 拆下输出轴内后轴承和 1 挡齿轮

2）取下 2 挡齿轮滚针轴承内圈、2 挡同步器和 2 挡齿轮，如图 3-107 所示。取下 2 挡齿轮滚针轴承。

3）拆下 3 挡齿轮的锁环、3 挡齿轮，如图 3-108 所示。

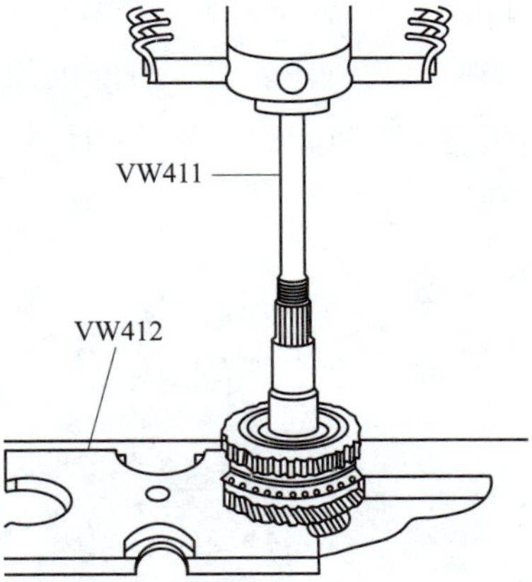

图 3-107　取下 2 挡齿轮滚针轴承内圈、2 挡同步器和 2 挡齿轮

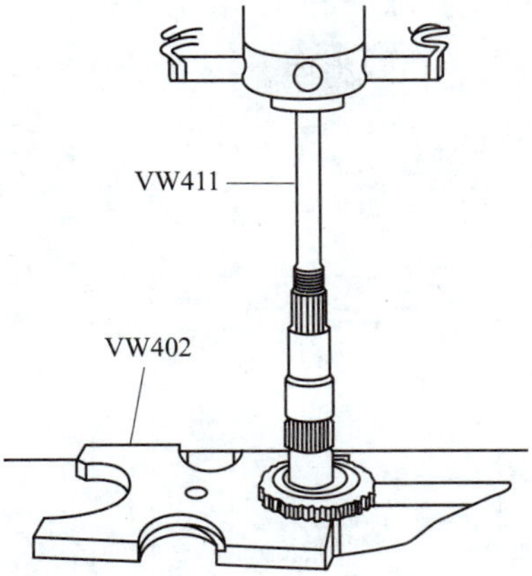

图 3-108　拆下 3 挡齿轮

4）拆下 4 挡齿轮的锁环、4 挡齿轮，如图 3-109 所示。

5）拆下输出轴前轴承。

步骤 2　检修、组装输入轴、输出轴和倒挡轴，并更换缺陷部件

（1）检查主减速器主动齿轮的情况。如果该齿轮已经损坏，则与主减速器从动齿轮一起更换，并计算主减速器从动齿轮和主减速器主动齿轮调整垫片厚度。

（2）检查所有齿轮和轴承的损坏情况。如需更换，除更换损坏件外，还需将其他轴上的相应齿轮更换。

（3）在更换 1 挡齿轮滚针轴承内圈或输出轴后轴承时，计算输出轴的调整垫片厚度。

（4）装上中间轴承内圈，如图 3-110 所示。将预先润滑过的 3 挡齿轮滚针轴承装上，

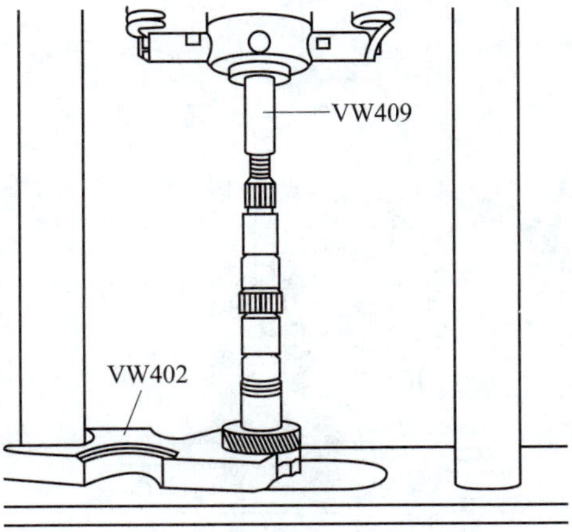

图 3-109　拆下 4 挡齿轮

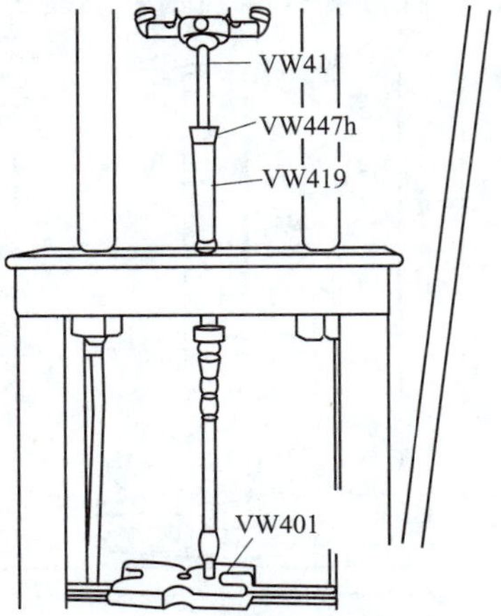

图 3-110　安装中间轴承内圈

把油槽转向 2 挡齿轮。

（5）如图 3-111 所示，装上 3 挡齿轮及 3 挡和 4 挡同步器，装上锁环。

（6）装上 4 挡同步环、4 挡齿轮滚针轴承和 4 挡齿轮，再装上有齿的锁环。

（7）如图 3-112 所示，用 2 kN 的力将 3 挡齿轮、3 挡同步器和 4 挡齿轮紧紧压在有齿的锁环上，把总成固定好。

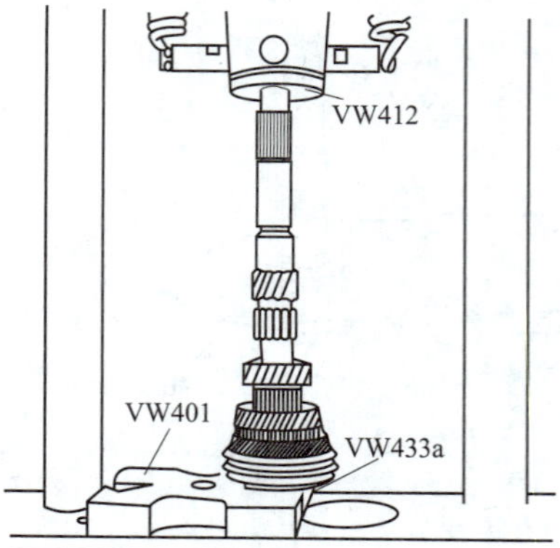

图 3-111　安装 3 挡齿轮及 3 挡和 4 挡同步器

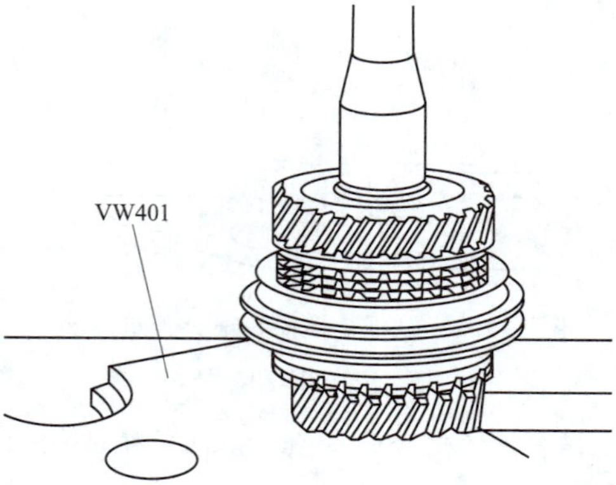

图 3-112　安装 3 挡齿轮、3 挡同步器和 4 挡齿轮

（8）将输出轴前轴承装在输出轴上。

（9）如图 3-113 所示，装上 4 挡齿轮。用手扶住输出轴前轴承，齿轮有凸缘的一边应朝向轴承。

（10）利用可供使用锁环中的一个将 4 挡齿轮固定好。先从较厚的锁环开始，锁环厚度有 2. 35 mm、2. 38 mm、2. 41 mm、2. 44 mm、2. 47 mm 几种。

（11）如图 3-114 所示，安装 3 挡齿轮。凸缘应朝向 4 挡齿轮。

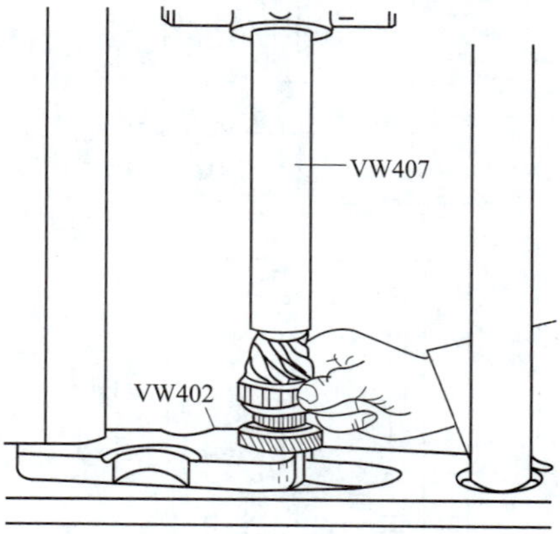

图 3-113　安装 4 挡齿轮

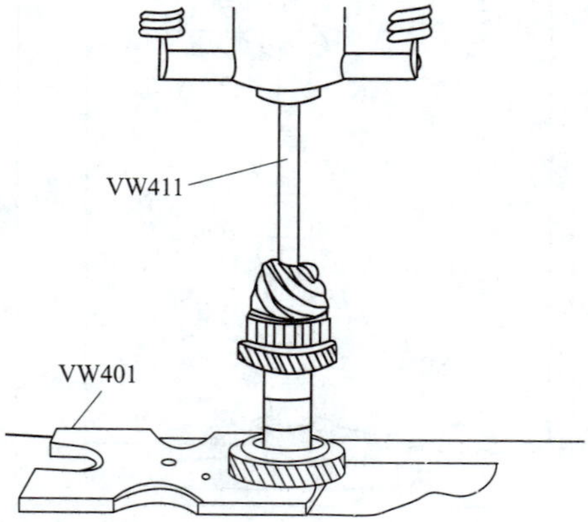

图 3-114　安装 3 挡齿轮

（12）利用塞尺测量锁环的厚度，如图 3-115 所示。根据测得的尺寸，选择适当的锁环装上，见表 3-9。

表 3-9　　锁环厚度的选择

测得尺寸	锁环厚度
小于 1.6 mm	1.5 mm
等于或大于 1.6 mm	1.6 mm

（13）安装 2 挡齿轮滚针轴承、2 挡齿轮和 2 挡同步环。

（14）装上 1 挡和 2 挡同步器，如图 3-116 所示。同步器壳体的槽应朝向 1 挡齿轮。

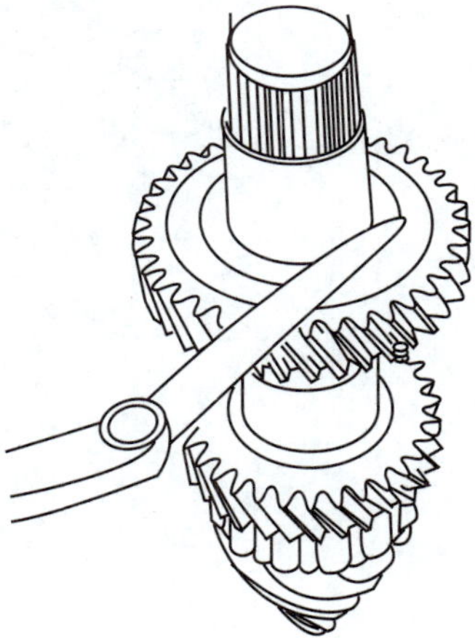

图 3-115　测量锁环的厚度

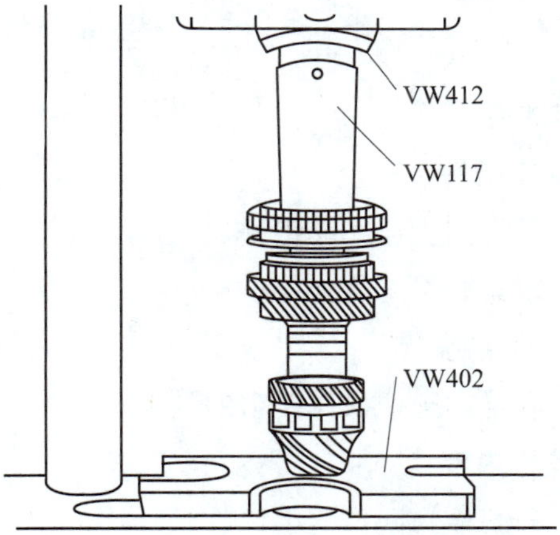

图 3-116　安装 1 挡和 2 挡同步器

（15）装上 1 挡齿轮滚针轴承内圈，如图 3-117 所示。装上 1 挡同步环、1 挡齿轮、1 挡齿轮滚针轴承。只要更换了轴承支座、输出轴后轴承、1 挡齿轮滚针轴承内圈、主减速器从动齿轮和主减速器主动齿轮总成中的任何一个零件，就要计算调整垫片 S3 的值。

（16）装上输出轴内后轴承，如图 3-118 所示。

（17）将输入轴和输出轴装在轴承支座上，将轴承支座装在变速器壳体上。

（18）将变速器后盖装在变速器轴承支座上。

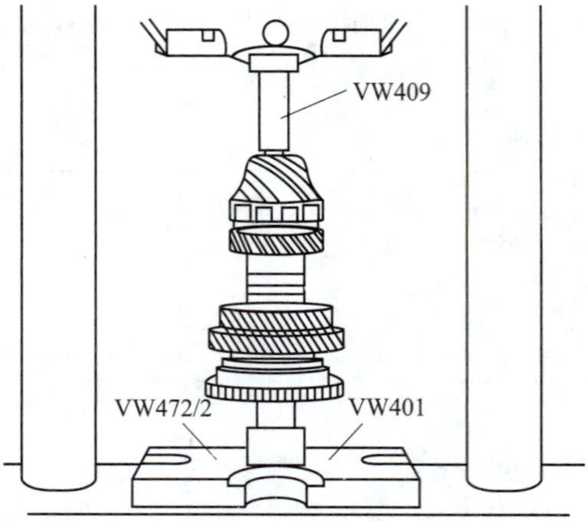

图 3-117　安装1挡齿轮滚针轴承内圈

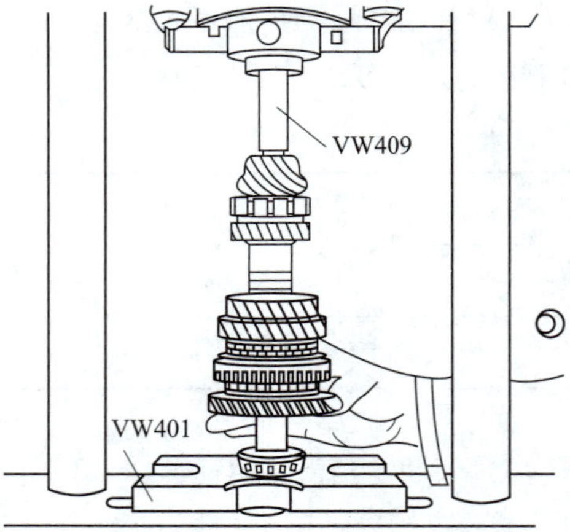

图 3-118　安装输出轴内后轴承

检修同步器组件

操作准备

1. 操作条件

（1）整套同步器实物组件。

（2）组套维修工具。

（3）钢丝刷。

（4）满足本工位操作要求的其他必要配置。

2. 操作内容

（1）分解检修同步器组件。

（2）组装同步器。

操作步骤

步骤1　分解检修同步器组件

（1）分解同步器。

（2）清洁同步器，用钢丝刷清洗同步环的内锥面，如图3-119所示。

（3）检查同步环，若有缺齿等不正常现象应更换同步环，如图3-120所示。

（4）同步器间隙测量。将同步环压在各自齿轮的锥面上，测量间隙 A 值，如图3-121所示。在三个或更多位置点测量同步器间隙 A 值，取平均值。间隙 A 的规定值见表3-10。将同步环贴在极其平滑的表面上（玻璃平板等）对其扭曲进行分析。如果出现不正常现象，则更换同步环。

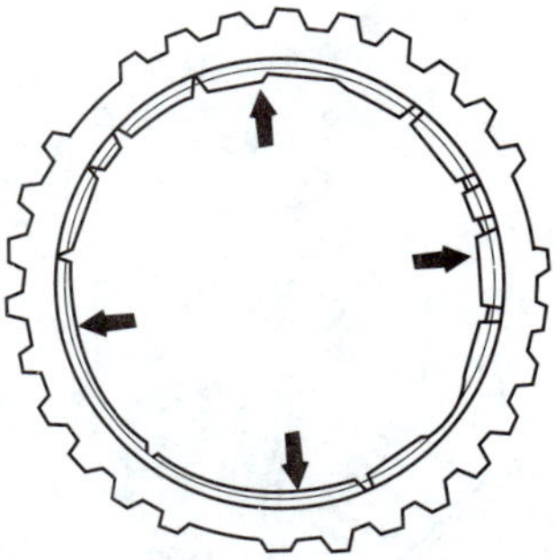

图 3-119　清洗同步环内锥面

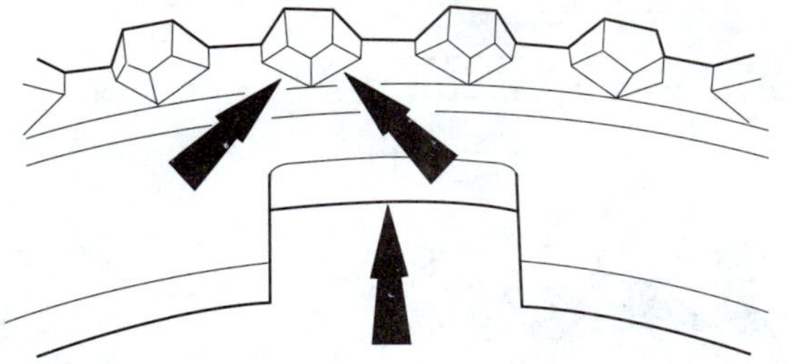

图 3-120　检查同步环

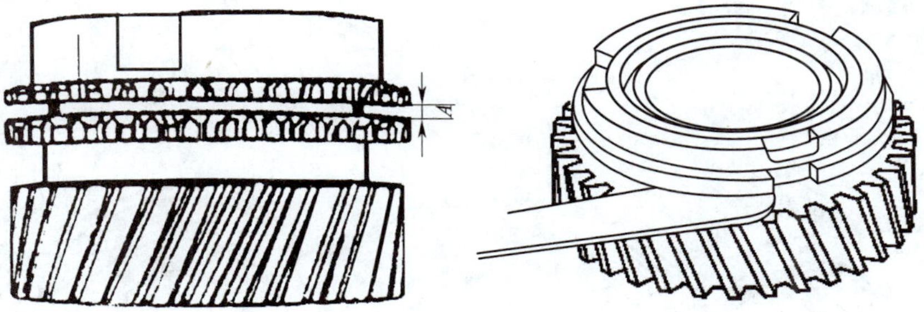

图 3-121　测量间隙

表 3-10　　**间隙 *A* 规定值**　　mm

同步环	间隙 *A*	
	新的零件	磨损的限度
1 挡和 2 挡	1.10~1.17	0.05
3 挡和 4 挡	1.35~1.90	0.05
5 挡	1.10~1.70	0.05

（5）用轻度的压力将同步环装在各自齿轮的锥面上，移动齿轮的锥环，对过度的侧面间隙（呈椭圆形）进行分析，如图 3-122 所示。如果出现不正常现象，则更换同步环。

步骤 2　组装同步器

（1）装配 1 挡和 2 挡同步器，如图 3-123 所示。在同步器的凹槽中的细槽应转向装拨叉槽的对面一边，如图 3-124 所示。同步器壳体有三个凹口，凹口上有三个凹陷的内齿。在安装中，三个凹口和槽应吻合，方可安装锁环，然后装止动弹簧，相互间隙 120°，弯的一端应嵌入其中一个锁环内，如图 3-125、图 3-126 和图 3-127 所示。

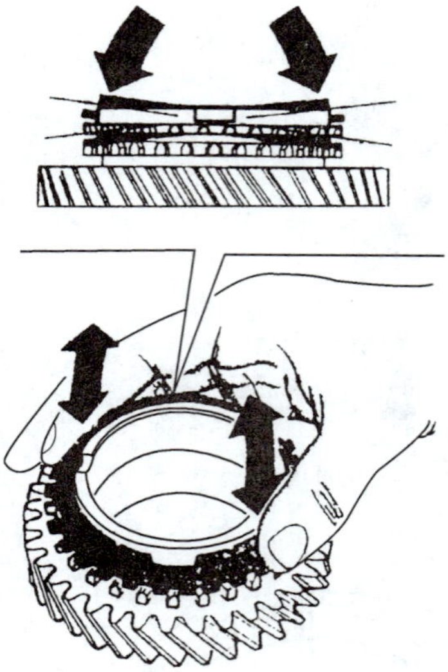

图 3-122　检查同步环

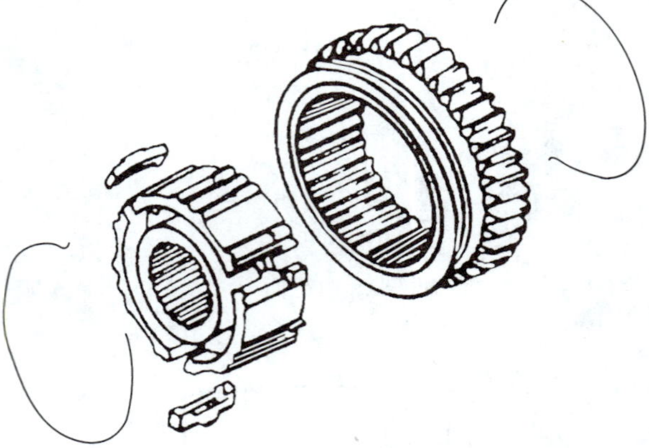

图 3-123　装配 1 挡和 2 挡同步器

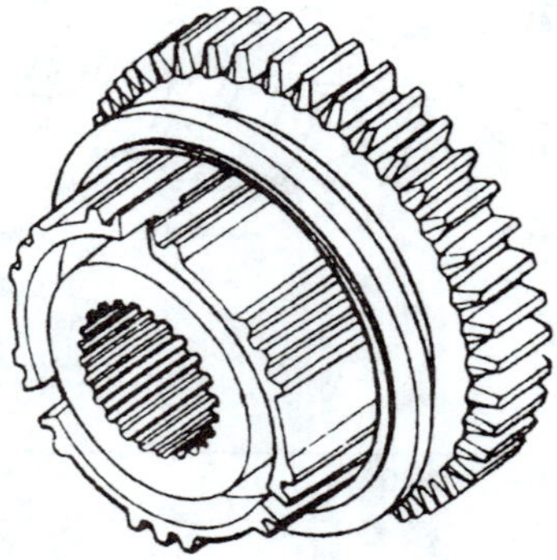

图 3-124　安装同步器 I

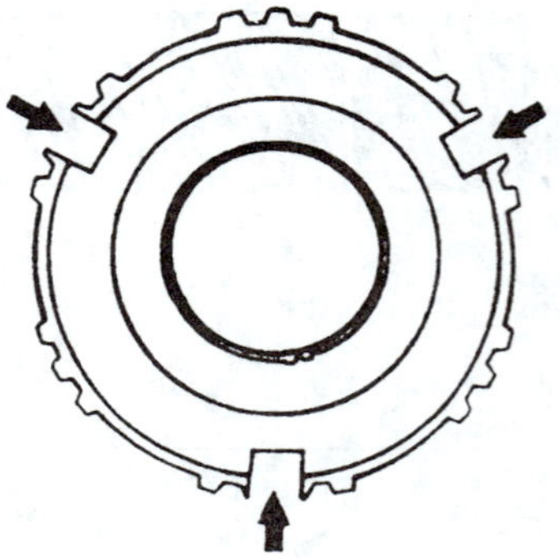

图 3-125　安装同步器 II

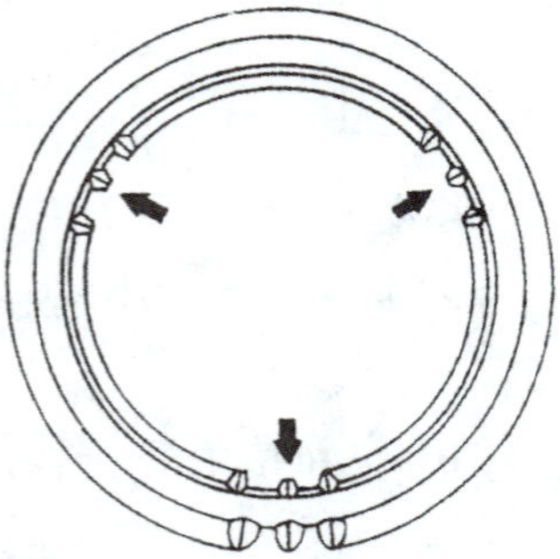

图 3-126　安装同步器 III

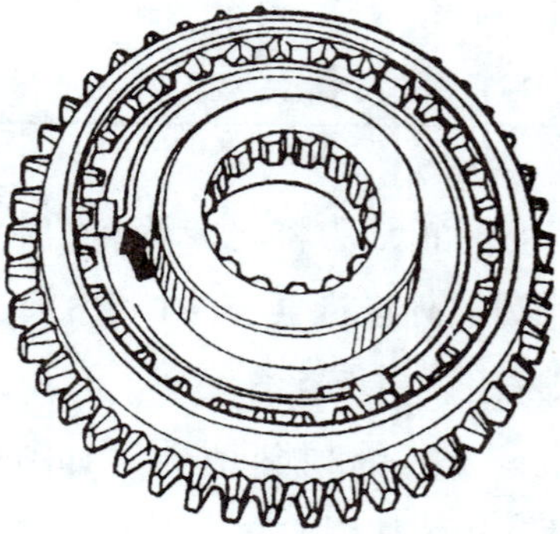

图 3-127　安装同步器 IV

（2）安装 1 挡和 2 挡同步器时同步器壳体的槽应朝向 1 挡齿轮。

（3）组装 3 挡和 4 挡同步器，如图 3-128 所示。

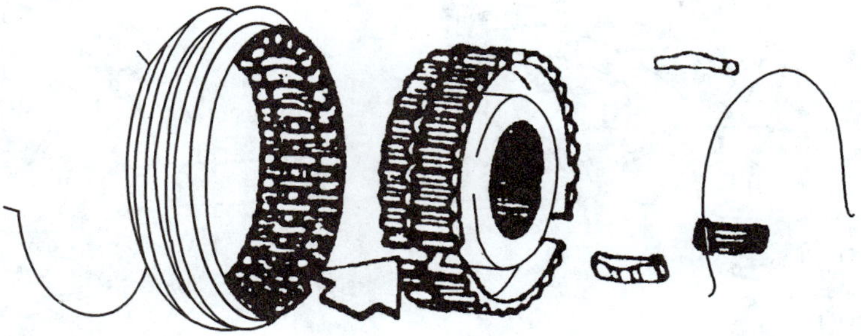

图 3-128　组装 3 挡和 4 挡同步器

装配、调整手动变速器

操作准备

1. 操作条件

（1）整套手动变速器实物部件。

（2）组套维修工具。

（3）百分表。

（4）专用工具（固定支架 VW540、VW643/1、VW643、VW2246）。

（5）满足本工位操作要求的其他必要配置。

2. 操作内容

（1）组装手动变速器（把输入轴、输出轴、倒挡轴及拨叉安装到壳体上）。

（2）检查手动变速器。

（3）分解手动变速器。

操作步骤

步骤 1　组装手动变速器（把输入轴、输出轴、倒挡轴及拨叉安装到壳体上）

（1）将手动变速器壳体固定在支架上，如图 3-129 所示。

（2）装上输入轴滚针轴承，如图 3-130 所示。

（3）装上输入轴的挡油圈。

（4）装上输入轴的密封圈。

（5）装上输出轴前轴承外圈，如图 3-131 所示。在装上输出轴前轴承外圈时，注意要将外圈上的小孔与壳体上的小孔对准。

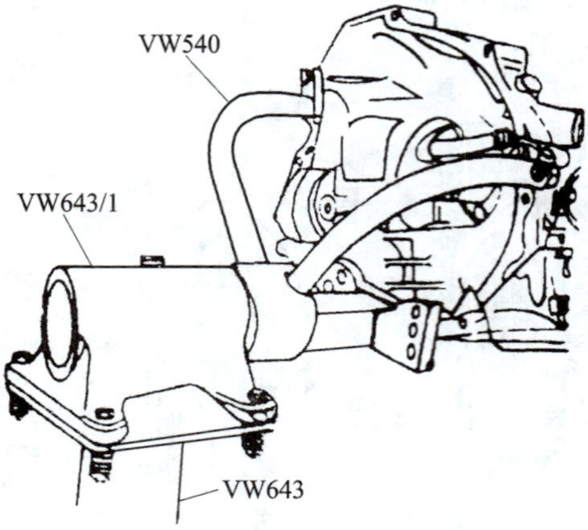

图 3-129　将壳体固定在支架上

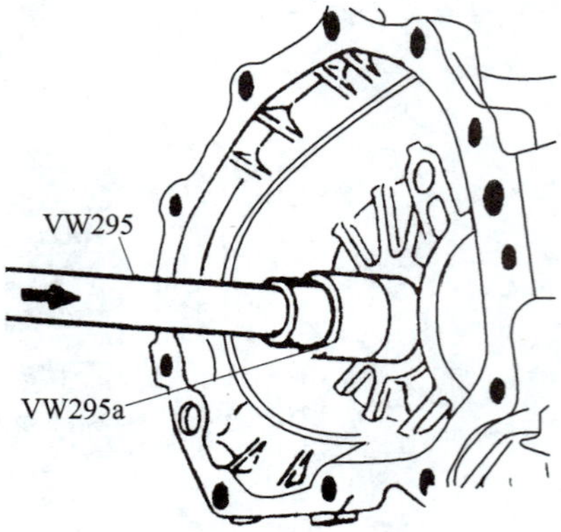

图 3-130　装上输入轴滚针轴承

（6）装上输出轴前轴承外圈的固定圆柱销并封住（圆柱销不应全部插入，头部应凸出壳体大约 3 mm）。

（7）计算出输出轴调整垫片 S3 的厚度。

（8）计算出主减速器主动齿轮调整垫片 S1 和 S2 的厚度。

（9）安装输出轴后轴承外圈，如图 3-132 所示。

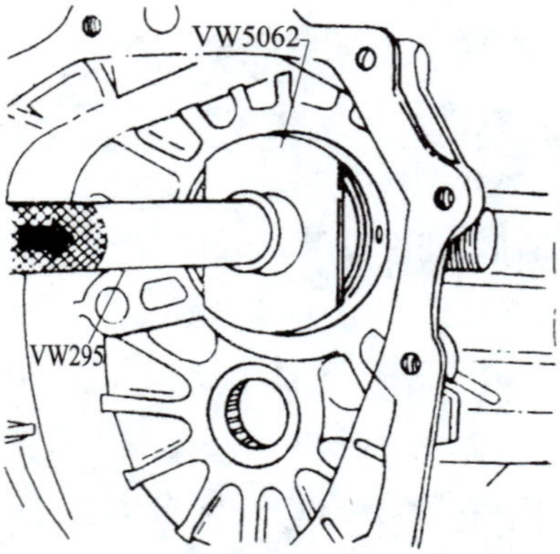

图 3-131　装上输出轴前轴承外圈

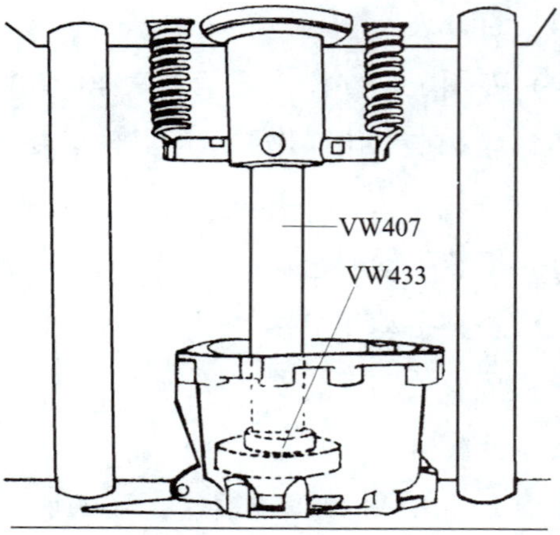

图 3-132　安装输出轴后轴承外圈

（10）装上输入轴中间轴承，如图 3-133 所示。

（11）装上后轴承的止动环，用 25 N · m 的力矩旋紧螺栓。

（12）装上拨叉轴衬套，如图 3-134 所示。

（13）装上倒挡齿轮、倒挡轴及倒挡传动臂，再装上垫圈和倒挡传动臂的固定螺栓。

将倒挡传动臂往下（箭头所指方向）压，并插入螺栓，直至碰到倒挡传动臂，如图 3-135 所示。

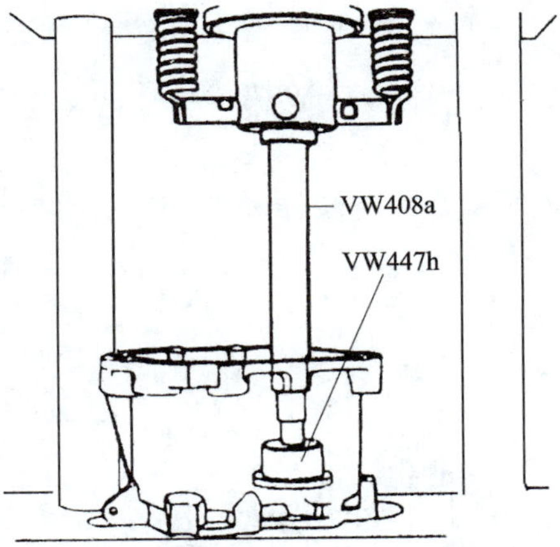

图 3-133　安装输入轴中间轴承

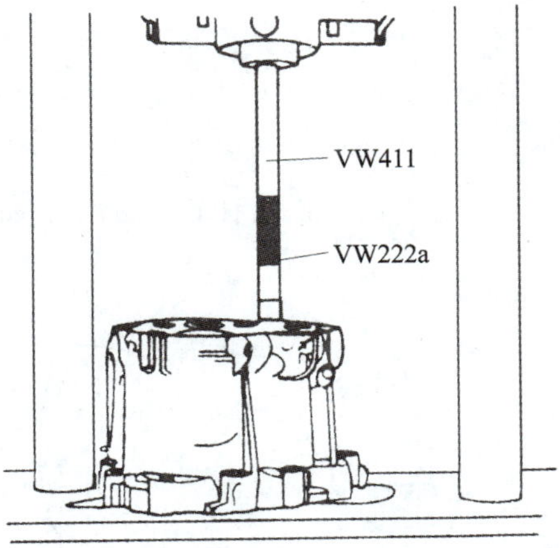

图 3-134　安装拨叉轴衬套

（14）将倒挡传动臂向螺栓压去，旋入螺栓，直至听到螺栓旋入的声音。用 35 N · m 的力矩旋紧螺栓，挂倒挡几次，并证实在各个位置上操作灵活（如果操作不灵活，就不能挂倒挡，必须重复第 13 和 14 项的操作）。

（15）装上倒挡的自锁装置，取下倒挡轴和齿轮。

（16）将带拨叉的 1 挡和 2 挡拨叉轴及输出轴装在轴承支座上。

（17）装上倒挡轴和倒挡齿轮。将带 3 挡和 4 挡拨叉的输入轴及输出轴外后轴承装在轴承支座上，如图 3-136 所示。

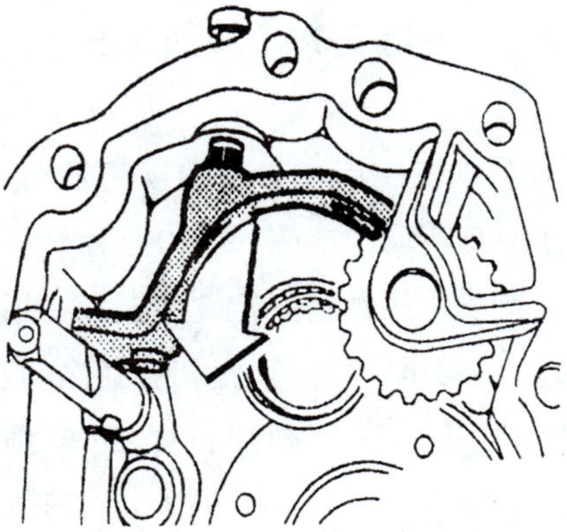

图 3-135　安装倒挡传动臂固定螺栓

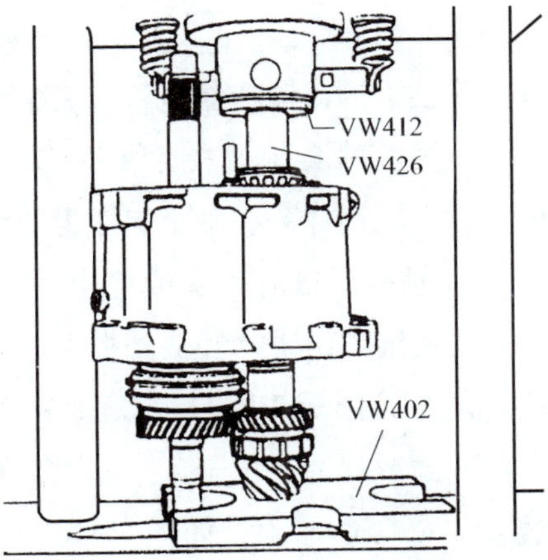

图 3-136　将输入轴和输出轴外后轴承安装在轴承支座上

（18）装上 3 挡和 4 挡的拨叉轴和拨叉，并用锁销固定。

（19）用 120℃的温度给输出轴的 5 挡齿轮、5 挡齿轮滚针轴承内圈和 5 挡同步器壳体加热。

（20）装上固定垫圈和 5 挡齿轮滚针轴承内圈，如图 3－137 所示。使用专用工具 VW224b 和锤子正确地将其放在适当的位置。

（21）将 5 挡齿轮装在输出轴上，如图 3－138 所示。将同步器和 5 挡拨叉装在输入轴上。

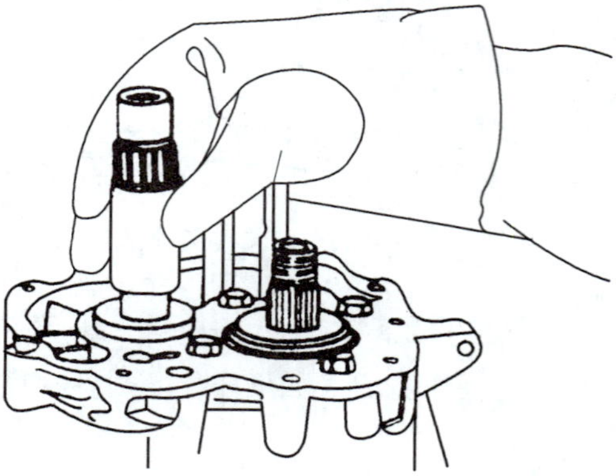

图 3－137　安装固定垫圈和 5 挡齿轮滚针轴承内圈

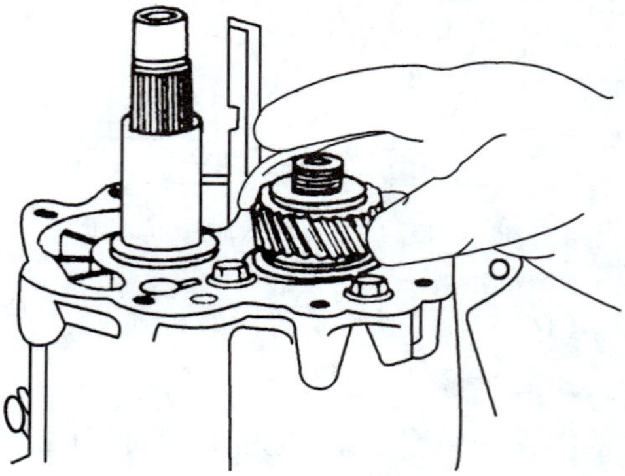

图 3－138　将 5 挡齿轮装在输出轴上

（22）将套管装在输入轴上，如图 3－139 所示。

（23）用新的衬垫，将轴承支座装在变速器壳体上，并用 25 N·m 的力矩旋紧连接螺栓。

（24）挂上 1 挡，锁住输入轴。装上输出轴的螺母，并用 100 N·m 的力矩旋紧。

（25）在拨叉轴上装上 1 挡和 2 挡拨叉。

（26）将内换挡杆装在轴承支座上，将弹簧的两端放在 3 挡和 4 挡的拨叉轴上。将凸缘部分与拨叉轴的凹槽对齐（成直线），将内换挡杆朝左转动，如图 3－140 所示。

（27）用锁销固定 1 挡和 2 挡拨叉，如图 3－141 所示。用锁销固定 5 挡拨叉。

（28）完成以上安装步骤后，装上变速器的后盖。在变速器轴承支座和后盖之间装上新的衬垫。将后盖放在适当位置，插进带螺母的螺旋销 A（M10 mm × 70 mm），旋紧螺母，直至罩盖完全顶在变速器上，如图 3－142 所示。拆下螺旋销，装上输入轴的固定螺栓，用 45 N·m的力矩旋紧。装上轴承支座和后盖的连接螺栓，用 25 N·m 的力矩旋紧螺栓。

（29）装上放油螺塞，给变速器加上油。装上注油螺塞，用 25 N·m 的力矩旋紧。

步骤 2　组装后进行检查，所有齿轮应转动正常，轴承应无松旷，换挡操作灵活。

图 3-139　将套管装在输入轴上

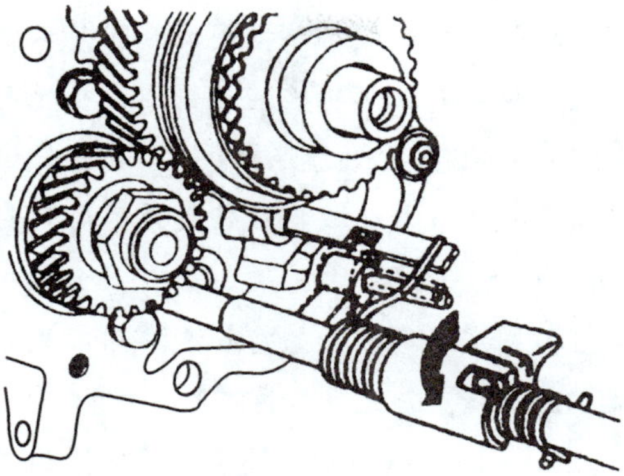

图 3-140　安装内换挡杆

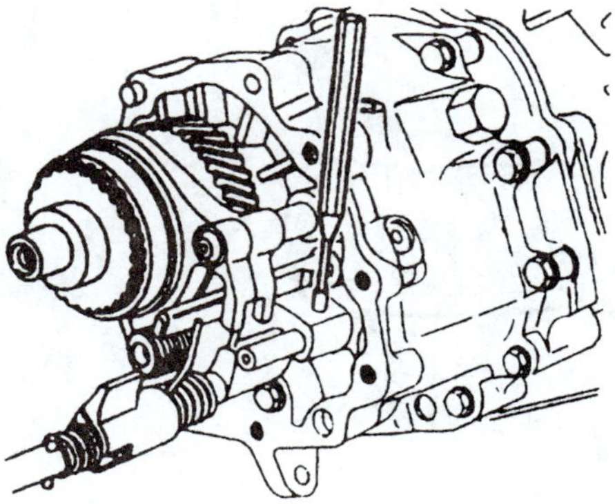

图 3-141　用锁销固定 1 挡和 2 挡拨叉

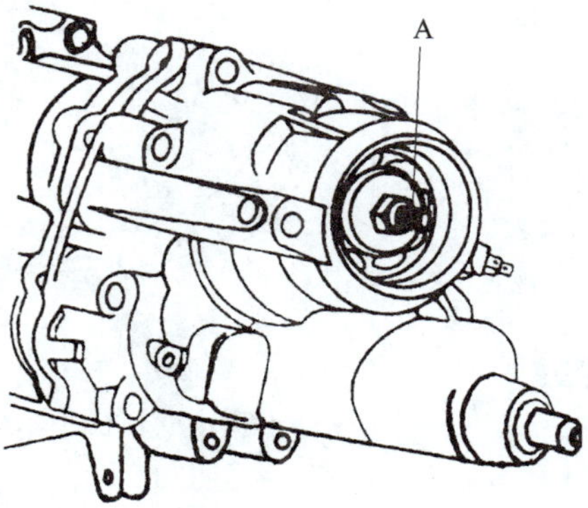

图 3-142　变速器后盖的安装

步骤 3　按照组装相反程序分解。

注意：

变速器的检修要注意以下事项。

1. 密封垫圈、油封、O 形圈

(1) 每次修理必须更换密封垫圈和 O 形圈。

(2) 轴油封装入前，在外径上涂上一层薄油，在唇形密封圈之间的空隙内填满润滑油脂。轴油封装入后，检查变速器的油面，必要时油液需添加到注油口边缘。

(3) 接合面必须保持清洁。密封剂应涂均匀，不要太厚，且通气孔应保持通畅。

2. 调整垫片

(1) 用千分尺多点检测调整垫片不同的公差，可以精确地测出所需的垫片的厚度。

(2) 检查调整垫片边缘是否有损坏。只能装入完好的调整垫片。

3. 挡圈、锁圈

（1）修理中必须调整挡圈及锁圈，不要将挡圈拉开过度。

（2）安装时必须将挡圈、锁圈放在规定的槽内，并且摆放到位。

（3）每次修理应更换弹簧销，其安装位置在纵向槽内。

（4）敲进或敲出换挡拨叉夹紧套筒时要用锤子顶住，以免拨叉轴滑槽变形。

4. 螺栓、螺母

（1）固定盖和罩壳的螺栓和螺母应交叉拧紧和拧松。对于特别易损的部件，如离合器压盘，要摆正，并逐步对角拧紧和拧松。

（2）应按规定的力矩拧紧自锁螺栓和螺母。

5. 轴承

（1）应检查轴承保持架是否弯曲，如图3-143所示。

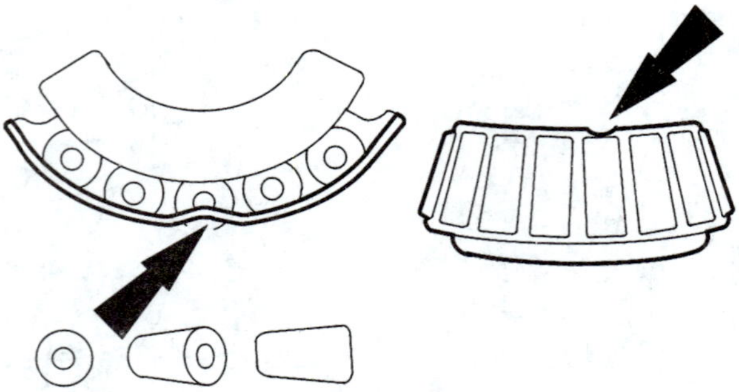

图3-143　检查轴承保持架

（2）应检查轴承是否磨伤（滚子表面是否有金属污渍），如图3-144所示。

（3）应检查轴承布氏硬度（座圈表面是否有凹痕），如图3-145所示。

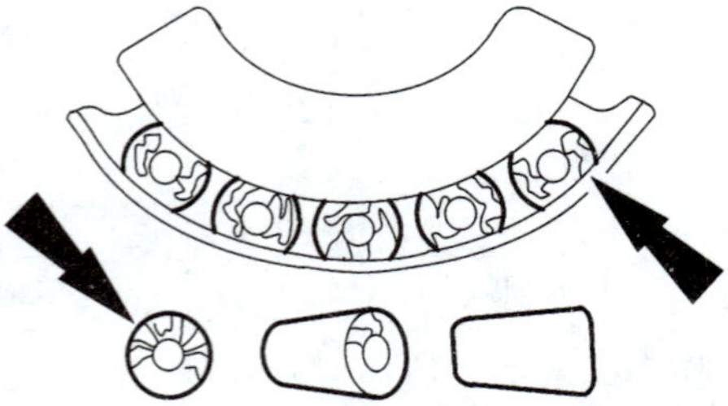

图3-144　检查轴承是否磨伤

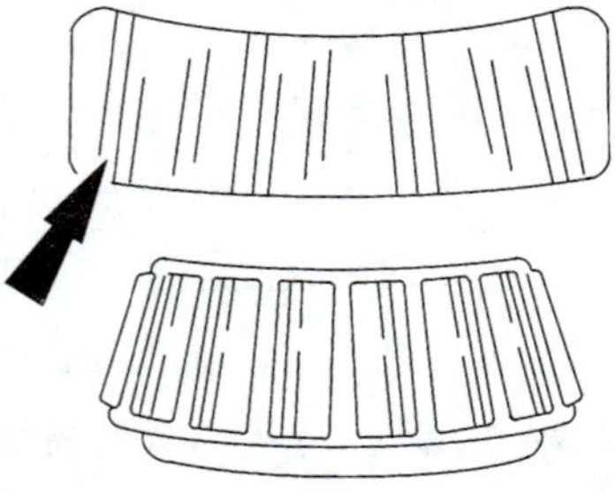

图3-145　检查轴承布氏硬度

（4）应检查轴承内座圈是否有裂纹，如图3-146所示。

（5）应检查轴承和座圈是否有刻痕，如图3-147所示。

（6）应检查轴承是否受热变色（深蓝），如图3-148所示。

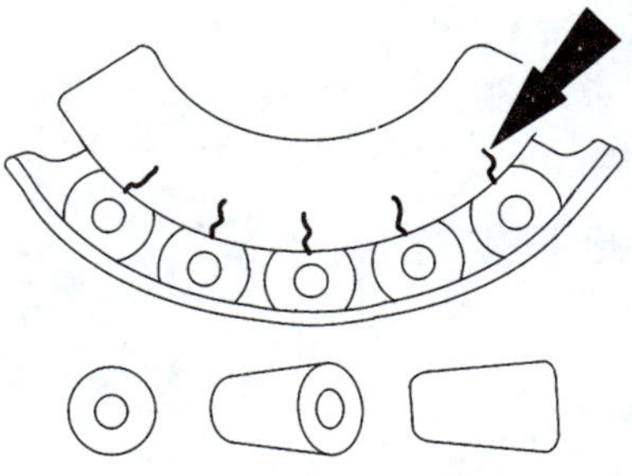

图 3-146　检查轴承内座圈

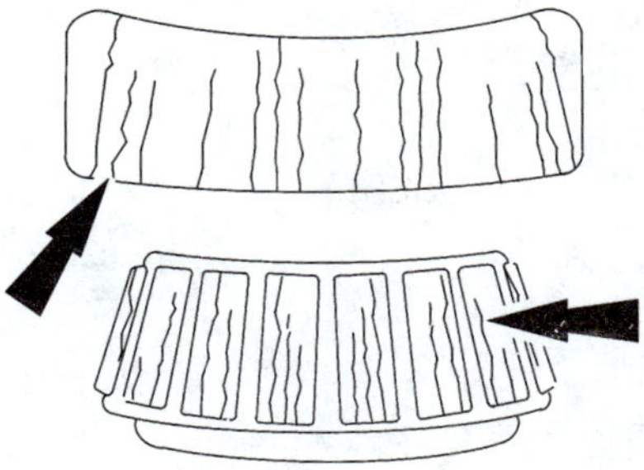

图 3-147　检查轴承和座圈是否有刻痕

(7) 检查轴承是否疲劳断裂（金属片状剥落），如图 3-149 所示。

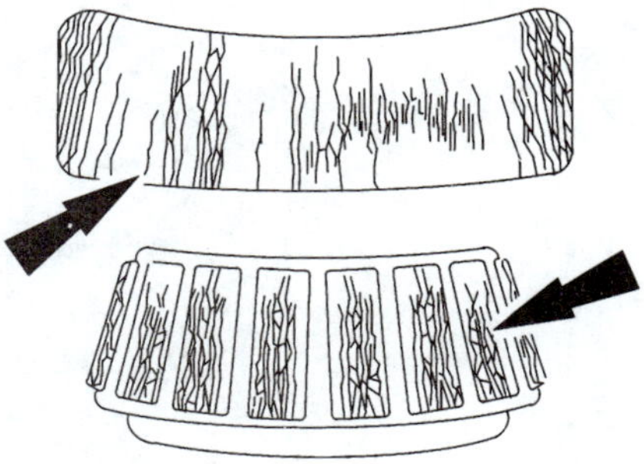

图 3-148　检查轴承是否受热变色

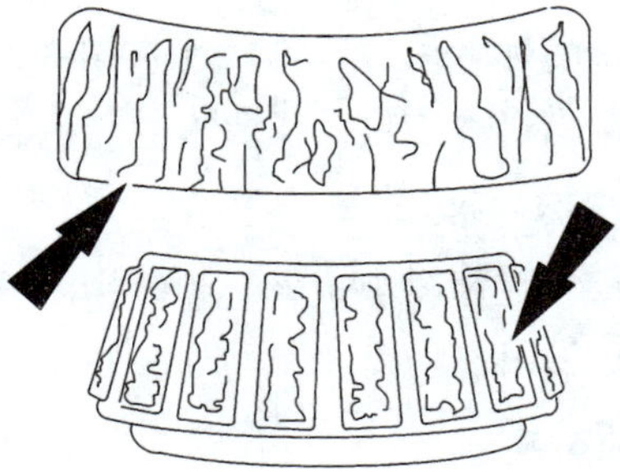

图 3-149　检查轴承是否疲劳断裂

(8) 安装时将有标志的一面的滚针轴承（壁厚较大）朝向安装工具。

(9) 在轴与轴承之间涂一层润滑油。

(10) 变速器内的全部轴承都要使用变速器油。应检查摩擦力矩，注油时要特别小心。

学习单元 2　制动系统检修

学习目标

- 能够拆装及检测制动盘、制动片
- 能够拆装和检测制动鼓、制动蹄
- 能够拆装和调整驻车制动拉索
- 能够检修制动总泵
- 能够检修制动分泵

技能要求

拆装及检测制动盘、制动片

操作准备

1. 操作条件

（1）整套前悬架实物部件台架（乘用车）。

（2）用以更换的部件（制动盘、制动片）（与前悬架配套）。

（3）组套维修工具。

（4）游标卡尺、千分尺（常用规格）。

（5）满足本工位操作要求的其他必要配置。

2. 操作内容

（1）分解检修制动盘、制动片。

（2）安装制动盘、制动片。

操作步骤

步骤1 分解检修制动盘、制动片

图3-150所示为前轮制动器的分解图。

（1）前轮制动器的拆卸

1）拧松车轮螺栓（拧紧力矩110 N·m），拆下车轮。

2）拧松制动钳壳体的紧固螺栓（拧紧力矩70 N·m），前轮制动器即可与车轮轴承分离。

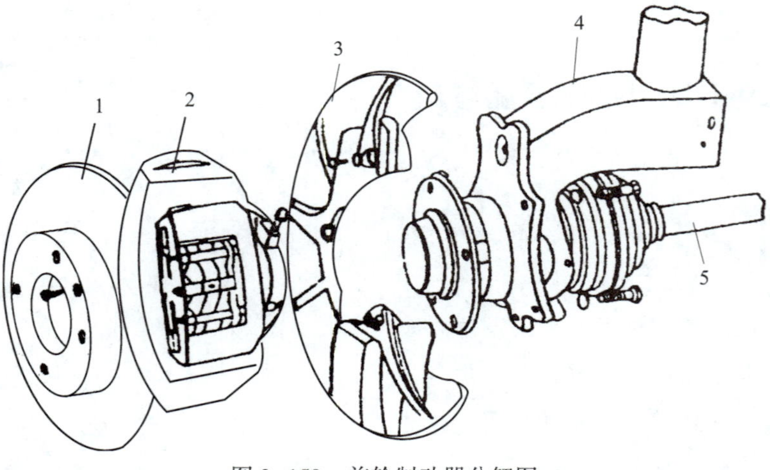

图3-150 前轮制动器分解图

1—制动盘 2—制动钳 3—制动器底板 4—车轮支承壳总成 5—传动轴

3）拧松制动器底板的螺栓，制动器底板即可从转向节体上取下。

4）使用绳索工具将前轮制动器适当吊起，防止制动软管受力损坏。

5）拆下制动盘。

（2）制动摩擦片的拆卸

1）拆卸上、下定位螺栓（见图 3-151），用手卸下上、下定位弹簧。

2）取下制动钳壳体，用铁丝将制动钳壳体挂起，如图 3-152 所示。取下制动器底板上的制动摩擦片。

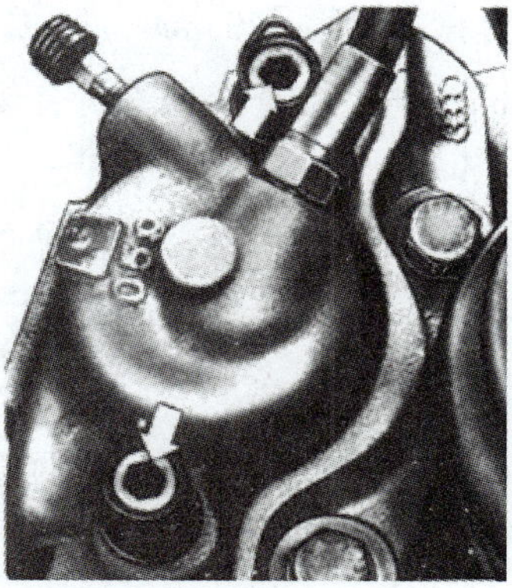

图 3-151　拆卸上、下定位螺栓

图 3-152　拆下制动钳壳体

3）将制动钳活塞压回制动钳壳体内，如图 3-153 所示。活塞回位前，先抽出制动液储液罐中的制动液，否则会引起制动液外溢，损坏表面油漆。制动液有毒，排放制动液时，只能使用专用容器存放。

4）从制动钳壳体上取下导销内的塑料套和上、下橡胶套衬套。

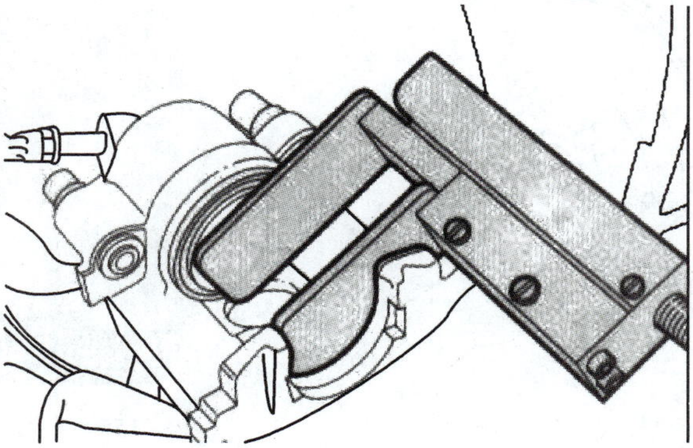

图 3-153　将活塞压回制动钳壳体内

5）拆卸制动钳时，请勿踩下制动踏板，否则活塞会弹出。

6）使用真空吸尘器清洁卡钳和制动摩擦片，以将空气中微粒及其他物质造成的损害降至最低限度。

（3）前轮制动器的检查

1）检查制动摩擦片厚度。前轮制动器外侧摩擦片可通过轮盘上的检视孔目测检查，内侧摩擦片可通过反光镜进行目测检查。必要时可将其分解，用游标卡尺测量检查。摩擦片磨损极限值为7 mm（包括底板），如果小于规定值，就应更换摩擦片。

2）检查制动盘厚度，如图3-154所示。制动盘厚度为20 mm，磨损极限值为17.8 mm。制动盘摩擦片表面上的圆跳动量为0.06 mm，如果检查结果不符合规定，应更换新件。

3）制动盘不应有裂纹或凸凹不平现象，端面圆跳动量不应超过端面跳动量，超过标准或有凸凹不平的现象，可进行磨削加工，但加工后的厚度不应小于17.8 mm，否则应更换制动盘。

4）更换制动盘时，同一轴上两个制动盘必须同时更换，以确保左、右两轮的制动力相等。

步骤2 安装制动摩擦片

（1）安装制动盘（要保证制动盘上没有制动液）。安装制动钳壳体上导销内的塑料套和上、下橡胶套衬套（塑料套内用专用油脂润滑）。

（2）装入新的摩擦片。安装制动钳壳体，用70 N·m的力矩紧固定位螺栓。

（3）安装上、下定位弹簧，如图3-155所示。

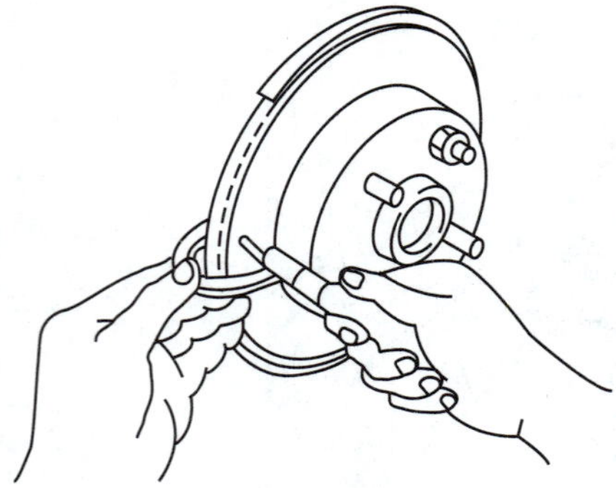

图3-154 前轮制动盘厚度的检查

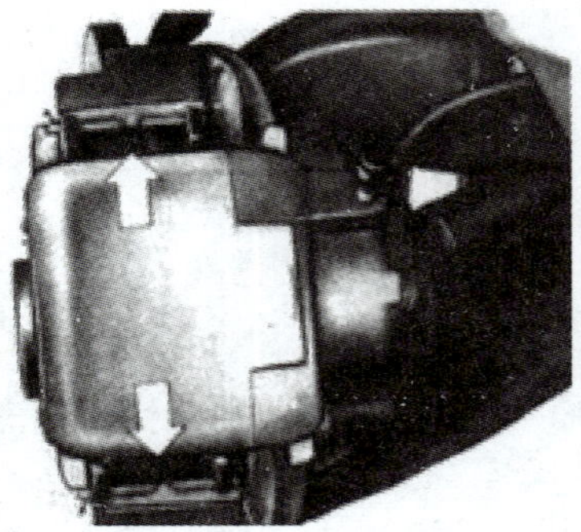

图3-155 安装上、下定位弹簧

（4）安装完成后，用力将制动踏板踩到底数次，以便使制动摩擦片正确就位。

（5）修理或更换制动盘、更换制动摩擦片后，如果在行驶很短距离时出现制动发软的情况，请按照以下步骤磨合制动盘和制动摩擦片之间的结合面。

1）让汽车行驶在平直的道路上。

2）控制好踩制动踏板的力，使汽车在 3~5 s 后停下来。

3）驾驶汽车不停地行驶几分钟以冷却制动系统。

4）重复步骤 1）~3）直到制动摩擦片和制动盘完全磨合。

请注意车速，因为在制动摩擦片和制动盘磨合好之前不易制动。只能在安全的路面和交通状况下执行此步骤，要小心谨慎。

拆装及检测制动鼓、制动蹄

操作准备

1. 操作条件

（1）整套后桥台架实物部件（乘用车鼓式制动规格）。

（2）用以更换的部件（制动鼓、制动蹄，与后桥配套）。

（3）组套维修工具。

（4）游标卡尺（常用规格）。

（5）台虎钳。

（6）专用工具 VW637/2（轮毂盖拆卸工具）。

（7）满足本工位操作要求的其他必要配置。

2. 操作内容

（1）分解检修制动鼓、制动蹄。

（2）安装制动鼓、制动蹄。

操作步骤

步骤 1　分解检修制动鼓、制动蹄

图 3-156 所示为后轮鼓式制动器的分解图。

（1）制动鼓和制动蹄的拆卸

1）拧松车轮螺栓（拧紧力矩 110 N · m），取下车轮。

2）用专用工具 VW637/2 卸下轮毂盖，如图 3-157 所示。

3）取下开口销，旋下后轮轴承上的调整螺母，取出止推垫圈。

4）用旋具通过制动鼓螺孔向上拨动楔形件（见图 3-158），使制动蹄与制动鼓之间间隙变大。

5）用鲤鱼钳拆下弹簧座。用手从下面的支架上提起制动蹄，取出回位弹簧。

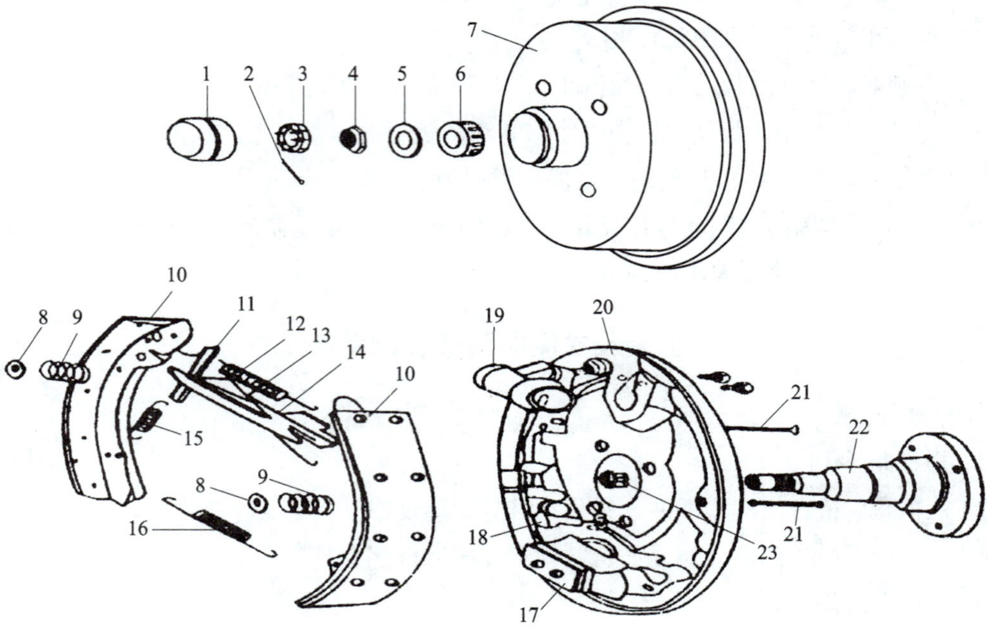

图 3-156　后轮鼓式制动器分解图

1—轮毂盖　2—开口销　3—开槽垫圈　4—调整螺母　5—止推垫圈　6—后轮轴承　7—制动鼓　8—弹簧座　9—压簧　10—制动蹄　11—楔形件　12—回位弹簧　13—上回位弹簧　14—压力杆　15—楔形件回位弹簧　16—下回位弹簧　17—固定板　18—螺栓（拧紧力矩 60 N·m）　19—后制动轮缸　20—制动底板　21—定位销　22—后桥车轮支承短轴　23—观察孔橡胶塞

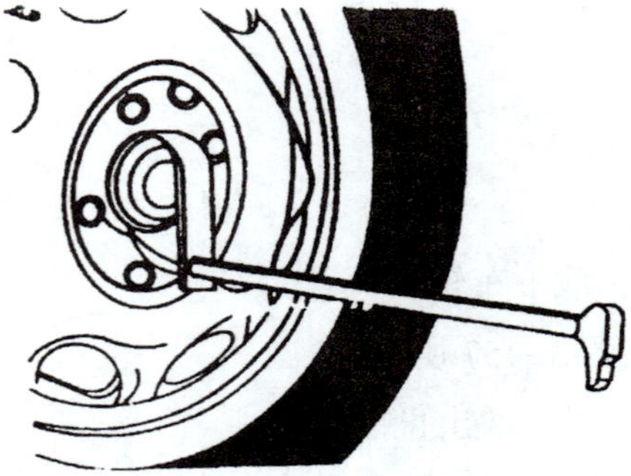

图 3-157　卸下轮毂盖

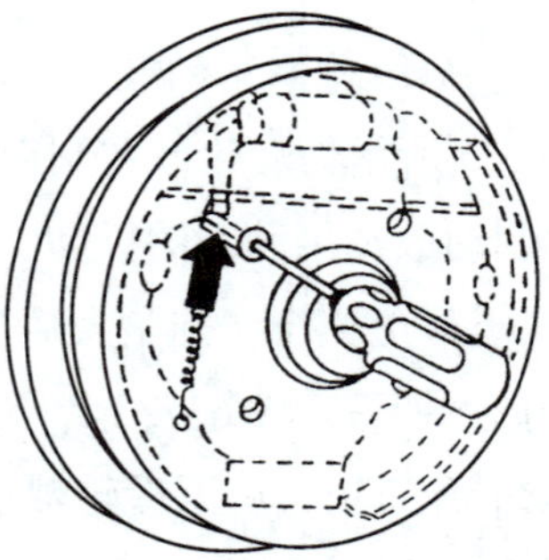

图 3-158　拨动楔形件

6）取下制动杆上的驻车制动拉索。用鲤鱼钳取下楔形件回位弹簧和上回位弹簧。

7）用尖嘴钳拆下压簧及弹簧座。

8）借助旋具、撬杆或用手从下面的支架上提起制动蹄，取出下回位弹簧。

9）用钳子拆下制动杆上的驻车制动拉索，卸下制动蹄。如图 3-159 所示。

10）把带压力杆的制动蹄卡紧在台虎钳上，拆下定位弹簧，取下制动蹄。如图 3-160 所示。

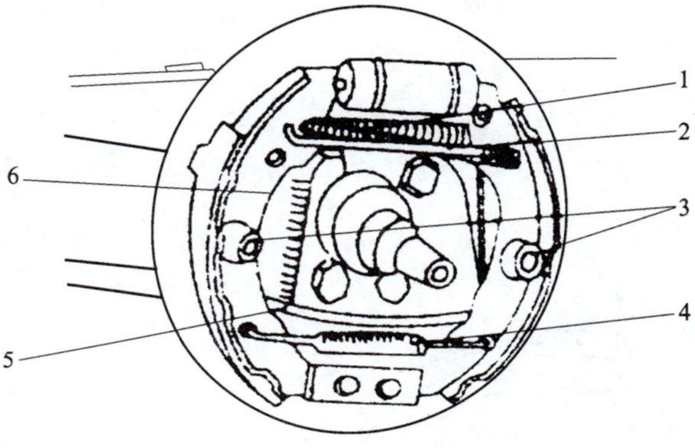

图 3-159　卸下制动蹄

1—上回位弹簧　2—压力杆　3—弹簧及座圈
4—下回位弹簧　5—驻车制动拉索　6—楔形件回位弹簧

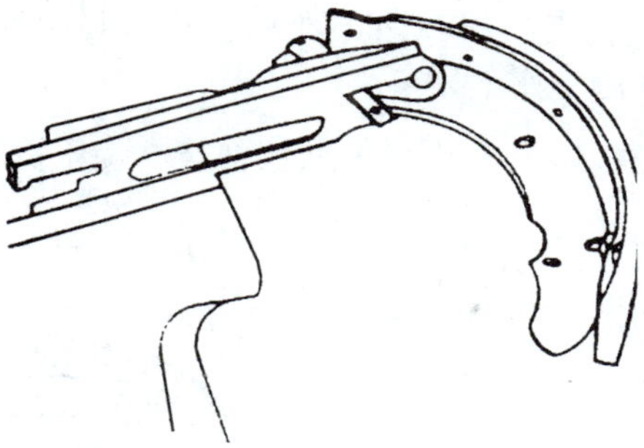

图 3-160　拆卸制动蹄定位弹簧

（2）制动蹄摩擦片的更换要求

1）制动蹄摩擦片使用 15 000 km 后，出现损坏或磨损到极限时，应及时更换。可以连同制动蹄一起更换。

2）如果仅更换制动蹄摩擦片，应先去掉制动蹄摩擦片上的旧铆钉及孔中的毛刺。铆接新制动蹄摩擦片时，应从中间向两端铆接。更换新制动蹄摩擦片时，应使用相同质量的摩擦片。

（3）后鼓式制动器的检查

1）用游标卡尺检查制动蹄摩擦片厚度。检查摩擦片有无过度磨损、损坏和剥离。摩擦片厚度为 5.0 mm，磨损极限值为 2.5 mm（不包括底板）。

2）制动鼓的检查。目视检查制动鼓内部是否过度磨损，有无裂纹和损坏；使用游标卡尺检查制动鼓内部。更换新摩擦片时，应检查制动鼓尺寸，制动鼓内径 200 mm，磨损极限值为201 mm。摩擦表面径向圆跳动量为 0.05 mm，车轮端面圆跳动量为 0.20 mm。如果超过规定值，应更换新件。

步骤 2　安装制动鼓和制动蹄

（1）装上回位弹簧，将制动蹄装在压力杆上，如图 3-161 所示。

（2）装上楔形件，凸块朝向制动器底板。

（3）将带有传动臂的制动蹄装在压力杆上，如图3-162所示。

（4）装入上回位弹簧，在传动臂上套上驻车制动拉索。

（5）将制动蹄装在后制动轮缸的活塞外槽上。

（6）装入回位弹簧，并把制动蹄提起，装到下面的支座上。

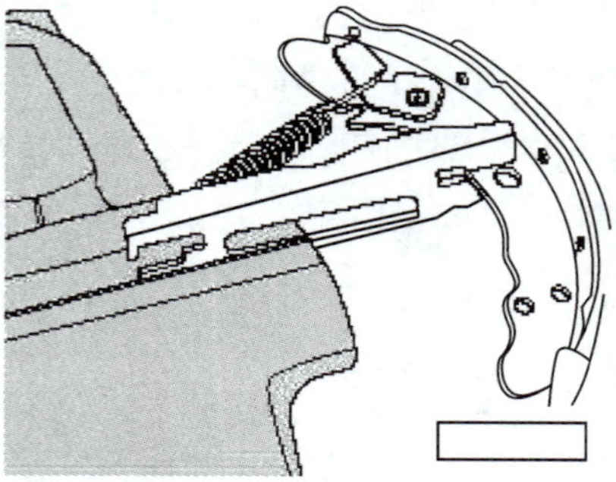

图3-161　安装制动蹄回位弹簧

（7）装楔形件回位弹簧，装压簧和弹簧座。

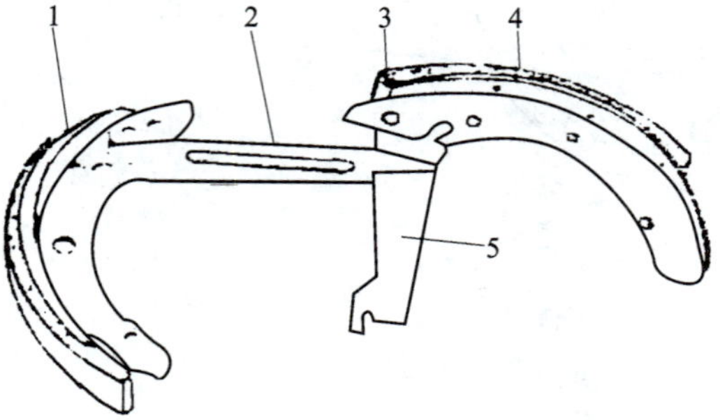

图3-162　将制动蹄装在压力杆上

1、4—制动蹄　2—压力杆　3—销轴　5—制动杆

（8）装上制动鼓及后轮轴承，然后调整轮毂轴承的间隙。

（9）用力踩一下制动踏板，使后车轮制动蹄摩擦片正确就位，摩擦片与制动毂的间隙得到自动调整。

拆装及调整驻车制动拉索

操作准备

1. 操作条件

（1）整套驻车制动实物台架（乘用车规格）。

（2）整套驻车制动实物部件（同上规格，待更换用，已分解放置）。

（3）组套维修工具。

（4）满足本工位操作要求的其他必要配置。

2. 操作内容

（1）分解检修驻车制动操纵机构。

（2）调整驻车制动拉索。

操作步骤

驻车制动操纵机构主要由驻车制动杆、调整拉杆、制动拉索及后轮制动器中的驻车制动拉杆等组成，如图 3-163 所示。它作用于后轮，主要是在坡路或平路上停车时使用或在紧迫情况下做紧急制动。

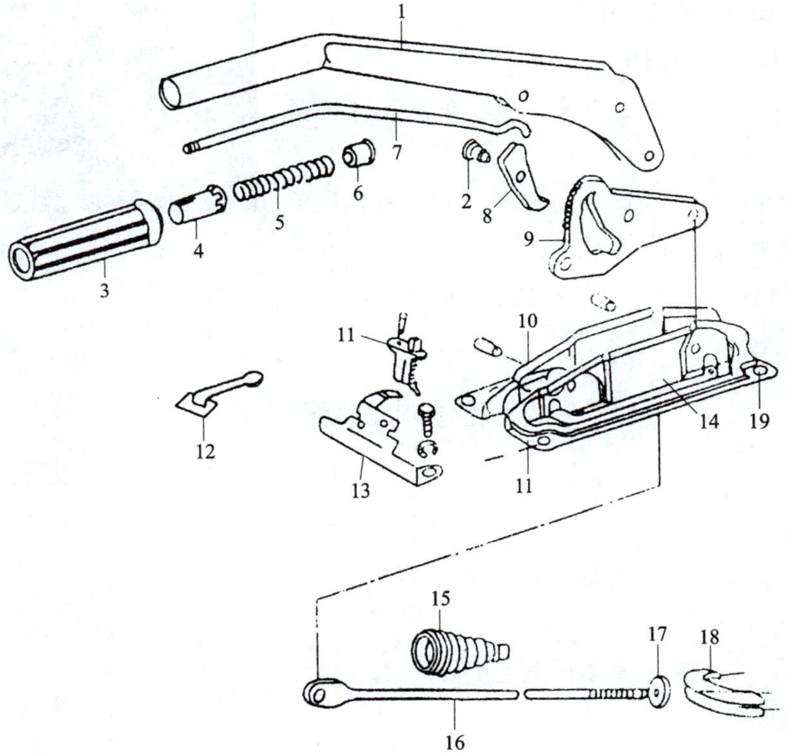

图 3-163　驻车制动操纵机构分解图

1—驻车制动杆　2—螺栓　3—制动手柄套　4—按钮　5—弹簧　6—弹簧套筒　7—棘爪压杆　8—棘爪
9—齿扇　10—右轴承支架　11—驻车灯开关　12—凸轮　13—支架　14—左轴承支架
15—驻车制动拉杆底部橡胶防尘罩　16—调整拉杆　17—限位板
18—驻车制动拉索调整杠杆　19—支架固定螺母

步骤 1　分解驻车制动操纵机构

（1）放松驻车制动。

（2）拧松调整拉杆锁紧螺母，拧下调整拉杆调整螺母，使调整拉杆与制动拉索平衡拉臂分离。

（3）拧下支架固定螺母，取下支架总成。

（4）拧下制动手柄套、按钮和弹簧。

（5）拆除各销轴的开口销，依次取下棘爪压杆、棘爪、齿扇。

（6）按照与分解相反的程序安装驻车制动操纵机构。

步骤 2 调整驻车制动器

（1）松开驻车制动杆。

（2）用力踩一下制动踏板。把驻车制动杆拉紧两齿。

（3）旋紧图 3-164 箭头所示调整螺母，直到用手不能旋转两个被制动的后车轮为止。

（4）松开驻车制动杆，两后车轮能旋转自如即为调整合适。

图 3-164 调整螺母

检修制动总泵

操作准备

1. 操作条件

（1）整套制动总泵实物部件（乘用车规格）。

（2）组套维修工具。

（3）满足本工位操作要求的其他必要配置。

2. 操作内容

（1）分解制动总泵。

（2）检修安装制动总泵。

操作步骤

步骤 1 分解制动总泵

图 3-165 所示为制动总泵的分解图。

（1）放出制动液，拆下前、后油管接头。

（2）从车架上拆下制动主缸后，取下防尘罩及推杆。

（3）将制动主缸夹持在台钳上，用螺钉旋具顶住活塞，拆下弹簧片，然后慢慢放松螺钉旋具，依次取出第二活塞、密封圈及后活塞弹簧。

（4）拆下限位螺钉，依次取出第一活塞、密封圈及前活塞弹簧。

（5）检查活塞与缸筒之间的间隙，若间隙超过 0. 13 mm，应更换制动主缸。

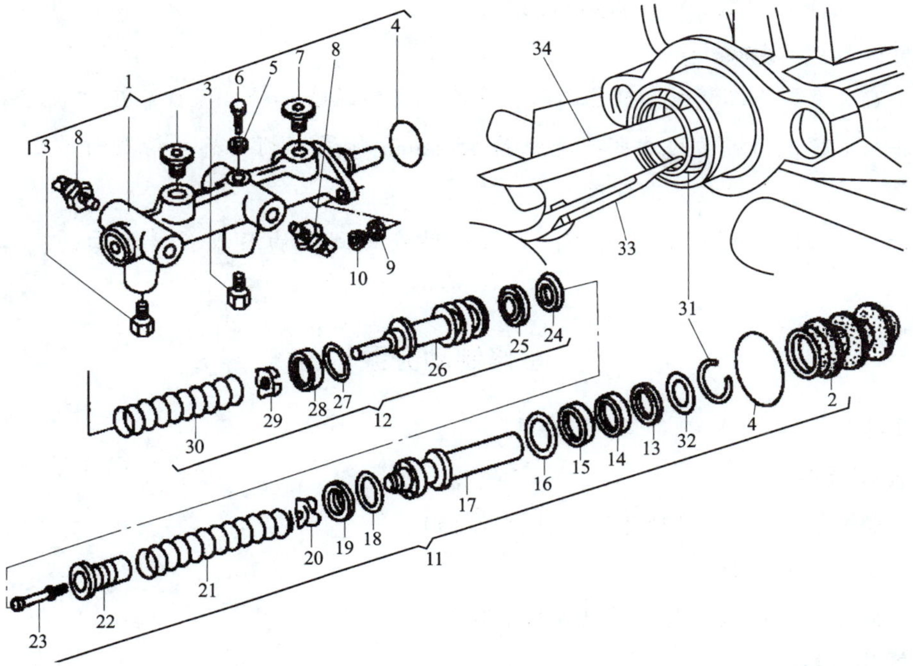

图 3-165　制动总泵分解图

1—制动总泵　2—防尘罩　3—油管接头　4—密封环　5、32—垫圈　6—限位螺钉　7—密封堵头　8—放气螺钉　9—弹簧垫圈　10—螺母　11—第一活塞组件　12—第二活塞组件　13—导向套　14、15、19、24、25、28—密封圈　16、18、27—止推垫圈　17—第一活塞　20—弹簧下座　21、30—活塞弹簧　22—弹簧 E 座　23—螺栓　26—第二活塞　29—弹簧座　31—挡圈　33、34—工具

（6）检查制动主缸缸壁，若有明显的划痕、磨损，应更换制动主缸。

（7）检查制动主缸活塞弹簧，若有损伤、变形或弹性下降应更换新件。

（8）检查弹簧、垫圈是否完好，若损坏必须更换新件。

（9）密封圈和皮圈维修时一律全部换新。

步骤 2　检修安装制动总泵

（1）所有零件在装配前，应用制动油液或酒精清洗，疏通各通道、油路，并用泄压后的压缩空气吹干。

（2）主缸缸筒内部用制动油液润滑，其他零件全部浸泡在清洁的制动油液内润滑。

（3）活塞与缸筒的配合间隙应符合规定。

（4）主缸活塞的位置不当，会引起回油孔堵塞，或使制动发生作用时间延迟，故装配时应予以注意。

（5）制动主缸的装配按与拆卸相反的顺序进行。装配后应检查回油孔，使其不被皮碗堵住。

（6）制动主缸装配后需检查密封性。

注意：

制动液含有聚乙二醇醚和聚乙二醇，应避免其与眼睛接触。操作后应彻底洗手。如果制动液误入眼睛，用流动的清水冲洗眼睛15 min。如果有刺痛感，请及时就医。如果误服，应喝水并吐出，且应立即就医。

制动液对油漆和塑料表面有害。如果制动液溅到了油漆或塑料表面，应立即用水清洗。

检修制动分泵

操作准备

1. 操作条件

（1）整套制动分泵实物部件（乘用车规格）。

（2）组套维修工具。

（3）满足本工位操作要求的其他必要配置。

2. 操作内容

（1）分解制动分泵。

（2）检修安装制动分泵。

操作步骤

步骤1 分解检查制动分泵

图3-166所示为制动分泵的分解图。

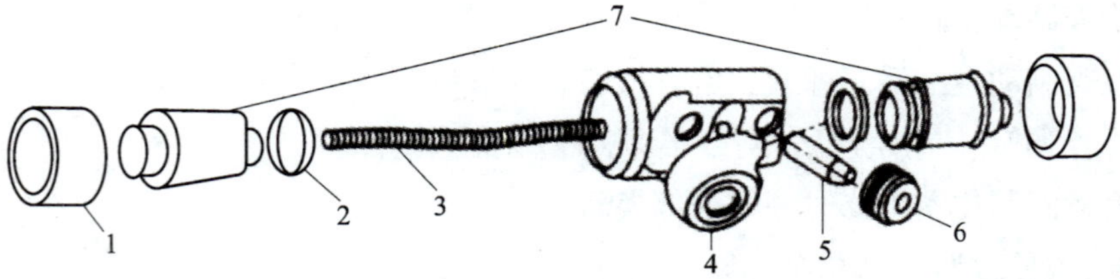

图3-166 制动分泵分解图

1—防尘罩 2—密封圈 3—活塞弹簧 4—分泵外壳 5—放气阀 6—防尘罩 7—活塞

（1）松开制动分泵进油管接头。

（2）取下制动蹄回位弹簧，使制动蹄与制动分泵的活塞脱开。

（3）拆下制动分泵与制动底板的连接螺栓，取下制动分泵以待分解。

（4）取下缸体两端的防尘罩。

（5）从分泵内取出活塞、密封圈及活塞弹簧。

（6）拆下放气阀。

（7）检查活塞与缸壁的配合间隙，若间隙超过 0. 13 mm，应更换制动分泵。

（8）检查制动分泵缸缸壁，若有明显的划痕、磨损，应更换制动分泵。

（9）检查活塞弹簧，若有损伤、变形或弹性下降应更换新件。

（10）皮碗和防尘罩维修时一律全部换新。

（11）放气螺钉和缸体螺纹部分如有损坏，应更换新件。

步骤 2 检修安装制动分泵

（1）所有零件在装配前，应用制动油液或酒精清洗，疏通各通道、油路，并用泄压后的压缩空气吹干。

（2）分泵缸内部用制动油液润滑，其他零件全部浸泡在清洁的制动油液内润滑（不包括防尘罩）。

（3）连接管路，不允许有漏液现象。

（4）检查新皮碗，不得有磨损及发胀现象。制动器橡胶部件起泡或鼓胀，可能是制动液受到石油基物质的污染造成的。如果受到污染，必须安装新的橡胶部件，并且用干净的制动液冲洗整个液压制动系统，以防再次污染。

（5）制动分泵的装配按与拆卸相反的顺序进行。

4

第 4 章

汽车的二级维护

汽车二级维护的作业内容除包括一级维护作业内容外，以检查、调整为主，并拆检轮胎，进行轮胎换位，作业周期为约 30 000 km。汽车进厂后，应确定所需检测项目，并进行故障诊断，从而确定附加作业项目。车辆的保养、检测、竣工检验等任务，必须由专职人员完成。

由于二级维护的周期较长，汽车经过较长里程的行驶后，各部位的磨损会有一定加深，发动机和整车性能也会相应地有所下降，因此需要检查和调整的项目较多，还要增加一些安全检测项目。

不同种类和级别的车辆，由于结构和性能下降程度不同，所需的维护项目也各有差别。

为了做到合理维护，应根据汽车生产厂家的要求，科学地确定维护项目。另外，还应充分听取驾驶员的反映，适当地增加一些附加维修项目。

第 1 节　汽车二级维护要求

学习单元 1　发动机二级维护要求

学习目标

➢ 掌握发动机二级维护要求

知识要求

发动机二级维护作业有如下要求。

一、检查发动机的运转，如运转不正常，应进一步查明故障原因。

二、更换机油和机油滤清器（最好同时清洗机油盆）。

三、更换燃油滤清器，放出燃油箱内的沉淀物。

四、清洁火花塞，检查和调整电极间隙。必要时检查汽缸压力。

五、拆检分电器，清除内、外表面的灰尘和积炭，检查和调整点火信号转子的间隙。

六、检查和调整气门间隙（有自动调整气门间隙功能的机型除外）。

七、检查进气系统的密封性。

八、电喷式发动机应检查节气门体和联动机构的工作状况，必要时予以清洁和调整。

九、清洁和检查曲轴箱强制通风单向阀，保证其工作良好。

十、检查燃油蒸发控制装置的工作状况，保持各部位密封良好。

十一、检查排气系统（包括三元催化转换器和消声器）各部位的连接情况，必要时予以调整和紧固。

十二、检查发动机悬置的连接情况，必要时予以调整和紧固。

学习单元 2　底盘二级维护要求

学习目标

- 掌握底盘和车身二级维护要求
- 掌握电气和附件二级维护要求

知识要求

一、底盘和车身二级维护要求

1. 检查和调整离合器踏板的自由行程。

2. 检查和调整制动踏板自由行程。

3. 检查和调整转向盘自由间隙。

4. 检查传动轴或驱动轴万向节的工作状况，必要时予以拆卸清洗，防尘套破裂时，应予以更换。

5. 检查转向主销与衬套的间隙。

6. 检查转向器的磨损和转向横、直拉杆球头销的连接情况，必要时予以调整或拆检，校核前轮前束。

7. 检查悬架系统各部位的连接情况和减振器的效能。

8. 添加或更换（每两次二级维护为一个更换周期）变速器和主减速器润滑油（自动变速器和前驱动桥除外），清洁通气塞（包括自动变速器和前驱动桥）。

9. 拆卸前、后轮毂轴承，清洗、检查和重新加注润滑脂。

10. 检查制动摩擦片的磨损情况，调整制动间隙。对于盘式制动器，必要时更换摩擦片和制动盘。

11. 检查和补充轮胎气压，必要时进行车轮动平衡（属附加维修项目）、整车轮胎换位。

12. 检查和紧固车身与底盘各部位的连接螺栓。

13. 检查车体的变形情况，必要时进行修整（属附加维修项目）。

14. 检查全车表面涂层，必要时进行局部或全车喷涂（属附加维修项目）。

二、电气和附件二级维护要求

1. 检查和调整前照灯的亮度和光束位置。
2. 检查和调整扬声器的音调和音量。
3. 拆检发电机和起动机，清洗轴承，重新加注润滑油。
4. 检查蓄电池的能量和电解液的密度，必要时予以补充充电。
5. 检查全车电路，应固定良好、无破损，各连接头接触良好。
6. 清洁车轮轮速传感器，检查其固定情况，工作间隙应符合厂家要求。
7. 检查灯光、仪表和信号指示系统。
8. 检查空调制冷系统（如有故障，则列入附加维修项目）。

三、全车润滑

按汽车制造厂家的规定进行全车润滑，特别要注意车窗玻璃升降器、车门铰链、轴承、导轨等部位的润滑。

学习单元3　汽车二级维护的竣工检验

学习目标

➢ 掌握汽车二级维护的竣工检验要求和方法

知识要求

汽车二级维护竣工检验应达到下列要求。

一、外观和车身

1. 车容整洁，标志清晰，安全设施齐全、有效。

2. 车身面漆无脱落、颜色协调并与原车颜色相一致。

3. 车体应周正，左、右基本对称，左、右外缘对称部位高度之差不得大于 40 mm，左、右轴距之差不得大于 10 mm。

4. 车门开关轻便、关闭严密、锁止可靠。

5. 各部位螺栓连接可靠。

二、各大总成

1. 发动机起动正常，动力性能良好，运转平稳，加速灵敏，水温正常，无断火、回火、放炮、异响等现象，节气门踏板活动自如、无卡滞。

2. 传动系统工作正常，离合器接合平稳，分离彻底，自由行程符合厂家规定；变速器换挡自如，锁止机构工作可靠；传动轴运转平稳。

3. 行驶系统工作正常，底盘无异响，悬架系统性能良好，减振器的阻尼力正常、有效。

4. 转向系统工作可靠，转向盘自由转角符合厂家规定，转动轻便，转向后应能自动回正，将车轮转到左、右极限位置时，车轮与任何部位均不得产生运动干涉现象，转向横、直拉杆各球头销无松旷，锁止可靠。

5. 行车制动系统应工作可靠，制动管路密封良好，无渗漏现象，制动踏板高度符合规定要求。

6. 驻车制动应工作可靠。

7. 轮胎气压、花纹深度、轮胎螺母拧紧力矩等均符合厂家规定；前轮无翻新胎，轮辋无变形，行驶时无偏摆现象。

8. 发动机、散热器、变速器、驱动桥、主减速器等密封良好，无明显的泄漏现象。

9. 按规定对有关部位进行润滑，所有润滑脂加注口均齐全、有效。

三、电气设备

1. 全车灯光系统应符合 GB 7258—2017《机动车运行安全技术条件》及 GB 4785—2007《汽车及挂车外部照明和光信号装置的安装规定》的规定。

2. 仪表和信号指示装置齐全、有效。
3. 燃油喷射电控系统工作正常，无故障码显示。
4. 发电机、起动机、蓄电池工作正常，技术状态符合厂家要求。

第2节　汽车二级维护作业

学习单元1　发动机二级维护作业

学习目标

➤ 能够进行发动机二级维护作业

技能要求

发动机检查维护（一）

——发动机二级维护前的准备，发动机静态检查，维护“三滤”

操作准备

1. 操作条件

（1）整车（电喷发动机乘用车，装备完整、配置齐全）。

（2）维修工具（整车配套）。

（3）满足本工位操作要求的其他必要配置。

2. 操作内容

（1）发动机传动带张紧度检查调整。

（2）各油、液的位置检查。

（3）“三滤”检查维护。

（4）完成检查维护作业记录。

操作步骤

注意：

按5S管理要求（整理、整顿、清扫、清洁、素养）操作，二级维护前先放置三件套和翼子板护围。

步骤 1　发动机传动带张紧度检查调整

（1）发动机传动带检查

注意：

必须在发动机熄火时进行以下操作。

1）检查传动带是否有裂纹、磨损和油迹，如图 4-1、图 4-2 所示。如果有必要，应更换。

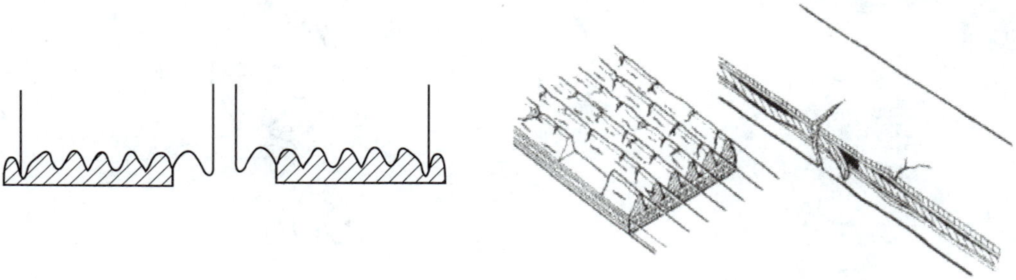

图 4-1　有裂纹和缺损的传动带

2）在传动带轮之间的传动带中间点（见图 4-3）处检查传动带的张紧度。

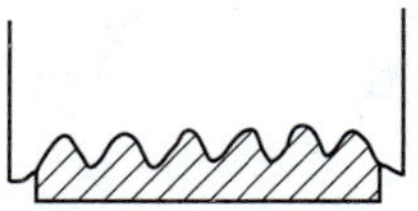

图 4-2　正常传动带

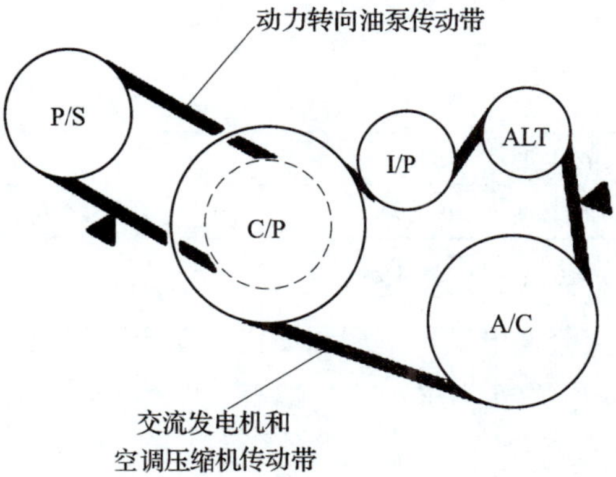

图 4-3　传动带轮之间的传动带中间点

P/S—转向助力泵　C/P—曲轴皮带轮　I/P—辅助皮带张紧轮

ALT—交流发电机　A/C—空调压缩机

3）在发动机冷态时，用传动带张力计（见图 4-4）在标记点施加 98 N 的力测量张紧度。

4）如果张紧度超过极限值，应进行调整。

5）更换新传动带也需检查传动带张紧度，应先调整传动带张紧度到规定值，然后旋转曲轴两圈以上，再重新测量张紧度并调整。

6）调整后用手拧紧传动带导轮锁紧螺母（见图 4-5）并再一次测量张紧度，如果张紧度发生变化，可以重复进行调整，直至调整到规定值（见表 4-1）。

图 4-4　传动带张力计

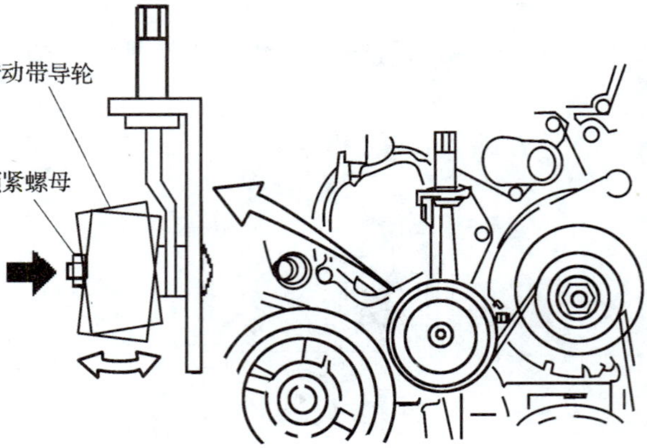

图 4-5　传动带导轮锁紧螺母

表 4-1　　**传动带张紧度规定值**

	挠度调整		
	旧传动带（mm）		新传动带（mm）
	极限	调整后	
交流发电机和空调压缩机传动带	7	4.2~4.6	3.7~4.1
动力转向油泵传动带	11	7.3~8.0	6.5~7.2

注：使用推力为 98 N。

（2）交流发电机和空调压缩机传动带调整，如图 4-6 所示

1）松开传动带导轮锁紧螺母 A，然后选择调节螺母 B 调整张紧度到规定值。

2）拧紧锁紧螺母 A。

3）拧紧调节螺母 B。

（3）动力转向油泵传动带调整，如图 4-7 所示

1）松开锁紧螺栓 C。

2）松开动力转向油泵安装螺栓 D。

3）旋转调节螺母 E，调节张紧度到规定值。

4）拧紧锁紧螺栓 C。

5）拧紧动力转向油泵安装螺栓 D。

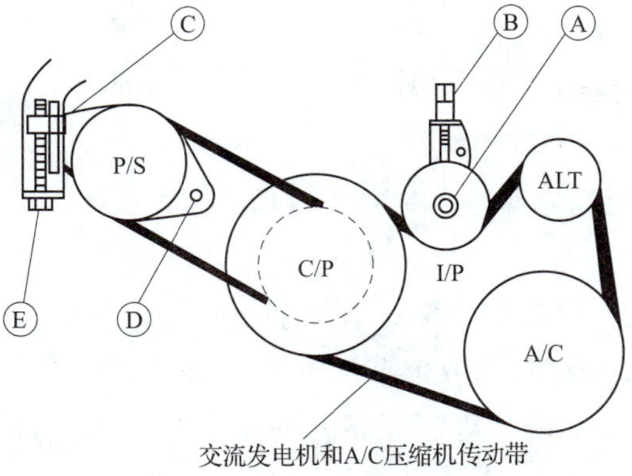

图 4-6　交流发电机和 A/C 压缩机传动带调整

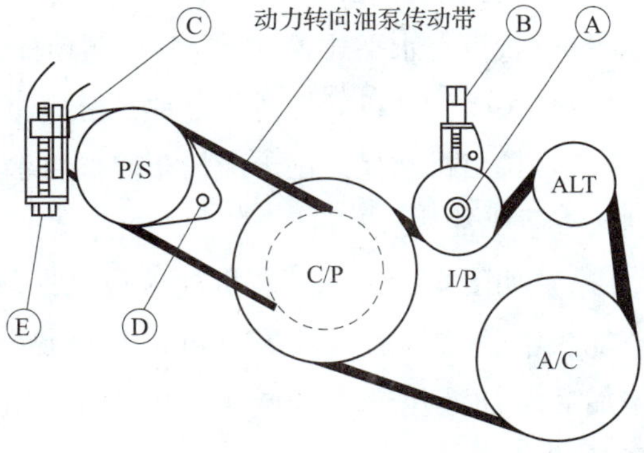

图 4-7　动力转向油泵传动带调整

步骤 2　各油、液的位置检查

（1）检查冷却液液位

1）检查有无冷却液泄漏。

2）检查冷却液液位是否处于“MAX”（最高）位置，如图 4-8 所示。从补偿罐上查看冷却液液位，在发动机冷态时冷却液液位必须在标记“MIN”（最低）和“MAX”之间。在发动机热态时冷却液液位可能会略超过标记“MAX”。

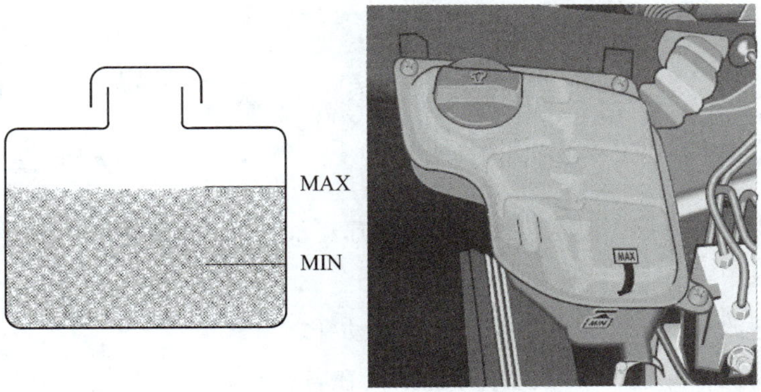

图 4-8　检查发动机冷却液液位

3）打开散热器盖前先关闭发动机，让发动机充分冷却。用厚布包裹住散热器盖，先转动 1/4 圈释放散热器内的压力，然后将盖完全拧下。将储液罐中的发动机冷却液加注到“MAX”位置。把盖子合上并拧紧。

注意：

在发动机未完全冷却前，绝对不要打开散热器盖；从散热器溢出的高压液体可能会引起严重的烫伤。

（2）检查机油液位

1）将汽车水平放置，拉起驻车制动杆。暖机，检查发动机舱内是否有机油泄漏。

2）关闭发动机后等待几分钟，使机油能流回到油底壳内。

3）拉出机油尺，用干净的布擦拭机油尺后把机油尺重新插入到底，接着再次拉出机油尺查看机油液位。

4）如图 4-9 所示，若机油液位在区域ⓐ不得添加机油；若机油液位在区域ⓑ可以添加机油，添加后机油液位可进入区域ⓐ中；若机油液位在区域ⓒ，必须添加机油，添加后机油液位进入区域ⓐ即可；绝不允许机油液位处于区域ⓐ的上方，否则应抽出多余的机油。

（3）检查自动变速箱液位

1）暖机。

2）检查自动变速箱有无油液泄漏，如图 4-10 所示。

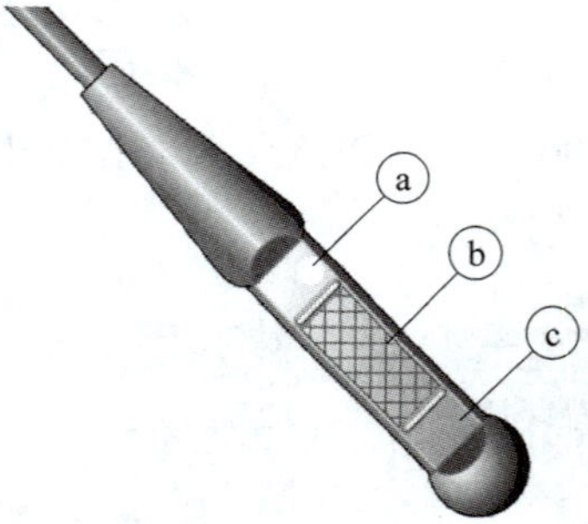

图 4-9　机油液面高度

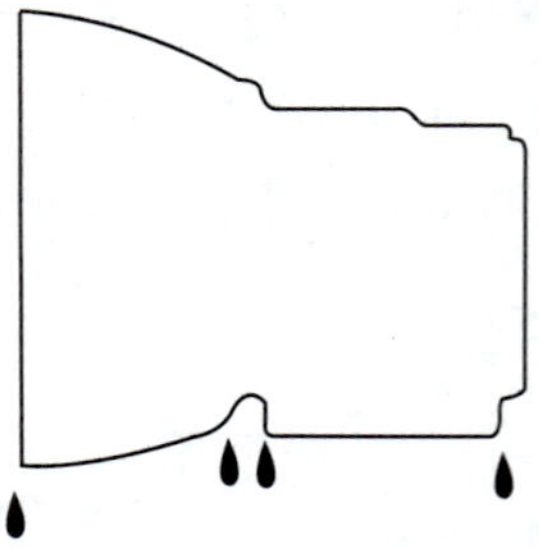
图 4-10　油液泄漏检查

3）当油温处于 30～50°C 时，根据自动变速箱油尺“COLD 冷态”范围检查液位，如图 4-11 所示。

①将车辆停放在水平地面上，拉起驻车制动杆。

②起动发动机，踩住制动踏板并将选挡杆在各挡位位置上移动，最后将选挡杆置于“P”位置。

③在发动机怠速时检查液位。

④拔出自动变速箱油尺，用无绒纸擦净，再重新插入加油管中。

⑤拔出自动变速箱油尺，观察油尺指示（见图 4-11 冷态 30～50°C 位置）。如果指示液位过低，应向加油管中添加自动变速箱油至正常范围（注意：切勿过量加注油液）。

4）当油温达到 50～80°C 时，根据自动变速箱油尺“HOT 热态”范围重新检查液压。

5）检查油液的状况，如图 4-12 所示。

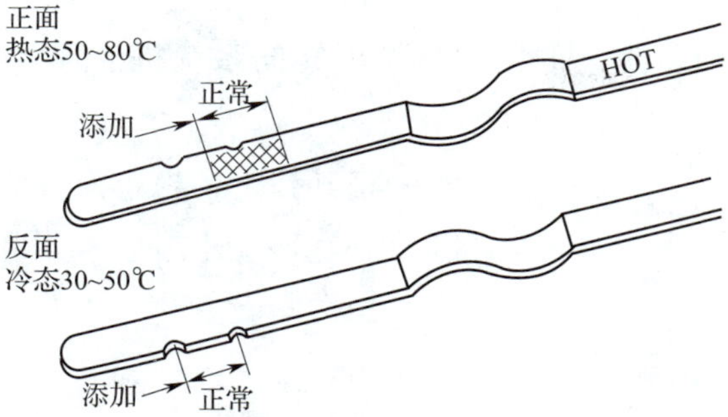

图 4-11　自动变速箱油尺

图 4-12　检查油液的状况

①如果发现油液颜色发黑或有焦煳味，应检查自动变速箱的使用情况，视情况修理。

②如果发现自动变速箱油中含有摩擦材料（离合器和制动带磨损下的材料）等，则应在修复自动变速箱后更换散热器，并用清洁剂和压缩空气冲洗变速箱冷却管路。

6）将自动变速箱油尺安装在自动变速箱加油管中。

（4）检查制动液液位

1）检查制动液液位，确保制动液的液位在储液罐的最高线“MAX”和最低线“MIN”之间（见图 4-13）。

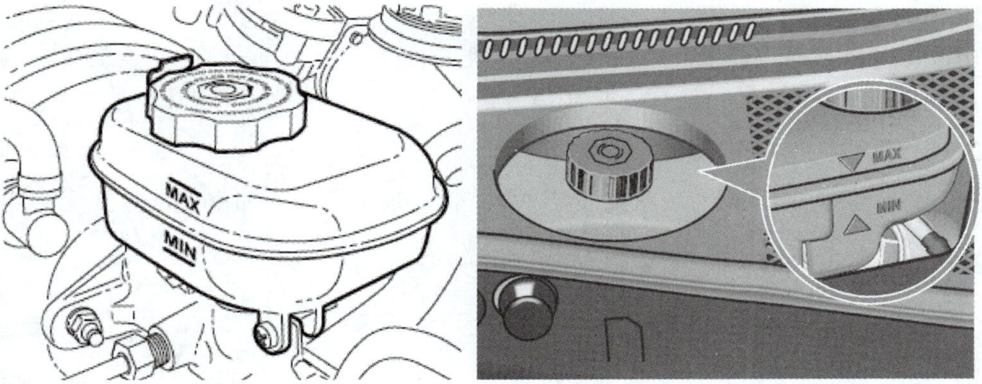

图 4-13　检查制动液液位

2）在汽车运行中由于制动摩擦片的磨损，制动液液位会略有降低，此为正常情况，如果制动液液位在较短的时间内明显降低或降到标记“MIN”之下，则可能是制动系统泄漏，应立即检查制动系统。如果制动液液位过低则制动器指示灯也会亮起。

3）制动液有吸湿性，因此它在使用时会吸收周围空气中的水汽。而制动液含水量过高会造成制动系统内部的持续腐蚀损坏，制动液的沸点也会大大降低，在一定的条件下会影响制动效果，因此规定制动液必须每两年或运行超过 5 万 km 更换一次。

（5）检查转向系统机油液位

1）摆正前轮，清洁转向储液罐加油口附近的区域，拧下转向系统机油尺盖（见图4－14）。

2）用一块干净抹布擦净机油尺，用手拧紧机油尺盖并将其拧下，检查液位高度。

3）工作温度时（约50℃以上），液位应在“MIN”和“MAX”标记之间。

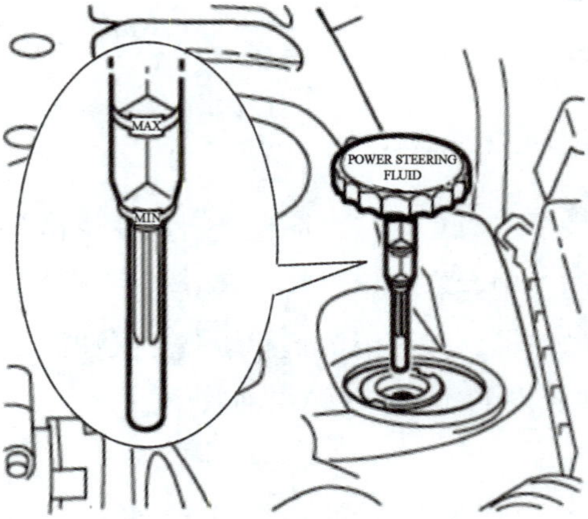

图4－14　拧下转向系统机油尺盖

步骤3　“三滤”检查维护

（1）空气滤清器检查维护

1）拆卸空气滤清器，如图4－15所示。

2）拆卸后检查空气滤清器。

3）按规定的时间定期清洗或更换空气滤清器。视情况将压缩空气从空气滤清器背面吹入，吹出所有灰尘，如图4－16所示。

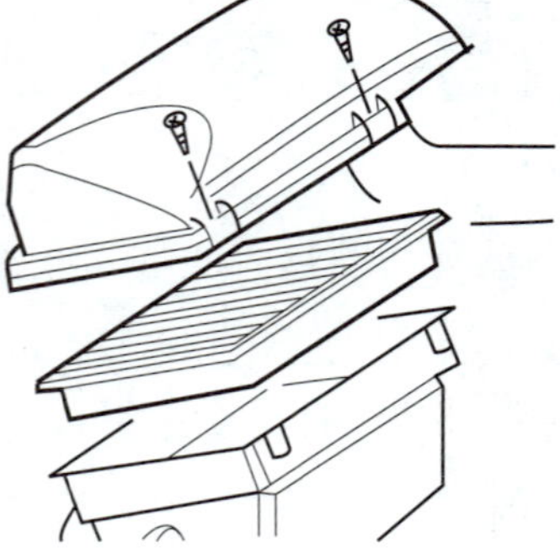

图4－15　拆卸空气滤清器

图4－16　用压缩空气清洁空气滤清器

4）用压缩空气清洁空气滤清器箱体内部。

5）安装空气滤清器。

（2）机油滤清器检查维护。检查机油滤清器是否紧固可靠，无机油渗漏痕迹，如图 4-17 所示。

（3）汽油滤清器检查维护。检查汽油滤清器接头是否紧固可靠，无汽油渗漏痕迹，如图 4-18 所示。

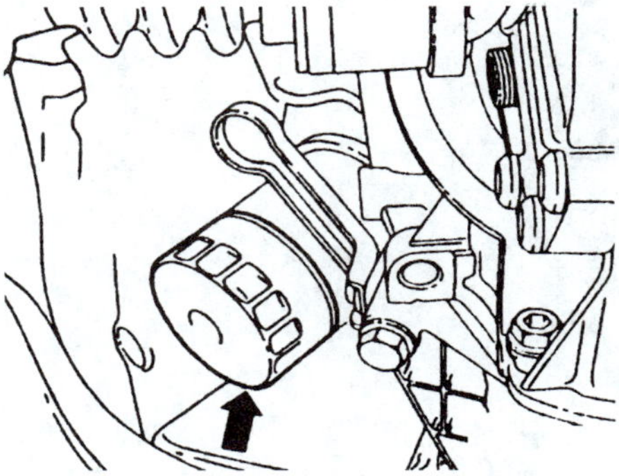

图 4-17　检查机油滤清器

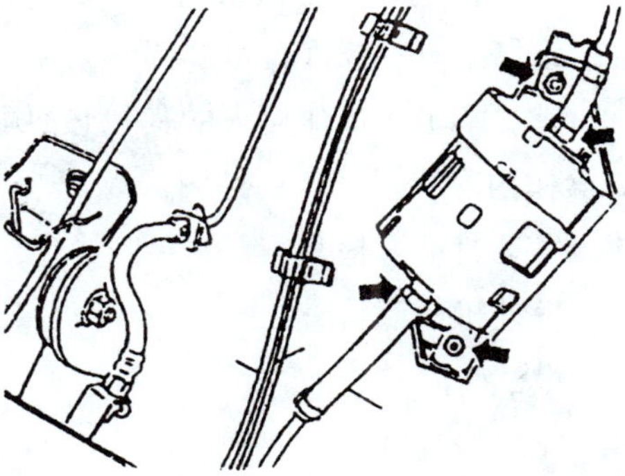

图 4-18　检查汽油滤清器

步骤 4　完成检查维护作业记录

序号	检查项目	检查维护结果
1	交流发电机和空调压缩机传动带	
2	动力转向油泵传动带	
3	冷却液液位	
4	机油液位	
5	自动变速箱液位	
6	制动液液位	
7	转向系统机油液位	
8	空气滤清器、机油滤清器、汽油滤清器	

发动机检查维护（二）
——发动机动态检查，更换汽油滤清器

操作准备

1. 操作条件

（1）整车（电喷发动机乘用车，装备完整、配置齐全）。

（2）维修工具（整车配套）。

（3）满足本工位操作要求的其他必要配置。

2. 操作内容

（1）发动机动态检查。

（2）发动机三漏检查。

（3）燃油管路检查。

（4）完成检查维护作业记录。

操作步骤

注意：

按5S管理要求操作，二级维护前先放置三件套和翼子板护围。

步骤1 发动机动态检查

（1）检查发动机起动性能。起动发动机，检查起动过程是否顺畅。

（2）发动机怠速运转状态检查。在起动后高怠速转速随水温上升逐渐下降到正常值的过程中，观察倾听发动机，应运转平稳，无异响。

（3）发动机中速运转状态检查。加油门至发动机中速运转，观察倾听发动机，应运转平稳，无异响。

（4）发动机高速运转状态检查。加油门至发动机高速运转，观察倾听发动机，应运转平稳，无异响。

（5）检查发动机加速性能。踩油门踏板，在不同转速下检查发动机加速性能，观察倾听发动机，应加速顺畅有力，运转平稳，无异响。

步骤2 发动机三漏检查

（1）发动机冷却管路密封性检查。检查发动机冷却系统水箱、水管和接头处是否有渗漏现象，水管和夹箍安装位置是否正确可靠，如图4–19、图4–20、图4–21所示。

（2）发动机进气系统管路检查。检查发动机进气系统管路是否泄漏，安装位置是否正确可靠，如图4–22所示。

图 4-19　检查水箱盖和水管密封性

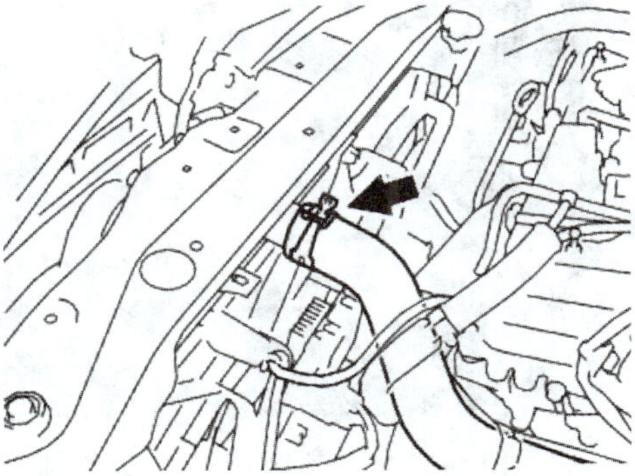
图 4-20　检查水箱上水管接头和夹箍

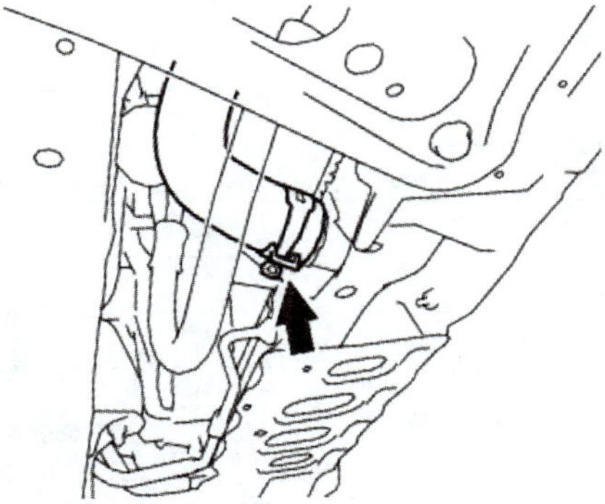
图 4-21　检查水箱下水管接头和夹箍

图 4-22　检查发动机进气系统管路

（3）发动机真空管路检查。检查发动机真空管路是否泄漏，安装位置是否正确可靠，如图 4-23 所示。

步骤 3　更换汽油滤清器，检查燃油管路

（1）拔下油泵熔丝，起动发动机至熄火，泄除燃油压力，关闭点火开关。

（2）举升车辆，拧松车辆底部汽油滤清器托架紧固螺栓，取下汽油滤清器托架。

（3）松开夹箍，拔下汽油滤清器的油管，使用一块抹布防止剩余的汽油滴落。

（4）取下汽油滤清器。

（5）将汽油滤清器上箭头指向汽油的流动方向，安装新的汽油滤清器，如图 4-24 所示。

（6）起动发动机，检查汽油滤清器、燃油管路，应无泄漏痕迹，安装位置正确可靠。

图4-23　检查发动机真空管路

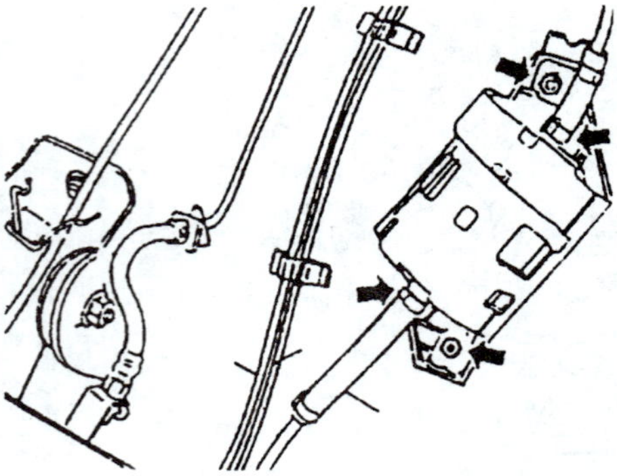

图4-24　更换汽油滤清器、检查燃油管路

步骤4　完成检查维护作业记录

序号	检查项目	检查维护结果
1	发动机起动性能	
2	发动机怠速运转状态	
3	发动机中速运转状态	
4	发动机高速运转状态	
5	发动机加速性能	
6	发动机冷却管路	
7	发动机进气系统管路	
8	发动机真空管路	
9	燃油管路	

发动机检查维护（三）

——发动机起动电流、起动电压、发电机检查，更换火花塞

操作准备

1. 操作条件

（1）整车（电喷发动机乘用车，装备完整、配置齐全）。

（2）维修工具（整车配套）。

（3）直流钳形电流表、万用表、塞尺（常用规格）。

（4）满足本工位操作要求的其他必要配置。

2. 操作内容

（1）发动机起动电流、起动电压检查。

（2）发电机电压检查。

（3）火花塞间隙检查、高压线电阻检查。

（4）完成检查维护作业记录。

操作步骤

注意：

按5S管理要求操作，二级维护前先放置三件套和翼子板护围。

步骤1 发动机起动电流、起动电压检查

（1）如图4-25所示，检测发动机起动电流，用1 000 A量程的直流钳形电流表，将钳口卡在电瓶的正极总线上，把选择按钮选到最大值上，起动发动机，电流表所显示的数值即是起动瞬间的最大起动电流，判断其是否正常。

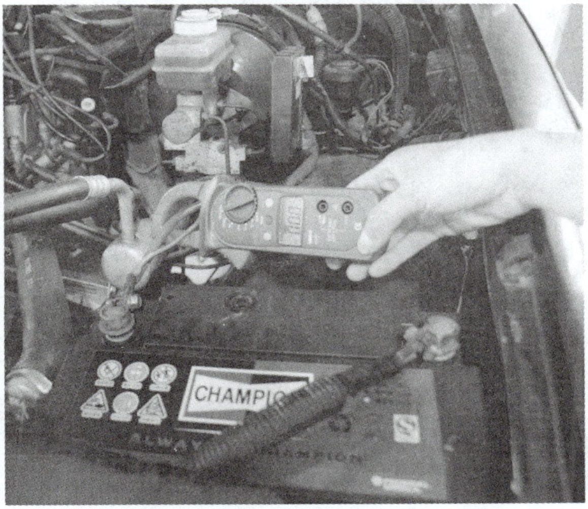

图4-25 检测发动机起动电流

（2）如图4-26所示，检测发动机起动电压，使用万用表20 V直流电压挡测量蓄电池的正、负极，起动发动机，读出发动机起动时的电压值，判断起动时电压降是否正常。

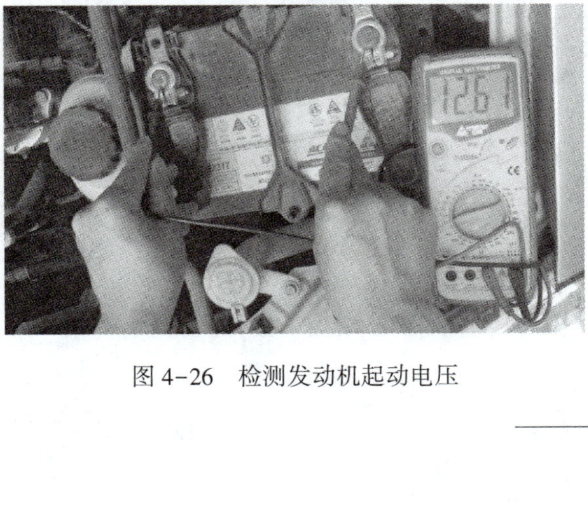

图4-26 检测发动机起动电压

步骤2 发电机电压检查

起动发动机，使用万用表测量发电机正极输出端子，测量发电机输出电压，判断发电机电压是否正常，如图4-27所示。

图4-27 测量发电机电压

步骤3 火花塞间隙检查、高压线电阻检查

（1）拔下高压线，拆下火花塞，检查火花塞的螺纹及绝缘体有无损坏。如有异常，应更换火花塞。

（2）如图4-28所示，正确使用塞尺测量检查火花塞电极间隙，BOSCH W8DC或W9DC火花塞电极间隙应为0.7~0.8 mm。对于新的火花塞，可通过弯曲负电极来调整火花塞电极间隙；使用过的火花塞电极间隙不可调整，若火花塞电极间隙不在规定的范围内，应更换火花塞。

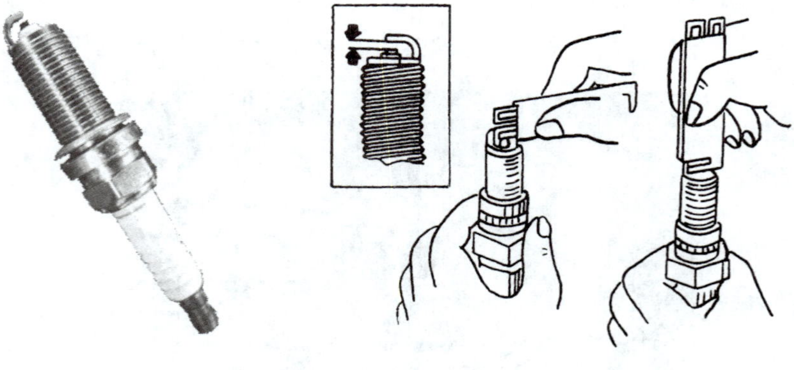

图4-28 检查火花塞电极间隙

（3）用万用表欧姆挡测量高压线的电阻（见图 4-29），若电阻值不在规定范围内，应更换新件。高压线电阻正常值（STN2000 型）为 4.6~7.6 kΩ。

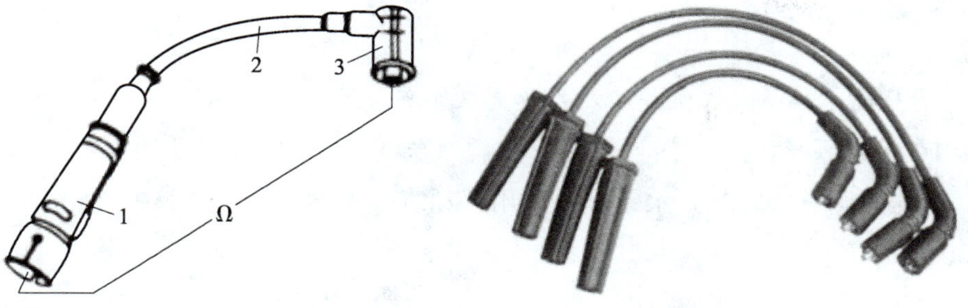

图 4-29　检查高压线电阻

1—火花塞插头　2—高压线　3—点火线圈插头

（4）安装火花塞，安装高压线。

步骤 4　完成检查维护作业记录

序号	检查项目	检查维护结果
1	发动机起动电流	A
2	发动机起动电压	V
3	发电机电压	V
4	高压线电阻	Ω
5	火花塞间隙	mm

发动机检查维护（四）

——检测冷却系统，配置防冻液，检测蓄电池，用诊断仪诊断

操作准备

1. 操作条件

（1）整车（电喷发动机乘用车，装备完整、配置齐全）。

（2）维修工具（整车配套）。

（3）汽车防冻液冰点仪、密度计、诊断仪（常用规格）、压力测试仪。

（4）满足本工位操作要求的其他必要配置。

2. 操作内容

（1）冷却系统泄漏检查。

（2）防冻液冰点检查。

（3）蓄电池电解液密度检查。

（4）发动机控制单元检查。

（5）完成检查维护作业记录。

操作步骤

注意：

按5S管理要求操作，二级维护前先放置三件套和翼子板护围。

步骤1 冷却系统泄漏检查

（1）将压力测试仪安装到水箱上，使用手动真空泵产生约0.2 MPa的压力（表压），如图4-30所示。

（2）检查软管夹箍的牢固程度，如图4-31所示。检查冷却系统和加热系统是否有泄漏痕迹。

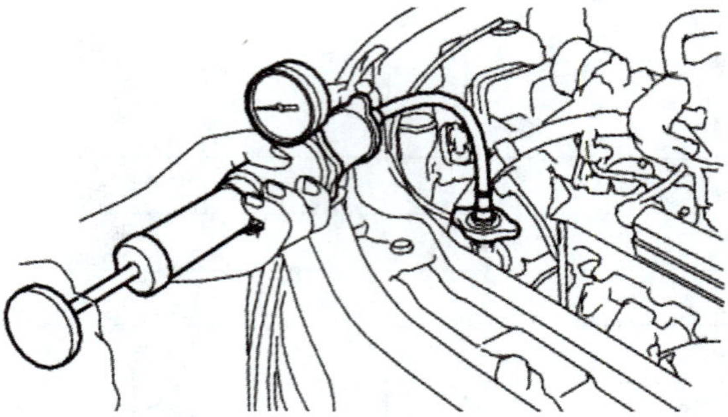

图4-30 用真空泵给水箱加压

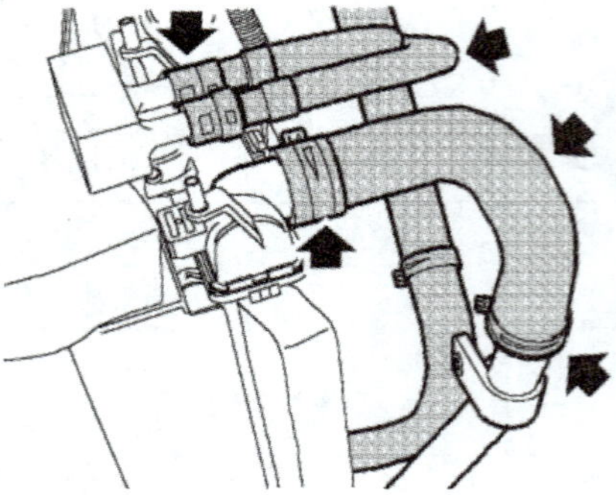

图4-31 检查水管和夹箍

（3）如果压力明显下降，则找出泄漏的位置并排除故障。

步骤2 膨胀壶盖开启压力检查

（1）将散热器盖安装在压力测试仪上，如图4-32所示。

（2）使用手动真空泵使压力上升到约0.15 MPa。在压力为0.12~0.15 MPa时，限压阀必须打开；在压力大于-0.01 MPa（绝对压力0.09 MPa）时，真空阀应打开。否则应更换散热器盖。

步骤3 防冻液冰点检查

（1）汽车防冻液冰点仪（见图4-33）可以用来测量防冻液、玻璃液的冰点及蓄电池电解液的密度。

（2）使用前先检查汽车防冻液冰点仪，确认正常后用柔软绒布擦净其棱镜表面及盖板。

（3）掀开盖板，取2~3滴被测防冻液滴于棱镜上，盖上盖板轻轻压平，里面不要有气泡。

（4）将折射计朝向明亮处，旋转目镜使视场内刻度线清晰，读出明暗分界线在标示板上相应标尺上的数值，即为被测防冻液冰点的测量值。

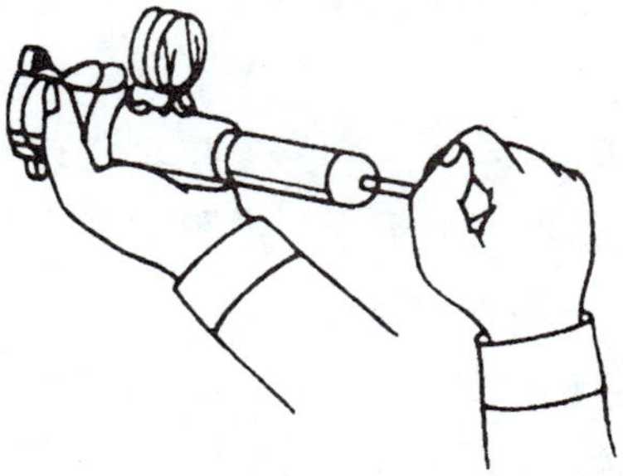

图 4-32　检查散热器盖

图 4-33　汽车防冻液冰点仪

（5）测试完毕，用绒布擦净棱镜表面和盖板，清洗吸管，将仪器放回包装盒内。

步骤 4　蓄电池电解液密度检查

（1）使用密度计测量电解液密度，吸入密度计中的蓄电池电解液密度越大，浮子升起越高。从密度计刻度上可读出电解液密度值，如图 4-34 所示。

（2）使用汽车防冻液冰点仪测量电解液密度

1）使用前先检查汽车防冻液冰点仪，确认正常后先用柔软绒布擦净冰点仪棱镜表面及盖板。

2）掀开盖板，取 2~3 滴被测电解液滴于棱镜上，盖上盖板轻轻压平，里面不要有气泡。

3）将折射计朝向明亮处，旋转目镜使视场内刻度线清晰，读出明暗分界线在标示板上相应标尺上的数值，即为被测电解液密度的测量值。蓄电池电解液正常的密度值见表 4-2。

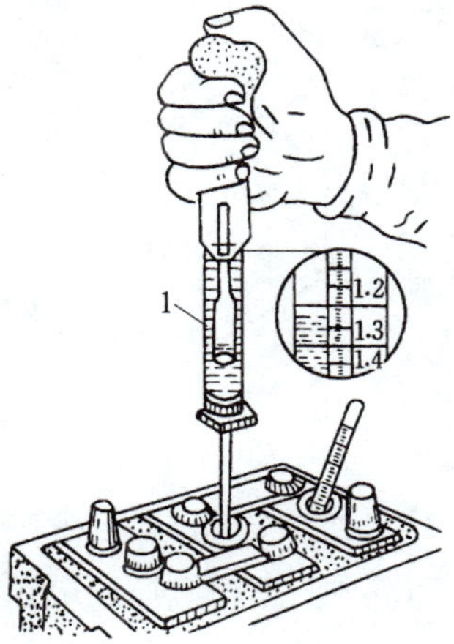

图 4-34　测量电解液密度

1—密度计

表 4-2　　蓄电池电解液正常的密度值

温度条件	蓄电池状态	电解液密度（g/cm^3）
常温下	放电	1.12
	半充电	1.20
	全充电	1.28
在热带地区	放电	1.08
	半充电	1.14
	全充电	1.23

4）在测量电解液密度时，注意不要将溶液洒在皮肤上和眼睛里，以防烧伤。测试后仔细擦净仪器，清洗吸管，将仪器放回包装盒内。

5）若各电池槽中的电解液密度的偏差不超过 0.02 g/cm^3，可对蓄电池进行充电，以恢复其性能；若一个或两个相邻电池槽中的电解液密度明显下降，说明蓄电池有短路故障，应对其进行更换。

6）免维护蓄电池可以通过查看蓄电池状态指示灯的颜色来判断其状态。绿色为正常，黑色为蓄电池需要充电，光亮/白色为需要更换新电池，如图 4-35 所示。

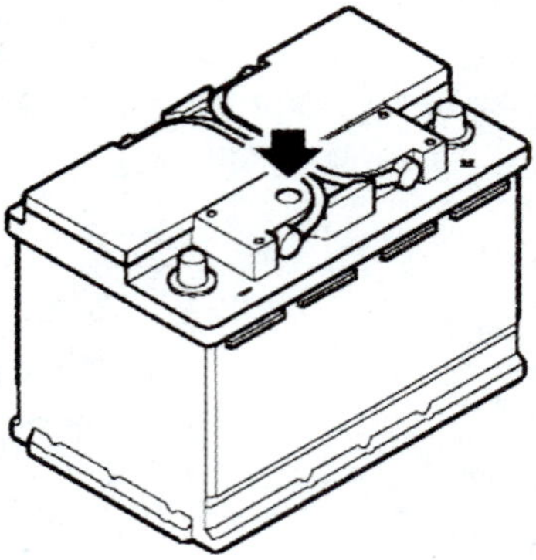

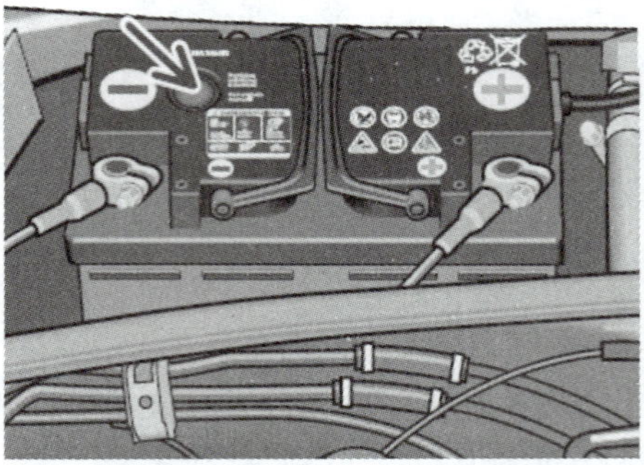

图 4-35　检查免维护蓄电池

7）检查、清洁蓄电池的电极。

步骤 5　发动机控制单元检查

使用诊断仪（见图 4-36）读取发动机控制单元故障码，如果有故障码则排除故障。

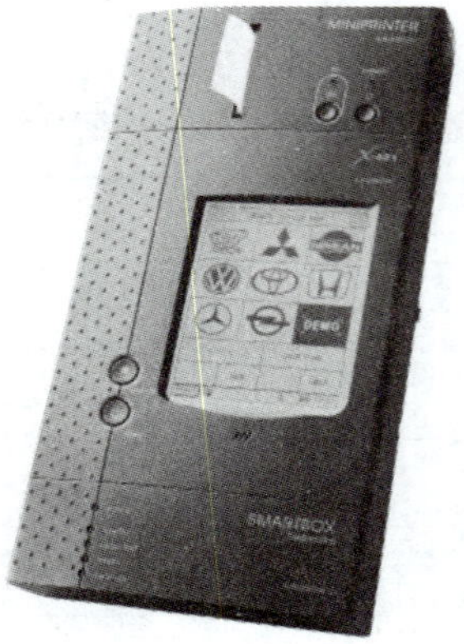

图 4-36　诊断仪

步骤 6　完成检查维护作业记录

序号	检查项目	检查维护结果
1	冷却系统泄漏	
2	膨胀壶盖开启压力	kPa
3	防冻液冰点	℃
4	蓄电池电解液密度	g/cm^3
5	发动机控制单元	

学习单元 2　底盘二级维护作业

学习目标

➢ 能够进行底盘二级维护作业

技能要求

转向系统检查维护

操作准备

1. 操作条件

（1）整车（电喷发动机乘用车，装备完整、配置齐全）。

（2）维修工具（整车配套）。

（3）满足本工位操作要求的其他必要配置。

2. 操作内容

（1）转向系统检查维护。

（2）完成检查维护作业记录。

操作步骤

注意：

按 5S 管理要求操作，二级维护前先放置三件套和翼子板护围。

步骤 1　转向系统检查维护

（1）转向器助力系统检查

1）检查转向器、转向助力泵、高低压管路和储液罐是否密封良好无渗漏，油管是否变形。起动发动机，向左和向右打方向，转向助力泵应运行平稳，无阻滞，无异响。

2）检查转向助力泵传动带有无老化松动现象。

3）检查转向盘位置是否正确，转向是否轻便、灵活，自由转动量是否正常。

4）检查转向器防尘罩是否无裂纹、损坏，卡箍是否可靠。

（2）球头检查

1）顶高并且支撑住车辆。

2）紧紧地握住悬挂下控制臂的末端外侧并且尝试上下摇动，观察并感觉下控制臂球头是否松动，如图 4-37 所示。观察防尘罩的工作状态。

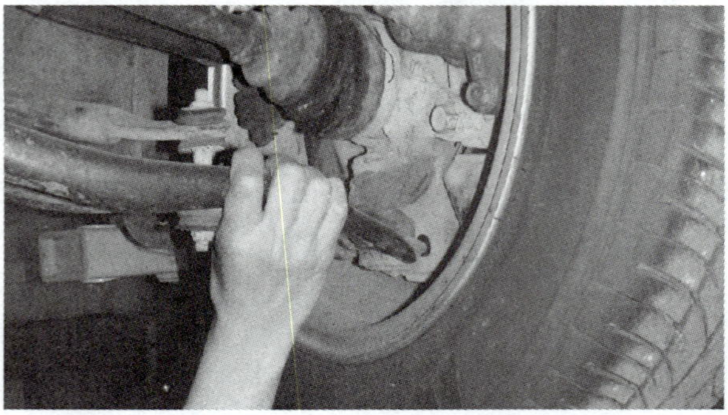

图 4-37　检查下控制臂球头是否松动

3）如果球头有任何的自由松动或防尘罩老化损坏，都应更换新的下控制臂球头。

4）如果更换新的下控制臂球头，则必须检查前轮定位，必要时调整前轮定位。

5）检查转向横拉杆球头是否松动，如图 4-38 所示。检查转向横拉杆球头和防尘罩的工作状态及螺母连接是否紧固可靠，校紧各部螺栓。

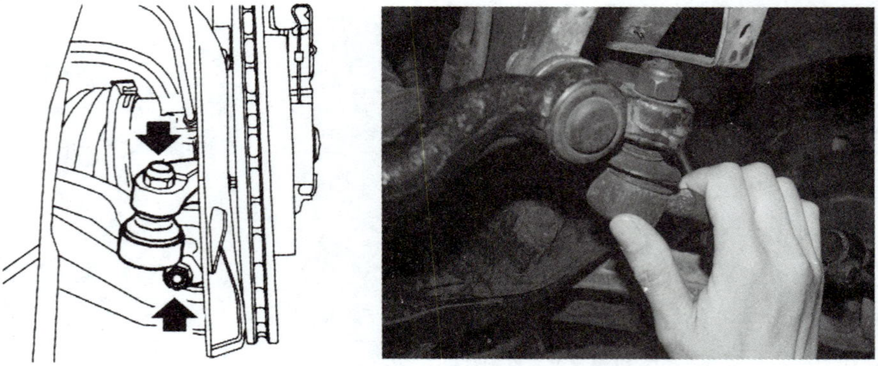

图 4-38　检查转向横拉杆球头是否松动

（3）前束调整

1）对正转向盘并固定定位，如图 4-39 所示。

2）松开转向横拉杆端固定螺母，如图 4-40 所示。

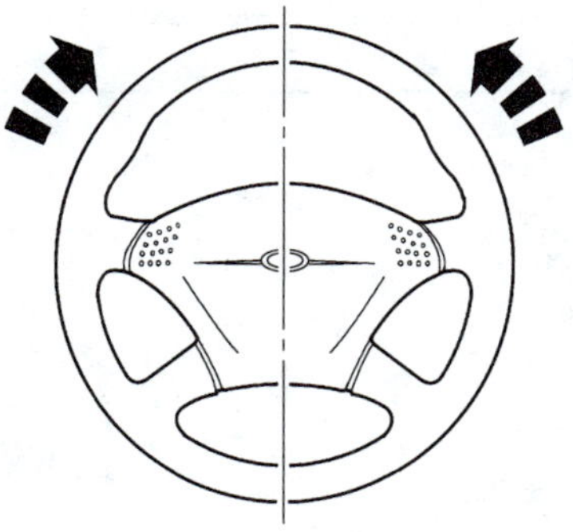

图 4-39　固定并定位转向盘

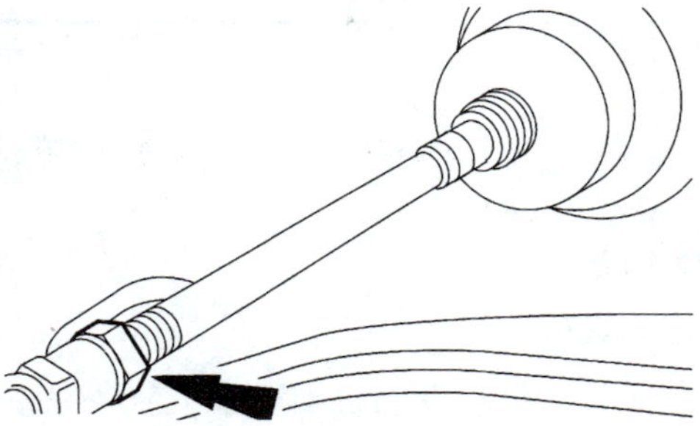

图 4-40　松开转向横拉杆端固定螺母

3）拆下转向齿轮防尘罩固定夹，如图 4-41 所示。

4）顺时针或逆时针以相等的转动量转动转向横拉杆来调整前束设定，如图 4-42 所示。

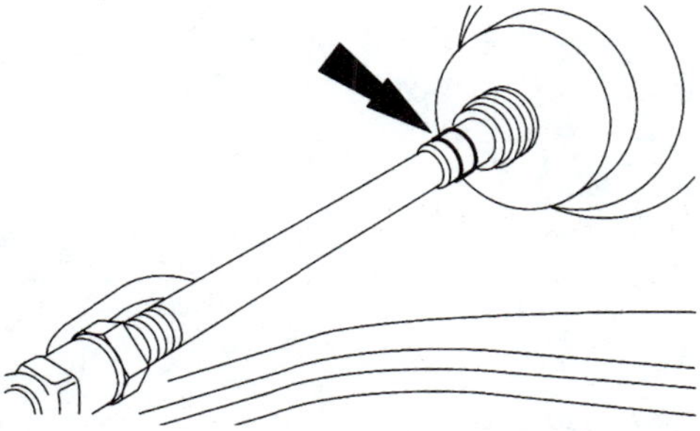

图 4-41　拆下转向齿轮防尘罩固定夹

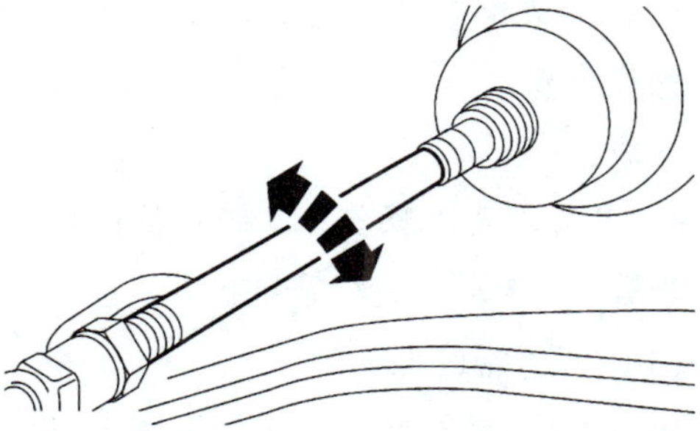

图 4-42　调整前束

5）检查前束参数，拧紧转向横拉杆端部固定螺母，安装转向齿轮防尘罩固定夹。如果参数不正确则重复上述检查操作步骤。

步骤 2　完成检查维护作业记录

序号	检查项目	检查维护结果
1	转向助力泵管路	
2	转向助力泵	
3	转向助力泵传动带	
4	转向盘最大自由转动量	

续表

序号	检查项目	检查维护结果
5	转向横拉杆螺母、球头	
6	下控制臂球头	
7	转向机构	

传动系统检查维护

操作准备

1. 操作条件

（1）整车（电喷发动机乘用车，装备完整、配置齐全）。

（2）维修工具（整车配套）。

（3）满足本工位操作要求的其他必要配置。

2. 操作内容

（1）传动系统检查维护。

（2）完成检查维护作业记录。

操作步骤

注意：

按 5S 管理要求操作，二级维护前先放置三件套和翼子板护围。

步骤 1 传动系统检查维护

（1）变速器检查维护

1）检查齿轮箱密封状况，紧固各部螺栓。齿轮箱外部应清洁、无裂纹，各部连接紧固，密封良好，无渗漏油。

2）检查变速器齿轮油油面高度及油质。齿轮油应清洁、不变质，油面应与加油口下边缘平齐。

3）清洁检查变速器通气孔，通气塞应清洁、畅通。

4）检查、润滑变速器换挡操纵机构，换挡操纵机构应操纵灵活、轻便，作用正常，无异响和跳挡、乱挡现象。

（2）离合器检查维护

1）检查离合器踏板自由行程，若不符合规范需进行调整。

2）检查离合器的工作状况，离合器应结合平稳，不打滑，无异响，分离彻底，回位灵活。

（3）驱动轴、万向节检查维护，如图 4-43 所示

1）驱动轴无变形。

2）万向节应不松旷，无卡滞，无异响。

3）防尘罩不得有老化、裂纹、损坏，卡箍应可靠。

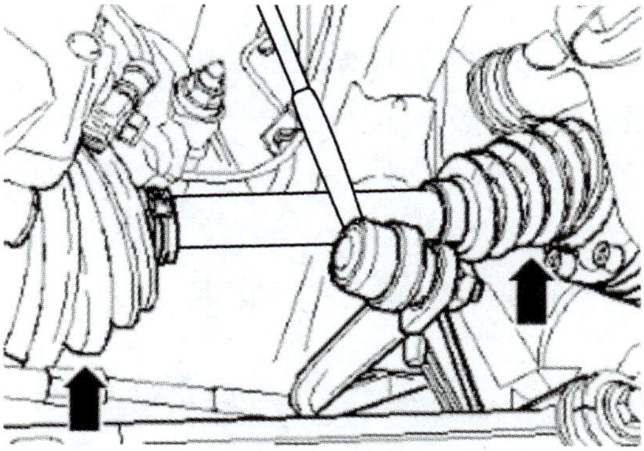

图 4-43　检查驱动轴、万向节

4）安装新防尘罩时不得使防尘罩内产生真空。

步骤 2　完成检查维护作业记录

序号	检查项目	检查维护结果
1	变速器	
2	离合器	
3	驱动轴	
4	万向节	

行驶系统检查维护

操作准备

1. 操作条件

（1）整车（电喷发动机乘用车，装备完整、配置齐全）。

（2）维修工具（整车配套）。

（3）满足本工位操作要求的其他必要配置。

2. 操作内容

（1）行驶系统检查维护。

（2）完成检查维护作业记录。

操作步骤

注意：

按 5S 管理要求操作，二级维护前先放置三件套和翼子板护围。

步骤 1 行驶系统检查维护

（1）减振器检查维护。举升车辆，检查减振器应不漏油，橡胶连接衬套无凸起、开裂，紧固可靠，减振作用良好，如图 4-44 所示。

（2）摆臂检查维护。检查摆臂与球头，当上下晃动前悬架时，摆臂球头与制动器底板间的距离变化正常，不干涉。

（3）稳定杆检查维护。检查稳定杆球头和防尘罩，应无松动、损伤，稳定杆无变形现象，螺母连接紧固可靠。

（4）避振弹簧检查维护。检查避振弹簧，应无损伤变形，定位可靠（见图 4-45）。

图 4-44 检查减振器

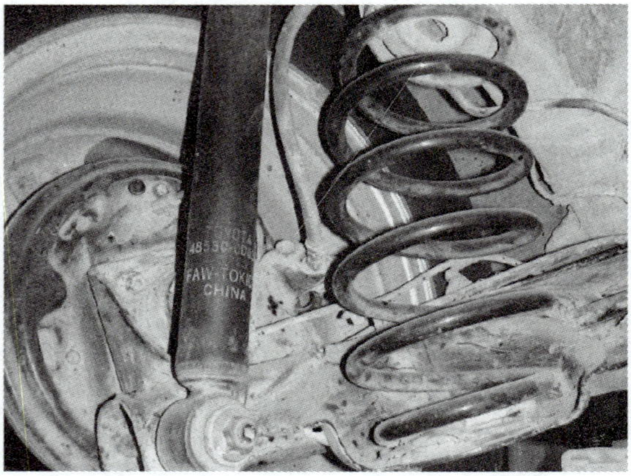

图 4-45 检查避振弹簧

（5）轮胎

1）车轮应清洁，胎面应无气鼓、裂伤、老化、变形或扎钉，胎面花纹深度应>1.6 mm（不露出花纹磨损标记，如图 4-46 所示），气门嘴应完好，轮辋应无裂纹和变形。

2）轮胎气压应符合标准。

3）两前轮转动应无明显偏摆，动不平衡质量应<5 g。

4）轮胎的装用应符合要求，轮胎螺栓拧紧力矩为 110 N · m。

（6）检查前桥、后桥，应无裂纹、锈蚀、损伤和变形现象。

（7）检查车辆轴承，如图 4-47 所示。轮毂应转动灵活，无异响，轴向间隙<0.1 mm。

图 4-46　轮胎花纹磨损标记

图 4-47　检查车辆轴承

步骤 2　完成检查维护作业记录

序号	检查项目	检查维护结果
1	减振器	
2	摆臂	
3	稳定杆	
4	避振弹簧	
5	轮胎花纹深度	mm
6	轮胎气压	kPa
7	前桥	
8	后桥	
9	车辆轴承	

制动系统检查维护

操作准备

1. 操作条件

(1) 整车（电喷发动机乘用车，装备完整、配置齐全）。

(2) 维修工具（整车配套）。

(3) 满足本工位操作要求的其他必要配置。

2. 操作内容

(1) 制动系统检查维护。

（2）完成检查维护作业记录。

操作步骤

注意：

按 5S 管理要求操作，二级维护前先放置三件套和翼子板护围。

步骤 1 制动系统检查维护

（1）制动性能（静态）检查维护

1）检查制动踏板，应操作顺畅，踏板没有发卡、发软或受力不均匀现象，当制动踏板踩到底时距地板有合适的距离。检查脚垫，应不干涉制动踏板。

2）检查制动主缸、轮缸及真空助力器，密封应良好，真空助力器应工作有效、功能正常。

（2）制动踏板自由行程检查维护。检查测量制动踏板自由行程，应符合要求，否则必须进行调整或修理，如图 4–48 所示。

（3）驻车制动检查维护，如图 4–49 所示

1）检查驻车制动器支架及各杆件、拉臂，应无变形，连接可靠。

2）驻车制动器拉索不得有断裂或锈蚀，应运动灵活。

3）把驻车制动器拉杆向上充分拉起，驻车制动器拉杆应锁止正常。驻车制动行程应符合要求，驻车制动灯开关应灵敏、有效。

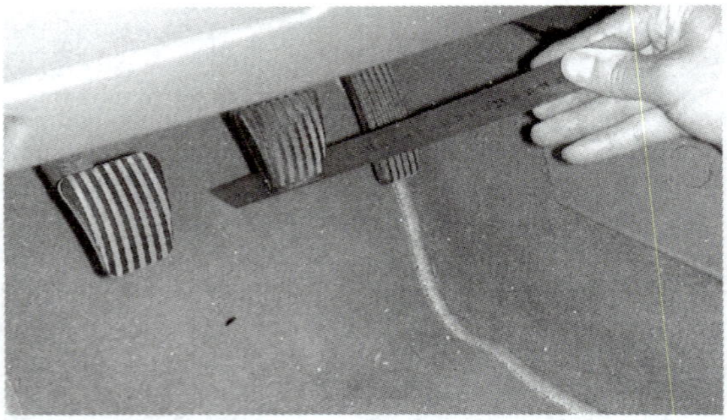

图 4–48 检查制动踏板自由行程

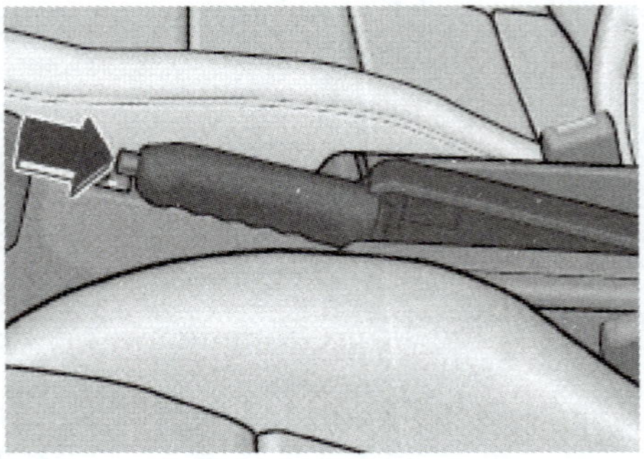

图 4–49 检查驻车制动

（4）制动液检查维护。制动液液位应在正常范围内，检查制动液是否变稠、颜色是否变黑，如是应更换制动液，每两年或运行超过 5 万 km 更换制动液，如图 4–50 所示。

（5）制动管路检查维护，如图 4–51 所示

1）检查前后制动软管，应无破损、老化，不扭曲，无表面损坏现象。

2）检查所有制动硬管是否有表面损坏、泄漏和腐蚀。

图 4-50　检查制动液

图 4-51　检查制动管路

3）要保证所有的硬管和软管均正确排布和固定。制动管路在汽车行驶时应不碰擦汽车任何部件，应连接牢固，接头应无渗漏。

步骤 2　完成检查维护作业记录

序号	检查项目	检查维护结果
1	制动性能（静态）	
2	制动踏板自由行程	
3	驻车制动	
4	制动液	
5	制动管路	

学习单元3　车身、电器二级维护作业

学习目标

➢ 能够进行车身、电器二级维护作业

技能要求

灯光、仪表、刮水器、扬声器检查维护

操作准备

1. 操作条件

（1）整车（电喷发动机乘用车，装备完整、配置齐全）。

（2）维修工具（整车配套）。

（3）万用表（常用规格）、试灯（常用规格）。

（4）满足本工位操作要求的其他必要配置。

2. 操作内容

（1）灯光、仪表、扬声器、刮水器等检查维护。

（2）完成检查维护作业记录。

操作步骤

注意：

按5S管理要求操作，二级维护前先放置三件套和翼子板护围。

步骤1　整车电器（灯光、仪表、扬声器、刮水器等）检查维护

（1）灯光检查。检查前大灯（近光、远光），制动灯，高位制动灯，小灯，尾灯，转向信号灯，前、后雾灯，牌照灯，倒车灯，行李箱照明灯，危险警告灯和大灯清洗系统，灯光设备系统应可以正常操作，灯光正常，固定牢靠，如果不符合规范应调整或更换修理，如图4–52至图4–54所示。

（2）车辆刮水系统检查。检查车辆刮水系统，如图4–55所示。检查喷水壶液位，如图4–56所示。

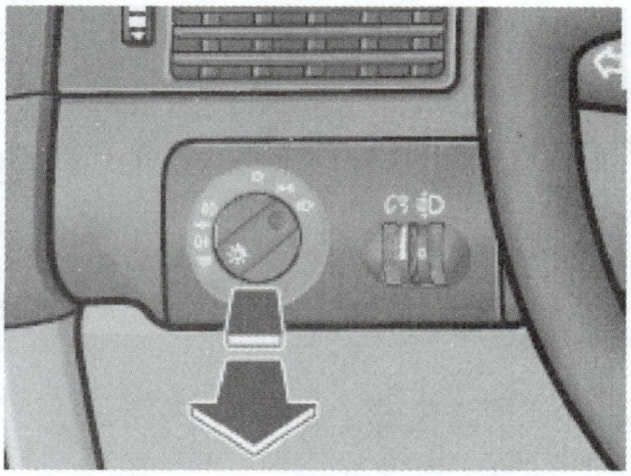

图 4-52　检查灯光开关

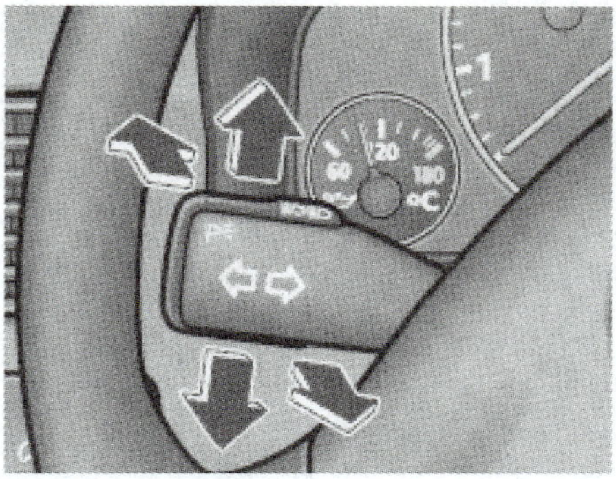

图 4-53　检查转向信号灯

图 4-54　检查大灯清洗系统

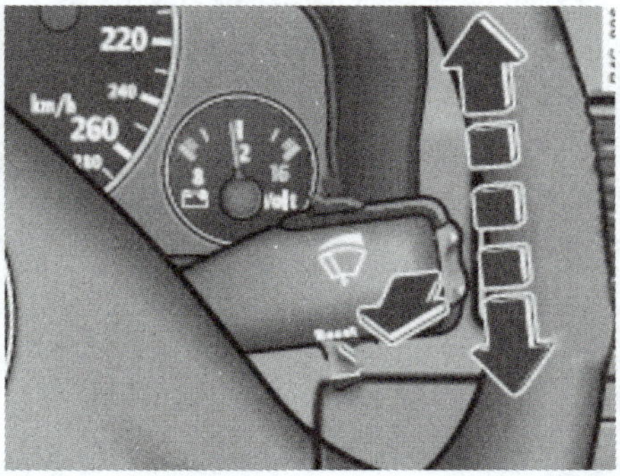

图 4-55　检查车辆刮水系统

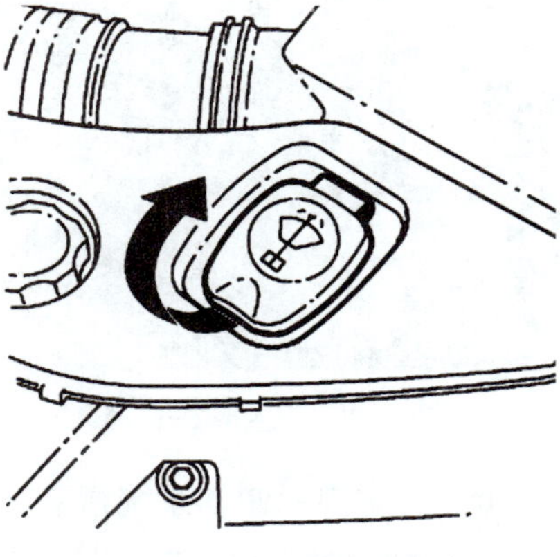

图 4-56　检查喷水壶液位

1）禁止在干燥玻璃上操作刮水器，否则会损坏刮片胶条并划伤玻璃。

2）检查刮水器片是否断裂或磨损，安装位置是否正确，如果不符合规范，拆下螺母和刮水器安装臂，并重新调整放置至正确位置。

3）操作刮水系统，检查洗涤器喷嘴喷水位置和刮水效果，检查刮水是否出现条纹现象，如是应调整或更换修理。前后刮水器和洗涤器应运转平稳可靠。

（3）扬声器检查。按下方向盘上扬声器按钮，检查高音和低音扬声器，两个扬声器应同步工作，应该形成良好的双音效果。

（4）仪表检查

1）按下仪表板调光器开关，检查仪表照明亮度调节。

2）检查车速、燃油液位、发动机冷却液温度和发动机转速表，如图 4-57 所示。

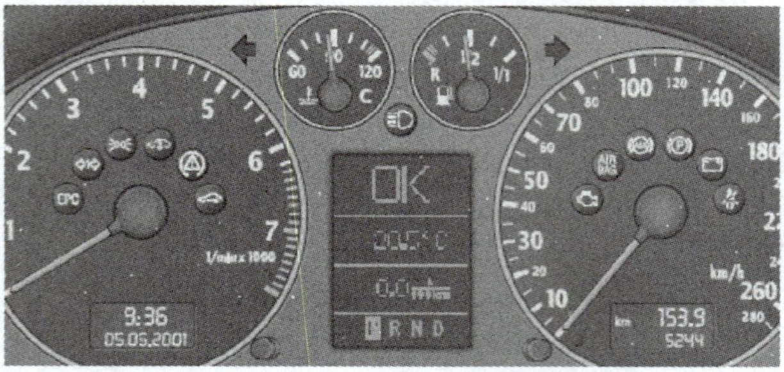

图 4-57　组合仪表检查

3）检查时钟时间，必要时调整，如图 4-58 所示。

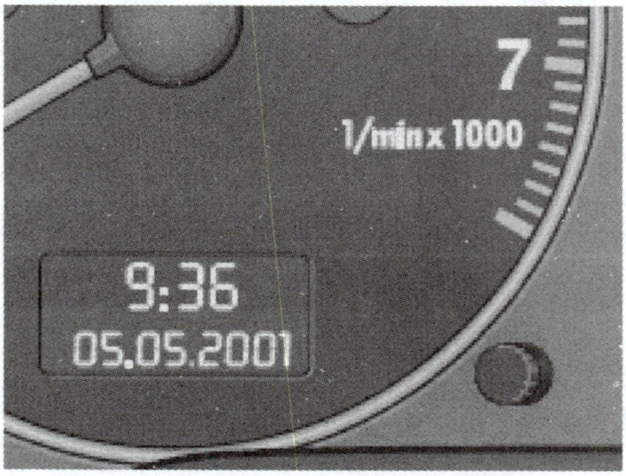

图 4-58　检查时钟时间

4）打开点火开关，充电指示灯、防抱死制动系统指示灯、制动液面警告灯、机油压力指示灯、气囊警示灯、冷却液液面警告灯等应点亮，起动发动机后应逐一熄灭。

5）打开点火开关，操作相关设备，远光指示灯、转向信号指示灯、超速挡关闭指示灯、驻车制动拉起警告灯、安全带指示灯等应正常点亮或熄灭。

6）检查组合仪表控制警告蜂鸣器（包括驾驶员或乘客安全带未扣紧警告蜂鸣器、钥匙未拔出警告蜂鸣器、前照灯亮警告蜂鸣器、车门未关紧警告蜂鸣器等），功能应正常。

步骤 2 完成检查维护作业记录

序号	检查项目	检查维护结果
1	车辆近光灯	
2	车辆远光灯	
3	车辆转向信号灯	
4	车辆大灯清洗系统	
5	车辆前、后雾灯	
6	车辆制动灯	
7	车辆牌照灯	
8	车辆高位制动灯	
9	车辆倒车灯	
10	危险警告灯	
11	车辆刮水系统	
12	扬声器	
13	仪表	

车身检查维护

操作准备

1. 操作条件

（1）整车（电喷发动机乘用车，装备完整、配置齐全）。

（2）维修工具（整车配套）。

（3）测量工具（直尺、卷尺）。

（4）满足本工位操作要求的其他必要配置。

2. 操作内容

（1）整车车身检查维护。

（2）完成检查维护作业记录。

操作步骤

注意：

按5S管理要求操作，二级维护前先放置三件套和翼子板护围。

步骤1 整车车身维护

（1）发动机盖铰链、门铰链检查维护，如图4-59所示

1）检查车门和引擎盖，所有车门、引擎盖、行李箱盖和尾门应都可以正常开闭。

2）所有锁闩应都锁紧牢靠。检查确认当释放发动机盖主锁后，第二道锁仍可以防止发动机盖打开。

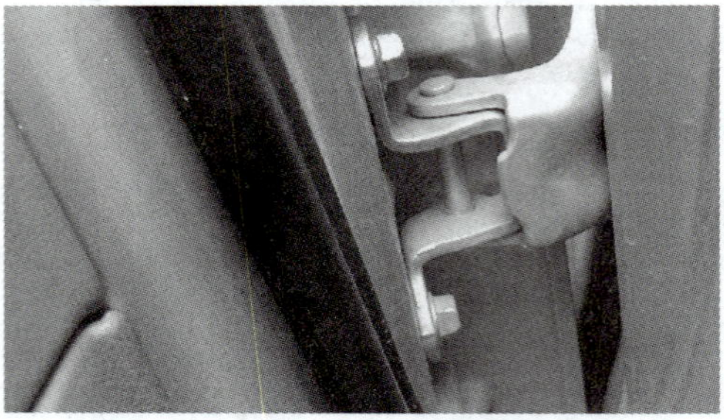

图4-59 检查铰链

3）所有铰链都应润滑正常。如需要，对铰链进行润滑。

（2）车辆漆面情况、车辆清洁情况检查。观察车辆漆面有无色差和漆面不平整的情况，车身应无锈蚀、损伤和变形，车辆内外应清洁干净（见图4-60）。

（3）车辆对称性、车辆轴距检查。测量前后保险杠高度和车辆左右轴距，应符合要求，如图4-61和图4-62所示。

图4-60 检查车辆漆面和清洁情况

图4-61 测量车辆前后保险杠高度

图 4-62　测量车辆左右轴距

（4）车辆密封件外观检查。检查车门、发动机盖和行李箱盖密封情况。橡胶密封件应完好、无裂纹、老化，安装牢固，密封良好。

步骤 2　完成检查维护作业记录

序号	检查项目	检查维护结果
1	发动机盖铰链	
2	门铰链	
3	车辆清洁情况	
4	车辆漆面情况	
5	车辆对称性	mm
6	车辆轴距	mm
7	车辆密封件外观	

车内设备检查维护

操作准备

1. 操作条件

（1）整车（电喷发动机乘用车，装备完整、配置齐全）。

（2）维修工具（整车配套）。

（3）温度计（常用规格）。

（4）满足本工位操作要求的其他必要配置。

2. 操作内容

（1）整车车身（空调、暖风系统）检查维护。

（2）完成检查维护作业记录。

操作步骤

注意：

按5S管理要求操作，二级维护前先放置三件套和翼子板护围。

步骤1 车内设备检查维护

（1）车内阅读灯、门控灯检查

1）打开车内阅读灯开关，检查车内阅读灯是否点亮，如图4-63所示。

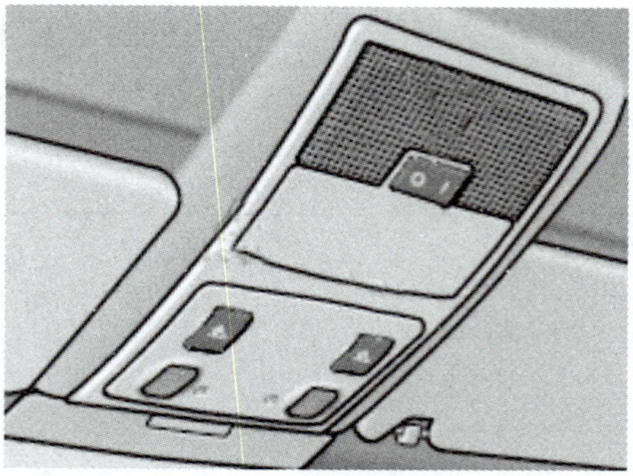

图4-63 检查车内阅读灯

2）车门门控灯开关检查。将汽车车门打开，车门门控灯开关应该接通车内照明灯。

（2）安全带检查

1）检查安全带系统的所有零部件（如搭扣、地脚螺栓、调整器和卷缩器）的工作是否正常、灵活，安装是否牢靠，如图4-64所示。

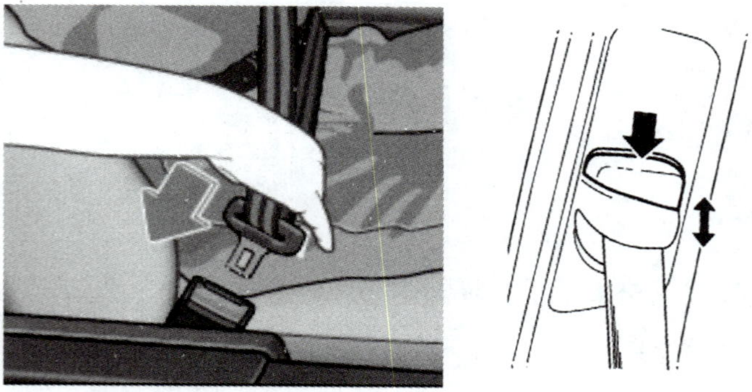

图4-64 检查安全带

2）检查安全带是否开裂、擦坏、磨损或损坏，若有不正常应更换修理。

（3）中控门锁检查。检查中控门锁，将车钥匙插入左前门锁内，在开启或关闭该车门锁时，其余三扇门的门锁应该同时被打开和锁上。检查其余三扇门上的按钮，应可以分别控制各门锁单独的开启或锁紧，如图4-65所示。

（4）儿童安全锁检查。将儿童安全锁锁上，车内门把手应该失效，只能从车外打开这个车门，如图4-66所示。

图4-65　检查中控门锁

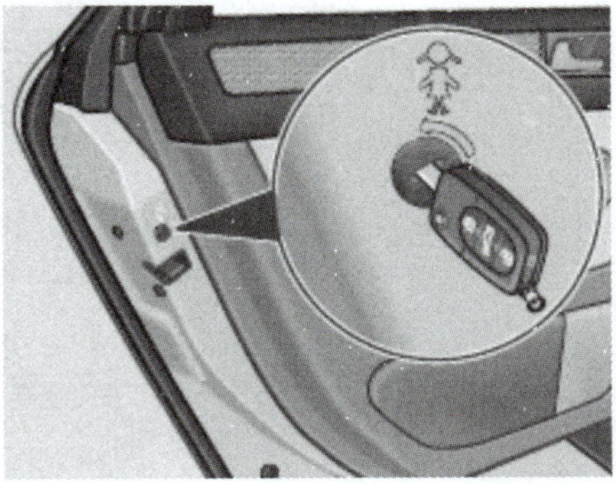

图4-66　检查儿童保险锁

（5）玻璃升降器检查（见图4-67）。

1）检查车门窗玻璃，应完好、清晰、无裂纹，安装牢固，密封良好。操作驾驶员侧的玻璃升降器，点一下下降键，车门窗玻璃应该一降到底，中途点一下上升键，车门窗玻璃应该停下。

2）使用按键式组合开关控制四扇车门窗玻璃的升降。检查乘客座位一侧门上的玻璃升降器，进行单独车门窗玻璃的升降操作，所有玻璃升降器应升降自如，定位可靠，无卡滞，不自行下滑或上下跳动。

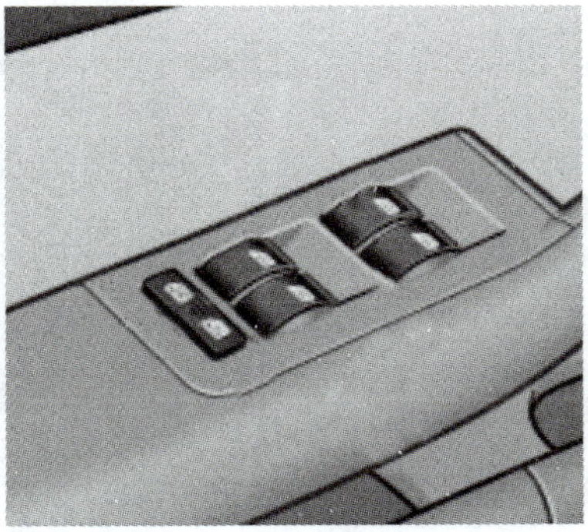

图4-67　检查玻璃升降器

（6）音响系统检查（见图4-68）

1）使用自动搜索调谐或手动调谐功能，调谐到所需的电台。选择所需的波段，储存电台编号，如图4-69所示。检查音响系统左右声场、高音、低音等是否正常。

2）如果有CD（激光唱片）机，检查其工作状态，如图4-70所示。

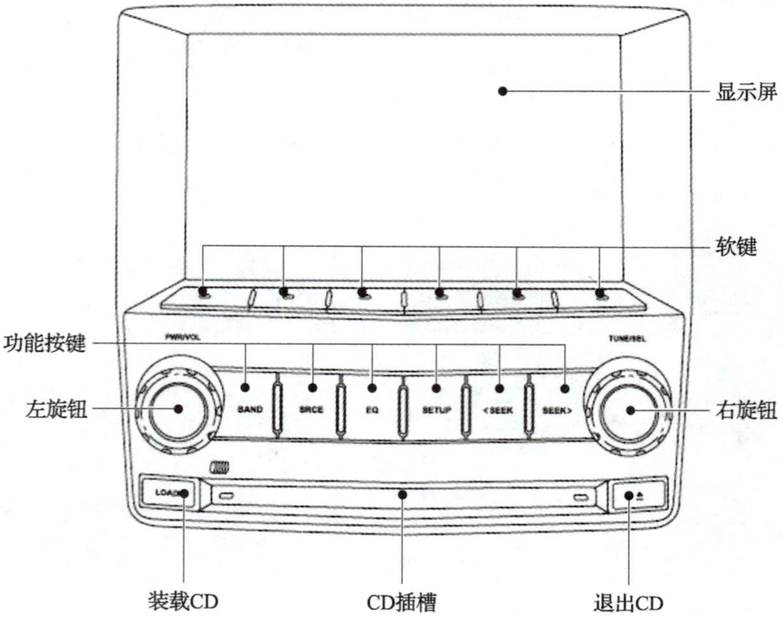

图 4-68　检查音响系统

图 4-69　储存搜索电台编号

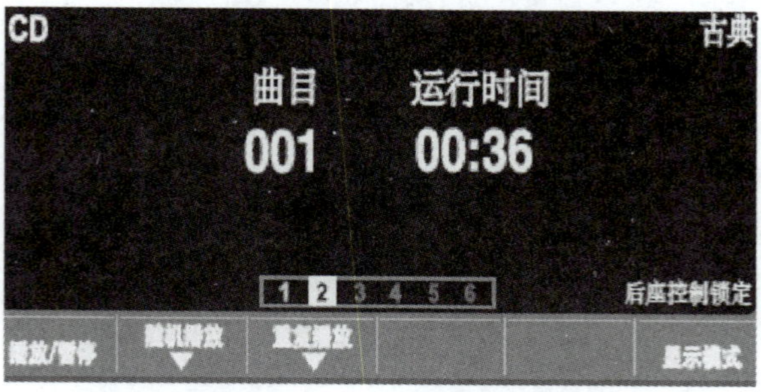

图 4-70　检查 CD 机

（7）电动后视镜检查。打开点火开关，将控制开关选择到需要调整的“L”“R”后视镜位置。上、下、左、右摇动开关的旋钮，调整后视镜反射面的空间角度，检查镜面上、下、左、右四种运动状态，如图 4-71 所示。

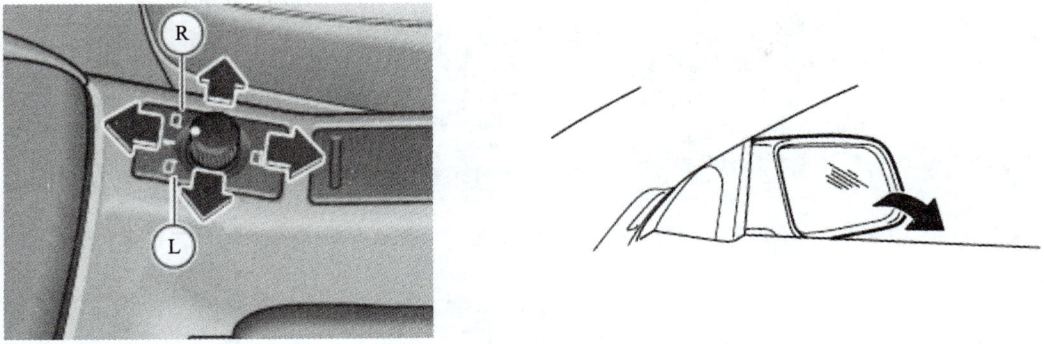

图 4-71　电动后视镜调整

（8）电动座椅检查。检查电动座椅开关，如图 4-72 所示，开关Ⓐ调节座椅的前后位置，旋钮Ⓑ调节靠背倾斜度，开关Ⓒ调节座椅高度，开关Ⓓ调节腰部支撑，图示位置应能正常调节。

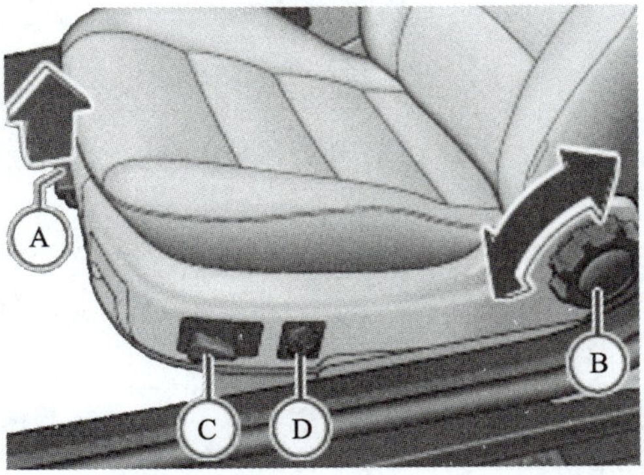

图 4-72　检查电动座椅

手动向上升高和向下降低头枕的位置，调节头枕的角度，检查头枕调节是否正常，如图 4-73 所示。

（9）电动天窗检查。打开点火开关，操纵滑动/外翻式天窗旋转开关，检查调节天窗滑开程度的多个卡止位置定位是否正常，如图 4-74 所示。

（10）空调检查（见图 4-75）

1）起动发动机，打开空调，检查空调鼓风机、空调出风口温度、空调出风模式和空调内外循环调节是否正常。

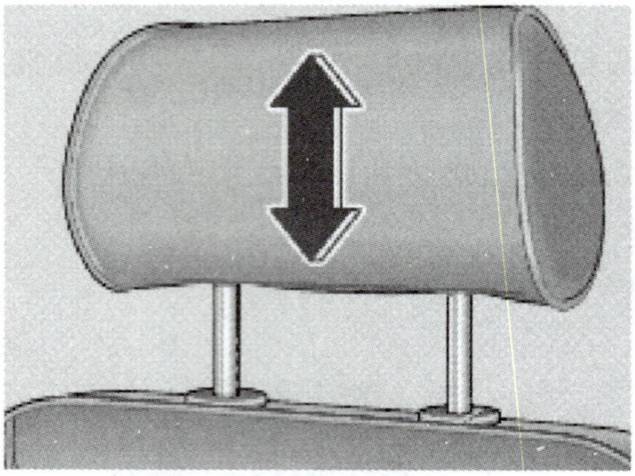

图 4-73　正确调整头枕

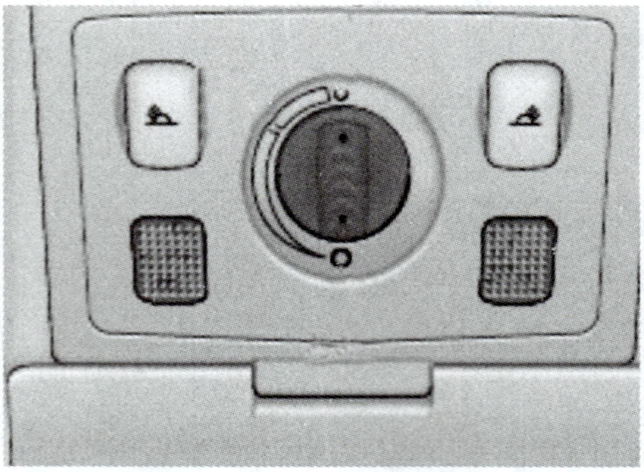

图 4-74　电动天窗开关检查

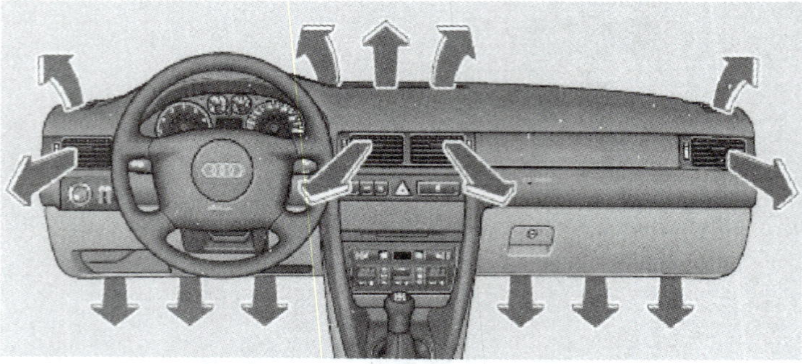

图 4-75　检查空调

2）检查蒸发箱表面是否清洁，检查蒸发箱排水口出水状况。制冷系统应清洁、密封，制冷效果良好。

3）检查暖气装置，应工作正常。

步骤 2　完成检查维护作业记录

序号	检查项目	检查维护结果
1	车内阅读灯	
2	车门门控灯开关	
3	安全带	
4	中控门锁	
5	儿童安全锁	
6	玻璃升降器	
7	音响系统	
8	电动后视镜	

续表

序号	检查项目	检查维护结果
9	电动座椅	
10	电动天窗	
11	空调出风口温度	℃
12	空调鼓风机	
13	空调出风模式	
14	空调内外循环	
15	蒸发箱表面	
16	蒸发箱排水口	